Essen und Trinken
in Mittelalter und Neuzeit

herausgegeben von

Irmgard Bitsch, Trude Ehlert und Xenja von Ertzdorff

W0387397

Breviarium Grimani. Kalenderbild Januar

Essen und Trinken in Mittelalter und Neuzeit

Vorträge eines
interdisziplinären Symposions
vom 10.–13. Juni 1987
an der Justus-Liebig-Universität Gießen

herausgegeben von
Irmgard Bitsch, Trude Ehlert und Xenja von Ertzdorff
unter redaktioneller Mitarbeit
von Rudolf Schulz

Jan Thorbecke Verlag Sigmaringen
1990

CIP-Titelaufnahme der Deutschen Bibliothek

Essen und Trinken in Mittelalter und Neuzeit: Vorträge eines interdisziplinären Symposions vom 10.–13. Juni 1987 an der Justus-Liebig-Universität, Giessen / hrsg. von Irmgard Bitsch ... – 2., überarb. Aufl. – Sigmaringen: Thorbecke, 1990
ISBN 3-7995-4108-X

NE: Bitsch, Irmgard [Hrsg.]; Universität <Giessen>

Zweite, überarbeitete Auflage 1990

© 1987 by Jan Thorbecke Verlag GmbH & Co., Sigmaringen

Alle Rechte vorbehalten. Ohne schriftliche Genehmigung des Verlages ist es nicht gestattet, das Werk unter Verwendung mechanischer, elektronischer und anderer Systeme in irgendeiner Weise zu verarbeiten und zu verbreiten. Insbesondere vorbehalten sind die Rechte der Vervielfältigung – auch von Teilen des Werkes – auf photomechanischem oder ähnlichem Wege, der tontechnischen Wiedergabe, des Vortrags, der Funk- und Fernsehsendung, der Speicherung in Datenverarbeitungsanlagen, der Übersetzung und der literarischen oder anderweitigen Bearbeitung.

Gesamtherstellung: M. Liehners Hofbuchdruckerei GmbH & Co., Sigmaringen
Printed in Germany · ISBN 3-7995-4108-X

Inhalt

Vorwort zur zweiten Auflage

Bereits zwei Jahre nach dem Erscheinen dieses Bandes wurde eine Neuauflage erforderlich – ein beredtes Zeichen dafür, daß ein reges Interesse am Thema »Essen und Trinken« und seinen historischen Dimensionen besteht. Das bestätigt auch der Tenor der meisten der recht zahlreich erschienenen Rezensionen, die überwiegend die Vielzahl der Aspekte, welche Ergebnis der interdisziplinären Zusammenarbeit in Gießen waren, als Gewinn verbuchten und konstatierten, daß diese Vielfalt der Erforschung des »Gesamtphänomens der Ernährung« zugute kam.

Dieses Interesse an den historischen Aspekten von Essen und Trinken und den damit verbundenen Gebräuchen, Einstellungen und Normen kommt sicher nicht von ungefähr. Lange zurück liegt die erste, noch unreflektierte, sogenannte Freßwelle nach dem Zweiten Weltkrieg, als man alles konsumierte, was der Markt hergab. Vorbei auch die »Edelfreßwelle«, in deren Gefolge die Ästhetisierung und Verfeinerung des Essens den Siegeszug der Nouvelle Cuisine einläutete. Aber schon bald verbanden deutsche Spitzenköche alte, heimische Rezepte mit den Zubereitungsmethoden der Nouvelle Cuisine und bereiteten damit einem Besinnen auf Vergangenes in der Eßpraxis den Weg. Auch der Trend zur Vollwertkost war von Anfang an zumindest auch insofern rückwärts gewandt, als zuweilen vorschnell die Ernährung früherer Zeiten als besser angesehen wurde, weil sie ballastreicher und chemiefreier war. Die kritische Analyse und wissenschaftliche Untersuchung vergangener Ernährungsgewohnheiten, Eß- und Trinkbräuche und Speisenormierungen kann die Rückbesinnung auf dem Gebiet der Ernährungspraxis ergänzen und relativieren, ihre Bedingungen und ihre Historizität reflektieren und so die eigenen Gewohnheiten als Gewordenes verstehen lernen.

Daß ein solches Verstehen heute offenbar erstrebt wird, lassen Tagungen erkennen, die sich in jüngster Zeit ebenfalls mit dem Essen befaßt haben. Im Mai 1989 fand in Selb ein interdisziplinäres Symposion zum »Kulturthema Essen« statt, initiiert vom Fachvertreter für Interkulturelle Germanistik in Bayreuth, Professor Alois Wierlacher. Es bildete sich dort eine Initiativgruppe, die zu diesem Thema unter interkultureller Perspektive einen Forschungsschwerpunkt ins Leben rufen will. Im November wurden auf einem internationalen Symposion unter Leitung der Slavistin Frau Professor Dagmar Burkhart in Hamburg »Eßkultur und Körperverhalten in den Ländern Südosteuropas« thematisiert. Wir freuen uns, wenn unser Band im Rahmen der sich abzeichnenden, neuen Kulturwissenschaft vom Essen und Trinken seinen Beitrag leistet.

Zu danken gilt es auch dieses Mal: dem Verlag, daß er zu einer Neuauflage bereit war, und Herrn Ralf Nelles für das Ausmerzen so mancher in der 1. Auflage stehengebliebener Druckfehler.

Bonn, Gießen, im Dezember 1989 *Die Herausgeberinnen*

Das alte Weib und der Narr im Fenster. Sie mit Eßschüssel, Brot, er mit Krug und Schöpflöffel. (Beigaben eventuell bedeutungsvoll: Möglicherweise soll ihre Wollust ins Lächerliche gezogen werden.) Hausbuchmeister 1480/1490

Vorwort
Essen und Trinken in Mittelalter und Neuzeit

Dem Alltagsleben und seiner Geschichte gilt seit einiger Zeit verstärkt das Interesse nicht nur der Wissenschaften, sondern auch einer breiteren Öffentlichkeit. Der Blick richtet sich dabei auf den täglichen Ablauf des Lebens von Menschen aus den verschiedenen Schichten, mit seinen stets wiederkehrenden Verrichtungen, aber auch mit seinen Höhen und Tiefen, seinen Festen und Notzeiten[1].

Essen und Trinken gehören zu den alltäglichen und elementaren Bedürfnissen des Menschen, deren Befriedigung den jeweiligen Lebensverhältnissen angepaßt wird und zudem historischem Wandel unterliegt. Was in einer Gesellschaft zu einer bestimmten Zeit gegessen und getrunken wird, welche soziale oder rituelle Funktion ein Mahl haben kann oder welches Zeremoniell es begleitet, hängt dabei nicht allein von materiellen Bedingungen ab; Speisevorschriften religiöser, ethischer oder diätetischer Natur wirken auf die Gestaltung von Mahlzeiten und auf die Bedeutung ein, die eine Gesellschaft dem Mahl zuschreibt. Solche Bedeutung findet ihren Niederschlag auch in der Literatur und in der bildenden Kunst, und der heutige Leser kann daraus entnehmen, welchen Stellenwert, vielleicht auch: welche Zeichenhaftigkeit dem Essen und Trinken zukam. Aber nicht nur die Bedeutung von Mahlzeiten, auch die Zubereitung ist historischem Wandel unterworfen: Heizquellen und Kochgeschirre werden verbessert, so daß die Wärmezufuhr sich besser regulieren läßt und neue Garmethoden entwickelt werden können. Das sich differenzierende Wissen über die Zubereitung wird in Kochrezepten aufgezeichnet, gesammelt, zu Kochbüchern zusammengestellt und tradiert, wobei sowohl die sprachliche Gestalt als auch der Aufbau solcher Sammlungen sich durch die Zeiten hindurch verändert. Die Autoren von Kochrezeptsammlungen und Kochbüchern entstammen zu verschiedenen Zeiten unterschiedlichen Schichten, und sie sprechen mit ihren Werken jeweils andere Zielgruppen an. Die Abfolge der Speisen, in der Frühzeit, soweit wir wissen, einigermaßen beliebig, verfestigt sich nach bestimmten Kriterien, in Frankreich früher als im deutschsprachigen Bereich.

Den unterschiedlichen Faktoren, die die Rolle von Essen und Trinken in der Gesellschaft stets prägen, einmal aus dem Gesichtswinkel verschiedener wissenschaftlicher Disziplinen nachzugehen, war ein Plan, der vor gut einem Jahr am Institut für deutsche Sprache und mittelalterliche Literatur der Justus-Liebig-Universität Gießen unter Federführung von Xenja von Ertzdorff in Zusammenarbeit mit Trude Ehlert (Bonn) entstand. Irmgard Bitsch vom Institut für Ernährungswissenschaft wurde sogleich als Mitorganisatorin gewonnen, und dank des unerwartet großen Interesses vieler Kollegen fand vom 10. bis 13. Juni 1987 an der Justus-

1 Zum Begriff des Alltags und zur »Begründung einer Alltagsgeschichte des Mittelalters« vgl. Hans-Werner GOETZ, Leben im Mittelalter vom 7. bis zum 13. Jahrhundert ([2]1986), bes. S. 13–19.

Liebig-Universität Gießen ein interdisziplinäres Symposion über »Essen und Trinken in Mittelalter und Neuzeit« mit 23 Teilnehmern aus zwölf Fachrichtungen von sieben Universitäten und vier außeruniversitären Institutionen statt. Die Vorträge, die bei dieser interdisziplinären Beschäftigung mit Essen und Trinken unter historischen Gesichtspunkten entstanden und die in diesem Band vereinigt sind, verstehen sich als Beiträge zu eben jener Geschichte des Alltagslebens, von der eingangs die Rede war.

Im Sinne der Ergänzung der Theorie durch die Praxis bereiteten am letzten Tagungstag unter der Leitung von Küchenmeister Rainer Ehrenschneider aus Dortmund und den Diätassistentinnen Margret Farnung und Monika Luh einige der Teilnehmer und Teilnehmerinnen zusammen mit Gießener Studierenden der Ernährungswissenschaften und der Germanistik ein Mahl nach mittelalterlichen Rezepten zu, die Trude Ehlert zusammengestellt und übersetzt und gemeinsam mit Rainer Ehrenschneider und Eugen Droste zur Verwendung in der heutigen Küche bearbeitet hatte. Das fertige Mahl wurde von der Ernährungsberaterin Waltraute Aign ernährungswissenschaftlich analysiert und von allen Vortragenden gemeinsam mit einigen Gästen an »König Artus' Tafelrunde« verspeist. Die Originalrezepte, deren Übersetzung und die Hinweise für den modernen Benutzer sowie die ernährungswissenschaftliche Analyse sind dem Vortragsband beigegeben, so daß der Leser seine eigenen Erfahrungen mit der mittelalterlichen Küche machen kann.

Das Symposion und der Druck des Vortragsbands hätten ohne die freundliche Unterstützung der Universität Gießen, des Landes Hessen und zahlreicher privater Mäzene nicht stattfinden können. Ihnen allen an dieser Stelle unseren Dank abzustatten, ist uns eine angenehme Pflicht. Dem Präsidenten der Justus-Liebig-Universität Gießen sowie der Gießener Hochschulgesellschaft e.V. danken wir für Beiträge zur Durchführung des Symposions. Dem Minister für Wissenschaft und Kunst des Landes Hessen gebührt unser Dank dafür, daß er einen Zuschuß zu den Druckkosten gewährte. Den folgenden Firmen sagen wir Dank für ihre Geld- und Sachspenden, die unser Symposion und den Druck der Vorträge ermöglichten: AMC, Rotkreuz (Schweiz); Fisch Rautenberg (Inh. Dorothea Schmidt), Dortmund; Internationale Fischhandels-Company mbH, Bremerhaven; Nestlé Maggi, Frankfurt; Privatbrauerei Dortmunder Kronen, Dortmund; Sahne Gieș (Inh. Hilmar Meyer), Dortmund; Josef Schackmann (Früchte-Großhandel-Import), Dortmund; Albert Val. Schneider (Verkaufsstelle Egon Koch), Schwerte; Stern (Verlag Gruner & Jahr), Hamburg; Versandschlachterei Julius Kind, Grevenbroich; Gerhard Vreriksen (Nachf. Erben Pelzer, Import Großhandel), Dortmund; Dr. Demuth KG, Katlenburg/Harz. Für die Finanzierung eines erheblichen Anteils der Druckkosten danken wir der Maizena Gesellschaft mbH, Heilbronn.

Gießen, Bonn, im Juli 1987 *Die Herausgeberinnen*

Mahlzeiten bei der Königin Vasti (Est 1,9ff). Die vorlegenden und vorschneidenden Diener knien bei ihren Tätigkeiten. Franz. Bibel. BN msf 1753. 1350

Festmahl aus Anlaß der Weihe des Erzbischofs Balduin von Trier 1308.
Zeichnung im Codex Balduineus, Mitte 14. Jh.

GERD ALTHOFF

Der frieden-, bündnis- und gemeinschaftstiftende Charakter des Mahles im früheren Mittelalter

Als im Januar des Jahres 1077 zwei Herren miteinander speisten, verstieß der eine gegen alle Formen und Verhaltensweisen, die einem solchen Mahle angemessen waren. Er redete fast nichts, rührte die Speisen nicht an und bearbeitete statt dessen die Tischplatte mit dem Fingernagel. Es war König Heinrich IV.; und für sein Verhalten hatte er einen guten Grund: Sein Tischgenosse war Papst Gregor VII.[1]. Das Mahl fand auf der Burg Canossa statt und steht am Ende jenes Gangs nach Canossa, der sich dem Geschichtsbewußtsein namentlich der Deutschen nachhaltig eingeprägt hat. Die barfüßige Gestalt Heinrichs IV. im Schnee vor der verschlossenen Burg hat durch die Jahrhunderte immer wieder Emotionen geweckt und die Geister geschieden[2]. Die Tatsache, daß die hochdramatischen Tage von Canossa mit einem Mahl, einem *commune convivium,* beschlossen wurden, ist dagegen kaum bekannt. Sie weist einmal allgemein auf das Thema dieser Abhandlung – die frieden-, bündnis- und gemeinschaftstiftende Funktion des Mahles im früheren Mittelalter. Spezieller tut dies aber die zitierte Darstellung des Verhaltens Heinrichs IV., die aus der Feder seiner gregorianischen Gegner und aus der Retrospektive stammt[3].

Hier werden nämlich nicht etwa schlechte Manieren oder schlechte Launen beschrieben. Die geschilderte Verweigerung Heinrichs hat vielmehr die Funktion zu zeigen, daß er Frieden und Bündnis mit dem Papst gar nicht ernsthaft gewollt habe. Was berechtigt zu dieser Interpretation? Das gemeinsame Mahl hatte, so kann man im Handwörterbuch zur deutschen Rechtsgeschichte lesen, »gemeinschaftsbildende und -fördernde Kraft«, »Aufnahme in die Tischgemeinschaft bedeutet(e) Aufnahme in die Gruppe, Vollzug der Tischgemeinschaft Kräftigung des Zusammenhalts«[4]. Durch gemeinsames Essen und Trinken und die dabei geführte Unterhaltung, deren heitere Gelöstheit in anderen Fällen hervorgehoben wird, ging man ein friedfertiges und freundschaftliches Verhältnis zu dem Tischgenossen ein. Ein solches

1 Vgl. die Darstellung der Vita metrica S. Anselmi Lucensis episcopi auctore Rangerio Lucensi, hg. v. Ernst SACKUR u. a. (MG SS 30,2, 1934, S. 1152–1307) S. 1224 Vers 3205 ff.: *Quem vero lateat, qui spiritus intima vexat, /Cum neque letetur nec bona verba ferat, /Stet fixis occulis tacitus meditansque cibumque /Horreat in mensam pronus et ungue notans?* Zur Beurteilung der Gesamtproblematik vgl. Christian SCHNEIDER, Prophetisches Sacerdotium und heilsgeschichtliches Regnum im Dialog 1073–1077 (1972), bes. S. 201 ff., und Jörgen VOGEL, Gregor VII. und Heinrich IV. nach Canossa. Zeugnisse ihres Selbstverständnisses (1983), S. 1 ff. jeweils mit weiteren Hinweisen.

2 Vgl. hierzu Harald ZIMMERMANN, Der Canossagang von 1077. Wirkungen und Wirklichkeit (1975).

3 Die Vita wurde von Ranger, Anselms Nachfolger auf dem Bischofssitz von Lucca, verfaßt, als sich Papst Urban II. gegen Heinrich IV. durchgesetzt hatte (1096–99); vgl. Wilhelm WATTENBACH–Robert HOLTZMANN, Deutschlands Geschichtsquellen im Mittelalter. 3. Neuausgabe, besorgt von Franz-Josef SCHMALE (1971), S. 932 f. mit weiteren Hinweisen.

4 Vgl. Handwörterbuch zur deutschen Rechtsgeschichte, hg. v. Adalbert ERLER und Ekkehard KAUFMANN. 3 (1978), Sp. 154 ff.

Mahl stellte eine rechtsrituelle Handlung dar, die nicht beliebig und vor allem nicht folgenlos war. Sie verpflichtete für die Zukunft zu einem bestimmten Verhalten gegenüber dem Tischgenossen[5]. Diese Voraussetzungen haben wir auch bei der Interpretation des Canossa-Mahles zu berücksichtigen. Die Szene von Canossa steht nämlich im Kontext einer Vielzahl von Nachrichten aus dem frühen Mittelalter, durch die die konstitutive Bedeutung des Mahles bei verschiedensten Formen der Sozialbeziehung und der Gruppenbildung erkennbar wird, und sie ist nur vor diesem Hintergrund richtig zu verstehen.

Ich möchte versuchen, diesen Horizont zu verdeutlichen, indem ich das Thema unter vier Aspekten behandele: 1. das Mahl beim Abschluß von Freundschaftsbündnissen; 2. das Mahl in genossenschaftlichen Vereinigungen; 3. das Mahl im Kontext von Verbrüderung und Totengedenken; und 4. Verstöße gegen die friedenstiftende Funktion des Mahles.

Schon Gregor von Tours schildert den Abschluß von sogenannten merowingischen Schwurfreundschaften mehrfach in fast formelhafter Weise mit dem Hinweis auf ein Mahl[6]. Diese Schwurfreundschaften stellten ein Vertragsverhältnis zwischen den Partnern her, verpflichteten zu gegenseitiger Hilfe in allen Lebenslagen und beeinflußten das politische Kräftefeld in nicht zu unterschätzender Weise. Sie gehören in den Bereich der horizontal-genossenschaftlichen Bindungen der frühmittelalterlichen Gesellschaft, die von den Historikern gegenüber den vertikal-herrschaftlichen leicht übersehen werden. Sie stehen im übrigen in einer Tradition, denn schon Tacitus wußte, daß die Germanen ihre *amicitiae* wie ihre *inimicitiae* vom Vater auf den Sohn vererbten[7]. Gregor berichtet über den Abschluß dieser Freundschaften folgendermaßen: »Sie trafen sich darauf (gemeint sind der Frankenkönig Chlodwig und der Gotenkönig Alarich) auf der Loireinsel bei Amboise im Gebiet von Tours, sprachen, aßen und tranken miteinander, gelobten sich Freundschaft und schieden dann in Frieden«[8]. Oder: »Hierauf schickte König Gunthramn zu seinem Neffen Childebert Gesandte, trug ihm Freundschaft an und wünschte ihn zu sehen. Da kam dieser mit den Großen zu ihm, und bei der Brücke, die man die Steinerne nennt, kamen sie zusammen, grüßten und küßten sich gegenseitig... Und sie aßen und tranken zusammen und ehrten sich

5 Vgl. dazu schon Friedrich KAUFFMANN, Altdeutsche Genossenschaften (in: Wörter und Sachen. 2, 1910) S. 9–42, bes. S. 20ff.; Otto Gerhard OEXLE, Die mittelalterlichen Gilden: Ihre Selbstdeutung und ihr Beitrag zur Formung sozialer Strukturen (in: Soziale Ordnungen im Selbstverständnis des Mittelalters. 1, hg. v. Albert ZIMMERMANN (= Miscellanea Medievalia 12/1, 1979), S. 205f.

6 Zu diesem Phänomen vgl. Wolfgang FRITZE, Die fränkische Schwurfreundschaft der Merowingerzeit. Ihr Wesen und ihre politische Funktion (in: Zeitschrift der Savigny-Stiftung für Rechtsgeschichte, Germ. Abt. 71, 1954), S. 74–125; Margret WIELERS, Zwischenstaatliche Beziehungsformen im früheren Mittelalter, Phil. Diss. Münster 1959, S. 81ff.; Reinhard SCHNEIDER, Brüdergemeine und Schwurfreundschaft (1964), S. 84ff.

7 Die Germania des Tacitus, erl. v. Rudolf MUCH, dritte, beträchtlich erw. Aufl., hg. v. Wolfgang LANGE (1967), Kap. 21, S. 300ff.: *Suscipere tam inimicitias seu patris seu propinqui quam amicitias necesse est.*

8 Vgl. Gregorii episcopi Turonensis libri historiarum X, MG SS rer. Merov. I, 2. Aufl., hg. v. Bruno KRUSCH und Wilhelm LEVISON (1951) II, 35: *Coniunctique in insula Ligeris, quae erat iuxta vicum Ambaciensim terretorium urbis Toronicae, simul locuti, comedentes pariter ac bibentes, promissa sibi amicitia, pacifici discesserunt;* die Übersetzung nach der zweisprachigen Ausgabe in: Ausgewählte Quellen zur deutschen Geschichte des Mittelalters. Freiherr vom Stein-Gedächtnisausgabe, hg. v. Rudolf BUCHNER, Bd. 2 u. 3 (^{5}1977), S. 129.

durch wertvolle Geschenke; dann schieden sie in Frieden«[9]. Mit ähnlichen Bemerkungen wird auch das Verhältnis zweier Bürger in Tours charakterisiert: »Sichar hatte mit Chramnesind, obwohl dieser ihm seine Verwandten erschlagen hatte, innige Freundschaft geschlossen, und sie liebten einander so herzlich, daß sie oftmals zusammen ihr Mahl verzehrten und auf einem Lager beisammen schliefen«[10].

Gregor selbst hatte nach seiner eigenen Darstellung einmal eine Auseinandersetzung mit König Chilperich, in deren Verlauf der König ihn plötzlich zum Mahl einlud. »Deinetwegen«, so habe der König gesagt, »habe ich diese Gerichte bereiten lassen. Sie enthalten nur Geflügel und ein wenig Kichererbsen«. Gregor durchschaute das Vorhaben des Königs und antwortete: »Unsere Speise soll sein, den Willen Gottes zu tun und uns nicht locken zu lassen von diesen Lockungen... Versprich erst, das Gesetz und die Satzungen der Kirche nicht zu übertreten, dann werden wir glauben, daß es dir um die Gerechtigkeit zu tun ist«[11]. Erst als der König diesen Schwur geleistet hatte, nahm Gregor die angebotenen Speisen an und trank auch vom Wein. Das gemeinsame Essen, so lautet die Quintessenz dieser Anekdote, hätte das Ende der Auseinandersetzung bedeutet. Hierzu fand sich Gregor folgerichtig erst dann bereit, als er seine Forderungen durchgesetzt hatte.

Vom bündnisstiftenden Charakter des Mahles hören wir auch aus der Karolingerzeit. Der brutale Kampf um die Macht innerhalb der Königssippe, bei dem man vor der Blendung von Verwandten oder ihrer Einweisung ins Kloster nicht zurückschreckte, brachte wie schon in der Merowingerzeit jenes eigenartige Phänomen mit sich, daß Brüder, Vettern, Oheime und Neffen der karolingischen Sippe ihre verwandtschaftlichen Bindungen dadurch zu festigen und zu überhöhen versuchten, daß sie untereinander Freundschaftsbündnisse abschlossen[12]. Was die natürliche Bindung nicht erreichte – friedfertiges Verhalten –, sollte das beschworene Bündnis bewirken. Die Quellen berichten vom Abschluß und der Wirkung solcher Bündnisse aber in den gleichen Wendungen, wie sie Gregor von Tours für die Schwurfreundschaften gebrauchte. Lakonisch melden etwa die Fuldaer Annalen zum Jahre 847: »Dieses Jahr war frei von Kriegen. Lothar und Ludwig verbrachten es in gegenseitiger Vertraulichkeit, denn jeder wurde in des anderen Haus geladen und durch Festgelage und königliche Geschenke geehrt«[13]. Ganz ähnlich schildert Nithard das Verhältnis zwischen Ludwig und Karl dem

9 Ebd. V,17: *Post haec Guntchramnus rex ad Childeberthum, nepotem suum, legatos mittit, pacem petens ac depraecans eum videre. Tunc ille proceribus suis ad eum venit; qui ad Pontem quem Petreum vocitant coniuncti sunt, cumsalutantes atque invicem osculantes se... Et manducantes simul atque bibentes dignisque se muneribus honorantes, pacifici discesserunt;* Übersetzung wie Anm. 8, S. 309f.

10 Ebd. IX,19: *Nam Sicharius, cum post interfectionem parentum Chramsindi magnam cum eo amiciciam patravisset, et in tantum se caritate mutua diligerent, ut plerumque simul cibum caperent ac in uno pariter stratu recumberent;* der Fortgang der Schilderung macht jedoch deutlich, wie leicht die Friedenssphäre des Mahles verletzt wurde: Nachdem Sichar, vom Wein erhitzt, Chramnesind durch beleidigende Reden gereizt hatte, erschlug ihn dieser während des Mahles; vgl. auch unten nach Anm. 41.

11 Ebd. V, 18: *›Propter te haec iuscella paravi, in qua nihil aliud praeter volatilia et parumper ciceris continetur‹. Ad haec ego, cognuscens adulationis eius, dixi: ›Noster cibus esse debet facere voluntatem Dei et non in his diliciis dilectare, ut ea quae praecipit nullo casu praetermittamus. Tu vero, qui alios de iustitia culpas, pollicire prius, quod legem et canones non omittas; et tunc credimus, quod iustitiam prosequaris‹;* Übersetzung wie Anm. 8, S. 315.

12 Vgl. SCHNEIDER (wie Anm. 6).

13 Vgl. Annales Fuldenses, hg. v. Friedrich KURZE, MG SS rer. Germ. (1891), a. 847: *Hic annus a bellis quievit, quem Hlutharius et Hludowicus mutua familiaritate transegerunt; nam uterque eorum ad domum*

Kahlen zum Jahre 842: »Alle die genannten edlen Eigenschaften übertraf der Brüder heilige und verehrungswürdige Einigkeit. Denn fast immer hielten sie gemeinsam ihre Mahlzeiten, und was jeder an Wert besaß, das schenkten sie einander in brüderlicher Liebe. In einem Haus aßen und schliefen sie; öffentliche Angelegenheiten betrieben sie mit derselben Übereinstimmung wie ihre privaten«[14]. Genauso drückt dieses Verhältnis zum Jahre 841 der westfränkische Annalist Prudentius von Troyes aus: »Als nun Ludwig sich näherte, eilte ihm sein Bruder Karl, erfüllt von größter Sehnsucht und Liebe, entgegen, und beide waren vereint durch ihre brüderliche Liebe, durch gemeinsames Heerlager, ihre Mahlzeiten und ihre Ziele«[15].

Auch zu Beginn der Ottonenzeit, als der ottonische König Heinrich I. auf der Basis von Freundschaftsbündnissen die zerstrittenen Kräfte im Innern zu einen versuchte, lesen wir wieder von der Bedeutung des Mahles[16]: Zum Jahre 931 berichtet der Fortsetzer der Chronik Reginos von Prüm: »In demselben Jahre wurde der König von Eberhard und anderen fränkischen Grafen und Bischöfen nach Franken gerufen, und von einem jeden von ihnen in ihren Häusern und Kirchensitzen mit Gastmählern und Geschenken geehrt, wie sie einem König geziemen«[17]. Die Formulierung, daß sich ein König mit Grafen und Bischöfen in deren Häusern trifft, mit ihnen *convivia* feiert und Geschenke tauscht, reichte für die Zeitgenossen offensichtlich aus zu wissen, daß hier ein Bündnis geschlossen worden war[18].

Man könnte die Reihe solcher Beispiele fortsetzen bis hin zu der Nachricht über den Hamburger Erzbischof Adalbert, von dem Adam von Bremen nach der Mitte des 11. Jahrhunderts den Abschluß eines Freundschaftsbündnisses mit einem Dänenkönig so berichtet: »Hier (d.i. in Schleswig) kam er leicht ins Gespräch, versöhnte sich mit dem stolzen König und suchte mit Geschenken und Gelagen mit seiner erzbischöflichen Machtentfaltung die königlichen Reichtümer zu übertreffen. Schließlich wurde nach barbarischem Brauch zur Bekräftigung des geschlossenen Bundes ein acht Tage lang währendes Gelage wechselseitig ausgerichtet«[19]. Die Bemerkung »nach barbarischem Brauch« zielt dabei offensichtlich auf die achttä-

alterius invitatus conviviis et muneribus regiis honoratus est; Übersetzung nach: Ausgewählte Quellen (wie Anm. 8) Bd. 7, S. 35.

14 Vgl. Nithardi Historiarum Libri IIII, hg. v. Ernst MÜLLER, MG SS rer. Germ. (1907) III,6: *... omnemque praemissam nobilitatem excedebat fratrum sancta ac veneranda concordia. Nam convivia erant illis poene assidua, et, quodcumque precium habebant, hoc alter alteri perhumane dabat. Una domus erat illis convivii et una somni; tractabant tam pari consensu communia quam et privata;* Übersetzung nach: Ausgewählte Quellen (wie Anm. 8) Bd. 5, S. 443.

15 Vgl. Annales Bertiniani, hg. v. Georg WAITZ, MG SS rer. Germ. (1883), a. 841: *Hlodowico denique propinquanti Karolus frater summo desiderio atque amore obvius venit, pariterque coniuncti, sicut fraterna caritate, ita etiam castrorum metatione, convivii etiam consiliorumque unitate.*

16 Vgl. dazu demnächst: Gerd ALTHOFF–Karl SCHMID, Amicitiae. Eine Bündnisbewegung durch Verbrüderungen und Freundschaften im endenden 9. und beginnenden 10. Jahrhundert.

17 Vgl. Reginonis chronica cum continuatione Treverensi, hg. v. Friedrich KURZE, MG SS rer. Germ. (1890), a. 931: *Eodem anno rex ab Eberhardo aliisque Franciae comitibus seu episcopis in Franciam vocatus singillatim ab unoquoque eorum in domibus suis vel ecclesiarum sedibus regem decentibus est conviviis et muneribus honoratus;* Übersetzung nach: Ausgewählte Quellen (wie Anm. 8) Bd. 8, S. 197.

18 Vgl. die ganz ähnliche Formulierumg in Anm. 13; in der modernen Forschung wurde die Stelle bisher als Beleg für eine »gelegentliche Gastung« des Königs bei Grafen diskutiert; vgl. Carlrichard BRÜHL, Fodrum, gistum, servitium regis (= Kölner Historische Abhandlungen 14, 1968), S. 179.

19 Vgl. Adam v. Bremen, Gesta Hammaburgensis ecclesiae pontificum, hg. v. Bernhard SCHMEIDLER, MG SS rer. Germ. (1917) III,18: *Ubi facile notus et reconciliatus superbo regi muneribus atque conviviis certavit archiepiscopalem potentiam regalibus anteferre diviciis. Denique, sicut mos est inter barbaros, ad*

gige Dauer, nicht auf die Abhaltung des *convivium* selbst. Wir dürfen also festhalten: Das feierliche Mahl oder Gelage hatte im früheren Mittelalter seinen festen, ja konstitutiven Platz beim Abschluß von Bündnissen, die wir als freundschaftlich-genossenschaftliche charakterisieren können. Solche Bindungen aber waren nicht Ausdruck einer subjektiven Gefühlsäußerung, sondern hatten Vertragscharakter, sie verpflichteten für die Zukunft zu einem entsprechenden Verhalten.

Genossenschaftlicher Art sind auch jene frühmittelalterlichen Vereinigungen, die wir gewöhnlich Gilden nennen, und die wir im wesentlichen aus Äußerungen ihrer Gegner kennen[20]. Zwei Dinge beargwöhnte die weltliche und geistliche Obrigkeit vor allem bei diesen Vereinigungen, die im Unterschied zu den späteren Kaufmannsgilden und Handwerkszünften keinen berufsspezifischen Charakter hatten, sondern ihren Mitgliedern Schutz und Hilfe in allen Lebensbereichen versprachen und insofern den eben behandelten Freundschaftsbündnissen durchaus verwandt sind. Diese zwei Dinge sind der Eid und das festliche Gelage, das *convivium*[21]. Der Eid war für die öffentlichen Gewalten deshalb unakzeptabel, weil er die Mitglieder dieser Vereinigungen so fest zusammenschloß, daß in Streitfällen und Konflikten die ganze Vereinigung aktiv wurde und so die Position der einzelnen Mitglieder unangreifbar machte. Das Festgelage war vor allem der Kirche ein Dorn im Auge, weil es bei diesem offensichtlich häufiger zu Exzessen kam. Aus der überreichen kirchlichen Polemik gegen solche Gelage, die durchaus auch in kirchlichen und monastischen Bereichen abgehalten wurden, sei nur das berühmte Kapitular Erzbischof Hincmars von Reims angeführt, das auf drei Arten solcher Mähler zielt: 1. auf die Mähler zum Gedenken an Verstorbene; 2. auf Mähler, zu denen sich ausschließlich Kleriker vereinigten; und 3. auf Mähler, die von Gilden und Bruderschaften abgehalten wurden[22]. Hincmar verbot seinen Klerikern unter anderem das Betrinken im allgemeinen, das Trinken auf einen Heiligen oder einen Verstorbenen, Händeklatschen und wildes Gelächter, das Erzählen oder Singen eitler Geschichten, die schändlichen Scherze mit einem Bären oder mit Tänzerinnen und endlich das Tragen von Masken[23].

confirmandum pactum federis opulentum convivium habetur vicissim per VIII dies; Übersetzung nach: Ausgewählte Quellen (wie Anm. 8) Bd. 11, S. 351.

20 Vgl. hierzu neuerdings vor allem Oexle (wie Anm. 5) und mehrere weitere Arbeiten des gleichen Verfassers u. a. Ders., Gilden als soziale Gruppen in der Karolingerzeit (in: Das Handwerk in vor- und frühgeschichtlicher Zeit, hg. v. Herbert Jankuhn u. a., 1981), S. 284–354; Ders., Conjuratio und Gilde im früheren Mittelalter (in: Gilden und Zünfte. Kaufmännische und gewerbliche Genossenschaften im frühen und hohen Mittelalter, hg. v. Berent Schwineköper, Vorträge und Forschungen 29, 1985), S. 151–214.

21 S. dazu die in Anm. 5 und 20 genannten Arbeiten, vor allem Oexle, Gilden als soziale Gruppen (wie Anm. 20), S. 314 ff., bezüglich der kirchlichen Einstellung zum *convivium* in den Gilden. Zur Bedeutung des Eides im Mittelalter vgl. die reichen Literaturangaben im Artikel »Eid« im Handwörterbuch zur deutschen Rechtsgeschichte (wie Anm. 4). 1 (1971), Sp. 861 ff.

22 Vgl. Hincmari Rhemensis archiepiscopi opera omnia, in: Migne, Patrologia latina 125 (1879), Sp. 776 Kap. 14: *Quomodo in conviviis defunctorum aliarumve collectarum gerere se debeant;* und Kap. 16 (Sp. 777): *De confratriis, eorumque conventibus, quomodo celebrari debeant;* vgl. dazu Karl Hauck, Rituelle Speisegemeinschaft im 10. und 11. Jahrhundert (in: Studium Generale 11, 1950), S. 613 ff.; Oexle, Gilden als soziale Gruppen (wie Anm. 20), S. 311 ff. mit weiteren Hinweisen.

23 Ebd. Sp. 776: *... se inebriere praesumat, nec precari in amore sanctorum vel ipsius animae bibere, aut alios ad bibendum cogere, vel se aliena precatione ingurgitare: nec plausus et risus inconditos, et fabulos inanes ibi referre aut cantare praesumat, nec turpia joca cum urso vel tornatricibus ante se facere permittat, nec larvas daemonum, quas vulgo talamascas dicunt, ibi anteferre consentiat.*

Wir kennen die Vereinigungen, gegen die Hincmar hier polemisiert, im wesentlichen aus Verboten – und müssen von diesen auf ihre Wirklichkeit schließen[24]. Charakteristisch scheint zu sein, daß sie sozusagen alle gesellschaftlichen Bereiche erfaßten. In ihnen vereinigten sich Kleriker und Laien, Männer und Frauen und wohl auch Angehörige verschiedener Schichten. Es waren Not- und Hilfegemeinschaften, die die Obrigkeiten immer wieder auf bestimmte Tätigkeitsfelder reduzieren wollten, die nichtsdestotrotz ihre gegenseitige Verpflichtung für alle Lebensbereiche bewahrten. Und wir besitzen durchaus Zeugnisse dafür, daß sie aus verschiedenen sozialen Schichten bestanden und auf verschiedenen Feldern aktiv wurden.

Über die Wirksamkeit genossenschaftlich organisierter Gruppen des Adels im politischen Kräftefeld geben nämlich einige Beispiele aus der Ottonenzeit Auskunft, und auch hier zeigt sich die zentrale Bedeutung des Mahles. Über die Schwierigkeiten Ottos des Großen mit bestimmten Adelsgruppen in der Anfangsphase seiner Regierung berichtet Widukind von Corvey nämlich folgendermaßen: »Danach gab Heinrich (d.i. der Bruder Ottos des Großen), der von Begierde nach dem Königtum brannte, ein großes Gelage an einem Ort, der Saalfeld genannt wird. Und da er groß und von königlicher Hoheit und Macht war, beschenkte er sehr viele mit großen Gütern und gewann dadurch eine große Menge für sich zu Genossen seiner Verschwörung«[25].

Die Bedeutung des *convivium* in dem thüringischen Ort Saalfeld am Beginn einer Verschwörung gegen Otto den Großen wird aber erst dadurch richtig ermeßbar, daß zwölf Jahre später von einem anderen Historiographen noch einmal etwas Ähnliches berichtet wird: »Herzog Liudolf (d.i. der Sohn Ottos des Großen) feierte, von Italien zurückgekehrt, mit königlichem Pomp das Weihnachtsfest zu Saalfeld, wo er Erzbischof Friedrich von Mainz und alle Großen, die zugegen waren, um sich scharte. Dieses Gelage begann bereits von vielen für verdächtig gehalten zu werden, und es hieß, daß dort mehr Böses als Gutes verhandelt wurde«[26]. In der Tat war auch dieses Gelage der Beginn des Aufstands gegen den König, so wie es auch das erste gewesen war. Aus den zitierten und einer Reihe weiterer Darstellungen ließ sich folgender Befund rekonstruieren: Es gab auch im Adel des 10. Jahrhunderts dauerhaft

24 Es zeichnet sich jedoch immer deutlicher ab, daß genossenschaftliche Vereinigungen die Namen ihrer Mitglieder auch dem Gebetsgedenken anvertrauten; vgl. dazu Karl SCHMID, Bemerkungen zum Konstanzer Klerus der Karolingerzeit. Mit einem Hinweis auf religiöse Bruderschaften in seinem Umkreis (in: Freiburger Diözesan-Archiv 3F. 32, 1980), S. 26–58, bes. S. 56ff.; und demnächst ALTHOFF–SCHMID, Amicitiae (wie Anm. 16).

25 Vgl. Die Sachsengeschichte des Widukind von Korvei, neu bearb. v. Paul HIRSCH und Hans-Eberhard LOHMANN, MG SS rer. Germ. (1935) II,15: *Post haec Heinricus ardens cupiditate regnandi celebre parat convivium in loco qui dicitur Salaveldun. Cumque esset magnus ac potens maiestate et potestate regali, plurimis plurima donat et factionis huiuscemodi plurimos ob id sibi associat. Fuere tamen multi, qui rem celare potius arbitrati sunt, ad hoc tantum, ne rei fraternae discordiae invenirentur;* Übersetzung nach: Ausgewählte Quellen (wie Anm. 8) Bd. 8, S. 101; hierzu und zum folgenden s. Gerd ALTHOFF, Zur Frage nach der Organisation sächsischer coniurationes in der Ottonenzeit (in: Frühmittelalterliche Studien 16, 1982), S. 129–142; Gerd ALTHOFF–Hagen KELLER, Heinrich I. und Otto der Große (= Persönlichkeit und Geschichte 122–125, 1985), S. 135ff.

26 Vgl. die Fortsetzung der Chronik Reginos (wie Anm. 17), a. 952: *Liudolfus dux de Italia revertens regio ambitu natale Domini Salefeld celebravit, ubi Fridericum archiepiscopum omnesque, qui in promptu erant, regni maiores secum detinuit. Quod convivium iam multis suspitiosum coepit haberi, et plus ibi destructionis quam utilitatis ferebatur tractari;* Übersetzung nach: Ausgewählte Quellen (wie Anm. 8), S. 207.

aneinander gebundene Gruppen, die sich traditionell in Saalfeld zu treffen pflegten, wobei im Mittelpunkt ihres Treffens ein Festgelage stand, wie wir es von den Gilden und ähnlichen genossenschaftlichen Vereinigungen her kennen. Über das gemeinschaftstiftende Feiern hinaus aber fanden Beratungen statt – und nur deshalb werden die Quellen aufmerksam –, die in den beiden zitierten Fällen zu dem Entschluß führten, gegen den König die Fehde zu eröffnen.

Ein Selbstzeugnis des Geschichtsschreibers Thietmar von Merseburg dagegen belegt, daß das Mahl auch in kirchlichen Institutionen wie dem Domkapitel die gleiche gemeinschaftstiftende Funktion besaß, indem es nämlich unter anderem bei der Aufnahme eines neuen Mitglieds in die Gemeinschaft der Domkleriker abgehalten wurde. Sein Vater habe, so berichtet Thietmar, anläßlich seiner Aufnahme in die Gemeinschaft der Magdeburger Domkanoniker, dem Kapitel ein zweitägiges *convivium* gestiftet[27].

Doch nicht nur bei der Aufnahme in eine Gruppe praktizierte man das *convivium*. Seinen festen Platz hatte es auch bei den Formen der Sozialbeziehung, die wir Verbrüderung nennen. Dominierend scheint hier die Verpflichtung zur gegenseitigen Gebetshilfe, doch ist dies nicht der einzige Zweck derartiger Verbrüderungen, die Mönche und Geistliche untereinander, aber auch mit Laien eingingen[28]. Wir sind damit bereits bei dem dritten Aspekt, den Mählern im Kontext von Verbrüderung und Gebetsgedenken. Und es ist vielleicht zu betonen, daß die verschiedenen Formen sozialer Beziehung, die bisher angesprochen wurden, Schwur- und andere Freundschaften, Gilden und andere genossenschaftliche Vereinigungen, Verbrüderungen in ihren wesentlichen Zielen sehr vergleichbar sind: Sie wollen friedfertiges und hilfegewährendes Verhalten sicherstellen, und sie zielen auf alle Lebensbereiche. Dies bezweckt auch die Verbrüderung, die das besondere Anliegen der Gebetshilfe akzentuiert. Doch auch hier zunächst einige Beispiele: Im Jahre 912 besuchte König Konrad I. mehrere Tage den St. Galler Konvent[29]. Er verbrüderte sich mit den dortigen Mönchen und erhielt den Status eines *frater conscriptus*, eines eingeschriebenen Bruders. Höhepunkt dieser Verbrüderung aber war offensichtlich das gemeinsame Mahl des Königs mit den Mönchen, über das noch in der Mitte des 11. Jahrhunderts Ekkehard IV. von St. Gallen ausführlich zu erzählen weiß. »Ich will als eingetragener Mitbruder«, so soll Konrad I. gesagt haben, »heute mit den Brüdern speisen und

27 Vgl. die Chronik des Bischofs Thietmar von Merseburg und ihre Korveier Überarbeitung, hg. v. Robert HOLTZMANN, MG SS rer. Germ. NS 9 ([2]1955) IV,16: *Ibi tres annos ego conversatus in omnium festivitate sanctorum ad sanctum Mauricium quia ad altare hoc me dare non potuit, fraternitatis consorcio ab eo, iunctus sum, proximaque sancti Andree natali magnum et valde cunctis acceptabile convivium duos dies peractum est;* s. dazu Helmut LIPPELT, Thietmar von Merseburg. Reichsbischof und Chronist (= Mitteldeutsche Forschungen 72, 1973), S. 64 f.

28 Aus der reichen Literatur zu diesem Thema sei nur genannt Joachim WOLLASCH, Die mittelalterliche Lebensform der Verbrüderung (in: Memoria. Der geschichtliche Zeugniswert des liturgischen Gedenkens im Mittelalter, hg. v. Karl SCHMID und Joachim WOLLASCH, Münstersche Mittelalter-Schriften 48, 1984), S. 215–232; und demnächst Karl SCHMID, Das Mönchtum im Verbrüderungswesen (in: Monastische Reformen im 9. und 10. Jahrhundert, Vorträge und Forschungen, im Druck).

29 Vgl. dazu schon Arno BORST, Lebensformen im Mittelalter (1973), S. 178 ff.; zuletzt Karl SCHMID, Brüderschaften mit den Mönchen aus der Sicht des Kaiserbesuchs im Galluskloster vom Jahre 883 (in: Churrätisches und St. Gallisches Mittelalter, Fs. f. Otto P. CLAVADETSCHER, hg. v. Helmut MAURER, 1984), S. 173–194; grundsätzlich Joachim WOLLASCH, Kaiser und Könige als Brüder der Mönche (in: Deutsches Archiv 40, 1984), S. 1–20.

unsere Bohnen aus meinem Sacke pfeffern«[30]. Die Schilderung des Mahles bringt Ekkehard dann in Reimprosa: »Es brachten über demselben Altar / die Brüder für den König rasch die Messe dar. / Vorzeitig begann das Mahl; / es füllte sich der Saal. / Kaum brachte der Lektor einen einzigen Satz vor. / Die Liebe, die kein Unrecht kann begehen, / sie durfte die Zucht mit Fug verschmähen. / Niemand sprach, dies oder das sei eigentlich verwehrt, / obzwar man's früher nie gesehen und nie gehört. / Nie atmeten sie dort in der Klosterluft / von Wild und Fleisch den gewürzten Duft. / Gaukler tanzten und sprangen, / Musikanten spielten und sangen. / Niemals erlebte der Saal des Gall / von sich aus solchen Jubelschall. / Der König unter dem Klang der Lieder / schaute auf die gesetzteren Brüder / und lachte über einige von ihnen / denn da ihnen alles neu war, verzogen sie ihre Mienen«[31].

Hier wird also die Verbrüderung mit dem König wohl in ähnlichen Formen und ähnlicher Intensität gefeiert, wie sie Hincmar meinte, als er für sein Bistum bestimmte Dinge verbot. Die St. Galler Nachrichten aber stehen nicht allein. Aus England berichtet etwa zur gleichen Zeit die Vita Aethelwolds, König Eadred habe den Konvent von Abingdon besucht. In freudiger Stimmung habe er ein *convivium* mit dem Konvent veranstaltet, bei dem Bier im Überfluß serviert wurde. Vorsorglich aber habe der König die Türen des Raumes verschließen lassen, damit sich niemand dem Gelage durch die Flucht entziehen könne. Nur ein Wunder rettete angeblich die Mönche vor der verordneten Trunkenheit[32]. Nicht viel anders scheint es in St. Emmeram in Regensburg zugegangen zu sein. Dort schloß Otto der Große ein *convivium* mit dem Konvent damit ab, daß alle noch einmal auf den heiligen Emmeram tranken. Einer der Teilnehmer wollte sich diesem Trunk jedoch mit der Bemerkung entziehen: »Emmeram hat in meinem Bauch keinen Platz mehr. Der ist besetzt von Speise und Trank«. Sogleich aber habe dieser von dem Heiligen aus der Wand, an die er sich lehnte, einen solchen Schlag erhalten, daß er kopfüber zu Boden stürzte[33].

Auskunft darüber, was bei solchen Gelagen von den Mönchen gesungen wurde, bieten die sogenannten Caritas-Lieder, die Bernhard Bischoff aus klösterlichen Handschriften des Frühmittelalters gesammelt und kommentiert hat[34]. Hier nur ein Beispiel, das offensichtlich im Wechselgesang zum Vortrag gebracht wurde. Der erste Chor beginnt mit der Forderung:

30 Vgl. Ekkehard IV. St. Galler Klostergeschichten, hg. u. übersetzt von Hans F. HAEFELE (= Ausgewählte Quellen, wie Anm. 8, Bd. 10, 1980), Kap. 16: *Nam et ego hodie frater conscriptus volo prandere cum fratribus et fabas nostras de meo piperare.*

31 Ebd.: *Aguntur celeres regi missę a fratribus super id ipsum altare. Prȩmaturatur prandium; impletur refectorium; vix unum lector recitaverat periodum. Caritas, quę non agit perperam, licenter sprevit disciplinam. Nemo ait hoc aut illud esse insolitum, quamvis ante nunquam sit visum vel auditum. Nunquam ea domo saporatum monachum odorem fȩrine hauriunt et carnium. Saltant satirici; psallunt symphoniaci. Nunquam tale per se tripudium Galli habuit refectorium. Graviores fratrum rex spectat inter strepitum, ridet quorundam vultus contractos propter rerum talium insolentiam.*

32 Vgl. Aelfric, Vita Aethelwoldi, hg. v. Michael WINTERBOTTOM (Three Lives of English Saints, Toronto 1972, S. 15–29), S. 20; den Beleg verdanke ich der noch unpublizierten Dissertation von Dagmar Beate SCHNEIDER, Anglo-Saxon women in the religious life, Cambridge 1985, die mir durch die Freundlichkeit der Verfasserin zugänglich war; vgl. Ms. S. 99 mit Anm. 106.

33 Vgl. Ex Arnoldi libris de S. Emmerammo, hg. v. Georg WAITZ, MG SS 4 (1841), S. 552: *Heilram in ventre meo non habet locum, quia cibus et potus iam intrantes preoccupaverant illum;* zu diesem und ähnlichen Fällen s. auch Heinrich FICHTENAU, Lebensordnungen des 10. Jahrhunderts (= Monographien zur Geschichte des Mittelalters 30, 1/2, 1984) 1, S. 85 ff.

34 Vgl. Bernhard BISCHOFF, Caritas-Lieder (in: DERS., Mittelalterliche Studien 2, 1967), S. 56–77.

»/ Trinkt ordentlich und ruft alle Eia, / Diener schenkt auf der Stelle ein!« Abwehrend antwortet der zweite Chor: »/ Wir trinken nicht mehr; wir haben schon viel getrunken; / wir haben keinen Durst mehr; / wir glauben auch, daß wir nicht mehr vertragen!« Der erste Chor bleibt unerbittlich: »Zu Ehren des Erlösers Christus trinkt, und ruft alle Eia, / trinkt cum caritate!« Diese Aufforderung bricht den Widerstand: »/ Wir haben den Namen gehört, den die Engel preisen, darum laßt uns fröhlich trinken, soviel wir nur können«[35]. Über das festliche Ostermahl, das die Domherren und die Kanoniker von St. Afra in Augsburg im 10. Jahrhundert mit ihrem Bischof hielten, ist ein detaillierter Bericht in der Vita Bischof Ulrichs von Augsburg überliefert. Er konkretisiert den Ablauf des Mahles und des Minnetrinkens. Zunächst führten während des Mahles Spielleute *(symphoniaci)* auf einem Podium drei Singspiele auf. »Wenn dann die Wogen der Freude immer höher schlugen, gab der Bischof ein Zeichen, daß die Domherren den Minne-Wein erhalten und trinken sollten. Inzwischen sangen sie den Wechselgesang von der Auferstehung des Herrn. Wenn diese Minne getrunken war, machten es die vom Stift St. Afra am anderen Tisch ebenso. Wenn dann der Abend nahte, ließ der Bischof sich selbst und denen, die an seiner Tafel saßen, froh die Becher reichen und bat alle miteinander, die dritte Minne in Liebe zu trinken. Wenn diese Minne getrunken war, sang die ganze Geistlichkeit voller Freude den dritten Wechselgesang«[36]. Man kann sich wohl unschwer vorstellen, daß solche Lieder und *convivia* gemeinschaftsstärkend waren. Man wird aber wohl auch verstehen, warum sich in monastischen Bußbüchern die Bestimmung findet, niemand brauche wegen Trunkenheit Buße zu tun, wenn er nicht mehr getrunken habe, als von den Klosteroberen verordnet[37].

Nicht nur Könige, auch zahllose andere Stifter zielten bei ihrer Verbrüderung mit den Mönchen auf das Gebet und das Gedenken der geistlichen Gemeinschaft über ihren Tod hinaus. Jedes gestiftete *convivium* wurde so über kurz oder lang zum Totenmahl. Über die Totenmähler in Antike und Christentum ist bereits viel geschrieben und diskutiert worden[38]. Unstrittig ist die immense Bedeutung des Mahles beim heidnischen wie christlichen Totenkult. Man darf wohl sagen, daß das Christentum hier Riten und Gebräuche der heidnischen

35 Ebd. S. 69 f.: 1 *Hic sistimus cum precibus: / Bene bibatis, poscimus / Et »Eia« una dicite. / Modo, ministri, miscite. / 2 Non bibamus hic amplius, / Hucusque valde bibimus, / Iam sitire desivimus, / Minus libare gestimus. / 3 In honore Salvatoris / Christi, precamur, bibite / Et »Eia« una agite, / Cum caritate bibite. / 4 Audivimus nomen cuius / Cetus laudat angelicus. / Idcirco laeti bibamus, / Quantum sufferre possumus.*

36 Vgl. Gerhardi Vita S. Oudalrici episcopi, hg. v. Georg Waitz, MG SS 4 (1841), S. 377–428, Kap. 4: *His ita gaudiis multiplicatis, canonici praecipiente episcopo caritatem accipientes et rogantes, unum responsorium de resurrectione Domini interim decantaverunt. Et hac caritate expleta, ad alteram mensam congregatio sanctae Afrae similiter fecit. Adpropinquante vero vespera, ille sibi et secum sedentibus laetanter pocula porrigere praecepit, et tertiam caritatem omnes caritative bibere rogavit; acceptaque ea caritate, tertium responsorium omnis clerus simul cum laetitia decantavit;* Übersetzung nach: Ausgewählte Quellen (wie Anm. 8) Bd. 22, S. 77.

37 F. W. H. Wasserschleben, Die Bußordnungen der abendländischen Kirche (1851, ND 1958), S. 184 Poenitentiale Theodori: *Si vero … pro gaudio in natale Domini aut in pascha aut pro alicujus sanctorum commemoratione faciebat et tunc plus non accipit, quam decretum est a senioribus, nihil nocet.*

38 Vgl. grundlegend Theodor Klauser, Die cathedra im Totenkult der heidnischen und christlichen Antike (in: Liturgiegeschichtliche Forschungen 9, 1927, [2]1971); zuletzt Otto Gerhard Oexle, Mahl und Spende im mittelalterlichen Totenkult (in: Frühmittelalterliche Studien 18, 1984, S. 401–420) mit weiteren Hinweisen.

Antike übernommen hat. So wie man sich in der Antike an den Gräbern versammelte und *convivia* feierte, so speisten im Mittelalter Familien, Freunde, Gilden oder geistliche Gemeinschaften zum Gedenken an Verstorbene. Nachdrücklich ist jüngst mehrfach die Auffassung vertreten worden, daß wie in der Antike, als man Speiseröhrchen in die Gräber steckte, auch im christlichen Mittelalter die Verstorbenen als gegenwärtig und anwesend gedacht wurden[39].

Wie dem auch sei, in jedem Fall aber war in Antike und Christentum die Armenfürsorge mit dieser Art des Totengedenkens verknüpft. Ein Armer erhielt die Essensration des Verstorbenen, was sich etwa in Cluny, wo man täglich mehrerer hundert verstorbener Mönche gedachte, dahingehend auswirkte, daß die Toten begannen, die Lebenden auszuzehren, wie Abt Petrus Venerabilis bei seinem Amtsantritt bemerken mußte[40]. Charakteristisch und hervorhebenswert scheint auch zu sein, daß solche Totenmähler keineswegs als Trauermähler konzipiert und aufgefaßt wurden. Die schon zitierte kirchliche Polemik gegen bestimmte Auswüchse bei den Mählern bezieht sich auch und nicht zuletzt auf Totenmähler. Dabei lag es offensichtlich in der Absicht der Stifter, für die Mähler nach ihrem Tode jeglichen Überfluß an Speisen und Getränken zu verordnen. Diese Bestimmungen dürften nicht zuletzt aus der Einsicht erwachsen sein, daß die Chance, Gebet und Gedenken auf Dauer zu sichern, dann am größten war, wenn es spürbare Wohltaten für die Gedenkenden mit sich brachte. Ein nicht unwichtiger Wandel auf diesem Gebiet läßt sich übrigens zum späten Mittelalter hin beobachten: Die Stiftung von Mählern tritt gegenüber konkreten Geldzuwendungen zurück[41]!

Als letzter Aspekt sei auf die nicht wenigen Verstöße gegen den friedenstiftenden Charakter des Mahles hingewiesen. Angesichts der Bedeutung, die man dem *convivium* für die Herstellung und den Erhalt von Frieden und Eintracht zubilligte, dürfte wohl klar sein, daß Heimtücke, Hinterlist und Gewalt im Zusammenhang von Mählern als besonders verwerflich angesehen wurden. Nichtsdestotrotz kamen sie natürlich vor. Der Mährerfürst Rastislaw soll seinen Neffen Swatopluc zu einem *convivium* geladen haben, um ihn bei dieser Gelegenheit erwürgen zu lassen. Der Anschlag mißlang. Rastislaw fiel in die Hände der Franken und wurde wegen dieses Vorhabens von Slawen und Franken in Regensburg zum Tode verurteilt und von Ludwig dem Deutschen zur Blendung begnadigt[42].

In gleicher Weise – nur erfolgreicher – nutzte in der Ottonenzeit der Markgraf Gero den Glauben slawischer Fürsten an die Unverletzlichkeit der Sphäre des Gastmahls. Er ließ

39 Vgl. Otto Gerhard OEXLE, Die Gegenwart der Toten (in: Death in the Middle Ages, hg. v. Herman BRAET und Werner VERBEKE (= Mediaevalia Lovanensia, Series I, Studia 9, 1983) S. 19–77 mit weiteren Hinweisen; es scheint jedoch noch offen, wie solche Vorstellungen mit der christlichen Auffassung von der den Leib verlassenden Seele in Einklang zu bringen sind; vgl. dazu Arnold ANGENENDT, Theologie und Liturgie der mittelalterlichen Toten-Memoria (in: Memoria, wie Anm. 28, S. 79–199), bes. S. 110 ff., S. 168 ff.

40 Vgl. Joachim WOLLASCH, Gemeinschaftsbewußtsein und soziale Leistung im Mittelalter (in: Frühmittelalterliche Studien 9, 1975), S. 268–286; DERS., Toten- und Armensorge (in: Gedächtnis, das Gemeinschaft stiftet, hg. v. Karl SCHMID, 1985), S. 9–38.

41 Dies zeigen etwa die Bestimmungen des Borghorster Necrologs aus den spätmittelalterlichen Jahrhunderten, die in der weitaus überwiegenden Anzahl der Fälle Geldzuwendungen an die Anwesenden vorsehen; vgl. Gerd ALTHOFF, Das Necrolog von Borghorst (= Veröffentlichungen der Historischen Kommission für Westfalen 40, 1978), S. 189 ff.

42 Ausführlicher Bericht in den Annales Fuldenses (wie Anm. 13), a. 870.

ungefähr 30 von ihnen töten, als diese nach einem *convivium* wein- und schlaftrunken waren. Widukind von Corvey erzählt dies ohne Kritik, allerdings gibt er an, die Slawen hätten ihrerseits Gero mit List töten wollen, was wohl als Erklärung und Entschuldigung der Untat zu verstehen ist[43]. Gleich zweimal hat dagegen Widukind von Corvey dem Mainzer Erzbischof Hatto einen schlimmen Bruch der Gebote des Gastmahls angehängt. Den Babenberger Adalbert habe er trotz der Zusicherung freien Geleits dem Henker ausgeliefert. Das freie Geleit aber habe er mit einem Trick eingelöst. Er habe geschworen, den Grafen sicher auf seine Burg zurückzubringen. Man sei aufgebrochen, und kurze Zeit später habe Hatto Hunger vorgeschützt. Der Graf eilte daraufhin zu seiner Burg zurück und ließ dem Gast ein Mahl bereiten. Als man danach erneut aufbrach, fühlte sich Hatto seines Versprechens entbunden; – er hatte Adalbert ja einmal sicher zurückgebracht – der Babenberger wurde hingerichtet[44]. Der zweite Anschlag galt dem sächsischen Herzog Heinrich, dem späteren König. Ihn lud Hatto zu einem Gastmahl, vorgeblich, um ihn mit Geschenken zu ehren. In Wirklichkeit soll er jedoch geplant haben, Heinrich mit einer goldenen Kette umzubringen[45]. Es scheint für uns weniger wichtig, ob die Unterstellungen wirklich zutreffen, was wenig wahrscheinlich ist. Es bleibt jedoch die Beobachtung, daß besondere Hinterlist dadurch konkretisiert wurde, daß jemand den Frieden des Gastmahls mißbrauchte.

So ist es kaum verwunderlich, daß dieser Vorwurf auch einer Frau gemacht wurde, die nach Meinung der modernen Forschung wenig anderes tat, als um ihr gutes Recht zu kämpfen, die jedoch von den mittelalterlichen Quellen diffamiert wurde wie kaum eine zweite Frau des Mittelalters – gemeint ist die Gräfin Adela von Elten, die für Thietmar von Merseburg eine »zweite Herodias« und noch für Wilhelm Giesebrecht im 19. Jahrhundert »eine deutsche Medea« war[46]. Was hatte sie gemacht? Thietmar von Merseburg, ein Gegner, schildert ihr Vergehen so: »Wichmann… gedachte, den lange wütenden Streit durch einen Vergleich aus der Welt zu schaffen; er lud seinen Gegner freundlich in sein Haus und suchte ihn durch Mahl und Geschenke zu versöhnen. Zur Bestätigung des angeknüpften Freundschaftsbundes erhielt er auch eine Einladung von ihm, doch über sein Weib (d.i. die Gräfin Adela) flüsterte ihm die alte Schlange ein, er möge ihn im Netz seiner Verschlagenheit fangen… Man nahm ihn zunächst sehr gut auf, aber bald wurde ihm von einem vergifteten Trank übel. Dann wurden seine heftigen Schmerzen immer schlimmer, so daß er kaum den folgenden Tag dort abwartete. Als er dann wohlbeschenkt und freundlich entlassen aufbrach, hielt man seine Ritter durch eine List zurück; er aber wurde hinterrücks durch einen Knecht erschlagen«[47]. Hier findet man also noch einmal das Bewußtsein von der frieden- und bündnisstiftenden

43 Widukind (wie Anm. 25) II,20: *Ipse dolum dolo preoccupans, convivio claro delibutos ac vino sepultos ad triginta fere principum barbarorum una nocte extinxit.*

44 Ebd. I,22.

45 Ebd.; Widukind hat die beiden Geschichten in der Fassung, die er der Kaisertochter Mathilde widmete, erheblich abgeschwächt.

46 Vgl. Friedrich Wilhelm OEDIGER, Adelas Kampf um Eltern (in: Annalen des Historischen Vereins für den Niederrhein 155/6, 1954), S. 70ff.; Wilhelm GIESEBRECHT, Geschichte der deutschen Kaiserzeit 2 (1929), S. 10 und S. 127ff.

47 Vgl. Thietmar von Merseburg (wie Anm. 27) VII,47; Übersetzung nach: Ausgewählte Quellen (wie Anm. 8) Bd. 9, S. 405f.

Funktion des Mahles, durch die die Vergiftung des Tischgenossen eine zusätzliche Dimension der Ungeheuerlichkeit bekommt[48].

Abschließend sei erzählt, wie im 10. Jahrhundert der frieden- und bündnisstiftende Charakter des gemeinsamen Trinkens dazu genutzt wurde, den Raub von Klostergut rückgängig zu machen, weil in dieser Geschichte fast alle Aspekte des Themas wiederkehren! Den Mönchen des Klosters Bobbio hatten zwei mächtige Adlige Güter entfremdet. Es stand offensichtlich nicht in der Macht des Königs, dies zu verhindern oder zu bestrafen, denn die beiden hatten ihm schon mehrfach rebellierend ihre Macht demonstriert. Der König wies daher die Mönche von Bobbio an, die Reliquien des Klosterheiligen Columban an den Königshof zu bringen, wo sich auch die Räuber zu Beratungen eingefunden hatten. Er ließ den Behälter mit den Reliquien in den Raum tragen, in dem die Großen versammelt waren. Beim friedenstiftenden Trank trank er auch den Reliquien zu – vielleicht ein Beleg für die Vorstellung von der Gegenwart der Heiligen –, und nach dem König taten dies auch die übrigen Großen. Als die Reihe an die beiden kam, die das Klostergut entfremdet hatten, verweigerten sie den Trank. Sie scheuten sich wohl, Frieden mit dem Heiligen zu schließen, und verstießen damit, wie angemerkt wird, auch gegen das Bündnis, das sie mit dem König geschlossen hatten. Die Folge war, daß sie eindeutig ins Unrecht gesetzt waren und aus der Stadt fliehen mußten. Daß Gott und der Heilige ihnen noch weiter zusetzten, braucht hier nicht mehr erzählt zu werden[49]. Man mag vom Realitätsgehalt der Miracula Sancti Columbani halten, was man will: Die Vorstellung, daß gemeinsames Essen und Trinken Frieden stiftet, ist jedenfalls hier wie bei dem eingangs zitierten Gregor von Tours die Voraussetzung der Geschichte.

Vielleicht ist trotz des gedrängten Überblicks deutlich geworden, daß das gemeinsame Mahl ein konstitutives Element sehr vieler, fast möchte man sagen aller Sozialbeziehungen des frühen Mittelalters darstellt. Freundschaft, Bündnis, Genossenschaft und Frieden schloß man mit der rechtsrituellen Handlung des gemeinsamen Mahles. Die Bindung innerhalb verschiedener Gruppen und Gemeinschaften wurde immer wieder belebt und gestärkt durch die Wiederholung dieser Handlung, im Gedenken an die Toten hatte sie ebenfalls ihren festen Platz. Das Mahl steht damit in einer Reihe mit anderen rechtsrituellen Handlungen wie dem Eid, dem Tausch von Gaben, Geiseln oder auch dem Tausch von Frauen, der die Frau dem Mann einer anderen Sippe überantwortete als *pacis obsidem*, als Garantin oder auch Geisel für den Frieden[50]. Die angesprochenen Phänomene sind im übrigen keineswegs allein im europäischen Frühmittelalter zu beobachten. Historiker, Ethnologen und Soziologen stellen sie als Charakteristika all der Gesellschaften heraus, die wir als archaische bezeichnen[51].

48 Über einen ganz ähnlichen Fall berichtet Helmolds Cronica Slavorum, hg. v. Bernhard SCHMEIDLER, MG SS rer. Germ. ([3]1937) I,34, dort stiftete die Gattin des slawischen princeps Cruto einen Heinrich an, ihren Gatten beim *convivium* zu ermorden. Nach erfolgreicher Tat heiratete sie den Mörder ihres Mannes.

49 Vgl. die Miracula S. Columbani, hg. v. Harry BRESSLAU, MG SS 30,2 (1934) S. 993–1015, bes. Kap. 8 und 21.

50 Als *tamquam pacis obsidem* bezeichnen etwa die Annales Alamannici, MG SS 1 (1826) S. 56, a. 913, die Gemahlin König Konrads I., deren Heirat den Frieden sichern sollte.

51 Grundlegend Georg SIMMEL, Soziologie. Untersuchungen über die Formen der Vergesellschaftung (1908); Marcel MAUSS, Die Gabe. Form und Funktion des Austauschs in archaischen Gesellschaften (in: DERS., Soziologie und Anthropologie 2, 1975), S. 15ff.; für die frühmittelalterlichen Vorstellungen Georges DUBY, Krieger und Bauern. Die Entwicklung von Wirtschaft und Gesellschaft im frühen

Vor diesem Hintergrund scheint es nicht unwichtig zu betonen, daß die hier gemachten Bemerkungen und Beobachtungen in der Tat nur für das frühe Mittelalter gelten. Das Mahl verliert spätestens im 11. Jahrhundert die herausgearbeiteten Konturen und gewinnt dafür andere. Es ist klar, daß dieser Prozeß langsam vonstatten ging und zudem schwer faßbar ist. Rechtssymbolische Handlungen erstarren zu Ritualen, ohne daß der ursprüngliche Sinn bewußt bleibt; neue gesellschaftliche Situationen und Anforderungen bringen neue Formen und Bedeutungsinhalte des Mahles mit sich. So tritt etwa das Mahl beim Abschluß von politischen Bündnissen stark zurück – seine Stellung bewahrt es dagegen in den Gewohnheiten und Ritualen genossenschaftlicher Vereinigungen[52]. Inwieweit das Mahl der höfischen Gesellschaft, namentlich dasjenige im Rahmen der Hoffeste, noch Formen und Bedeutungsinhalte des archaischen Mahlverständnisses spiegelt, und inwieweit es Ausdruck neuer gesellschaftlicher Bedingungen ist, wäre ein interessantes, aber zugleich auch ein neues Thema[53].

Mittelalter (1977); für den Bereich der Antike vgl. den Art. ›Essen‹ in: Reallexikon für Antike und Christentum, hg. v. Theodor Klauser, Bd. 6 (1966), Sp. 612–635; neuerdings Otto Hiltbrunner, Gastfreundschaft und Gasthaus in der Antike (in: Gastfreundschaft, Taverne und Gasthaus im Mittelalter, hg. v. Hans Conrad Peyer, 1983), S. 1–20.

52 Vgl. hierzu etwa Wilfried Reininghaus, Die Entstehung der Gesellengilden im Spätmittelalter (= Beihefte der Vierteljahrsschrift für Sozial- und Wirtschaftsgeschichte 71, 1981), bes. S. 188ff.

53 Während im Frühmittelalter die genossenschaftliche Funktion des Mahles im Vordergrund steht, scheint das höfische Mahl dominierend herrschaftlich ausgerichtet zu sein; vgl. dazu zuletzt das reiche Material bei Joachim Bumke, Höfische Kultur 1–2 (1986), bes. S. 247ff.

Michael Wolgemut: Fürstliche Tafel.
Holzschnitt aus dem »Schatzbehalter«, Nürnberg 1491

DIETMAR RIEGER

Par devant lui chantent li jugleor

Mittelalterliche Dichtung im Kontext des »Gesamtkunstwerks« der höfischen Mahlzeit

»Schon hat sich unser Herz am gebührenden Schmause gesättigt
Und an der Leier Klang, die dem blühenden Mahle gesellt ist«
(*Homer*, Odyssee, 8, 98–99; Übers. *R. Hampe*)

»Und ich gewahre, wie viele Männer im Hause ein Gastmahl
Halten, es breitet sich Fettdampf aus, und drinnen ertönt die
Leier, die zur Gefährtin des Mahles machten die Götter« (Ebd., 17, 269–271)

»Es zeigt sich der Sänger, er tritt herein,
Zu dem Guten bringt er das Beste,
Denn ohne Leier im himmlischen Saal
Ist die Freude gemein auch beim Nektarmahl«
(*Friedrich Schiller*, Die 4 Weltalter)

»Er singt im Königssaal,
Ihm staunen alle Gäste,
Sein Lied verklärt das Mahl«
(*Ludwig Uhland*, Der Sänger)

Zu sagen, daß Literatur und kulinarische Genüsse im Mittelalter eine enge Verbindung eingehen, entspricht der historischen Wahrheit. Damit sei allerdings nicht auf mittelalterliche Kochtraktate oder Rezeptsammlungen[1] und auch nicht auf die Tatsache angespielt, daß die mittelalterliche Dichtung – vor allem natürlich die Epik – uns oft genug mehr oder weniger realistisch schildert, wo, wann, wie und vor allem was im Mittelalter in bestimmten sozialen Schichten (fürstlich) gespeist oder auch (weniger fürstlich) gegessen wurde – wobei die materiellen Grundlagen der fürstlichen Gelage nicht selten in einem idealisierenden, zumindest quantitativ und qualitativ übertreibenden Licht geschildert werden. Sicherlich: zwar ist die Dichtung des Mittelalters sehr wenig informativ, wenn es darum geht, Details der Speisenfolge oder die Ingredienzien bestimmter Gerichte zu eruieren – Dichtung enthält eben nur in funktional besonders begründeten Ausnahmefällen Menükarten und Kochrezepte –, doch geben uns die dichterischen Texte genügend Anhaltspunkte, die es uns erlauben, auch auf Einzelheiten der Eß- und Trinkkultur dieser »barbarischen« Epoche der abendländischen

1 Wie – in Frankreich – z.B. die »Enseingnemenz qui enseingnent à apareillier toutes manieres de viandes« (gegen 1300) oder der berühmte »Viandier de Guillaume Tirel dit Taillevent« des Oberkochs am französischen Königshof von Charles VI (1364–1380).

Geschichte zu schließen[2]. Doch soll nicht primär davon, sondern von einem anderen Aspekt der Verbindung von Literatur einerseits und Essen und Trinken andererseits die Rede sein – wenngleich auch dafür die Literatur selbst – neben Chroniken und ikonographischem Material – als Informationsquelle unverzichtbar ist. Gemeint ist nämlich ein besonders wichtiger Aspekt der Rezeption mittelalterlicher Dichtung: der Vortrag bestimmter Dichtungsformen während des Essens oder unmittelbar danach.

Wir kennen diesen Sachverhalt – allerdings in weitgehend degenerierter, zumindest stark modifizierter Form – auch in der Moderne. Man liest beim Essen ein Buch oder die Zeitung, oder aber – was noch sehr viel verbreiteter sein dürfte und die spezifische Modernität des Phänomens in seiner heutigen Erscheinungsform noch mehr herausstellt – man ißt und hört gleichzeitig Radio oder sieht fern. Doch die hauptsächlichen Charakteristika dieser modernen, mit der Nahrungsaufnahme gekoppelten Rezeptionsweisen von (im weitesten Sinn) literarischen und musikalischen Formen und Mischformen markieren bereits wichtige Unterschiede zu ihren mittelalterlichen Entsprechungen. Insbesondere die Rezeption durch Lektüre – aber auch andere, vor allem die massenmedialen Rezeptionsweisen, falls ihr Zweck nicht nur in der Schaffung einer bloßen Geräuschkulisse (zum Beispiel Hintergrundmusik) besteht – vereinzeln den Rezipienten, der sich in eine private Welt der Fiktion bzw. des ästhetischen Genusses einschließt. Der Rezipient genießt als einzelner – letztlich ein Symptom der vielbeklagten Störung der Soziabilität in der Moderne, das deshalb dann ebensosehr die Realität bestimmt wie negativ besetzt ist, wenn es mit dem auch heute noch als eminent soziales Handeln gewerteten Akt des gemeinschaftlichen Essens[3] kollidiert. Das Bild des beim gemeinsamen Frühstück seine Tageszeitung mehr als seine Frau beachtenden Ehemanns oder dasjenige der Familie, die beim Abendessen lediglich der gleichsam parallele Blick auf die Mattscheibe »vereint«, sind bereits zu (negativen) Klischees verfestigt. Bei der im Mittelalter dominierenden kollektiven Rezeption von Dichtung und Musik, dem prinzipiell kollektiven ästhetischen Genießen, ist eine derartige Kollision mit einer der Hauptfunktionen des gemeinschaftlichen Mahls ausgeschlossen, Gemeinschaft herzustellen – bei allen in der Sitzordnung manifesten Rangunterschieden –, soziale Bindungen quasi-kultisch zu feiern. Speisegemeinschaft ist im Mittelalter »Lebensgemeinschaft im umfassenden Sinn«[4], also auch Rezeptionsgemeinschaft.

Und ein weiteres distinktives Charakteristikum: Zwar gehört auch heute noch die Simultaneität von kulinarischem Genuß und Konversation der Genießenden zum Idealbild der »gourmandise«, doch die Simultaneität von kulinarischem und ästhetischem Genießen gilt als Untugend, wenn nicht gar als nicht realisierbar. Den Tafelfreuden vermag sich – so die dominante Vorstellung – nur derjenige voll und ganz zu widmen, der nicht durch konkurrie-

2 Vgl. zuletzt die schöne und informative Belegzusammenstellung von Joachim BUMKE, Höfische Kultur. Literatur und Gesellschaft im hohen Mittelalter 1 (München 1986), S. 240ff.; eine beachtliche Materialsammlung legte schon Alwin SCHULTZ, Das höfische Leben zur Zeit der Minnesinger 1 (Leipzig 1879), S. 280ff. vor.

3 Selbstverständlich verweist darauf auch BRILLAT-SAVARIN in seiner »Physiologie du goût« von 1825: »La gourmandise est un des principaux liens de la société; c'est elle qui étend graduellement cet esprit de convivialité qui réunit chaque jour les divers états, les fond en un seul tout, anime la conversation, et adoucit les angles de l'inégalité conventionnelle [...] Enfin, la gourmandise, quand elle est partagée, a l'influence la plus marquée sur le bonheur qu'on peut trouver dans l'union conjugale« (BRILLAT-SAVARIN, Physiologie du goût, éd. Jean-François REVEL (Paris 1965), S. 159).

4 Lexikon für Theologie und Kirche, Bd. VI, col. 1288 (s. v. Mahl).

rende Genüsse abgelenkt, in seiner Aufnahme des »plaisir de la table« (Brillat-Savarin) beeinträchtigt wird. Das höfische Mittelalter kannte – ähnlich wie die Antike – diese negative Bewertung literarisch-musikalischer »accessoires« (Brillat-Savarin) der Feinschmeckerei, wie sie – von Ausnahmen, vor allem der Tafelmusik, abgesehen – in der auch die »gourmandise« wesentlich »spezialisierenden«, das heißt auch von anderen Genüssen isolierenden Moderne zur Regel geworden ist, absolut nicht. Gerade diese Akzessorien waren für die Hofkultur des Mittelalters von besonderer Bedeutung. Zunächst gilt dies natürlich für die musikalische Ausgestaltung. Ohne Instrumentalmusik kam das großartige Arrangement der höfischen Mahlzeit[5], die immer zugleich Fest ist, selten aus. Zahlreiche Miniaturen bezeugen dies[6]. Auch die Dichtung des französischen Mittelalters geizt gerade in diesem Punkt nicht mit Hinweisen, die zwar nicht immer solche auf den höfischen Alltag sein dürften, jedoch in den meisten Fällen das erstrebte Ideal zu konturieren vermögen.

So wird die gesamte Mahlzeit, die Durmart im anoymen Versroman »Durmart le Galois« (gegen 1220) im Schloß der zehn Jungfrauen einnimmt – es gibt da frischen Fisch (Lamprete, Lachs, Seebarsch, Meeräsche, Stör und Hecht), pikant gewürzt mit warmem, mit Gewürznelken garniertem und mit Zimt temperiertem Pfeffer, guten Wein und Likör, zum Nachtisch bzw. zur besseren Verdauung Latwerge mit Honig und Ingwerkonfitüre – durch Harfenmusik und Fiedelspiel, vielleicht auch mit Gesangsbegleitung, verschönt:

Et ta[n]t com li mangiers dura,
Une damoisele harpa
Notes et lais molt plaisanment
[...]
Chans et notes font vïeler
Qui mout plaisent a escolter. (vv. 6349–6351, 6363–6364)[7]

(Und solange das Essen dauerte, spielte ein Fräulein auf sehr gefällige Weise auf der Harfe Melodien und Lieder [...] Sie lassen auf der Fiedel Lieder und Melodien aufspielen, die sehr gerne gehört werden.)

5 Es versteht sich von selbst, daß im folgenden nur von der Eßkultur der höfischen »Elite« die Rede ist, was allerdings nicht heißt, daß die Verbindung von Mahlzeit und Rezeption von Dichtung und Musik in niedrigeren sozialen Schichten – etwa an Hauptfesttagen oder bei Hochzeiten – keinerlei Rolle gespielt hätte.

6 Vgl. z.B. einige bei Günther Schiedlausky, Essen und Trinken. Tafelsitten bis zum Ausgang des Mittelalters (München 1956) wiedergegebene Miniaturen, Holzschnitte und andere ikonographisch relevante Zeugnisse (z.B. S. 7, 17, 21, 29; Abb. 11). Vgl. auch Madeleine Pelner Cosman, Fabulous Feasts. Medieval Cookery and Ceremony (New York 1976) (zahlreiche einschlägige ikonographische Zeugnisse; zur Tafelmusik: ebd. S. 18), und die Fülle von Informationen, die in den Beiträgen zu einem Kolloquium von 1982 über »Essen und Trinken im Mittelalter« enthalten sind: Denis Menjot (Hg.), Manger et boire au moyen âge 1–2 (Paris 1984) (= Publications de la Faculté des Lettres et Sciences humaines de Nice, I, 27).

7 Ed. Joseph Gildea, Durmart le Galois, roman arthurien du treizième siècle (Villanova 1965) Bd. I, S. 166. Zu den hier und im folgenden genannten Musikinstrumenten des Mittelalters und dem sehr schwierigen Problem der Zuordnung von Namen und Sachen vgl. Hugo Steger, Philologia Musica. Sprachzeichen, Bild und Sache im literarisch-musikalischen Leben des Mittelalters: Lîre, Harfe, Rotte und Fidel (München 1971).

Kaum hat Butor de la Montaigne, Held des ersten Teils des Abenteuerromans in Chanson de geste-Form »Brun de la Montaigne« (14. Jahrhundert), sich mit den Männern seines Hofes zur Ehre seiner Ehefrau – nach dem Händewaschen – zu einem Festessen niedergelassen, beginnt auch schon die musikalische Untermalung, die nach dem Essen fast nahtlos in den Tanz mit den Damen des Hofs und Liedvorträgen dieser Damen übergeht:

Et puis ont commancié menestrel a tromper,
Vielles, estrument commancent a sonner...
[...]
Et gracïeussement .ij. des dames chantérent,
Et amoureusement leur chançon commancérent. (vv. 1806–1807, 1840–1841)[8]
(Und dann haben Spielleute zu trompeten begonnen, Fiedeln, [andere] Musikinstrumente fangen an zu ertönen [...] Und anmutig sangen zwei der Damen, und hold begannen sie ihr Lied.)

Nicht viel anders geht es im Versroman »Richars li biaus« (letztes Viertel des 13. Jahrhunderts) beim Essen zu. Hier wird allerdings zusätzlich deutlich, daß das musikalische Element nur ein Teil des Gesamtarrangements ist:

Deuant yalz ont maint gougleour,
maint baleur et maint tumeour,
Li millour uieleur uiolent. (vv. 2281–2283)
(Vor sich – das heißt vor ihren Tischen – haben sie viele Spielleute, viele Tänzer und viele Possenreißer, die besten Fiedler spielen auf.)

Und an einer anderen Stelle dieses Romans heißt es:

Qui dont oyst harpes harper
Et ces uielles uieller,
Ces chytolles, ces chyphonies,
Ces sonnes et ces melodies!
D'autre part sont tymbre et tabour.
Chil tumeour, chil baleour,
Et chil danseur et chil canteur,
Chil caroleur, chil espringheur... (vv. 4123–4130)[9].
(Wie hätte man da Harfen spielen und die Fiedeln fiedeln hören können, die Zithern, die Drehleiern, die Liedchen und die Melodien! andererseits gibt es auch Pauken und Trommeln. Die Possenreißer, die Tänzer, die Tänzer und die Sänger, die Reigentänzer, die Springtänzer...)

Da die höfischen Mahlzeiten sehr häufig im Freien stattfanden, dürfte der von den Spielleuten verursachte Lärm erträglich gewesen sein.

Die vorgestellten Belege machen zugleich folgendes deutlich: Da im Mittelalter Dichtung und Musik noch weitgehend eine Einheit darstellen – viele poetische Formen, in erster Linie

8 Ed. Paul MEYER, Brun de la Montaigne, roman d'aventure (Paris 1875 [SATF]), S. 62, 63.
9 Ed. Wendelin FOERSTER, Richars li biaus (Wien 1874), S. 63, 113–114.

natürlich alle Formen der Lyrik, wurden im wesentlichen nur gesungen oder mit Musikbegleitung vorgetragen –, ist der musikalische Sektor des Eßzeremoniells nur selten präzise vom dichterischen zu trennen.

Darauf verweist sehr deutlich etwa auch die Beschreibung des Hochzeitsmahls anläßlich der Vermählung von Ödipus und Jokaste, wie es der »Thebenroman« (um 1150) beschreibt. In den Versionen der Hss. S, A und P ist nicht nur von Bären, Ebern, Rehböcken, Damhirschen, Hirschen, Schwänen, Pfauen, Gänsen, Kranichen und Reihern die Rede, die es da einen Monat lang zu verspeisen gibt, sondern das mehr als *mil livres* (tausend Pfund) teure Eßvergnügen umfaßt auch musikalische Darbietungen, die expressis verbis mit Gesang vorgetragen wurden:

> *La veïssiez maint jogleor*
> *Qui chantoent o lor vièles*
> *Et o rotes et o harpèles.* (vv. 436–438)[10]
> (Dort könntet ihr viele Spielleute sehen, wie sie mit ihren Fiedeln sangen und mit Rotten und mit Harfen.)

In der in diesem Punkt weit höfischeren Hs. C heißt es an dieser Stelle:

> *La oïssiez meint jugleor,*
> *meinte chançon viez et novele,*
> *meinte gigue, meinte vïele,*
> *harpes, salterions et rotes,*
> *rostruenges, sonnez et notes.* (vv. 478–482)[11]
> (Da könntet ihr viele Spielleute hören, viele Lieder aus alter und aus neuer Zeit, viele Geigen, viele Fiedeln, Harfen, Psalteria und Rotten, Rotrouengen, Liedchen und Melodien.)

Aus der traditionellen epischen visualisierenden Formel *la veïssiez* (Hss. S, A und P) macht der für die Version der Hss. B und C verantwortliche Bearbeiter ein dem Sachverhalt ästhetisch angemesseneres, die Vorstellungskraft des Rezipienten in adäquaterer Weise stimulierendes audialisierendes *la oïssiez*. Darüber hinaus strukturiert er diese Passage: die beiden den Instrumenten vorbehaltenen Verse werden von zwei Versen umrahmt, die auch die vorgetragenen Lieder und Liedgattungen kennzeichnen. Die Terminologie selbst betont eindeutig den musikalischen Sektor, ohne daß der Text dieser Lieder eindeutig zu bestimmen wäre. Allerdings dürfte die Liebesthematik – auch bei der Rotrouenge – im Vordergrund gestanden haben[12].

Wie wichtig für die höfische Gesellschaft des Mittelalters – zuerst in Frankreich und im »französischen« England – das Arrangement vor allem der festlichen Mahlzeit war, dessen

10 Lesart der Hs. S zitiert nach der Ed. L. CONSTANS, Le Roman de Thèbes (Paris 1890 [SATF]), S. 23–24.

11 Für die Höfisierungstendenz der Version der Hss. B und C symptomatisch ist die Tatsache, daß diese die Schlemmerei verschiedener Fleischsorten streicht und dafür die Beschreibung der musikalisch-dichterischen Lustbarkeiten um zwei Verse erweitert; Lesart der Hs. C zitiert nach der Ed. G. RAYNAUD DE LAGE, Le Roman de Thèbes (Paris 1966 [CFMA 94]) Bd. I, S. 16.

12 Vgl. dazu unseren Beitrag: ›Aufgehobene‹ Gattungen. Gattungszitate und Gattungsinstrate im altfranzösischen Thebenroman (in Vox Romanica 47, 1988).

Raffinement vom materiellen Aufwand und von der Verfeinerung des Protokolls her bis zu den prunkvollen Mahlzeiten am burgundischen Hof des 15. Jahrhunderts – im »Herbst des Mittelalters« (Johan Huizinga) – stetig zunahm, wie bedeutsam für diese Gesellschaftsschicht der Kontext der Mahlzeit als Signum ihrer elitären Lebensform geworden ist, vermag die Tatsache zu illustrieren, daß von den dreizehn Voraussetzungen für eine wahrhaft festliche höfische Mahlzeit, die der seit 1225 in Paris lehrende englische Franziskaner Bartholomaeus Anglicus in seiner naturkundlichen Enzyklopädie »De proprietatibus rerum« (vor 1260) nennt, nur drei die Mahlzeit selbst, die restlichen zehn aber deren Rahmenbedingungen betreffen. Zu ihnen gehört auch *cantorum et instrumentorum musicorum iucunditas* (»die Annehmlichkeit des Gesangs und der Musikinstrumente«): *Sine enim cithara vel symphonia non solent coenae nobilium celebrari* (»Ohne Harfe oder Drehleier [= Organistrum] werden die Abendmahlzeiten des Adels nämlich nicht gefeiert«)[13]. Lange bevor am burgundischen Hof des ausgehenden Mittelalters die Tafelmusik genau auf die einzelnen Gänge abgestimmt wurde, beschreibt der nordfranzösische Dichter Philippe de Remi, Sire de Beaumanoir, in der zweiten Hälfte des 13. Jahrhunderts in seinem Liebes- und Abenteuerroman »Jehan et Blonde« ein festliches Hochzeitsmahl, dessen verschiedene Gänge durch Trompetenspiel und von schön gekleideten Damen vorgetragene Lieder eingeleitet wurden:

> *A chascun mes les trompes sonnent.*
> *Dames i avoit qui servoient;*
> *De dras d'or parees estoient,*
> *Devant cascun mes vont cantant.* (vv. 5998–6001)[14]
> (Bei jedem Gang ertönen die Trompeten. Da waren Damen, die bedienten; sie waren mit güldenen Kleidern geschmückt, vor jedem Gang singen sie.)

Vor allem den Spielleuten, den von Hof zu Hof wandernden oder fest an einem Hof angestellten Jongleurs oder Ménestrels – auch den weiblichen –, oblag es, für den literarisch-musikalischen Rahmen der Mahlzeit zu sorgen, wofür sie mit Naturalien oder auch Geld entlohnt wurden – und dies nicht nur bei Hochzeiten oder Schwertleiten, den »Dix souhaits« zufolge den Haupteinnahmequellen der Jongleurs[15]. Der »Luxus« spielmännischer Darbie-

13 Bartholomaeus Anglicus beschreibt die frühe (Diner) und die späte Mahlzeit (Souper) getrennt (Buch VI, Kap. XXIII u. Kap. XXIV); vgl. J. Bumke, Höfische Kultur 1, S. 248, und A. Schultz, Das höfische Leben 1, S. 312–313.

14 Ed. H. Suchier, Œuvres poétiques de Philippe de Remi, Sire de Beaumanoir (Paris 1885 [SATF]). Bd. II, S. 186. Vgl. für den deutschen Sprachraum noch das im »Straßburger Alexander« beschriebene Essen der Königin Candacis, auf das J. Bumke (Bd. 1, S. 257) verweist: *alse di harfen clungen, / di juncfrowen sungen / und tanzeten unde trâten* (vv. 6055–6057). Vgl. dazu und zur Darstellung der höfischen Mahlzeit in der mittelhochdeutschen Literatur überhaupt außer der älteren Arbeit von Willy Pieth, Essen und Trinken im mhd. Epos des zwölften und dreizehnten Jahrhunderts (Leipzig 1909) (= Diss. Greifswald), die Studien von Renate Roos, Begrüßung, Abschied, Mahlzeit. Studien zur Darstellung höfischer Lebensweise in Werken der Zeit von 1150–1320 (Diss. Bonn 1975), S. 336–459, und Rosemarie Marquardt, Das höfische Fest im Spiegel der mittelhochdeutschen Dichtung (1140–1240) (Göppingen 1985).

15 Ed. E. Langlois (in: Mélanges d'archéologie et d'histoire, publiés par l'Ecole française de Rome, Paris 1885), S. 73. Zu den Empfehlungsschreiben, die den Spielleuten nach getaner Arbeit oft mitgegeben wurden, vgl. Edmond Faral, Les jongleurs en France au moyen âge (Paris 1909, Nachdruck 1971), S. 122–123 und Appendice III, nos 97, 166, 277.

tungen gehört zum Prunk insbesondere der höfischen Vermählung. *Assez i orent harpeor et jugler* (v. 1883: Harfner und Spielleute gab es da zur Genüge), heißt es fast stereotyp am Ende der Chanson de geste »La prise d'Orange« (nach 1150) bei der Beschreibung der Hochzeit des Grafen Wilhelm von Orange mit der schönen Sarazenin Oriable, die acht Tage lang dauert und bei deren *digner* die Neuvermählten von Grafen und Edelleuten bedient werden[16].

Ähnliche Passagen finden sich in den Chansons de geste und den höfischen Romanen fast regelmäßig, wenn Hochzeiten gefeiert werden – etwa anläßlich der Hochzeit von Aye mit dem bekehrten Heiden Ganor (»Aye d'Avignon«, vv. 4103ff.), derjenigen Guiteclins in Jehan Bodels »Chanson des Saisnes« (Laisse V), derjenigen von Aymeri und Hermengarde in »Aymeri de Narbonne« (vv. 4453ff.), der dreifachen Hochzeit in »Folque de Candie« von Herbert le Duc de Danmartin (Hs. P^3: *lors chantent jugleour a force et a vertu*)[17], der Hochzeit von Auberi mit der Witwe des Herzogs von Bayern in »Auberi le Bourguignon«, einer Hochzeit im »Bueve de Hantone« (*Mainte vïele fu cel jor atempree*, v. 1024)[18], der den Roman »L'âtre périlleux« abschließenden Doppelhochzeit[19] oder Mahomets Hochzeit, bei der es neben der üblichen Instrumentalmusik auch lustige Lieder zu hören gibt (»Roman de Mahomet«, vv. 772–776) oder auch der Hochzeit des Dachses Poincet, des zweiten Ehemanns von Hermeline in der 1. Branche des »Roman de Renart«, bei der Renart selbst, als englischer Spielmann verkleidet, aufspielt, nachdem er sich Poincet – wie zuvor schon Isangrin (vv. 2418ff.) – mit allen seinen katalogartig aufgelisteten dichterisch-musikalischen (reproduzierenden) Fähigkeiten angeboten hat[20]:

A grant joie les noces firent
et Tiberz et Grinberz servirent.
Toutes sont plaines les cuisines
de raz, de cocs et de gelines;
autres viandes i avoit
selon ce que chascuns voloit,
et li gugleres lor chanta,
qui a toz mout atalanta:
einz n'oïrent mes tel janglois,

16 Ed. Claude Régnier, La prise d'Orange. Chanson de geste de la fin du XIIe siècle (= Bibl. française et romane, Paris 1967), S. 120.
17 Ed. O. Schulz-Gora, Folque de Candie von Herbert le Duc de Danmartin (Dresden 1915) Bd. II, S. 364 (v. 2467).
18 Vom Hochzeitsessen heißt es: *Des riches mes les sert on au mangier, / Cil jougleor se vont tuit envoisier* (vv. 1047– 1048); Ed. Albert Stimming, Der festländische Bueve de Hantone, Fassung II (= Gesellschaft für romanische Literatur 30, Dresden 1912) Bd. I, S. 45, 46; vgl. auch vv. 10104–10105 (S. 395).
19 *Cil jougleour de pluisors terres / Cantent et sonent lor vieles, / Muses, harpes et orcanons, / Timpanes et salterions, / Gigues, estives et frestiaus / Et buisines et calemiaus* (vv. 6639–6644); Ed. Brian Woledge, L'âtre périlleux, roman de la Table Ronde (Paris 1936 [CFMA]), S. 210. Vgl. auch das formelhafte *Grans sont les noces el palais principel, / Cantent et notent, vielent cil jougler* (vv. 188–189) der Chanson de geste des 13. Jahrhunderts »Hervis de Mes«, ed. Edmund Stengel (Dresden 1903).
20 Renart rühmt sich unter anderem, verschiedene bretonische Lais und Chansons de geste vortragen zu können, *dire et chanter bons moz* (v. 2864); Ed. Mario Roques, Le Roman de Renart. Première branche (Paris 1957 [CFMA]), S. 96.

et il demande en son anglois.
Aprés mangier se departirent... (vv. 2947–2957)[21]
(Mit großer Freude feierten sie ihre Hochzeit, und Tibert und Grimbert bedienten bei Tisch. Die Küchenräume sind ganz voller Ratten, Hähne und Hühner; auch andere Speisen gab es zu essen, soviel wie jeder nur wollte, und der Spielmann sang ihnen vor und er gefiel allen sehr: eine solche Sprache hatten sie noch nie gehört, und Renart trägt seine Bitte um Lohn in seinem Englisch vor. Nach dem Essen trennten sie sich...)

Daß es sich hier um eine Parodie der höfischen Mahlzeit handelt, ist im übrigen klar[22].

Den Ménestrels bei Tisch zuzuhören, wird vom didaktischen Dichter Baudouin de Condé aus dem ausgehenden 13. Jahrhundert am Ende seines »Conte dou Wardecors« als zu den vornehmsten Pflichten des Edelmanns *(haut home)* gehörig deklariert:

Il doit estre liés à sa table
Et faire chière cheritable,
Et entendre les menestreus;
S'en sera plus liés li osteus
S'on voit que li sires s'esjoie. (vv. 297–301)[23]
(Er muß fröhlich bei Tisch sitzen und sich mildtätig geben und den Spielleuten zuhören; das ganze Haus wird um so fröhlicher, wenn man sieht, wie sich der Hausherr freut.)

Robert de Blois polemisiert in seinem Versroman »Beaudous« (Mitte des 13. Jahrhunderts) gegen einen Adligen, der seine Tür einem Jongleur verbietet, wenn er gerade bei Tisch sitzt, und den Türhüter sagen läßt: *Or fors! mes sires veut mangier!*[24] (Hinaus! mein Herr will essen!).

Doch waren es nicht nur Spielleute oder »Bedienerinnen«, die für den akustischen Rahmen der Mahlzeiten zu sorgen hatten, sondern es gibt Belege dafür, daß auch die Gastgeber und die Gäste selbst gelegentlich ihren Teil zum Gelingen der Mahlzeit mit ihren Rahmenbedingungen beitrugen – in erster Linie natürlich die Damen, zu deren feiner Erziehung gewöhnlich auch eine Ausbildung im Gesang und im Harfenspiel gehörte. So tanzen und singen die Damen der Hochzeitstafel von Jehan und Blonde am Ende des Romans des Sire de Beaumanoir selbst zu der Tafelmusik der Spielleute:

21 Ebd. S. 99.

22 Dieser Aspekt fehlt bei M. de COMBARIEU, Manger (et boire) dans le Roman de Renart (in: D. Menjot (Hg.), Manger et boire au moyen âge, Bd. I), S. 415–428.

23 Ed. Aug. SCHELER, Dits et contes de Baudouin de Condé et de son fils Jean de Condé (Bruxelles 1866) Bd. I, S. 28–29. »Waren solche Leute am Hofe angelangt, so ließ man sie, während die Herrschaften bei Tafel saßen, in den Saal kommen und dort mit ihren Kunstleistungen die Speisenden ergötzen. Sie bekamen tüchtig zu essen und zu trinken, und die Überreste der Tafel wurden ihnen endlich ebenfalls preisgegeben« (A. SCHULTZ, Das höfische Leben 1, S. 445–446).

24 Ed. J. ULRICH, Robert von Blois. Sämmtliche Werke (Berlin 1889–1895) Bd. I, S. 4 (v. 130).

Quant un peu escouté les eurent,
Les dames a caroler queurent.
La eut mainte dame paree,
La eut mainte canchon cantee... (vv. 6011–6014)[25]
(Als sie ihnen ein wenig zugehört hatten, laufen die Damen zum Reigentanzen. Da war so manche herausgeputzte Dame, da wurde so manches Lied gesungen.)

Noch sehr viel deutlicher wird dies in dem gegen Ende des 13. Jahrhunderts verfaßten »Roman du Castelain de Couci et de la dame de Fayel« von Jakemes (Sakesep) ausgeführt, einer romanhaft ausführlichen Gestaltung des sogenannten »herzmaere« (der eifersüchtige Ehemann setzt seiner Frau das Herz ihres Geliebten als Speise vor), in dem beziehungsweise in dessen verschiedenen (zum Teil parodistischen) Versionen das eigentümlichste »Gericht« des Mittelalters zu finden sein dürfte. Bei einem Festessen – lange bevor der Dame de Fayel das Herz ihres Geliebten als eine Art Hackfleischgericht (*couleïch*, v. 8023) serviert wird – fängt die Tischnachbarin des Trouvère Chastelain de Coucy, der in diesem Roman der Protagonist des »herzmaere«, also auch der »Herzlieferant« ist, während der Mahlzeit zu singen an (*Et la dame prist a canter / Pour la compaingnie esjoïr;* vv. 3830–3831) – also die Gesellschaft zu erfreuen. Da sie den lyrischen Dichter liebt und für sich gewinnen will, singt sie ein vom Verfasser des Romans auch tatsächlich eingefügtes, also zitiertes Liebeslied in der Form eines Rondeaus vor[26], das nicht wie andere im Verlauf des Romans gesungene Lieder vom Trouvère Chastelain de Coucy stammt oder ihm von Jakemes attribuiert wird. Der Stimulationseffekt dieses Lieds ist groß – alle anderen Esser fallen ein:

A ceste canchon hautement
Cantérent tout et respondirent,
Et li siervant des mes offrirent
Partout moult honnourablement... (vv. 3843–3846)
(Bei diesem Lied sangen alle laut den Refrain mit, während die Diener überall in sehr artiger Weise Gerichte auftrugen...)

Natürlich geht der Gesang weiter, als die Tafel aufgehoben ist. Auch die Dame de Fayel selbst singt noch ein gleichfalls zitiertes Rondeau – eine *cancon de sentement* (v. 3856), also ein gefühlvolles Liebeslied, das natürlich dem Chastelain de Coucy zugedacht ist[27] –, und nach ihr noch andere Damen – die Lieder, die da gesungen wurden, könne er, Jakemes, gar nicht alle aufzählen[28]. Noch der zeitkritische, die einzelnen Stände der Gesellschaft unter die Lupe nehmende »Dit des mais« hebt – wenngleich aus einer außerhöfischen und keineswegs zustimmenden Perspektive – diese Einheit von Essenden und Singenden hervor:

25 Ed. H. SUCHIER, S. 186.
26 *Cescuns se doit esbaudir / Mignotement, / Qui vit amoureusement...* (vv. 3832 ff.). Zitate nach der Ed. John E. MATZKE–Maurice DELBOUILLE, Le Roman du Castelain de Couci et de la dame de Fayel par Jakemes (Paris 1936 [SATF]), S. 126–127.
27 *J'aim bien loiaument, / Et s'ai biel ami...* (vv. 3857 ff.). Dieses Rondeau ist im Unterschied zum ersten kein Unicum, sondern auch außerhalb von Jakemes' Roman überliefert.
28 *Quant ot dit ceste chancon ci, / Si recommenca a canter / Une autre dame, haut et cler, / Une autre cancon, de coer gai. / Dire ne compter ne vous sai / Les cancons que on y canta...* (vv. 3865–3870).

Ces riches gens souvent font de disners grans festes,
Où chars ont et poisson et leurs viandes prestes;
Mais se bon vin n'i vient qui fait lever les testes,
Jà chançons ne seront dites ne bones gestes[29].

(Diese vornehmen Leute machen aus Mahlzeiten oft große Feste, bei denen sie viel Fleisch haben und Fisch und ihre Speisen wohlbereitet; doch wenn guter Wein nicht hinzu kommt, der die Köpfe leichter macht, werden keine Lieder und gute Geschichten vorgetragen werden.)

Wenngleich das Beispiel aus dem »Roman du Castelain de Couci« überspitzt ist – wobei die Überspitzung in erster Linie aus der Tatsache resultiert, daß Jakemes einen lyrischen Dichter zu seinem Protagonisten gemacht hat und deshalb im Verlauf der Handlung dieses tragischen Liebesromans immer wieder Lieddichtung zum besten gegeben wird –, ist es dennoch symptomatisch für die Bedeutung des höfischen Mahls als Ort der Rezeption mittelalterlicher Dichtung. Eine kleine Auswahl weiterer Belegstellen soll dies noch etwas illustrieren und zugleich ein paar Nuancierungen nahelegen.

Schon im 8. Jahrhundert scheint – im Anschluß an antike Traditionen – ein dichterischer Vortrag während des Essens in den Oberschichten – sogar im hohen Klerus – üblich gewesen zu sein. Er geschah durch einen *citharista,* einen Harfner, der offenbar insbesondere epische Gedichte vorsang. Alkuin, selbst dichterisch aktiv, hat im Jahr 797 in einem Brief an Higbald, den Bischof von Lindisfarne, diesen Brauch beim Klerus scharf kritisiert, der dort die *lectio,* die laute Lesung aus der Heiligen Schrift oder anderen religiösen Schriften durch einen Vorleser während der Mahlzeit, ersetzt: einem *lector* und keinem *citharista* solle man beim Essen lauschen, den Kirchenvätern und nicht weltlichen Liedern[30]. Die Analogie zwischen der *lectio* während der Mahlzeit der geistlichen Gemeinschaft und dem dichterisch-musikalischen Vortrag während derjenigen der höfischen Gemeinschaft ist auf der strukturellen Ebene der Rezeption (Simultaneität von körperlicher und geistiger Nahrung) groß. Der entscheidende Unterschied zwischen beiden ist in der Tatsache zu sehen, daß die *lectio* ihrer Primärfunktion nach vom körperlichen kulinarischen Genuß zum Geistigen hin abzulenken hat, also gleichsam im Dienst der Askese steht, während die Funktion des dichterisch-musikalischen Vortrags gerade in einer Intensivierung und Bereicherung des kulinarischen Genusses besteht. Nicht von ungefähr sind die klerikalen Verlautbarungen des 9. und 10. Jahrhunderts im Kontext des Kampfs der Kirche gegen das profane Spielmannswesen keineswegs arm an Warnungen vor den Lustbarkeiten der Unterhaltungskünstler während der Mahlzeiten – *in cenis vel nuptiis* (bei Mahlzeiten oder Hochzeiten)[31]; Priestern und Klerikern wird nahegelegt, vom Tisch aufzustehen und hinauszugehen, sobald die Spielleute kommen: *ante quam thymelici ingrediantur, exsurgere eos convenit atque inde discedere*[32]. Ludwig der Fromme – so schreibt sein Biograph Theganus – hat die Vertreter der »leichten Muse« – darunter auch

29 Ed. Achille JUBINAL, Nouveau Recueil de Contes, Dits, Fabliaux et autres pièces inédites des XIIIe, XIVe et XVe siècles (Paris 1839), S. 185.

30 *Verba Dei legantur in sacerdotali convivio. Ibi decet lectorem audiri, non citharistam; sermones patrum, non carmina gentium* (Ep. 124, in: MG Epist. IV, S. 185).

31 So Papst Hadrian I. (Epitome canon., 53), zit. nach Edmond FARAL, Les jongleurs en France au moyen âge (Paris 1909, Nachdruck Paris 1971), S. 273.

32 So die Formulierung des Konzils von Aachen (816), zit. nach E. FARAL (wie Anm. 31), S. 273.

Musikanten und Sänger – bei Tisch *(ad mensam coram eo)* zwar geduldet, doch verzog er bei ihren Auftritten keine Miene[33]. Gautier d'Orléans warnt in der zweiten Hälfte des 9. Jahrhunderts die Priester vor den *rusticae cantilenae* (volkssprachlichen Liedern), die bei Geburtstagsessen vorgetragen zu werden pflegen[34]. Und der Satiriker Sextus Amarcius geißelt um 1100 im 1. Buch der »Sermonum libri quattuor« die Schlemmerei der Geistlichkeit – nicht ohne in seine Kritik auch die *verba jocosa* (lustige Worte) und die musikalischen Darbietungen der *mimi astantes* (anwesenden Spielleute) einzubeziehen[35]. Eine Angleichung der Mahlzeit an das musiklose Abendmahl Christi und die Hochzeit zu Kana hatten bereits die Urchristen gefordert.

Doch war mit der zunehmenden »Höfisierung« der mittelalterlichen Gesellschaftselite und der damit implizierten Profanisierung die weitere Entwicklung und Verbreitung dieses Brauchs nicht aufzuhalten. Zu jeder Festlichkeit gehörten bald als unverzichtbare Gestalter des künstlerischen Rahmenprogramms die Jongleurs mit all ihren verschiedenen Varieté-Künsten – auch und gerade den musikalisch und dichterisch reproduzierenden.

Als in der »Karlsreise«, einer Epenparodie des 12. Jahrhunderts, Kaiser Karl der Große sich mit seinen Recken in Konstantinopel bei seinem Rivalen in Sachen herrschaftliche Größe, Kaiser Hugo, aufhält, um zu sehen, ob dieser ihn tatsächlich übertrifft, wird den vom orientalischen Prunk beeindruckten »barbarischen« Franken ein reiches Festmahl serviert, in dessen Verlauf sich Olivier in des Kaisers Töchterlein verliebt. Es handelt sich um ein prononciert höfisches Mahl, das der urbanen Lebensart des Friedenskaisers Hugo entspricht und nicht den auch geistig ungeschliffenen Haudegen aus dem Frankenreich – so speisen zum Beispiel bei diesem Souper nach neuer, höfischer Art die Damen des Hauses mit den Männern zusammen, und nicht eimal an getrennten Tischen, sondern *delez* (v. 401: neben ihnen sitzend). Daß zu diesem höfischen Mahl neben allerhand Fleisch und gutem Wein – das »Genüge« wird, wie so oft, besonders betont – auch der Gesang der Spielleute gehört, versteht sich von selbst:

> *Nule rein qu'il demandent ne lur fud deveet:*
> *asez unt venesun de cerf(s) et de sengler*
> *e unt gruës e gauntes et poüns empev(e)rez;*
> *a [e]spandant [l]ur portent le vin et le claret,*
> *e cantent et viëlent et rotent cil jugler.* (vv. 409–413)[36]
>
> (Nichts, worum sie bitten, wird ihnen verweigert: sie bekommen reichlich Fleisch vom Hirschen und vom Wildschwein und sie bekommen Kraniche und Wildgänse und Pfauen in Pfeffersauce; man bringt ihnen reichlich Wein und Bleichert, und die Spielleute singen und fiedeln und harfen auf der Rotte.)

Wie stereotypisiert solche Beschreibungen werden können, zeigen vor allem jene Belege, in denen das Bild der höfischen Mahlzeit beim Rezipienten nur durch einige Signale evoziert wird. *Sus an palais montarent a droiture, / Assez i ot des poons et des grues, / Cil jougleor*

33 Vita Hludowici imp. (in: MG SS II), S. 594.
34 Capitula (in: Migne, PL 119), S. 739.
35 Ed. M. Manitius, vv. 403 ff.
36 Ed. Guido Favati, Il »Voyage de Charlemagne« (= Biblioteca degli »Studi Mediolatini e Volgari« IV, Bologna 1965), S. 178, 180.

violent et taburnent (vv. 1998–2000: Sie stiegen geradewegs in den Palast hoch, Pfauen und Kraniche gab es da zur Genüge, die Spielleute fiedeln und trommeln) – so heißt es elliptisch in der Chanson de geste »Ami et Amile« (gegen 1200), als die Tochter Karls des Großen, Belissant, in Blaye eintrifft[37]. Noch kürzer handelt der Verfasser der »Prise de Cordres et de Sebille«, einer Chanson de geste der ersten Hälfte des 13. Jahrhunderts, die Szene des Hochzeitsmahls von Agaie und Guibelin ab. Da heißt es lediglich: *Grans sont les noces o vergier sos la tor / [...] / Si l'ont assisse a la table grignor: / Par devant lui chantent li jugleor* (vv. 31, 33–34: Großartig wird die Hochzeit im Garten unterhalb des Turms gefeiert [...] Agaie haben sie an den größten Tisch gesetzt: davor singen die Spielleute)[38].

Viel ausführlicher ist Chrétien de Troyes, wenn er im »Erec« (gegen 1170) die Hochzeitsfeier von Erec und Enide schildert. Allerdings bleibt er – wie viele an materiellen, »realistischen« Details offenbar weniger interessierte höfische Dichter – bei der Beschreibung des Festmahls sehr allgemein – man erfährt lediglich, daß es Brot, Wein und Wildbret in Überfülle gibt –, während die Beschreibung der spielmännischen Lustbarkeiten außerordentlich ins Detail geht (vv. 1983–2000)[39]. In der altokzitanischen Chanson de geste »Daurel e Beton« (Anfang des 13. Jahrhunderts) wird ein derartiges höfisches Mahl von den für den akustischen Rahmen sorgenden Spielleuten selbst umfunktioniert: Daurel, ein echter – indessen zum Vasallen seines Herrn (Boves d'Antona) aufgestiegener – Jongleur, kommt mit dem als Spielmann verkleideten Sohn von Boves (Beton) in das Zelt des Grafen Gui, der Daurels Sohn getötet hat und nach Betons Leben trachtet. Gui setzt sich gerade zum Essen nieder (*Guis secia al manjar*, v. 1939), und die Spielleute beginnen ihres Amtes zu walten: *Volem vos deportar* (v. 1940: Wir wollen Euch unterhalten). Beton spielt auf der Fiedel *(vieula)*, und Daurel singt: *E Betonet pren .j. (bel) lais a notar, / El pros Daurel comenset a cantar* (vv. 1942–1943: Und der kleine Beton beginnt ein schönes Lied zu spielen, und der wackere Daurel fing an zu singen). Da dieses Lied jedoch vom Verräter Gui selbst handelt[40], entartet das friedliche Mahl schnell zu einer ritterlichen Keilerei: Gui versucht – vergeblich – Daurel mit seinem Fleischmesser zu treffen, während Beton die Fiedel wegwirft und mit seinem im Mantel verborgenen Schwert Gui den rechten Arm abschlägt.

Friedlicher geht es im »Roman d'Alexandre« von Lambert li Tors (gegen 1180) zu: Nach einer siegreichen Schlacht läßt sich Alexander der Große zum verdienten Mahl nieder: *Li disners Alexandre estoit aparilliés, / á mangier sunt asis, ases i ot daintiés* (Alexanders Mahlzeit war zubereitet, sie setzten sich zum Essen nieder, leckere Speisen gab es da zur Genüge). Da tritt ein Harfner aus Tarsus hinzu, ein Meister seines Fachs, der jedes Instrument beherrscht: *Devant le tref le roi est li harpere asis / et commença i. lai dont il ot mult apris, / de le harpe à flahute dont il estoit apris...* (Vor des Königs Zelt hat sich der Harfner gesetzt und er begann

37 Ed. Peter F. Dembrowski, Ami et Amile. Chanson de geste (Paris 1969 [CFMA]), S. 64.

38 Ed. Ovide Densunianu, La Prise de Cordres et de Sebille, chanson de geste du XIIe siècle (Paris 1896 [SATF]), S. 2; bei der Hochzeit von Bertram und Nubie treten die Spielleute erst nach dem Essen auf *(Cant on mangié cil chevalier nobile, / Jugleor chantent et viëlent et tinbrent*, vv. 2097–2098; Ed., S. 70).

39 Vgl. Ed. Mario Roques, Les romans de Chrétien de Troyes I: Erec et Enide (Paris 1955 [CFMA]), S. 61 f. (musikalisch-dichterische Termini: *sifle, chante, flaüte, chalemele, gigue, viële, sonent tinbre, sonent tabor, muses, estives, freteles, buisines).*

40 *Qui vol auzir canso, ieu lh'en dirai, som par, / De tracio que no fai a celar / Del fel trachor Guio cui Jhesus desampar!* (vv. 1944–1946); Zitate nach Ed. Paul Meyer, Daurel et Beton, chanson de geste provençale, (Paris 1880 [SATF]), S. 64.

ein Lied, von denen er viele gelernt hatte, mit der Flötenharfe [?], mit der er wohl umzugehen wußte...)[41]. Auch beim Essen, das am Hof des Kaisers von Rom dem sich verrückt stellenden Robert gegeben wird, fehlt der Gesang der Spielleute nicht (»Robert le Diable«, 12. Jahrhundert)[42].

Besonders ausführlich werden die Hochzeit und das Hochzeitsfest von Archimbaut zu Beginn des altokzitanischen »Flamenca«-Romans (zwischen 1230 und 1250) geschildert. Nach der kirchlichen Trauung setzen sich Archimbaut und Flamenca mit den Gästen an den gedeckten Tisch (*taula messa,* v. 302). Alle Mahlzeiten gibt es in Überfülle – der Verfasser nennt sie nicht im einzelnen (dies wäre *alevadura* = Übertreibung), sondern begnügt sich damit zu betonen, es habe an überhaupt nichts gefehlt. Archimbaut, der mit seinem Schwiegervater die Gäste bedient, sehnt das Ende der Mahlzeit – die Hochzeitsnacht – herbei. Auch hier fehlen die singenden und musizierenden Spielleute nicht:

> *Li juglar comensan lur faula,*
> *son estrumen mena e toca*
> *l'us, e l'autres canta de boca.* (vv. 316–318)[43]
> (Die Jongleurs beginnen ihre Erzählung, der eine spielt und zupft sein Instrument, und der andere singt [mit dem Mund].)

Anläßlich des Hochzeitsfestes in Bourbon wird präzisiert, was für *faulas* die Spielleute – in diesem Fall aber erst nach dem Essen, beim Wein – mit Musikbegleitung vortragen: neben verschiedenen lyrischen Genera (im Vordergrund steht der *lai*) – alle möglichen Geschichten aus dem Bereich der »matière de Bretagne«, antiker Epenstoffe, der Bibel und der Nationalhistorie (Chansons de geste): *Cascus dis lo mieil [z] que sabia* (v. 706: Jeder trug so gut vor, wie er nur konnte)[44]. Bereichert wird dieses dichterisch-musikalische Programm – wie so häufig – durch Tanz-, Spring-, Jonglier- und Marionettennummern.

Bei einem großen Fest, das der König Artus einmal in Camaalot gibt, erscheint – so berichtet die »Estoire de Merlin« (um 1230) – während des prunkvollen Festmahls ein blinder Spielmann, der prachtvoll in Samt und Seide gekleidet ist und eine Krone aus Gold trägt. Mit seiner edelsteinbesetzten Harfe – auch die Saiten sind aus purem Gold – spielt er dem König sogleich einen bretonischen Lai vor, in dessen Refrain Artus, Guenièvre und alle Gäste einstimmen. Im weiteren Verlauf dieses *disner* geht der Zauberer Merlin – denn kein anderer ist der seltsame Jongleur – von Tisch zu Tisch:

> *Et li harperes aloit del .j. renc al autre & lor harpoit seriement & cler si le regarderent a merueilles li vn & li autre car il nauoient onques oi harper a cele guise. si lor plot plus & enbeli le deduit del harpeor que de nule cose que li autre menestrel fisent*[45].

41 Ed. Heinrich MICHELANT, Li romans d'Alixandre par Lambert li Tors et Alexandre de Bernay (= Bibliothek des literarischen Vereins in Stuttgart 13, Stuttgart 1846), S. 73 (vv. 7–8, 15–18).
42 *Puis vont mangier sans plus atendre / En la sale o l'enpereor, / Ou font lor chant cil jougleor* (vv. 2754–2756; Ed. E. LÖSETH, Robert le Diable. Roman d'avantures (Paris 1903 [SATF]), S. 113.
43 Ed. Ulrich GSCHWIND, Le Roman de Flamenca, nouvelle occitane du 13e siècle (= Romanica Helvetica 86, Berne 1976), Bd. I, S. 31.
44 Ebd. S. 41. Vgl. die ganze Passage vv. 592 *(Apres si levon li juglar)* ff.
45 Ed. H. Oskar SOMMER, The Vulgate Version of the Arthurian Romances, Vol. II: Lestoire de Merlin (Washington 1908), S. 413.

(Und der Harfner ging von der einen Gruppe zur anderen und spielte hell und klar vor, und die einen und die anderen sahen ihn staunend an, denn nie hatten sie auf diese Weise die Harfe spielen hören. Und die Kurzweil, die der Harfner ihnen bereitete, gefiel ihnen mehr als alles, was die anderen Spielleute machten.)

Auch die meisten Mahlzeiten, die Jacques Bretel in seiner langen Beschreibung des mehrtägigen Turnierfestes von Chauvency, das der Graf von Chiny Anfang Oktober 1285 veranstaltete, als eine Art Berichterstatter ausführt, werden durch Spielleute oder durch die Gäste selbst verschönt:

Dou mangier ne fas autre conte,
Et tant i ot fait a devise
Et de vïande et de servise,
Pou mangerent, asséz chanterent. (vv. 1340–1343)[46]

(Weiter erzähle ich über das Essen nichts, und so sehr da Speisen und Bedienung nichts zu wünschen übrig ließen, aßen sie [doch] wenig, sangen [aber] recht viel.)

Es ist klar, daß nach dem Essen der Gesang der Gäste – die Incipits der Lieder werden meist zitiert – verstärkt weitergeht. An einem anderen Tag helfen Spielleute mit, für die nötige Unterhaltung beim Essen zu sorgen. Liebes- und Tanzlieder werden gesungen, aber auch die Tischkonversation kommt nicht zu kurz:

A chascuns met chanté i ot
D'amors qui lez griés maus apaise,
Les gentis cuers fait vivre a aise
Et lez felons crever et fondre.
Escuier saillent pour respondre
La où on chante lez karoles.
En faiz, en dis et en paroles
Fu toute joie resbaudie.
Menestrel font menestraudie
De tabors et de vïeler,
Et li autre de biau parler
Font ses dames a ex entendre. (vv. 2372–2383)[47]

(Bei jedem Gang wurde da von der Liebe gesungen, die die schweren Krankheiten lindert, die edlen Herzen behaglich leben läßt und die Schurken krepieren und umkommen läßt. Knappen springen auf, um in den Refrain einzufallen, dort wo man Tanzlieder singt. In Taten, Reden und Worten lebte die ganze Freude wieder auf. Spielleute gehen ihrer Tätigkeit nach mit Trommeln und Fiedeln, und andere [Ritter] machen mit schönen Reden ihre Damen auf sich aufmerksam.)

46 Jacques Bretel, Le tournoi de Chauvency, éd. complète par Maurice Delbouille (Liège-Paris 1932), S. 44.
47 Ebd. S. 76.

Diese Beispiele aus der Literatur Frankreichs des 12. und 13. Jahrhunderts mögen genügen[48]. Es wurden bewußt nur solche ausgewählt, welche die Simultaneität von Essen, Trinken und Rezeption beziehungsweise Reproduktion von Dichtung und Musik veranschaulichen, bei denen also das spielmännische Beiprogramm integrierender Bestandteil der höfischen Mahlzeit ist und nicht nur im engeren Sinn zu ihrem Rahmen gehört. Daß im übrigen nach Beendigung der Mahlzeit, nach dem Forttragen der Tische oder dem Entfernen der Tischtücher und dem neuerlichen Händewaschen – und oft mit Weingenuß verbunden – sich die höfischen Lustbarkeiten mit Jongleurdarbietungen der verschiedensten Art, mit Tanz und Gesellschaftsspielen fortsetzen, illustrieren die mittetlalterlichen Texte zur Genüge.

Quant ont mengié, les napes font oster. / Li jouglere a sa vïele atempré, / A trente cordes fait se harpe sonner (vv. 7854–7856: Als sie gegessen haben, lassen sie die Tischtücher wegnehmen. Der Spielmann hat seine Fiedel angestimmt, er läßt seine Harfe mit 30 Saiten erklingen)[49] – heißt es in der Chanson de geste »Huon de Bordeaux« (gegen 1220) nach einer orientalischen Mahlzeit. Alexander der Große läßt nach dem Essen zu seiner Entspannung einen Spielmann singen (»Roman d'Alexandre«)[50]. Von Jongleurs gefiedelt und gesungen wird nach dem Essen mehrfach auch am Hof von Kaiser Otto in den »Enfances Godefroi« – die Spielleute erzählen bei dieser Gelegenheit aber auch Romane und andere Abenteuergeschichten (z. B. vv. 230 ff., 1738 ff.). Ähnlich geht es nach dem Festbankett zu, das nach der Krönung von Artus gegeben wird (»Brut«). Neben verschiedenen Männer- und Gesellschaftsspielen dienen da vor allem die diversen Darbietungen der Jongleurs zur Unterhaltung[51]. Nicht nur im »Durmart le Galois« fällt die Formelhaftigkeit des *Aprés mangier ont fait oster / Les tables...* zu Beginn derartiger Lustbarkeiten (vv. 368–369) auf[52]. Ausführlich werden diese vor allem im »Joufrois«-Roman beschrieben (vv. 1121 ff.). Hier wird die Diversität der spielmännischen Darbietungen (Tanz, Akrobatik, Jonglierkunst, Zauberei, Dichtung-Musik) besonders deutlich. Der Akzent liegt aber meist auf der Reproduktion von Dichtung und Musik. Dies gilt etwa für die Kurzweil nach dem Festessen anläßlich von Percevals Hochzeit in der »Continuation de Perceval« von Gerbert de Montreuil (Tanz, Gesang mit Instrumentalbegleitung, Geschichtenerzählen; vv. 6702 ff.); Tanz und Gesang stehen auch im »Roman de la Violette« desselben Dichters im Vordergrund, wobei es in diesem Roman – wie so häufig – die Gäste selbst sind, die für ihre eigene Unterhaltung sorgen (vv. 92 ff.)[53]. Ausführlich ist auch Philippe de Remi, Sire de Beaumanoir in »La Manekine« (vv. 2292 ff.) und Adenet le Roi in »Cléomadès (vv. 14053 ff.). Neben Lyrik *(Chançons, laiz, sons, vers, reprises)* wird in Huon de Merys

48 Als Philipp der Gute von Burgund 1459 Mantua besucht, wird er reichlich bewirtet, *ouquel disner ot pluseurs chantres, trompettes et clarons, lucz, harpes et autres instrumens de l'hostel dudit duc, qui y juèrent durant ledit disner* (Matthieu D'ESCOUCHY, Chronique, hg. v. G. du FRESNE DE BEAUCOURT (Paris 1864) Bd. II, S. 376).

49 Ed. Pierre RUELLE, Huon de Bordeaux (Bruxelles–Paris 1960), S. 319.

50 Ed. Heinrich MICHELANT, S. 413, vv. 18 ff.

51 *Mult out a la curt jugleürs, / Chanteürs, estrumenteürs; / Mult peüssiez oïr chançuns, / Rotruenges e novels suns...* (vv. 10543 ff.; Ed. Ivor ARNOLD, Le roman de Brut de Wace (Paris 1940 [SATF]), Bd. II, S. 553).

52 Ed. Joseph GILDEA, Bd. I, S. 10; *Et quant li mangiers fu finés, / Tantost sont les tables ostees...* (vv. 8246–8247; S. 216); *Tantost com li mangiers fina, / Les tables fisent oster la...* (vv. 9803–9804; S. 256).

53 Im »Roman de la Violette« von Gerbert de MONTREUIL werden die gesungenen Lieder »anzitiert«. Vgl. auch den »Lai de l'Espine« (vv. 178 ff.).

»Tornoiemenz Antecrit« (um 1235) Heldenepik vorgetragen (*Et de geste chanté nos ont*, vv. 484–485) – und zwar nach jenem prunkvollen allegorischen Festmahl des Antichristen, bei dem es alles außer Bohnen, Erbsen, Eiern und Heringen gibt, alle Speisen, die beim allegorischen Höllenmahl in Raoul de Houdencs »Songe d'Enfer« serviert wurden[54], aufgetischt werden, zusätzlich aber eine spezielle Süßspeise, eine herrliches Gebäck aus Sünden wider die Natur in einer Sauce aus Chartres, außerdem köstliche Spezereien und Pfefferkuchen aus allen Lastern – als Nachtisch übrigens ein mit Schwefel zubereiteter Ingwerkuchen.

Fassen wir ein paar Punkte zusammen, die sich aus den präsentierten Belegen ableiten lassen: Die höfische Mahlzeit ist ein Komplex ganz verschiedener »Ingredienzien«. In ihrem Zentrum steht das Essen und Trinken, das eigentliche Mahl, um das sich verschiedene vielfältige Akzessorien gruppieren, unter denen – dem Wesen der höfischen Kultur entsprechend – den dichterisch-musikalischen eine besondere Bedeutung zukommt. Die Gesamtheit der höfischen Mahlzeit ist nicht die bloße Summe ihrer einzelnen Bestandteile, sondern weit mehr. Sie stellt offenbar ein System von Einzelkomponenten dar, die aufeinander und auf das Zentrum des Systems bezogen sind. Diese Einzelkomponenten, zu denen auch und gerade das am burgundischen Hof des Spätmittelalters besonders ausgeklügelte und raffinierte höfische Protokoll beziehungsweise Zeremoniell, zum Beispiel aber auch schon die Tischordnung und die (luxuriöse, farbenprächtige) Ausstattung des Ambiente, auch das Tafelgeschirr gehören[55], sind jeweils verschiedenen Sinneswahrnehmungen[56] zugeordnet, die gleichfalls letztlich nicht voneinander isoliert werden können. Die Komplexität des sich aus den einzelnen Sinnesempfindungen ableitenden Gesamtgenusses ist entsprechend groß. In ihm sind die einzelnen Genußarten, die insbesondere aus dem Schmecken, Hören, Sehen und Riechen resultieren, gleichsam »aufgehoben«. Eine besondere Form des Tastsinns und des aus diesem sich ableitenden Genusses, der aus dem sozialen »Tasten« herrührende Genuß an der festlichen, rituell kanalisierten sozialen Kommunikation, tritt hinzu – desgleichen das »Ansehen« der Damen und die Konversation mit ihnen.

Genauer: Bei den Akzessorien spielt neben dem Hören, dem allein unsere Ausführungen galten, insbesondere das Sehen eine entscheidende Rolle. Die während des höfischen Mahls von den Spielleuten dargebotenen Künste beschränken sich keineswegs auf den musikalisch-dichterischen Bereich. Das visuelle Moment kommt in vielfältiger Weise (Jonglierkünste, Pantomimen, Akrobatik, Springen, Zaubern, Ringen, Tiervorführungen, Feuerschlucken usw.) zur Geltung – oftmals auch in Verbindung mit dem akustischen Moment (zum Beispiel

54 *Touz les mes Raol de Hodenc* (v. 412); Ed. Georg Wimmer, Li Tornoiemenz Antecrit von Huon de Mery (= Ausgaben und Abhandlungen aus dem Gebiete der romanischen Philologie, Marburg 1888), S. 43. Vgl. die »Sünderfleisch«-Speisen bei Raoul de Houdenc vv. 422 ff. (Ed. Philéas Lebesgue, Le Songe d'Enfer (Paris 1908), S. 77 ff., z. B. *Champions vaincus à l'aillie*, v. 451, oder *larrons murtriers [...] Qui furent destrempré as aus*, vv. 472–473).

55 Vgl. dazu u. a. Edmund A. Bowles, Musical Instruments at the Medieval Banquet (in Revue belge de musicologie 12, 1958), S. 41–51.

56 »Alle Sinne sollen angesprochen werden, zum Zungenschmaus tritt der Ohren- und Augengenuß; der ganze Mensch ist an der Tischrunde beteiligt« (Walter Salmen, Tischmusik im Mittelalter (in Neue Zeitschrift für Musik 120, 1959), S. 323–326; ebd. S. 324). »Die Hoftafel Karls des Kühnen mit all ihren mit nahezu liturgischer Würde geregelten Diensten von panetiers und Vorschneidern und Mundschenken und Küchenmeistern glich der Aufführung eines großen und ernsten Schauspiels« (Johan Huizinga, Herbst des Mittelalters. Studien über Lebens- und Geistesformen des 14. und 15. Jahrhunderts in Frankreich und in den Niederlanden (Stuttgart [9]1965), S. 52).

Tanz). Bekannt ist die Essensszene am Ende des »Floire et Blancheflor«-Romans, wo *pastes de vis oiselés* (v. 2876) serviert werden, also Pasteten, welche mit lebendigen Vögeln gefüllt sind, die herausfliegen, sobald das Gebäck zerbricht – und all dies mit Musikbegleitung (*La oïssiez les estrumens, / Vïeles et enchantemens...;* vv. 2883–2884)[57]. Eine Miniatur der »Grandes Chroniques de France« zeigt, daß bei der festlichen Bewirtung Kaiser Karls IV. durch den französischen König in Paris (1378) bei Tisch die Eroberung von Jerusalem im Jahr 1099 und die Fahrt von Richard Löwenherz ins Heilige Land in großer Ausstattung pantomimisch dargestellt wurden[58]. Zu verweisen ist auch auf das Phänomen der *entremets,* zum Beispiel der Schaugerichte, wie sie in englischen und französischen Kochbüchern des Mittelalters beschrieben werden (so eine Lasagne-Torte, bekrönt von einem aus Teig gefertigten Kampf einer Schlange mit einer Taube im gegen 1300 verfaßten Anjou-Kochbuch »Liber de coquina«), natürlich auch auf die bewußt – etwa durch Fackelbeleuchtung – »inszenierte« Farbenpracht im Arrangement der höfichen Mahlzeit. Das olfaktorische Moment tritt zunächst natürlich durch die genossenen Speisen und die oft zur Überlagerung des Eigengeschmacks der Ingredienzien in reichlichem Maß verwendeten scharfen Gewürze und Gewürzsaucen (Pfeffer, Safran, Ingwer, Galgantwurzel, Kümmel, Zimt, Muskat, Gewürznelken usw.) hinzu, wobei der Systemcharakter der höfischen Mahlzeit allein schon dadurch verdeutlicht wird, daß diese Gewürze gleichzeitig eine Funktion für Geruch, Geschmack und Aussehen der Speisen erfüllen: *His condimentis odor et sapor et color addunt / Delicias epulis* (Durch diese Gewürze werden die Gerichte köstlich an Geruch, Geschmack und Farbe) – heißt es in Justinus' »Lippiflorium«[59]. Das olfaktorische Moment spielt aber auch und gerade dann eine besondere Rolle, wenn es ganz bewußt »inszeniert« wird[60]. Das Wasser, mit dem sich die Gäste die Hände waschen, ist meist parfümiert. Die gewöhnliche Tischanordnung bei der höfischen Mahlzeit in geschlossenen Räumen (Tische an den Wänden entlang aufgestellt, Mittelraum für die Jongleurs – gegenüber dem Tisch des Herrn) läßt erkennen, daß der Raum vor den Tischen als Bühne konzipiert ist, auf der vor dem Publikum, den Speisenden – alle auf den Mittelraum blickend – die verschiedenen Künste präsentiert werden. Was die Speisenden rezipieren, ist aber – auf der Grundlage des Systemcharakters des Ensembles mit seinen Einzelkomponenten – nichts anderes als eine Art nahezu alle Sinne in Anspruch nehmendes Gesamtkunstwerk, dessen Auflösung in seine spezifischen Betandteile weitgehend seinen besonderen Charakter zerstören würde. Gerade hier zeigt sich, wie problematisch es ist, etwa die Lyrik des Mittelalters, die gesungene Dichtung, aus ihren Rezeptionsbedingungen zu

57 *Et quant il ces pastés brisoient, / Li oiselet partout voloient: / Adont véissiez vous faucons, / Et ostoirs, et esmerillons, / Et mout grant plente de mouschés, / Voler apres les oiselés* (vv. 2877–2882); Ed. M. EDÉLSTAND DU MÉRIL, Floire et Blanceflor, poèmes du XIIIe siècle (Paris 1866), S. 120. Serviert werden außerdem bei dieser Mahlzeit neben Weißwein und *claré: Grues et gantes et hairons, / Bistardes, cisnes et paons, / Niules, oublées, gibelés* (vv. 2873–2875; Ed., S. 119).

58 Vgl. J. BUMKE, Die höfische Kultur 1, S. 259.

59 Zit. nach ebd. S. 244. Vgl. auch die Bedeutung der Gewürze für den Wein; vgl. dazu A. SCHULTZ, Das höfische Leben 1, S. 296 ff., und Otto KLAUENBERG, Getränke und Trinken in altfranzösischer Zeit, nach poetischen Quellen dargestellt (Hannover 1904 [Diss. Göttingen]).

60 Die Balsamgläser, die im Parzival Wolframs von ESCHENBACH in der Gralsburg von sechs Jungfrauen dem Gral vorangetragen werden, gelten wohl eher dem Gral selbst als der unmittelbar danach beginnenden höfischen Mahlzeit (vgl. Buch V, 236, 1 ff.: *sechs glas lanc lûter wolgetân, / dar inne balsem der wol bran;* Ed. Gottfried WEBER (Darmstadt 1963), S. 199).

lösen. Ihre Isolierung aus jenem System gemeinschaftlichen Genießens von – im Fall des höfischen Mahls auf das Zentrum des kulinarischen Genusses bezogenen – Akzessorien basiert auf dem Resultat der tatsächlichen – historischen – Isolierung der Rezeption dichterisch-musikalischer Formen in der postmedievalen, posthöfischen Phase der Kulturgeschichte. Sie kann den dominanten mittelalterlichen Rezeptionsformen nicht gerecht werden.

Und ein letzter Punkt: Die Speisenden sind beim höfischen Mahl nicht nur passive Rezipienten. Sie sind weit mehr als dies. Wie die präsentierten Belege zeigen und wie man auch aus anderen Quellen weiß, beteiligen sich die Speisenden sehr häufig aktiv an der Zusammenstellung der einzelnen Genußkomponenten. Sie greifen – ob redend, singend, musizierend, tanzend oder auf andere Weise handelnd – oft aktiv in den Prozeß der Produktion des Gesamtkunstwerks ein, das sie in statu nascendi zugleich rezipieren. Noch einmal: die Moderne hat sich von diesem »ganzheitlichen« schöpferischen Genießen weit – vielleicht allzu weit – entfernt. Erste Anzeichen dafür sind im späten Mittelalter zunächst die erhöhten Bühnengerüste, auf welche die musikalischen Darbietungen verlagert wurden – Nicole de Chesnaye spricht in seiner »Condemnacion des banquetz« (15. Jahrhundert) davon, *que, sur l'eschaffault ou en quelque lieu plus hault, seront les instruments de diverses façons, pour en jouer et diversiffier, quant temps sera*[61] (daß auf dem Gerüst oder irgendeinem höhergelegenen Ort die verschiedensten Instrumente sein werden, damit – wenn die Zeit dafür gekommen ist – auf ihnen abwechslungsreich gespielt wird), dann die Pfeiferstühle, »die wie Schwalbennester hoch im Raume angebracht wurden«[62]. Sie verdeutlichen eine zunehmende Distanz zwischen den Essenden und dem musikalischen Teil-»Gericht«. Aufgekommen sind sie in der Tat in einer Zeit, als die Tafelmusik bei der Mahlzeit mehr und mehr zur als nebensächlich erachteten Geräuschkulisse degenerierte. Und bloße »Kulisse« war das Beiprogramm der höfischen Mahlzeit im Mittelalter eben gerade nicht. Und: Oft genug wird der Fall eingetreten sein, daß der mittelalterliche Rezipient während der Mahlzeit durch das Medium der dabei vorgetragenen Dichtung von einer der vielen fiktionalen Mahlzeiten hört. Die Vielfalt der sich aus diesem besonderen Zusammentreffen von Rezeption eines solchen verbalisierten (funktionalen) Gesamtkunstwerks mit der Rezeption (und zum Teil auch Produktion) eines diesem mehr oder weniger entsprechenden (realen) Gesamtkunstwerks ableitenden Rezeptionskontaminationen und -konflikte steht außer Frage.

61 Zit. nach Edouard FOURNIER, Le Théâtre français avant la Renaissance (Paris 1889), S. 221.
62 W. SALMEN, S. 325.

HEINZ BERGNER

Das große Festmahl in der mittelenglischen »Prima Pastorum« des Wakefield-Zyklus

I.

Der im folgenden behandelte Gegenstand ist offenkundig zunächst sehr speziell, speziell nicht nur deswegen, weil er mittelalterlicher Provenienz ist, sondern auch, weil er darüber hinaus einem sonst wenig beachteten literarischen Genre, nämlich dem mittelalterlichen Drama, entstammt, noch dazu lediglich einer rund 100 Zeilen umfassenden Passage. Aber wie man weiß, leuchten gerade in den *individualia* des Mittelalters die *generalia* auf, zeigt sich damals umgekehrt im Typischen immer auch das Vereinzelte.

Dies mag reichlich abstrus und eben mittelalterlich klingen, was indes niemanden befremden wird, wenn man bedenkt, daß die gegenwärtige Kulturszene allerorten dem Mittelalter zugetan ist. Diese Strömung zeigt sich in imposanten Ausstellungen Westdeutschlands[1], erweist sich in einer Fülle an einfühlsamen, sich bewußt volkstümlich, redselig und gut verständlich gebenden, mittlerweile zum Teil in mehreren Auflagen erschienenen Monographien zu allen Bereichen der mittelalterlichen Epoche, vornehmlich zu Weltanschauung, zu Alltag, Kindern und Frauen, zu Armut, Stadtgeschichte, Klerus, Kunst und dergleichen mehr[2]; diese Tendenz schlägt sich nieder in vielen Übersetzungen und in zahlreichen die mittelalterliche Existenz und mittelalterliche Erzählstoffe nachempfindenden Filmen, Musicals und Romanen[3]. Woran es liegt, daß Mediävisten, vornehmlich Historiker, ausgesprochen oft und gern gerade heutzutage in die Arena der Popularisatoren steigen und daß ihre Produkte ebenso flinken Absatz wie lebhafte Anteilnahme erfahren, das muß ein Rätsel bleiben. Schwerlich läßt sich dies mit dem doch eher akademischen Interesse am Anderssein, am ganz Anderen des Mittelalters erklären. Ist es dann aber eine Art Eskapismus? Wohl kaum, denn mit welchen Bezirken des Mittelalters wollte man sich als moderner Flüchtender dann identifizieren? Keine zwei Epochen unterscheiden sich so deutlich und grundsätzlich voneinander wie Moderne und Mittelalter, wenn man Weltsicht, politisches, soziales und ökonomi-

1 In den vergangenen Jahren vor allem die Ausstellungen zur Zeit der Staufer (1977), der Parler (1978), zum Norddeutschen Bürgertum, 1150–1650 (1985) sowie zur Kölner Romanik (1985) und dieses Jahr: Zu Andachtsbüchern im Mittelalter (Köln), sodann die mit einer Reihe von Ausstellungen verbundenen Feierlichkeiten zum 750. Domjubiläum in Bamberg und die Präsentation mittelalterlicher Buchmalerei in Regensburg.

2 Vgl. die im bibliographischen Anhang einer Studie von H. FUHRMANN (Einladung ins Mittelalter, München 1987) auf den S. 281ff. genannten Werke, vor allem die weit über die Grenzen ihres Landes bekanntgewordenen Darstellungen mittelalterlicher Geschichte von G. DUBY und R. PERNOUD.

3 Gedrängte Übersicht von U. MÜLLER, Das Nachleben der mittelalterlichen Stoffe (in: Epische Stoffe des Mittelalters, hg. von V. MERTENS–U. MÜLLER, Stuttgart 1984), S. 424–448 und: Mittelalter-Rezeption. Ein Symposion, hg. von P. WAPNEWSKI (1986).

sches Zusammenleben sowie Kunstschaffen der beiden Perioden gegenüberstellt. Es wäre übrigens nicht das erste Mal, daß eine Zeit das Mittelalter gründlich mißverstanden hätte. Jedenfalls erlagen die Romantiker, Präraffaeliten und Viktorianer Englands, wie man weiß, fundamentalen Irrtümern über die ferne mittelalterliche Epoche[4].

Nun haben sich auch die »Coquinologen« heutiger universitärer Fachrichtungen der mittelalterlichen Küche und Kochkunst liebevoll angenommen. Wie stark das Interesse der modernen Wissenschaft an diesem Thema ist, zeigt eine stattliche Anzahl an Veröffentlichungen. Für den anglistischen Bereich haben Wichtigkeit erlangt das Standardwerk von Bridget Ann Henisch, »Fast and Feast. Food in Medieval Society«[5], und die allen Experten bekannte interdisziplinäre Darstellung »Manger et boire au moyen âge«[6]. Größten Zuspruchs erfreut sich schließlich seit zehn Jahren das weitverbreitete, von Constance B. Hieatt und Sharon Butler zusammengestellte Kochbuch »Pleyn Delit«[7], eine Sammlung aus mittelenglischer Zeit stammender Rezepte, für moderne Köche versehen mit nachvollziehbaren Quantitätsangaben. Aber auch hier gilt, was eben behauptet wurde: Die Unterschiede zwischen modernem und mittelalterlichem Geschmacksempfinden sind mehr als beträchtlich, und für viele der auf der Basis mittelenglischer Speisevorschriften empfohlenen und hergestellten Gerichte kann man nur schweren Herzens guten Appetit wünschen, wie nordamerikanische Mediävisten, die mittelalterlichen Kochvergnügen schon seit langem nachgehen, immer wieder versichern. Mittelalterforscher muß das nicht anfechten: Schließlich haben diese nur ihre Texte zu lesen und zu verstehen, das Umsetzen in die Realität, in die Küchenwirklichkeit gehört noch nicht zu ihren Aufgaben.

II.

Der hier zur Debatte stehende Textabschnitt läßt sich ohne größere kulturgeschichtliche Zusammenhänge nur schwer begreifen. Wie jeder gesellschaftsbezogene Sektor besitzt auch Essen und Trinken im Mittelalter nämlich einen besonderen historischen Stellenwert, der sich kaum mit der Ernährungssituation der heutigen zivilisierten Menschheit zur Deckung bringen läßt. Das gilt auch dann, wenn man zunächst einräumen muß, daß hier durchaus Parallelen zwischen Mittelalter und Moderne bestehen. Denn natürlich fördert und festigt Essen und Trinken auch im Mittelalter Geselligkeit und Gemeinschaftsgeist, geben Gastmähler den Rahmen für politisches Ritual und gesellschaftliche Zurschaustellung ab, wie damalige Tischzuchten und Tischzeremonielle belegen[8], markieren Tafeleien die großen Einschnitte des Lebens, vor allem bei Hochzeiten, bieten Schmausereien schließlich schlichtweg Gelegenheit zu Amüsement und Ausgelassenheit. Das alles ist so ähnlich wie heute und läßt sich unter anderem auch in den zahllosen mittelalterlichen Versromanen nachlesen.

4 Vgl. K. L. Morris, The Image of the Middle Ages in Romantic and Victorian Literature (London 1984).

5 B. A. Henisch, Fast and Feast. Food in Medieval Society (London 1976). Außerdem M. Pelner Cosman, Fabulous Feasts. Medieval Cookery and Ceremony (New York 1976).

6 Manger et boire au moyen âge (= Publications de la faculté des lettres et sciences humaines de Nice, no. 27, 28, 2 vols., 1984).

7 C. B. Hieatt–S. Butler, Pleyn Delit. Medieval Cookery for Modern Cooks (Toronto–Buffalo 1976).

8 Vgl. Höfische Tischzuchten 1–2, hg. von T. P. Thornton (1957).

Daneben aber fallen drei Besonderheiten in bezug auf mittelalterliches Essen und Trinken ins Auge. Wie die Alltagsverrichtungen dem mittelalterlichen Menschen in der Regel unsägliche Mühen abverlangten, so waren in gleicher Weise das Suchen, Finden, Erhalten, das Heranschaffen, Aufbereiten und Zubereiten der Nahrung oft von maßlosen Anstrengungen begleitet, endeten solche Bestrebungen vielfach im Mißerfolg. Ernährung im Mittelalter allgemein kann man sich nur auf einer äußerst unstabilen Basis vorstellen. Man lebte schnell am Rande der Katastrophe[9], vor allem auf dem Land, wo immerhin neun Zehntel der Bevölkerung selbst noch im Spätmittelalter mehr schlecht als recht existierten, wenn nicht dahinvegetierten, und wo man auf Selbstversorgung angewiesen war. Transportschwierigkeiten konnten jederzeit Versorgungskrisen heraufbeschwören, unzweckmäßige Vorratshaltung, Mißernten, schlechtes Wetter, ausgelaugte Böden, unhygienische Lagerung und schneller Verderb von Nahrungsmitteln verursachten rasch und häufig Hungersnöte. Dazu kamen Mangelkrankheiten aufgrund einseitiger Ernährung vor allem im Winter, was den mittelalterlichen Menschen in seiner Resistenz gegen Krankheit und Epidemie entscheidend schwächte. Rein materiell war Ernährung im Mittelalter also eine höchst unsichere Angelegenheit, die jeden Tag in schlimmste Krisen und Entbehrungen hineinführen konnte.

Und ein zweiter Aspekt hat große Relevanz für die hier zu diskutierende Textstelle. Denn Essen und Trinken ist im Mittelalter allemal eine Sache enormer Unterschiede. Diese Feststellung bezieht sich nicht so sehr auf die ganz selbstverständliche, im übrigen auch damals beträchtliche Differenz zwischen Alltagsessen und Festtagsessen oder zwischen der ländlichen und der städtischen Kost. Natürlich gab es auch regional und saisonal bedingte Schwankungen im verfügbaren Nahrungsangebot. Und aufgrund verbesserter Vorratshaltung, erhöhter Arbeitsproduktivität, gesteigerter Nutzung von Naturressourcen und eines stark durch Pest und Kriege gebremsten Bevölkerungswachstums hat man auch immer wieder auf die daraus resultierenden quantitativen und qualitativen Verschiebungen hingewiesen, die in erheblichen Gegensätzen in der Nahrungsversorgung des Frühmittelalters einerseits und des Spätmittelalters andererseits zu beobachten sind, allerdings vornehmlich in bezug auf die bessergestellten Schichten[10]. Entscheidend ist indessen, daß Nahrung, Essen und Trinken im Mittelalter ein Instrument sozialer Differenzierung ist, ein Prestige- und Klassenmerkmal, ein untrügliches Element gesellschaftlichen Ausdrucks und individueller Selbstdarstellung, gleichsam eine soziale Schranke, an der sich reich und arm, hoch und niedrig unzweideutig schieden.

Obwohl uns die Kochbücher des Mittelalters nur über die Eß- und Trinkgewohnheiten der höheren Stände genau unterrichten, weil nur diese Kreise sich solche Werke leisten und diese auch lesen konnten, wissen wir heute trotzdem genug, um generalisierend sagen zu können: Für die breite Masse des Volkes, vor allem auf dem Lande, zum Teil auch in der Stadt, bestand das Nahrungsangebot in dunklem Brot, in Grütze, Brei und Mus auf der Basis von Getreide oder Hülsenfrüchten, in Gemüse und Schmalz, in etwas Wurst, unter Umständen in gekochtem Fleisch von altem Nutzvieh, in Wasser und Bier. Als Zeichen gehobener Sozialstel-

9 Vgl. F. Curschmann, Hungersnöte im Mittelalter (Leipzig 1900); W. Abel, Massenarmut und Hungerkrisen im vorindustriellen Europa (1974) und M. Mollat, Die Armen im Mittelalter (1984).

10 Vgl. C. Dyer, Les régimes alimentaires en Angleterre. XIIIème–XVème siècles (in: Manger et boire au moyen âge, II), S. 263–274.

lung dürfen dagegen die folgenden Speisen gelten: gebratenes und gewürztes Fleisch, Sülze, Geflügel, Fisch, Wild und süße Desserts, ansonsten aromatisierte Weine[11].

Neben der Bindung von Essen und Trinken an eine krisenanfällige Umwelt, an Klasse und Stand ist in diesem Zusammenhang noch auf eine dritte Besonderheit hinzuweisen. Nahrung steht im Mittelalter nämlich in einem merkwürdig zwitterhaften Beziehungsgefüge dinglicher, religiöser und symbolischer Bedeutungen. Für jene Zeit ist dies sicher nichts Ungewöhnliches. So entfaltet sich die Nähe zum Göttlichen in der Tatsache, daß der mittelalterliche Mensch jeden Tag in der vierten Bitte des Paternoster um das tägliche Brot im weitesten Sinne bat[12], das natürlich auch Essen und Trinken einschloß. Außerdem weiß man jedoch, daß für das Mittelalter jedes Ding neben seinem Alltagssinn eine diesen Sinn transzendierende Dimension besaß[13]. Diese ergibt sich hier, wenn man in Rechnung zieht, daß Speise und Trank nur in der engen Gemeinschaft mit dem menschlichen Leib gedacht werden kann. Man muß berücksichtigen, daß wohl eine der stärksten und weitgehend universell akzeptierten mittelalterlichen Strömungen in der deprimierenden, gleichwohl das gesamte Mittelalter über mit ca. 700 Handschriften und etwa 40 Drucken ungemein verbreiteten (später so betitelten) Schrift »De contemptu mundi« von Papst Innozenz III. (1195) gipfelte. Sie gibt unter anderem die menschliche Leiblichkeit allgemeiner und totaler Ächtung preis[14]. Indem nun die korrupte Natur des Menschen ganz dem Leib verhaftet ist, wird deshalb auch Essen und Trinken häufig mit dem gleichen negativen Verdikt assoziiert, und das um so mehr, als der Übergang zur Todsünde *gula* (Völlerei) unmerklich und zudem von subjektiven Beurteilungen abhängig ist, auch wenn man aus der mittelalterlichen Literatur Englands bisweilen den tröstlichen Eindruck gewinnt, daß die *gula,* die auf der sieben Todsünden umfassenden Schwereskala oft Rang sechs, also einen hinteren Platz einnimmt, lediglich die Todsünde von Bettelmönchen und kleinen Leuten ist[15]. Doch gilt festzuhalten: Die Einschätzung von Essen und Trinken im Mittelalter oszilliert häufig zwischen zwei Polen; Nahrung ist damals Lebensnotwendigkeit einerseits und Sündenindikator andererseits.

Verengt man den Blick auf das konkrete mittelalterliche Essen und Trinken, dann stellt sich die Frage, wo man Informationen hierüber erhalten kann. Wenig aussagekräftig ist die bildliche Kunst, wenn man etwa an spätmittelalterliche Stundenbücher denkt, beispielsweise an das berühmte Januarbild der »Très riches heures« des Herzogs von Berry, das zwar einen

11 Vgl. J. M. von WINTER, Kochen und Essen im Mittelalter (in: Mensch und Umwelt im Mittelalter, hg. von B. HERRMANN, Stuttgart 1986), S. 74–108. Neben den bekanntesten mittelalterlichen Kochbüchern, dem Viandier des TAILLEVENT (um 1370) sowie Le ménagier de Paris (um 1393), sind für England zwei um 1430 und 1450 entstandene Kochbücher zu erwähnen, sodann John RUSSELLS Book of Nurture (um 1460) und die anonyme, erst im 18. Jahrhundert edierte Sammlung: A Collection of Ordinances and Regulations... Also Receipts in Ancient Cookery (1790). Vgl. The Babee's Book, hg. von F. J. FURNIVALL (= E. E. T. S., O. S. 32, 1868); Palladius on Husbondrie, hg. von B. LODGE (= E. E. T. S., O. S. 52, 1873); Two Fifteenth-Century Cookery Books, hg. von Th. AUSTIN (=E. E. T. S., O. S. 91, 1888). Vgl. auch Anm. 5.

12 VULGATA, Mt. 6, 11: *panem nostrum supersubstantialem* bzw. Lk. 11, 3: *panem nostrum cotidianum* (dritte Bitte). Eine soterologische Vergegenwärtigung von Speise und Trank ergab sich natürlich auch in der Eucharistie.

13 Vgl. F. OHLY, Schriften zur mittelalterlichen Bedeutungsforschung (1977).

14 Vgl. Lexikon des Mittelalters 3,1 (1984).

15 So in LANGLANDS Piers Plowman (C-Version, hg. von D. PEARSALL, London 1981, Prologue und Passus VI, V. 350ff.). Zum Gesamtkomplex: M. W. BLOOMFIELD, The Seven Deadly Sins (Michigan 1952).

reichgedeckten Tisch, aber nur schwer identifizierbare Speisen zeigt. Im Schrifttum ergibt sich eine eher für moderne Leser begreifliche Trennung. Denn Sachhinweise finden sich vor allem in Sachbüchern, also in den bereits erwähnten Kochbüchern des Spätmittelalters. Genaue Anhaltspunkte zum Komplex Speise und Trank trifft man jedoch nur in sehr beschränktem Ausmaß in der »Literatur« – wie man sie heute versteht – an. Nun waren die Grenzen zwischen beiden Bezirken im Mittelalter sehr fließend, ja wurden zumeist überhaupt nicht beachtet oder wahrgenommen. In unserem Fall wird dies zum Beispiel dadurch bewiesen, daß das einflußreiche mittelenglische Kochbuch »The Book of Nurture« des John Russell (ca. 1460) nicht nur in Versen, sondern auch in altehrwürdigen, an die religiöse Lyrik, vor allem die Mariendichtung erinnernden Schweifreimstrophen abgefaßt ist.

Nichtsdestoweniger könnte man einwenden, daß das Nennen und Beschreiben von Speisen nicht in der Literatur im engeren Sinne, vor allem nicht in Texten erwartet werden kann, die der moderne Kritiker als fiktional einstufen würde. Grundsätzlich legen aber die mittelalterlichen Rhetoriken und Poetiken den Erzählern geflissentlich ans Herz, ihre narrativen Schöpfungen mittels *descriptio* beziehungsweise *ekphrasis* gehörig auszuweiten[16]. Und in der Tat trifft man in mittelalterlichen Versromanen oft hochdetaillierte Menschen-, Tier-, Natur- und Dingbeschreibungen an[17]. Die Kunst der *descriptio* gehörte sogar zu den Standardübungen in den Klosterschulen der Zeit. Amplifizierendes, weit ausgreifendes Ausmalen bezieht sich in mittelalterlicher Literatur gewöhnlich auf schöne und häßliche Menschen und Orte, auf Landschaften, Schlösser, Häuser und deren Interieurs, auf Schlachten, Turniere, Jagden, Fabelwesen, Wappen, Waffen und Rüstungen, auf Stürme zu Land und zu Wasser und natürlich auf die höfische und gesellige Lebensform, wie ritterliches Zeremoniell, Innendekor, Bankette, Tischsitte, Tischordnung und Tafelgerät. Wie man leicht erkennt, verbindet sich der genannte Formzug gern mit aristokratischen Existenzweisen[18].

Dagegen geben sich die mittelalterlichen Dichter merkwürdig reserviert, was solch vielfältige, auf Genauigkeit der Schilderung abzielende Einzelheiten im Hinblick auf Essen und Trinken betrifft. *Descriptio* von Speise und Trank scheint noch am meisten in der mittelalterlichen französischen Erzählkunst entfaltet zu sein, in erster Linie bei den realistischen oder bürgerlichen Autoren wie Jean Renart oder Philippe de Beaumanoir[19]. Die Untersuchungen von Willy Pieth und Danielle Buschinger beweisen[20], daß demgegenüber die Beschreibung von Speisen in mittelhochdeutscher Poesie stark in den Hintergrund rückt; sie ist bei Hartmann, Wolfram und Gottfried nur ganz umrißhaft auszumachen, ist bei den späteren

16 Vgl. P. Klopsch, Einführung in die Dichtungslehren des lateinischen Mittelalters (1980), S. 132. Allgemein: E. Lobsien, Landschaft in Texten. Zur Geschichte und Phänomenologie der literarischen Beschreibung (1981).

17 Maßgeblich für Frankreich: F. Lyons, Les éléments descriptifs dans le roman d'aventure au XIIIe siècle (Genève 1965).

18 Vgl. dazu grundlegend J. Huizinga, Herbst des Mittelalters (Stuttgart [11]1975), außerdem R. Strong, Splendour at Court (London 1973), J. Verdon, Les loisirs au moyen âge (Paris 1980), G. Duby, Guillaume le Maréchal, ou le meilleur chevalier du monde (Paris 1984) und R. Marquardt, Das höfische Fest im Spiegel der mittelhochdeutschen Dichtung (1140–1240) (1985). Vgl. auch Anm. 5.

19 F. Lyons (wie Anm. 17), S. 85ff. und S. 133ff.

20 Willy Pieth, Essen und Trinken im mhd. Epos des zwölften und dreizehnten Jahrhunderts (Leipzig 1909); Danielle Buschinger, La nourriture dans les romans Arthuriens allemands entre 1170 et 1210 (in: Manger et boire au moyen âge, I), S. 377–389 und R. Marquardt (wie Anm. 18).

Erzählern sicher etwas ausgeprägter entwickelt, wobei unter anderem auf zwei sehr aufschlußreiche Stellen im »Helmbrecht« hinzuweisen ist, in denen ländliche und adlige Kost wertend miteinander verglichen werden[21]. Dagegen scheint der Bereich des Essens und Trinkens in der mittelalterlichen Literatur Englands nahezu gänzlich ausgeklammert zu sein. Selbst ein Stück wie »The Land of Cokaygne«[22], eine mittelenglische Dichtung über das Schlaraffenland, erwähnt Essen und Trinken nur ganz am Rande, obwohl der Gegenstand doch genau das Gegenteil nahelegen würde.

III.

Eines der ganz wenigen mittelalterlichen englischen Werke, in dem ausführlich Bezug auf Essen und Trinken genommen wird, stellt die sogenannte »Prima Pastorum« des Wakefield-Zyklus dar[23]. Die »PP« ist generisch gesehen in die Gruppe der Mysterienspiele einzuordnen, eine der drei großen dramatischen Gattungen des Mittelalters, zu denen außerdem noch die Mirakelspiele und die Moralitätenspiele zählen[24]. Das Mysterienspiel ist eine völlige Neuschöpfung der mittelalterlichen Zeit und setzt die wesentlichen Episoden von Altem und Neuem Testament ins dramatische Medium um. Theatralisch wurzelt es in Liturgie und Volksschauspiel und vereinigt ausgesprochen viele Elemente in sich: Ernst und Komik, christliche Theologie und heidnischen Mythos, Geistigkeit und Drastik. Als historischer Hintergrund dieser Spiele hat die spätmittelalterliche Stadt- und Kathedralkultur zu gelten; getragen und gestützt werden sie daher von Bürgertum und Klerus. Die Mysterienspiele sind *das* literarische Massenereignis im Spätmittelalter, ihr Publikum ist durch und durch gemischt. Die Besonderheiten der mittelenglischen Mysterienspiele bestehen, im Unterschied zu kontinentalen Entsprechungen, darin, daß sie jeweils zu bis zu fünfzig und mehr Spiele umfassenden Spielzyklen kunstvoll zusammengeordnet sind, wobei sich der Bogen spannt von der Erschaffung der Welt, den Geschichten um Kain und Abel, Noah und Abraham, über die Geburt Jesu, sein Leiden, Sterben, seine Auferstehung und Himmelfahrt bis zum Jüngsten Gericht. Vier solcher Zyklen sind uns aus mittelenglischer Zeit erhalten geblieben (York, Chester, Wakefield und N-Town). Die oft mehrere Tage dauernden Aufführungen fanden häufig prozessional statt. Zu diesem Zweck wurden mit Simultanbühnen ausgestattete Bühnenwagen durch die Stadt gezogen und an verschiedenen Orten angehalten. Von ihnen herab bot man sodann jeweils ein Mysterienspiel dar, wobei sich eine aufschlußreiche Verknüpfung von neutralen *(platea)* und fiktionalen (*loca* usw.) Spielorten ergab[25]. Der Wakefield-Zyklus ist mit zweiunddreißig Dramen durch ein Manuskript des ausgehenden 15. Jahrhunderts

21 Wernher der GÄRTNER, Helmbrecht, hg., übers. und erl. von F. TSCHIRCH ([2]1978), V. 439ff. und V. 859ff. Die beiden Passagen stellen Wasser, Roggen, Hafer und Grütze als der einfachen Lebensform zugehörig aristokratischen Gerichten gegenüber, nämlich Wein, Pastete, Gebratenem, Fisch, Weißbrot, fein geschnittenem Weißkraut und Käse.

22 In: Early Middle English Verse and Prose, hg. von J. A. W. BENNET–G. V. SMITHERS (Oxford [2]1974), S. 138ff.

23 In: The Wakefield Pageants in the Towneley Cycle, hg. von A. C. CAWLEY (Manchester 1958), S. 29ff. Im folgenden mit »PP« bezeichnet.

24 Vgl. A. C. CAWLEY u.a., The Revels History of Drama in English. Vol. I: Medieval Drama (London–New York 1983).

25 Vgl. W. TYDEMAN, The Theatre in the Middle Ages (Cambridge 1978).

überliefert[26]. Innerhalb dieses Zyklus figurieren sechs Stücke, die von besonderer Kunstfertigkeit zeugen und deren eines die »PP« ist, also ein Hirten- oder Weihnachtsspiel[27]. Nach allgemeiner Auffassung markiert die »PP« einen der Höhepunkte des mittelalterlichen Dramas.

Dieses Mysterienspiel zerfällt, für jeden leicht nachvollziehbar, in zwei Teile (V. 1–295; 296–502). Der hier vorgestellte Ausschnitt (s. Anhang) entstammt der ersten Partie. Das dieser Passage vorausgehende Geschehen wird nachher noch kurz zu umreißen sein. Ohne Schwierigkeiten ist das Handlungsgerüst der Stelle zu erkennen. Drei namentlich vorgestellte Hirten setzen sich zu einem ausgedehnten Festmahl nieder[28], in dessen Verlauf sie eine Reihe von Speisen, denen sie natürlich äußerst kräftig zusprechen, genau benennen, und zwar: *browne of a bore* ›Schweinssülze‹ (V. 212), *mustard* ›Senf‹ (V. 213), *foote of a cowe* ›Rindshaxe‹ (V. 215), *sawsed* ›gewürzt‹ (V. 215), *pestell of a sowe* ›Eisbein‹ (V. 216), *powderd* ›eingesalzen‹ (V. 216), *blodyngys* ›Blutwürste‹ (V. 217), *leueryng* ›Leberwurst‹ (V. 217), *befe* ›Rindfleisch‹ (V. 220), *moton* ›Hammelfleisch‹ (V. 220), *sothen* ›gekochtes Fleisch‹ (V. 224), *rost* ›gebratenes Fleisch‹ (V. 224), *ox-tayll* ›Ochsenschwanz‹ (V. 225), *py* ›Pastete‹ (V. 227), *swyne-gronys* ›Schweinsrüssel‹ (V. 229), *hare bot the lonys* ›Hase ohne Lenden‹ (V. 230), *leg of a goys* ›Gänseschlegel‹ (V. 233), *chekyns endorde* ›panierte Hühnchen‹ (V. 234), *pork* ›Schweinefleisch‹ (V. 234), *partryk* ›Rebhühner‹ (V. 234), *tart* ›Kuchen‹ (V. 235), *calf-lyuer skorde with the veryose* ›geschnittene Kalbsleber in saurem Obstsaft‹ (V. 236), *sawse* ›gewürzt‹ (V. 237) und *ayll* ›Bier‹ (V. 244). In rund zwanzig Zeilen werden etwa zwei Dutzend Gerichte und Speisezutaten aufgezählt, die zumindest teilweise jedem Aristokraten der damaligen Epoche zur Ehre gereicht hätten. Denn leicht und schnell gelingt es, etliche der erwähnten Speisen in den Kochbüchern des mittelenglischen Adels wiederzufinden[29], ja es ist möglich, daß man in der Abfolge der Gerichte unschwer ein Menü in drei Gängen rekonstruieren kann, wie es an Festtagen in mittelenglischen adligen Haushalten aufgetischt wurde. Die einschlägigen Kochbücher bestimmen, in einem Fall direkt mit identischen, den Text also durch Zitat beglaubigenden Worten[30], für den ersten Gang Sülze in Senfsauce, Eisbein, Rindfleisch und als besondere Köstlichkeit Hammelfleisch, schließlich Pastete; zum zweiten Gang Hühnchen, Wild, Kalbsleber in Apfel- oder Weinsauce und zum Ausgang süßen Kuchen. Zu allem paßt, daß die drei Schmausenden auch versuchen, vornehm und klassenbewußt aufzutreten, was in erster Linie für den dritten Hirten gilt. Er kennt sich in der feinen Lebensweise, vor allem im Speiseplan der Adligen, aus (V. 233–239) und benutzt dabei sogar gelehrte Lehnwörter aus dem Französischen, und zwar in rascher Folge: *restorité* ›Kräftigungsmittel‹ (V. 238), *appeté*

26 Die Editionslage für den Wakefield-Zyklus ist ausgesprochen unbefriedigend. Bis zum Vorliegen einer Standardausgabe begnügt man sich am besten mit dem Faksimiledruck: The Towneley Cycle. A Facsimile of Huntington MS MH 1, hg. von A. C. Cawley–M. Stevens (Leeds 1976). Völlig überholt ist: The Towneley Plays, hg. von G. England–A. W. Pollard (= E. E. T. S., E. S. 71, 1897).

27 Eigentlich *Prima Pagina Pastorum* im Unterschied zu der darauffolgenden und noch bekannteren *Secunda Pagina Pastorum*. Die erwähnten sechs Stücke finden sich in der unter Anm. 23 angezeigten Edition. Innerhalb des Wakefild-Zyklus stellt die »PP« das XII. Stück dar, unter den sechs Dramen des Wakefield Master rangiert sie an dritter Stelle.

28 Vgl. A. C. Cawley, The »Grotesque« Feast in the *Prima Pastorum* (in: Speculum 30, 1955), S. 213–217.

29 Ebd. S. 213.

30 Ebd. S. 216f.

›Appetit‹ (V. 239). Darauf antwortet der erste Hirte in gleichem Ton und fügt als drittes Reimwort *clergé* ›Gelehrte‹ (V. 240) hinzu und siezt noch dabei seinen Kameraden, indem er die höflichen *ye*(e)- und *youre*-Formen anstatt des intimeren *thou* oder *thin* verwendet (V. 240–243). Nach außen hin tritt uns hier also eine noble Gesellschaft entgegen. Zum Abschluß ihres Banketts beschließen die drei sogar, altem, nachweisbar aristokratischem Brauch folgend, die übriggebliebenen Speisereste den Armen zu geben (V. 283–286), und schicken sich schließlich an, kurz ehe sie einschlafen, Lateinisch zu reden, freilich ein sehr eigenwilliges und verdrehtes (V. 292–294).

Dies deutet eine grundsätzliche Widersprüchlichkeit in der vorgelegten Textstelle an. Sieht man nämlich genau hin, so erweisen sich die aufgeführten Speisen als eine Mischung von hoher und niederer Eßkultur. Rindshaxe, Blut- und Leberwurst, Ochsenschwanz, Schweinsrüssel und gekochtes Fleisch sucht man in den Kochbüchern der mittelenglischen Adligen vergebens. Ebenso unüblich war es in diesen Kreisen, von Hase und Gans jeweils nur ein Stück oder ein Teil zu servieren und den Rest wegzulassen (V. 230, 233). Dazu paßt, daß die drei Hirten nicht, wie sonst bei hochherrschaftlichen Anlässen, gewürzten Wein, sondern schlicht Bier trinken (V. 244, 248). Auch die geordnete Abfolge der Speisen ist durcheinander geraten, denn nicht der Kuchen oder die süße Nachspeise, sondern die Kalbsleber in Obstsaft bildet den Abschluß des Mahles, und der dritte Gang gelangt erst gar nicht zu seiner vollen Entfaltung. Diese Paradoxien setzen sich auf anderen Ebenen fort. Schon die Namensnennung der drei Hirten ist nicht einheitlich: Der dritte Hirte wird mit seinem vollen Namen *(John Horne)*, der zweite Hirte mit seinem Spitznamen *(Slawpace)* und der erste Hirte mit abgekürztem Vornamen *(Gyp)* gerufen. Die Tischmanieren der drei lassen trotz allem sehr zu wünschen übrig, wenn man die hohen äußeren Ansprüche bedenkt, die ihr Festschmaus nun einmal zur Folge haben müßte. Offensichtlich wird hier kein hochrangiges Essensritual zelebriert, sondern, wie es der dritte und der zweite Hirte selbst sagen (V. 197, 209, 210), ihr Mahl ist vielmehr ein Sich-Vollstopfen, dem am Ende das Sich-Vollaufenlassen folgt, wobei sie ihr Besäufnis singend und unsinnig schwadronierend begehen (V. 249–277). Auf Löffel verzichten sie daher gern (V. 232), sie fluchen (V. 153, 192, 251, 276), zanken sich um den Trinkbecher (V. 249–250, 271 ff.), geraten immer wieder in Streit, drücken sich in jeder Weise ungezwungen, umgangssprachlich und hemdsärmelig aus[31], und zumindest der erste Hirte scheint allem Hohen, Gelehrt-Klerikalen abgeneigt zu sein (V. 240 ff.). In dieser Situation vergessen sie andererseits nie ihre katastrophale soziale Situation, die sie als Hirten bedrückt (V. 221, 227–228).

Damit wird ein Sarkasmus, eine Ironie und Doppeldeutigkeit sichtbar, die den gesamten Textausschnitt für den heutigen Leser zunächst leicht verwirrend erscheinen läßt. Um die sich ergebende Ambiguität nun zu erhellen, muß man kurz auf die vor dem Festmahl liegenden dramatischen Geschehnisse zurückblicken. Die »PP« setzt nämlich ein mit einer langen Klage des ersten Hirten über die Zeit, über seine Not, über seine Armut und den Verlust seiner Schafe (V. 1–45). Dem folgt eine vehemente, durch den zweiten Hirten vorgetragene Kritik an der materiellen Ausbeutung, der Recht- und Mittellosigkeit des einfachen Landvolkes, eine Attacke auf die Feudalität und ihre Praktiken (V. 46–81). Instruktiv ist dann aber die sich

31 Dieser kolloquiale Umgangston weicht im zweiten Teil des Spiels einer durchgängig getragenen Ausdrucksweise. Die »PP« bietet daher eine der wenigen Möglichkeiten, mündliches und schriftliches mittelenglisches Reden kontrastiv zu erörtern.

daran anschließende Begebenheit. Denn in ihrer Verzweiflung steigern sich nun die beiden Hirten in eine Illusion, indem sie sich streitend und palavernd vorstellen, Besitzer einer großen Schafherde zu sein (V. 100–123). Der hinzukommende dritte Hirte (V. 127) entlarvt dies alles als närrische Phantasterei, heizt dieselbe aber zugleich an, wobei er den beiden Hirten sein nur imaginär vorgestelltes Pferd in die Obhut gibt (V. 164). Ein vierter Hirte *(Iak Garcio)* verhält sich genauso, spottet einerseits über die Torheit des ersten und zweiten Hirten und gibt andererseits ihren Wahnvorstellungen neue Nahrung, denn er behauptet ironischerweise, ihre in Wahrheit ja nicht existenten Schafherden stünden wohlgenährt auf der Wiese, dies übrigens im Winter (V. 188–189). So ergibt sich hier ein ständiges Hin und Her zwischen Wirklichkeit und Einbildung. Und dies ist die Ausgangssituation des Festmahles: Als arme, ausgebeutete und unbehauste, unsolidarische und zerstrittene Hungerleider, die nicht in der Lage sind, die Ebenen der Realität auseinanderzuhalten, setzen sie sich zu ihrem eigentlich nur vorgestellten Bankett nieder. Dieses findet also in Wirklichkeit gar nicht statt, sondern ist eine fast ins Clowneske gehende Pantomime, welche die bisher gesponnenen Selbsttäuschungen nur fortführt. Für die drei Hirten tut sich hier eine ersehnte, eine erträumte Welt auf, wird eine große Illusion geschaffen, die dem ganzen ersten Teil der »PP« ihren besonderen Sinn verleiht.

IV.

Essen und Trinken wird in der »PP« für die dort agierenden Figuren in mehrfacher Hinsicht zum negativen Signum. Ihr imaginäres Festmahl führt ihre Sehnsüchte ad absurdum, und so wendet sich die Kritik, die sie an ihrer Zeit und Epoche geübt haben, ganz gegen sie selbst, erweist sich die Korrektur, die sie an ihrer Umwelt angebracht haben, als nötige Korrektur an ihrer eigenen Person. Zunächst stehen sie als Ignoranten da, weil ihnen das Wissen vom richtigen Ablauf einer aristokratischen Tafelei abgeht. Damit können sie auch gar nicht vertraut sein, weil sie einer gesellschaftlichen Klasse angehören, der solches Speisen nicht nur nicht bekannt ist, sondern auch nicht zukommt. Dieser Befund entspricht insgesamt mittelalterlichen Erwartungen. Die Lächerlichkeit und Unfähigkeit der Hirten erwächst aus ihrem untauglichen Versuch, ihrer angestammten sozialen Rolle zu entgehen. Den Weg von ihr fort nehmen sie über eine Wahnidee, die nie Wirklichkeit werden kann, weil sie im Grunde niederschmetternd endet. Denn die von ihnen erträumte Welt des Essens und Trinkens bietet sich als ein Bereich dar, der aller Symbolik, aller höheren semantischen Zuordnungen entbehrt. Ihr Gelage ist allenfalls Selbstdarstellung, zugegebenermaßen wie das der höheren Schichten, doch auf welch niederer Ebene! Was sie sich sehnlichst erwünschen, benötigen die Hirten in Wahrheit gar nicht. Ihr Illusionsmahl stellt sie als Narren bloß. Indem sie sich selbst überheben, begehen sie die Todsünde *superbia* (›pride‹), und indem sie ihr Mahl in ihrer Phantasie zu einer primitiven, form- und konturenlosen Futterei degradieren und in der rein irdischen Komponente von Essen und Trinken das Nonplusultra ihrer Existenz erblicken, münden sie ein in die ebenso tödliche, freilich weniger schwerwiegende Sünde der *gula* (›glotonye‹); in der Tat fällt dieser Ausdruck in der Rede des dritten Hirten (V. 222). Aus der Perspektive der fatalen Gefallenheit der Hirten und der Korruptheit aller über ihnen situierten Klassen resultiert übrigens die Notwendigkeit des Weihnachtswunders, der Erlösung durch die Heilandsgeburt im zweiten Teil der »PP«. Das Lamm, das den Hirten anfangs buchstäblich als Nahrungsgrundlage fehlte (V. 39) und das sie sich nur in ihren Phantasien vorstellen konnten (V. 100–123, V. 220), stellt sich damit wirklich ein (V. 296ff.), Essen und Trinken wird nun in die Nähe der Eucharistie gerückt.

Das ganz vereinzelt und isoliert dastehende literarische Textzeugnis der »PP« über Essen und Trinken widerspricht im Grunde dem zu Anfang Gesagten nicht. Weit ausholende Deskription von Speise und Trank ohne den transzendenten Bezug gibt es in der Literatur des mittelalterlichen England praktisch nicht, und auch sonst wohl nur in sehr beschränktem Maße; ebensowenig trifft man die unvoreingenommene und unverstellte literarische Darstellung persönlichen Vergnügens an den Genüssen der Tafel an, denn das hieße letztlich, mittelalterlichem Empfinden zufolge, Essen und Trinken gänzlich im animalischen Bereich zu belassen. Dies alles hat natürlich Tradition. Ohne einer notwendigen Gesamtwürdigung des Phänomens vorzugreifen und ohne eine historische Entwicklung aufzuzeigen, sei immerhin bemerkt: die gleiche Tendenz beobachtet man schon in der römischen »Cena Trimalchionis« (1. Jh. n. Chr.) des Petronius[32], läßt sich aber auch in den vielen mittelalterlichen Fabliaux und Schwänken nachweisen[33]; denn diese Gattungen feiern ja nicht etwa Erotik und Leiblichkeit auf heiterem Hintergrund, sondern machen diejenigen lächerlich, die sich diesen Lebensweisen ungehemmt hingeben. Vielleicht ist eine fundamental andere Sicht von Essen und Trinken im Mittelalter auch nicht möglich, ist doch das rein sympathetische Verhältnis des Menschen zur Sache an sich ohne ihre transsubstantielle Dimension wohl eher eine Angelegenheit des privaten Menschen. Dieser an die Moderne gemahnende Mensch mit seinen ungenormten, ganz individuellen und mit seinen von ihm weitgehend allein zu verantwortenden Wünschen und Strebungen ist für die Mediävistik bisher allerdings noch kaum ein Thema gewesen[34]. Er wäre im übrigen ein interessanter Mittelpunkt für eine eigene Betrachtung[35].

32 Petronius, Cena Trimalchionis, hg., übers. und erl. von K. Müller–W. Ehlers (München 1979).

33 Dazu: Fabliaux. Französische Schwankerzählungen des Hochmittelalters, hg., übers. und komm. von A. Gier (Stuttgart 1985) und Ch. Muscatine, The Old French Fabliaux (New Haven 1986).

34 Gemeint sind damit nicht die oft gerade besonders rigiden Normen verpflichteten Minoritäten und Randgruppen der mittelalterlichen Gesellschaft (vgl. Aspects de la marginalité au moyen âge, Montréal 1975).

35 Ansätze dazu liefert die Studie von C. Lugowski, Die Form der Individualität im Roman (Berlin 1932), mit einer Einleitung von H. Schlaffer (Frankfurt 1976).

ANHANG

Prima Pastorum – Das Erste Hirtenspiel (V. 191–295)[1]

1 Pastor. Sytt we downe all thre, and drynk shall we then.
3 Pastor. Yey, torde!
I am leuer ete;
What is drynk withoute mete?
Gett mete, gett,
And sett vs a borde;
Then may we go dyne, oure bellys to fyll.
2 Pastor. Abyde vnto syne.
3 Pastor. Be God, syr, I nyll!
I am worthy the wyne, me thynk it good skyll.
My seruyse I tyne; I fare full yll
At youre mangere.
1 Pastor. Trus, go we to mete!
It is best that we trete;
I lyst not to plete
To stand in thi dangere.
Thou has euer bene curst syn we met togeder.
3 Pastor. Now in fayth, if I durst, ye ar euen my broder.
2 Pastor. Syrs, let vs cryb furst, for oone thyng or oder,
That thise wordys be purst, and let vs go foder
Oure mompyns.
Lay furth of oure store:
Lo, here browne of a bore!
1 Pastor. Set mustard afore;
Oure mete now begyns.
Here a foote of a cowe well sawsed, I wene,
The pestell of a sowe that powderd has bene,
Two blodyngys, I trow, a leueryng betwene;
Do gladly, syrs, now, my breder, bedene!
With more –
Both befe, and moton
Of an ewe that was roton
(Good mete for a gloton);
Ete of this store.

1. Hirte (Gyb): Laßt uns alle drei hinsetzen, und dann wollen wir trinken.
3. Hirte (John Horne): Ach, Mist!
Ich will lieber essen;
Was ist schon Trinken ohne Essen?
Bring das Essen, los,
und deck uns den Tisch;
dann wollen wir dinieren und uns den Bauch vollhauen.
2. Hirte (Slawpase): Wartet noch.
3. Hirte: Bei Gott, mein Herr, das will ich nicht!
Ich bin nicht irgendwer, ist doch klar.
Meine Arbeit tue ich umsonst; mir geht's schlecht
an euerer Krippe.
1. Hirte: Los, laßt uns essen!
Am besten wir einigen uns;
Ich hab keine Lust zu bitten,
auf deine Gnade angewiesen zu sein.
Du bist immer ein Dickkopf gewesen, seit wir uns kennen.
3. Hirte: Na wirklich, mit Verlaub, Ihr seid doch genauso, Bruder.
2. Hirte: Leute, laßt uns erst mal futtern,
damit das Gerede endlich aufhört, und laßt uns den Mund
vollstopfen.
Tut her, was wir haben:
ha, hier Schweinssülze!
1. Hirte: Senf her;
unser Essen geht jetzt los.
Hier eine Rindshaxe, gut gewürzt, glaube ich,
ein Eisbein, eingesalzen,
zwei Blutwürste, denke ich, dazu eine Leberwurst;
langt richtig zu, Leute, nur zu, Genossen!
Außerdem:
Rindfleisch und Hammelfleisch
von einem Schaf, das die Fäule hatte[2]
(gute Speise für einen Schlemmer);
eßt von dem, was wir haben.

1 Unterstreichungen vom Verf. Die deutsche Übersetzung hält sich möglichst wörtlich an die mittelenglische Vorlage, ohne die literarischen Qualitäten derselben zu berücksichtigen (Strophen, Reime, Alliterationen u. dgl.).
2 Spaßhafter Hinweis auf V. 26, wo der 1. Hirte den Verlust seiner Schafe durch diese Krankheit beklagt.

2 Pastor. I haue here in my mayll sothen and rost:
Euen of an ox-tayll that wold not be lost –
Ha, ha! goderhayll! I let for no cost;
A good py or we fayll: this is good for the frost
In a mornyng;
And two swyne-gronys,
All a hare bot the lonys.
We myster no sponys
Here at oure mangyng.
3 Pastor. Here is to recorde the leg of a goys,
With chekyns endorde, pork, partryk to roys,
A tart for a lorde – how thynk ye this doys? –
A calf-lyuer skorde with the veryose:
Good sawse,
This is a restorité
To make a good appeté.
1 Pastor. Yee speke all by clergé,
I here by youre clause.
Cowth ye by youre gramery reche vs a drynk,
I shuld be more mery – ye wote what I thynk.
2 Pastor. Haue good ayll of Hely! Bewar now, I wynk,
For and thou drynk drely, in thy poll wyll it synk.
1 Pastor. A, so!
This is boyte of oure bayll,
Good holsom ayll. *[Drinks.*
3 Pastor. Ye hold long the skayll;
Now lett me go to. *[Drinks.*
2 Pastor. I shrew those lyppys bot thou leyff me som parte.
1 Pastor. Be God, he bot syppys; begylde thou art.
Behold how he kyppys!
[Second Shepherd snatches the cup.
2. Pastor. I shrew you so smart,
And me on my hyppys , bot if I gart
Abate.
Be thou wyne, be thou ayll,
[Addresses contents of the cup.
Bot if my brethe fayll,
I shall sett the on sayll;
God send the good gayte! *[Drinks.*

2. Hirte: Ich habe hier in meinem Sack gekochtes und gebratenes Fleisch:
sogar einen Ochsenschwanz, den man nicht wegwerfen sollte.
Also! guten Appetit! Kosten sind mir gleich;
eine gute Pastete, ehe es uns wieder schlecht geht: ist gut gegen die Kälte
am Morgen;
und zwei Schweinsrüssel,
ein ganzer Hase ohne Lenden.
Wir brauchen keine Löffel
hier bei unserem Essen.
3. Hirte: Hier ist von einem Gänseschlegel zu berichten,
von panierten Hühnchen, Schweinefleisch, köstlichen Rebhühnern,
einem herrschaftlichen Kuchen – wie kommt euch das vor?
Geschnittene Kalbsleber in saurem Obstsaft:
gut gewürzt,
das kräftigt
und macht viel Appetit.
1. Hirte: Ihr sprecht ganz wie die Gelehrten,
das höre ich an Euerem Reden [= den letzten Worten des Verses].
Wenn Ihr bei all Euerer Gescheitheit uns was zu trinken beschaffen könntet,
dann wäre mir wohler, Ihr wißt, was ich meine.
2. Hirte: Trinkt das gute Bier aus Hely[3]! Seid jetzt vorsichtig,
denn wenn ihr viel trinkt, geht's euch in den Kopf.
1. Hirte: Ach!
Das lindert unser Elend,
gutes, kräftiges Bier. *[Trinkt.*
3. Hirte: Ihr haltet den Becher zu lange;
laßt mich jetzt ran. *[Trinkt.*
2. Hirte: Fluch den Lippen, wenn du mir nicht was übrig läßt.
1. Hirte: Mein Gott, er nippt bloß; du täuschst dich.
Sieh mal, wie der danach greift!
[Zweiter Hirte packt den Becher.
2. Hirte: Ich verfluche dich sehr,
und mich dazu, wenn ich *[den Becher]* nicht
leere.
Gleich ob Wein oder Bier, *[Redet den Inhalt des Bechers an.*
es sei denn, mir bleibt der Atem stehen,
ich werde dir Segel aufsetzen;
Gott gebe dir gute Fahrt! *[Trinkt.*

3 Healey, ein in der Nähe von Wakefield (West-Yorkshire) gelegener Ort.

3 Pastor. Be my dam saull, Alyce, it was sadly dronken!
[First Sheperd peers into the cup.
1 Pastor. Now, as euer haue I blys, to the bothom it is sonken.
2 Pastor. Yit a botell here is –
3 Pastor. That is well spoken;
By my thryft, we must kys!
2 Pastor. – that had I forgoten.
Bot hark!
Whoso can best syng
Shall haue the begynnyng.
1 Pastor. Now prays at the partyng;
I shall sett you on warke. *[They sing.*
We haue done oure parte and songyn right weyll;
I drynk for my parte. *[Drinks.*
2 Pastor. Abyde, lett cop reyll! *[Drinks.*
1 Pastor. Godys forbot thou spart, and thou drynk euery deyll.
3 Pastor. Thou has dronken a quart, therfor choke the the deyll!
1 Pastor. Thou rafys;
And it were for a sogh
Ther is drynk enogh.
3 Pastor. I shrew the handys it drogh! *[Examines empty cup.*
Ye be both knafys.
1 Pastor. Nay, we knaues all; thus thynk me best,
So, syr, shuld ye call.
2 Pastor. Furth let it rest;
We will not brall.
1 Pastor. Then wold I we fest,
This mete who shall into panyere kest.
3 Pastor. Syrs, herys!
For oure saules lett vs do
Poore men gyf it to.
1 Pastor. Geder vp, lo, lo,
Ye hungré begers, frerys!
2 Pastor. It draes nere nyght. Trus, go we to rest.
I am euen redy dyght; I thynk it the best.
3 Pastor. For ferde we be fryght, a crosse lett vs kest –
Cryst-crosse, benedyght eest and west –
For drede.
Iesus onazorus
Crucyefixus,
Morcus, Andreus,
God be oure spede!

3. Hirte: Bei der Seele meiner Mutter Alice, alles ausgetrunken!
[Erster Hirte schaut in den Becher.
1. Hirte: Nun, so wahr ich lebe, bis zum Boden.
2. Hirte: Hier ist noch eine Flasche –
3. Hirte: Gut gesprochen;
Meine Güte, wir müssen uns umarmen!
2. Hirte: – hatte ich vergessen.
Aber hört!
Wer am besten singen kann,
soll den Anfang machen.
1. Hirte: Loben soll man erst am Schluß;
ich werde euch was zu tun geben. *[Sie singen.*
Jetzt haben wir genug getan und ganz schön gesungen;
Ich für meinen Teil trinke jetzt. *[Trinkt.*
2. Hirte: Warte, laß den Becher rumgehen! *[Trinkt.*
1. Hirte: Gott verbiete, daß du ihn schonst, selbst wenn du alles trinkst.
3. Hirte: Du hast ganz schön getrunken, darum ersticke dich der Teufel!
1. Hirte: Du redest irre;
selbst wenn es für eine Sau wäre,
es ist genug zu trinken da.
3. Hirte: Verflucht die Hände, die ihn leerten! *[Sieht sich den leeren Becher an.*
Ihr seid beide Schurken.
1. Hirte: Nein, wir alle sind Schurken; das scheint mir das richtigste,
so, mein Herr, sollt Ihr es sagen.
2. Hirte: Ach, laßt es gut sein;
wir wollen nicht streiten.
1. Hirte: Ich will jetzt, daß wir beschließen,
wer dieses Mahl in den Korb werfen soll.
3. Hirte: Leute, hört!
Bei unseren Seelen, laßt uns
es armen Leuten geben.
1. Hirte: Nehmt es, los, los,
ihr hungrigen Bettler und Bettelmönche!
2. Hirte: Bald ist Nacht. Also, gehen wir schlafen.
Ich bin schon bereit; ich halte es für das beste.
3. Hirte: Vor lauter Angst leben wir in Bedrückung, laßt uns ein Kreuz machen –
Christi Kreuz, gesegnet sei Ost und West –
aus Furcht.
Jesus von Nazareth
gekreuzigt,
Markus, Andreas,
Gott stehe uns bei!

Bauernfest und Bauernalltag. Straßburger Vergil-Ausgabe 1502

DIEDRICH SAALFELD

Wandlungen der bäuerlichen Konsumgewohnheiten vom Mittelalter zur Neuzeit

1. Aufgabenstellung und Problematik

Die moderne wirtschaftshistorische Forschung beurteilt den Lebensstandard einer Gesellschaft nach dem Aufkommen und der Höhe des Sozialprodukts sowie dessen Verwendung[1]. Mikroökonomisch wird das Lebenshaltungsniveau einer Familie – oder der Reichtum einer Nation gemäß dem Engel'schen Gesetz[2] – an dem Anteil gemessen, den die lebensnotwendigen Bedürfnisse am privaten Verbrauch beanspruchen, um die Existenz der Familie zu gewährleisten. Dementsprechend gilt der Pro-Kopf-Verbrauch an Nahrungsgütern als Bewertungsmaßstab für den Nahrungsstandard. Dem Historiker ist dieser Weg wegen der fehlenden Überlieferung versperrt. Anhand der Siedlungsentwicklung seit dem Mittelalter und der noch relativ gut belegten Daten über die Agrar- und Nahrungsgüterproduktion kann er jedoch zu Rückschlüssen gelangen über die Versorgung einer bestimmten, wirtschaftlich autarken Gesellschaft. Da der Verbrauch an Nahrungsmitteln, ganz besonders aber der der wichtigsten Energielieferanten recht unelastisch war (und auch heute noch ist), können durch den Vergleich der Bevölkerungsbewegung – als Indikator und Variable für die quantitative Nachfrage – mit der Preisentwicklung, die in Europa seit dem ausgehenden Mittelalter in ausreichender räumlicher Streuung und zeitlicher Dichte überliefert ist, und den agraren Produktionsverhältnissen tendenziell Aussagen über die Veränderungen von Angebot und Nachfrage erzielt werden[3].

Nach den vorliegenden und durchaus überzeugenden Schätzungen lag im Mittelalter und in der frühen Neuzeit der Anteil der Nahrungsausgaben am Etat einer Familie bei zwei Dritteln bis drei Vierteln der Gesamtausgaben. Allein der Getreideverbrauch zur Deckung des menschlichen Energiebedarfs muß auf 35 bis 40 v.H. des Haushaltsetats einer Familie im 16. Jahrhundert veranschlagt werden. Diese hohen Anteile verdeutlichen eindringlich, daß die Sorge um das tägliche Brot das Handeln und Tun der vorindustriellen Menschen voll in Anspruch genommen hat. Erwerb und Nahrung sowie Lebenshaltung werden für diese Zeit sogar synonym verwendet. Von den Problemen der heutigen Wohlstandsgesellschaft, in der die Nahrungsausgaben weniger als 25 v.H. betragen, wurde allenfalls die besonders privilegierte und vermögende Oberschicht betroffen. In diesem Beitrag soll daher am Beispiel

1 Walter G. HOFFMANN, Das Wachstum der deutschen Wirtschaft seit der Mitte des 19. Jahrhunderts (1965), S. 6.

2 Ernst ENGEL, Die vorherrschenden Gewerbezweige in den Gerichtsämtern in Beziehung auf die Productions- und Consumtionsverhältnisse des Königreichs Sachsen (in: Zeitschrift des Königlichen Sächsischen Ministeriums des Innern 3, 1857), S. 171.

3 Wilhelm ABEL, Agrarkrisen und Agrarkonjunktur. Eine Geschichte der Land- und Ernährungswirtschaft Mitteleuropas seit dem hohen Mittelalter (³1978), S. 14.

Deutschlands der Frage nachgegangen werden, was die Menschen in Mittelalter und Frühneuzeit unternommen haben, um ihre Familien unter schwierigen Umweltbedingungen kontinuierlich das ganze Jahr hindurch mit Nahrungsgütern zu versorgen[4].

2. *Die sozialökonomischen Rahmenbedingungen für den Konsumwandel vom Mittelalter zur Neuzeit*

Bei geringer Bevölkerungsdichte oder auf niedriger volkswirtschaftlicher Entwicklungsstufe stellte die Viehhaltung neben der Okkupation der natürlichen Vegetation den vorherrschenden Produktionszweig dar. Denn der Arbeitsaufwand konnte so lange recht niedrig gehalten werden, wie sich die Nutztiere ganzjährig auf den weitläufigen Wald- und Weideflächen versorgten. Nach Roscher[5] und Schmoller[6] konnte auf 1 qkm (oder 100 ha) auf der Stufe der Hirtennomaden eine Person ausreichend ernährt werden; um Christi Geburt waren es bei den Wald- und Viehbauern der Kelten und Germanen fünf bis sechs. In den Dauersiedlungen des europäischen Mittelalters dagegen bedurften auf begrenzter Gemarkungsfläche die Milch- und Fleischerzeugung einer Ergänzung durch energiereiche und gut verdauliche Nahrungsgüter. Wir müssen uns nämlich vergegenwärtigen, daß in den gemäßigten nördlichen Klimazonen der Erde das Angebot der Natur an ausreichend nährstoffhaltigen und über die relativ kurze Vegetationszeit hinaus lange haltbaren Lebensmitteln pflanzlicher Herkunft recht knapp bemessen ist. Mit der Seßhaftwerdung der europäischen Völker war es daher notwendig, den Anbau nährstoffreicher Pflanzen von den alten vorderasiatischen und mediterranen Kulturen zu übernehmen. Das Sammeln und Trocknen sowie der garten- und feldmäßige Anbau einheimischer Früchte reichte allenfalls für eine Versorgung während der Vegetationszeiten. Als das geeignetste nahrhafte Pflanzenprodukt für die menschliche Ernährung hat sich dabei das Getreide erwiesen. Mit zunehmender Verknappung der Nutzflächen wurde daher die extensive Viehwirtschaft zurückgedrängt durch den arbeitsaufwendigeren Ackerbau mit der Zielsetzung, möglichst hohe und sichere Getreideernten zu erzielen. Seitdem gilt der Ackerbau bei allen Kulturvölkern der Erde »allgemein als die produktivste Form der Landnutzung«[7]. Das Winter- oder Brotgetreide und in Deutschland ganz überwiegend der Roggen dienten der Versorgung der bodenbebauenden Familien mit energiereichen Nahrungsmitteln. Gründe für seine überragende Bedeutung waren 1. die relativ hohe Nährstoffkonzentration, 2. die gute Verdaulichkeit der wichtigsten Getreideprodukte – nämlich Mehl und Brot, 3. seine kostengünstige Lager- und Transportfähigkeit, 4. seine relativ sichere Ertragsfähigkeit, 5. die hohe Nährstoffleistung je Flächeneinheit und schließlich 6. die besondere »Wohlfeilheit« der energetischen Nährstoffe (s. Tab. 1):

4 Diedrich Saalfeld, Die Sorge um das tägliche Brot (in: Die bäuerliche Welt, hg. von Jerome Blum, 1982), S. 109–124.
5 Wilhelm Roscher, Nationalökonomik des Ackerbaus (= System der Volkswirthschaft 2, [10]1882), S. 35 ff.
6 Gustav Schmoller, Grundriß der Allgemeinen Volkswirtschaftslehre I (1919), S. 186.
7 Adolf Weber, Welternährungswirtschaft (in: Handwörterbuch der Wirtschaftswissenschaften 8, 1980), S. 624.

Tabelle 1 *Preiswürdigkeit von Nahrungsgütern in Deutschland 16.–18. Jahrhundert* (Relativer Preis je Joule: Roggen = 100)

Nahrungsmittel	Preis je Nährwerteinheit (Roggen = 100)			
	Anfang des 16. Jh.	Ende des 16. Jh.	1771 1790	1961 1970
Roggen	100	100	100	100
Erbsen	75	114	112	84
Butter	240	300	233	512
Rindfleisch	340	410	333	1470

Die Kohlenhydrate des Fleisches und die tierischen Fette waren demnach vom 15. bis zum 19. Jahrhundert drei- bis viermal so teuer wie die Nährstoffe des Brotgetreides[8]. Wenn man von den ertragsunsicheren Körnerleguminosen (und heute von den Kartoffeln) absieht, stellte unter den Grundnahrungsgütern das Brotgetreide für den Sättigungseffekt in allen Epochen das weitaus billigste Nahrungsgut dar. Das galt (und gilt noch heute) auch für das Brot; denn erfahrungsgemäß wurden – wie aus den Brottaxen und Backproben des Mittelalters und der Neuzeit hervorgeht[9] – aus 100 kg Roggen zum Backen 75 % Mehl ausgemahlen, woraus wiederum nach Zugabe von Wasser, Milch, Salz, Sauerteig, Fett und anderen Zutaten 100 kg gewöhnliches Schwarzbrot gebacken wurden. Wenn in Mangeljahren oder Teuerungsperioden die unelastisch nachgefragten kohlenhydratreichen Nahrungsgüter auch stärker im Preis anstiegen als vergleichsweise die tierischen Produkte[10], so ist dennoch vom Mittelalter bis heute Brot der preiswerteste Energielieferant für die menschliche Ernährung geblieben.

Wenn man bedenkt, daß bei der Erzeugung tierischer Produkte für die menschliche Ernährung 70–80 % der verwertbaren Nahrungsenergien verlorengehen, so liegt es nahe, daß es bei einem Preisverhältnis zwischen Getreide und Schlachtvieh oder Brot und Fleisch von 1:3–4 nicht nur eine erhebliche Verschwendung bedeutet hätte, sondern betriebswirtschaftlich ganz irrational gewesen wäre, Nahrungsrohstoffe, die direkt der menschlichen Versorgung zugeführt werden können, an das Vieh zu verfüttern. Es war viel zu aufwendig und für die Lebensführung der Zeit zu kostspielig, diese Veredlungsprodukte – wie man sie zutreffend bezeichnet hat – auf den Markt zu bringen oder gar selbst zu verzehren. Diese Entwicklungsstufe wurde in den Industrieländern Europas erst in der zweiten Hälfte des 19. Jahrhunderts erreicht. Veredlungwirtschaft betrieb man in der vorindustriellen Zeit allenfalls für die herrschaftliche Hofhaltung und allgemein nur über die Verwertung der Haushalts-, Garten- und Mühlenabfälle. Im übrigen war die europäische Landwirtschaft und Nahrungsgüterproduktion dadurch geprägt, daß Pflanzenprodukte, die mit verhältnismäßig geringem Aufbereitungsaufwand direkt auf den Tisch gebracht werden konnten, durch den arbeitsaufwendigen Gartenbau und schließlich – seit dem Mittelalter zunehmend – immer mehr durch den weniger intensiven, aber stärker mechanisierbaren Ackerbau erzeugt wurden. Der Anfall an rohfaserreichen Futterstoffen bestimmte ganz entschieden den Umfang der Viehhaltung: Während des sommerlichen Weidegangs nutzte man dafür vor allem den Gras- und Kräuterwuchs der

8 Diedrich SAALFELD, Bevölkerungswachstum und Hungerkatastrophen im vorindustriellen Europa (in: Ernährung und Gesellschaft, hg. von Eckart EHLERS, 1983), S. 62.

9 DERS., Die Bedeutung des Getreides für die Haushaltsausgaben städtischer Verbraucher in der zweiten Hälfte des 18. Jahrhunderts (in: Schriftenreihe für ländliche Sozialfragen 44, 1964), S. 30.

10 Wilhelm ABEL (wie Anm. 3).

Allmendflächen, dazu die Grasgärten vor allem für das Jungvieh (Fohlen und Kälber), und nicht zuletzt bedingte der Heuertrag der Wiesen die Überwinterungsmöglichkeiten und bestimmte damit entscheidend den Umfang der Viehbestände. Die Bestandsobergrenzen wurden mit Ausdehnung des Getreidebaus im hohen Mittelalter im allgemeinen noch durch die Dorfgemeinde und im 16. Jahrhundert zunehmend durch die Dorfherrschaft festgelegt. Mit der Siedlungsentfaltung und Ausdehnung des Acker- und Getreidebaus ging seit dem Mittelalter die Viehhaltung ständig zurück. Damit war nach Roscher in der Landbewirtschaftung und Nahrungsgüterproduktion die »Stufe der Depekoration« erreicht worden[11].

Die zunehmende Arbeitsteilung zwischen Stadt und Land und Siedlungsverdichtung hatten somit einen Rückgang im Fleischverbrauch[12] und einen verstärkten Brotverzehr zur Folge. Hieraus ergab sich eine spürbare Nivellierung und Einseitigkeit im Nahrungskonsum und in der gesamten Eßkultur der europäischen Bevölkerung. Brot und Mehlspeisen rückten in den Mittelpunkt der bäuerlichen Kost. Dieser Trend von der vielseitigen Ernährung im frühen Mittelalter zur einseitigen kohlenhydratreichen Kost in der Periode der vorherrschenden Dreifelderwirtschaft (hohes Mittelalter bis zu den liberalen Reformen des 19. Jahrhunderts) läßt sich aufgrund der unterschiedlichen Produktionsbedingungen dieser Epochen berechnen (s. Anhang Tab. 3.a und 3.b) und soll vorweg anhand der Verschiebungen im Pro-Kopf-Verbrauch zwischen den Grundnahrungsgütern Getreide und Fleisch aufgezeigt werden (s. Tab. 2):

Tabelle 2 *Stufen der Ernährung in Mitteleuropa seit dem Mittelalter*

Zeit	Einwohner		Geschätzter Konsum je Person und Jahr in kg		
	in Mio[1]	je qkm	Getreide	Kartoffeln	Fleisch
		Europa			
Früh- u. Spätmittelalter		5– 25	120–150		60– 80
Hochmittelalter u. Neuzeit		30– 40	240–300		15– 30
Industriezeitalter		50–250	100–150		60–100
		Deutschland			
um 1200	8	15	120		80
1340	14	26	200		40
1400	9	17	150		65
1600	16	30	250		40
1800	24	44	250	40	16
1900	56	104	125	200	50
1980[2]		249	70	80	90

1 hochgerechnet für das Gebiet des Deutschen Reiches 1910/13 (541 Mio. qkm)
2 Bundesrepublik Deutschland

Durch die Produktionsbedingungen bestimmt, ergab sich für die mittel- und westeuropäische Bevölkerung tendenziell vom frühen Mittelalter (9.–11. Jahrhundert) bis Mitte des 14. Jahrhunderts eine deutliche Verschlechterung in der Eiweiß- und Fettversorgung. Der Fleischverbrauch ging in dieser Zeit von schätzungsweise 80 kg und mehr je Person und Jahr auf 40 bis 30 kg zurück. Während zu Beginn des Mittelalters jährlich wahrscheinlich mehr als

11 Wilhelm ROSCHER (wie Anm. 5).
12 Wilhelm ABEL, Stufen der Ernährung (1981), S. 36.

500 l Milch je Einwohner anfielen, waren es um 1200 weniger als 200. Die mögliche Buttererzeugung verringerte sich damit auf weniger als 6 kg je Person und Jahr. Nachdem im Spätmittelalter infolge des Schwarzen Todes von 1348/50 und der nachfolgenden Pestepidemien des 14. Jahrhunderts die Bevölkerung erheblich zurückgegangen war, begegnete man dem Minderverbrauch an Getreide damit, daß in Deutschland etwa jede vierte Dorfsiedlung aufgegeben wurde und die Feldmarken der ausgestorbenen Dörfer wiederum der natürlichen Vegetation überlassen wurden. Auf diesen vermehrten Weideflächen konnte die Fleisch- und Milchversorgung der um mehr als ein Drittel verminderten Bevölkerung erheblich verbessert werden. Die Nachfrage nach Getreide ging infolge dieser Konsumverschiebungen noch stärker zurück und führte zu einem verheerenden Preisverfall für alle kohlenhydratreichen Nahrungsgüter[13].

Im 16. Jahrhundert – dem Zeitalter der Preisrevolution, als die wachsende Bevölkerung eine erhebliche Nachfragesteigerung nach Brotgetreide auslöste – blieben die aufgegebenen ländlichen Wohnsiedlungen zumeist wüst, deren Feldmarken wurden von den benachbarten Dörfern jedoch weitgehend in ihre Ackerbausysteme eingegliedert. Einen Teil schlug man allerdings den herrschaftlichen Forsten zu; diese Gemarkungsflächen gingen der bäuerlichen Nutzung verloren. Auf den Getreidebörden Deutschlands war diese Entwicklung besonders stark ausgeprägt. Hier waren im Spätmittelalter zumeist mehr als die Hälfte der noch relativ kleinen Dörfer wüst gefallen[14]. Die Gemarkungen der fortbestehenden Dörfer hatten sich jedoch im niedersächsischen Kerngebiet des mittelalterlichen Ackerbaus lediglich von abgerundet 300 auf 500 ha vergrößert[15]; ein Sechstel der früheren bäuerlichen Nutzflächen war den herrschaftlichen Forsten eingegliedert worden: Helmut Jäger[16] hat dies als Entmischung von Feld und Wald bezeichnet. Da die Gemeindewaldungen durch die okkupatorische und wenig pflegliche Nutzung bereits im Mittelalter erheblich gelichtet und devastiert worden waren, ging die Waldmast und damit die gesamte Schweinefleischproduktion erheblich zurück; insgesamt verlor mit dem Rückgang der Weideflächen die gesamte Viehwirtschaft immer mehr an Bedeutung für eine ausgewogene und eiweißreiche Versorgung der bäuerlichen Familien. Infolge der starken Viehverluste durch die Kriege des 17. Jahrhunderts und der weiteren Ausdehnung des Getreidebaus im 18. Jahrhundert sank der Fleischverbrauch auf weniger als 20 kg je Person und Jahr ab. Im zweiten Jahrzehnt des 19. Jahrhunderts – am Ende der Napoleonischen Kriege – hatte in Mitteleuropa die »Depekoration« der Nahrungsgüterproduktion das größte Ausmaß erreicht und ließ einen unaufhörlichen Abbau der Bodenfruchtbarkeit und den von Malthus[17] beschworenen bedrohlichen Rückgang der gesamten Nahrungsgüterproduktion befürchten. Erst die Aufhebung der bäuerlichen Bindungen und der

13 Wilhelm ABEL, Die Wüstungen des ausgehenden Mittelalters (= Quellen und Forschungen zur Agrargeschichte 1, ³1976), S. 104.

14 Heinz POHLENDT, Die Verbreitung der mittelalterlichen Wüstungen in Deutschland (in: Göttinger Geographische Abhandlungen 3, 1950); Hans-Jürgen NITZ, Frühneuzeitliche Wiederbesiedlung von Wüstungen im südniedersächsischen Grenzraum (in: Beiträge zur niedersächsischen Landesgeschichte. Hans Patze zum 65. Geburtstag, 1984), S. 1.

15 Diedrich SAALFELD, Die landwirtschaftlichen Faktoren in der Entwicklung der hoch- und spätmittelalterlichen Kulturlandschaft in Niedersachsen (ebd. 1984), S. 256.

16 Helmut JÄGER, Entwicklungsperioden agrarer Siedlungsgebiete im mittleren Westdeutschland seit dem frühen 13. Jahrhundert (in: Würzburger Geographische Arbeiten 6, 1958), S. 86 f.

17 Thomas Robert MALTHUS, An Essay on the Principle of Population (1798).

dadurch mögliche Übergang zu bodenschonenden und humusmehrenden Fruchtfolgen auf den sich weiterhin ausdehnenden Ackerflächen führten zur Umkehrung dieser Entwicklung. Die Versorgung der Bevölkerung mit tierischen und pflanzlichen Nahrungsgütern verbesserte sich zunehmend. Mit dem Aufkommen der Mineraldüngung und einer gleichzeitigen Vertiefung der Ackerkrume als Standort der gesamten Vegetation verbesserte sich die Ernährung von Tier und Mensch wesentlich; dies führte auf dem Festland sogar zu Marktüberschüssen und zu den häufig wiederkehrenden Überproduktionskrisen auf den Lebensmittelmärkten der Industriestaaten.

Für die Energieversorgung der bäuerlichen, aber auch städtischen Familien erwiesen sich somit in Europa die heute allgemein verbreiteten stärkereichen Brotgetreidearten, von denen in unseren Klimazonen keine Wildarten nachgewiesen worden sind, als das geeignetste Anbauprodukt der bäuerlichen Dauersiedlungen. Bei dem damaligen Stand der Züchtung und Anbautechnik konnte man wiederum in der Roggenproduktion mit den nachhaltig sichersten Erträgen rechnen. Das galt nach der zeitgenössischen Überlieferung (aus der frühen Neuzeit) sowohl für die ertragsschwachen Sandböden als auch für die fruchtbaren Lößhänge und Braunerden der Ackerböden von Köln über Hildesheim und Magdeburg bis Schlesien und ganz besonders auch für die sogenannte Soester »Getreidebörde«. An Ertragsleistung und -sicherheit wurde er bis zur Auflösung der gebundenen bäuerlichen Wirtschaftssysteme im 19. Jahrhundert offensichtlich auf den kalkhaltigen Gäuflächen des schwäbischen und fränkischen Jura vom Dinkel übertroffen. Das Brotgetreide wurde die wichtigste Ackerfrucht, die innerhalb der Feldsysteme eine bevorzugte Stellung und besondere Pflege erhielt. Neben den bespelzten Wintergetreidearten spielte der Nacktweizen in Mitteleuropa lediglich eine untergeordnete Rolle, obwohl er auf den städtischen Märkten einen um 20–30 % höheren Mehrerlös als der Roggen erzielte. Als teuerste Mehlfrucht verwendete man daher den Weizen bevorzugt für Festtagsgebäck und baute ihn als Marktgetreide an. Hieraus konnten die groß- oder vollbäuerlichen Betriebe auf den besseren Böden mit nennenswerten Marktüberschüssen seit der mittelalterlichen Arbeitsteilung zwischen den Städten mit Marktrecht und dem Lande als dem wichtigsten Produktionsgebiet für Lebensmittel den größten Nutzen ziehen. Das galt noch mehr für die privilegierten Großbetriebe. Nachdem die adligen Familien zu Beginn der Neuzeit ihre Stellung als ritterliche Gefolgsleute weitgehend eingebüßt hatten und weil die ihnen vorbehaltenen führenden Positionen in Staat, Heer, Verwaltung, Justiz und Kirche knapp bemessen waren, verstärkten sie seit dem 16. Jahrhundert ihre Aktivitäten in der Bewirtschaftung ihrer Eigenbetriebe. Während am Ende des Mittelalters der weitaus größte Teil (mehr als 80 %) der Eigenversorgung und Marktproduktion an Nahrungsgütern in Deutschland durch die Bauern erfolgte, dehnten seit dem 16. Jahrhundert die Rittergüter und landesherrlichen Domanialbetriebe die Marktproduktion an Getreide überproportional stark aus und zogen neben den Städten, wo das Kapital sich konzentrierte, den größten Vorteil aus der Getreideverarbeitung mittels ihrer Mühlen-, Brau- und Brennprivilegien.

Diese verschärfte soziale Ungleichheit im Hinblick auf die Brotnahrung kommt vielleicht am eindrucksvollsten in der Schrift von Hans Hergot aus der Zeit des Bauernkrieges, die er 1526/27 in Leipzig unter dem Titel »Von der neuen Wandlung« veröffentlicht hat[18], zum Ausdruck:

18 Zitiert nach Werner Lenk (Hg.), Dokumente aus dem Bauernkrieg (1983), S. 257.

Es sind gesehen drei Tisch in der Welt:
Der erst uberflussig und zu viel darauf,
der ander mittelmeßig und ein bequeme Notdurft,
der dritt ganz notdurftig.
Do sein kommen die von dem uberflussigen Tisch
und wollten nehmen von dem wenigen Tische das Brot.
Hieraus erhebt sich der Kampf
und daß Gott wird umstoßen den uberflussigen Tisch
und den geringen Tisch
und wird bestetigen den mitteln Tisch.

Die Brotnahrung wird hier bereits als Kennzeichen für die sozialen Unterschiede in der Lebenshaltung der Zeit verwendet. Diese qualitative Differenzierung läßt sich wegen der unzureichenden Überlieferung über die ländliche Arbeitsteilung und den nachbarschaftlichen Ausgleich im Dorf allenfalls dahingehend ergänzen, daß die Lebenshaltung der Mächtigen und Reichen wegen der Privilegien und des Machteinflusses von Adel und Kirche sowie der Kapitalakkumulation in den Städten wesentlich üppiger, mannigfaltiger und reichhaltiger war als die der bäuerlichen Bevölkerung. Der Adel und Hohe Klerus dürften zu Beginn der Neuzeit 1 bis 2 v. H. und die vermögenden Bürger 8–10 v. H. der Gesamtbevölkerung[19] betragen haben. Da die ländlichen Familien bei bereits stark gegliederten Grundbesitzverhältnissen[20] durchweg Haus und Garten besaßen und Anteil an der Allmendnutzung hatten, dürften an dem mittleren Tisch zwei Drittel bis drei Viertel der frühneuzeitlichen Bevölkerung Deutschlands Platz gefunden haben. Für diese bäuerlichen Familien, die zu der Zeit über 80 v. H. der landwirtschaftlichen Nutzflächen bewirtschafteten[21], läßt sich anhand der Produktionsbedingungen und Einkommensmöglichkeiten feststellen, daß die Ernährung mit abnehmender Betriebsfläche immer einfacher und eintöniger wurde – analog den Zusammenhängen zwischen den Einkommensverhältnissen und dem Nahrungsstandard in der Neuzeit[22].

3. Der Wandel in der Nahrungsgüterproduktion

Aus den Untersuchungen zur Entwicklung der Kulturlandschaft läßt sich schließen, daß sich unsere Vorfahren ganz überwiegend in kleinen Gruppen an den überschwemmungsfreien Uferbänken der Bäche und Flüsse niedergelassen haben. Da offene Siedlungslandschaften nach dem Klimarückgang im Subatlantikum recht selten geworden waren, bildete der Wald die wichtigste Wirtschaftsgrundlage der Bauern. Er diente als Weide- und Winterfutterfläche vor allem für die Wiederkäuer sowie als Mastplatz der Schweine; dabei wurden die Flußniederungen und fruchtbaren Böden vorwiegend durch das Rind und die trockenen Sandgebiete durch Schafherden genutzt. Um die Ernährung einer wachsenden Gesamtbevölkerung sicherzustel-

19 Diedrich SAALFELD, Die ständische Gliederung der Gesellschaft Deutschlands im Zeitalter des Absolutismus (in: VSWG 67, 1980), S. 465.
20 Hermann WIESSNER, Sachinhalt und wirtschaftliche Bedeutung der Weistümer im deutschen Kulturgebiet (= Veröffentlichungen des Seminars für Wirtschafts- und Kulturgeschichte 9/10, 1934).
21 Diedrich SAALFELD (wie Anm. 15).
22 Arthur HANAU, Entwicklungstendenzen der Ernährung in marktwirtschaftlicher Sicht (in: Entwicklungstendenzen der Ernährung, 1962), S. 35 f.

len, war im Mittelalter eine Expansion der Siedlungen notwendig. Dies geschah zunächst entlang den Flüssen und durch Rodungen in den Nebentälern. Der innere Ausbau und damit eine Verdichtung der lockeren ländlichen Siedlungen setzte erst verstärkt im 9./10. Jahrhundert ein. Diese Binnenkolonisation war von einer zunehmenden Besitzdifferenzierung begleitet. Der Stand der Technik verbot im Mittelalter eine ausgedehnte Urbarmachung, so daß neben dem Hofplatz mit Garten nur kleine Flächen ganz dem Wald abgerungen werden konnten. Diesen Ländereien kam der gesamte Dunganfall aus der Winterstallhaltung der Tiere zugute; sie konnten daher alljährlich mit Getreide bestellt werden, ohne daß die Fruchtbarkeit und damit die nachhaltige Ertragsfähigkeit der Böden beeinträchtigt wurden. Müller-Wille[23] hat diese Wirtschaftsweise als die Kulturstufe der Wald-Vieh-Bauern gekennzeichnet. Allenfalls mußten die trockenen, kalkhaltigen Hochflächen wechselwirtschaftlich genutzt werden, um die für eine kräftige Vegetation notwendigen Winterniederschläge im Boden zu speichern.

Wenn man davon ausgeht, daß im Frühmittelalter im ostfränkischen Herrschaftsbereich auf eine Familie (oder sechs Personen) 1 qkm Bodenfläche entfiel (s. o. Tab. 2) oder drei bis vier Familien während des Mittelalters in Altdeutschland eine mittlere Gemarkung von 300 ha nutzen konnten, so reichten 3–4 ha Garten- und Ackerland bei entsprechender Viehhaltung, um eine Familie ausreichend zu ernähren. Anlage 3.a) enthält eine Modellberechnung, die aufzeigt, wie der Bedarf einer Bauernfamilie bei ständigem Getreidebau auf kleiner Ackerfläche (Eschsystem) erwirtschaftet werden konnte. Dabei ist unterstellt worden, daß im Jahresdurchschnitt bei abwechslungsreicher, mehr oder weniger schwerer Arbeit entsprechend der Jahreszeit ein erwachsener Mann mit täglich 3200 bis 3600, eine Frau mit 2400 bis 2800 und die Kinder entsprechend ihrem Alter mit 1200 bis 1800 kcal ihren Eigenbedarf voll decken konnten[24]. Beim Getreide ist in Anlehnung an E. Hoffmann[25] davon ausgegangen worden, daß aus 1 kg geerntetem Roggen unter Berücksichtigung von Lager- und Verarbeitungsverlusten für die menschliche Ernährung lediglich 2400 Kalorien verwertet werden konnten; die Kleie wurde demnach verfüttert. In Mangeljahren wäre demnach bei sorgfältiger Aufbereitung eine bessere Verwertung der Körnerfrüchte möglich gewesen. Dennoch wurde auch für die Kernfluren nur ein mäßiger Flächenertrag in Ansatz gebracht, um Mindererernten durch Witterungseinflüsse und externe Eingriffe in den Produktionsablauf (Raub, Überfälle) voll zu berücksichtigen, obwohl zunächst die für den Ackerbau am geeignetsten Flächen in Kultur genommen worden waren.

Nach den siedlungsgenetischen Untersuchungen kann man davon ausgehen, daß die siedlungsnahen, langstreifigen Ackerflächen (die Esche Nordwestdeutschlands oder Kernfluren) der mittelalterlichen Dörfer zunächst für die Pflugkultur erschlossen worden sind: Je Bauernhof wurden demnach für das Frühmittelalter 2,5–3,4 ha Acker berechnet[26]. Wenn man davon ausgeht, daß bei ständigem Getreidebau (ewiger Roggenbau) unter Berücksichtigung der Bodenqualität und der Klimaverhältnisse je Ackerfläche zwanzig- bis dreißigmal soviel

23 Wilhelm MÜLLER-WILLE, Westfalen. Landschaftliche Ordnung und Bindung eines Landes (1952), S. 199 f.

24 Diedrich SAALFELD, Die Wandlungen der Preis- und Lohnstruktur während des 16. Jahrhunderts in Deutschland (in: Schriften des Vereins für Socialpolitik, hg. von Wolfram FISCHER, NF 63, 1971), S. 27 f.

25 Erich HOFFMANN, Grundriß der Ernährungswirtschaft (1952), S. 52 f.

26 Wilhelm ABEL, Geschichte der deutschen Landwirtschaft (= Deutsche Agrargeschichte, hg. von Günther Franz, II, ^{3}1978), S. 18.

Weideland zur Verfügung stehen mußte, damit dem Acker genügend Nährstoffe zugeführt werden konnten und um den übrigen Flächen genügend Zeit für die Regeneration der entzogenen Bodensubstanzen zu gewähren, so wird deutlich, daß dieses Bodennutzungssystem mit dem weiteren Siedlungsausbau und der Ausdehnung des Ackerlandes zu einer Auslaugung der okkupatorisch genutzten Allmendflächen führen mußte. Auf den leichten, nährstoffarmen Böden setzte daher bereits im Mittelalter die Devastierung der Wälder durch Überweidung und Verbiß der Tiere (besonders Schafe und Ziegen) ein. Verstärkt wurde dies dadurch, daß Laub und getrocknete Pflanzen für die Einstreu der Ställe, die immer mehr die frühzeitlichen Hürden und Schutzdächer ersetzten, gesammelt und darüber hinaus immer häufiger und regelmäßiger bewachsene Bodenstücke (Plaggen, Grassoden, Heidebüchel) aus dem gewachsenen Boden ausgestochen oder gehauen (abgeplaggt) wurden. Sie dienten als Einstreu oder wurden direkt auf das Ackerland gebracht, um die Pflugbeete durch die Zufuhr mineralischer und organischer Substanzen aufzuschichten und zu stabilisieren. Die Verheidung und Auswaschung der Bodenkolloide mit den daran gebundenen Pflanzennährstoffen, was im Grundwasserbereich zu einer Verdichtung des Untergrunds (Podsolierung) führte, nahm seit dem hohen Mittelalter, besonders aber im 16. Jahrhundert und seit den Kriegen des 17. Jahrhunderts in ganz Mittel- und Nordeuropa immer stärkere Ausmaße an[27]. Mit den Forstordnungen des 16. Jahrhunderts versuchte man, diese Entwicklung einzudämmen.

Im Mittelalter stellte die Expansion des Ackerlandes das allgemein übliche und wirkungsvollste Mittel dar, der steigenden Nachfrage nach Nahrungsgütern zu begegnen. In der Ostkolonisation kam dies am eindringlichsten zum Ausdruck. In den Altsiedellandschaften waren einer Ausdehnung zu dieser Zeit bereits enge Grenzen gesetzt. Hinzu kam, daß der Zugang zum Kulturland und damit die Bodenmobilität durch herrschaftliche Privilegien und Nutzungsrechte der alteingesessenen Bauern weitgehend eingeschränkt worden war. Die Ausweitung der Produktionsflächen konnte hier im hohen Mittelalter und in der Neuzeit keineswegs mehr mit der Vermehrung der Verbraucher Schritt halten. Das Komplimentärverhältnis der landwirtschaftlichen Produktionsfaktoren hatte sich damit verschoben. Der Boden war im Vergleich mit der Arbeit zum knappen Gut geworden. Eine flächenproduktive Wirtschaftsweise war geboten. Die Produktion von Brotgetreide, Flachs, Hanf und Wolle sowie von Fleisch und Grobgemüse (Kohl, Rüben) wurde stark forciert.

Mit Ausdehnung des Getreidebaus und abnehmender Dungzufuhr je Anbaufläche war auf dem Ackerland zugleich eine bodenschonende Wirtschaftsweise erforderlich, um die nachhaltige Ertragsfähigkeit (oder die Bodenfruchtbarkeit) zu erhalten und um einen Ausgleich für die relativ hohen Arbeitsspitzen bei den Bestellungsarbeiten und bei der Ernte herbeizuführen. Dabei erwies sich die Dreifelderwirtschaft als das relativ vorzüglichste Getreidebausystem[28]. Es entfaltete sich bereits vor der Ostkolonisation und entwickelte sich zum vorherrschenden, aber keineswegs allgemein verbreiteten Bodennutzungssystem im vorindustriellen Europa. Infolge der örtlichen natürlichen Produktionsbedingungen und unter dem Einfluß der Verkehrslage sind landschaftlich zahlreiche Abweichungen hiervon zu verzeichnen. In den feuchten, futterwüchsigen Zonen mit bereits entwickelter Marktproduktion der Bauern hatten

27 Karl OSTERMANN, Die Besiedlung der mittleren oldenburgischen Geest (= Forschungen zur deutschen Landes- und Volkskunde XXVIII.2, 1931), S. 162ff.
28 Johann Heinrich von THÜNEN, Der isolierte Staat in Beziehung auf Landwirtschaft und Nationalökonomie (1826).

sich vielfeldrige Gras-Getreide-Wirtschaften entwickelt mit ungeregelten oder bereits regelmäßigen Fruchtfolgen. In den locker besiedelten Sandgebieten mit Dauerackerbau erfolgte im hohen Mittelalter der weitere Ausbau zum großen Teil durch Ansiedlung von Kleinbauern (Kötern) auf dem Dorfbrink oder auf den Marken. Die Nutzflächen wurden zumeist in Form von Blöcken oder Kämpen kultiviert und durch Umwallung der individuellen Nutzung zugeführt. Neben der Produktion von tierischen Nahrungsgütern (Fleisch, Schlachtfetten, Milch, Käse, Butter) und Rohstoffen (Häuten, Fellen, Wolle u.a.) während einer drei- und mehrjährigen Weideperiode waren diese Ackerbausysteme auf die Getreideproduktion (drei bis vier Jahre hintereinander auf jedem Schlag) ausgerichtet. Dabei schaltete man auch hier zwischen der Weideperiode und den Getreidejahren zumeist ein Brachjahr ein, um dem Hauptbrotgetreide die günstigsten Wachstumsbedingungen einzuräumen. Im Bergland mußte entsprechend den verschiedenartigen Lagen wiederum stärker differenziert werden: In den engen Gebirgstälern bewirtschaftete man nach dem Egartsystem das Heimgut besonders intensiv, fast gartenbaumäßig, während die hochgelegenen Almen ausschließlich als Futtergrundlage der Viehhaltung dienten.

Schätzungen gehen davon aus, daß durch das Bodennutzungssystem der Dreifelderwirtschaft unter mittleren natürlichen und ökonomischen Bedingungen 35 Personen je 1 qkm Siedlungsfläche ausreichend ernährt werden konnten. Um die nachhaltige Ertragsfähigkeit des Bodens zu gewährleisten, mußte der Ackerbau im allgemeinen jedoch auf ein Drittel der Gesamtfläche beschränkt bleiben. Bis 1800 war dies in der Agrar- und Nahrungsgüterproduktion Deutschlands – insgesamt gesehen – auch weitgehend beachtet worden. Tabelle 3.b) (s. Anhang) führt diese Überlegungen und Berechnungen modellartig vor. Demnach kann eine Nettoproduktion an Nahrungsmitteln je Person mit einem Energiegehalt von etwas über 10000 Joule (oder über 2400 Kalorien) und mehr als 70 g Eiweiß nach heutigen ernährungsphysiologischen Erkenntnissen als ausreichend angesprochen werden, zumal da der Anteil der Kinder an der Gesamtbevölkerung bei der geringen Lebenserwartung weit höher lag als heute. Der ermittelte Konsum an tierischem Eiweiß und an Fetten muß dagegen als unbefriedigend bezeichnet werden. Diese unzureichende Bedarfsdeckung dürfte bewirkt haben, daß seit Beginn der Neuzeit der Verkehr mit Massenkonsumgütern stark zunahm: Einmal erfolgte ein Ausgleich zwischen Getreide aus dem Osten und Textilien aus dem Nordwesten über die Nord- und Ostsee; zum anderen nahm die Ochseneinfuhr aus Ost- und Nordeuropa (vor allem aus Jütland) nach Mittel- und Westeuropa im 16. Jahrhundert immer größere Ausmaße an. Die hier vorgeführte Entwicklung setzte allerdings erst verstärkt im Verlauf des 16. Jahrhunderts ein. Für das Spätmittelalter und den Beginn der Neuzeit kann die Versorgungslage nicht nur der bäuerlichen, sondern auch der gesamten Bevölkerung wegen der geringen Besiedlungsdichte und des dementsprechend relativ geringen Ackeranteils, aber bei deutlich stärkerem Viehbesatz als mehr als befriedigend angesehen werden.

Wenn wir alle bäuerlichen Haushalte betrachten, so kann man (mit bezug auf Anlage 3) davon ausgehen, daß die Hälfte der Agrarproduktion der Ernährung der Landbewohner zugute kam, ein Viertel floß in den landwirtschaftlichen Betrieb zurück und ebensoviele Nahrungsgüter gelangten in die Haushalte der Stadtbewohner und privilegierten Familien. Wie ungleich dabei wiederum die Versorgung der Landbewohner ausfiel, geht aus dem Beispiel zweier braunschweigischer Dörfer hervor (vgl. Anlage, Tab. 4, Rubriken = Quellen 3 u. 4): In beiden Dörfern hatte sich vom 16. bis zum 18. Jahrhundert die Zahl der voll- und kleinbäuerlichen Agrarproduzenten nur wenig verändert; es waren lediglich einige wenige Kleinstellen hinzugekommen. Die privaten Nutzflächen (Gärten, Äcker und Wiesen) konnten in dieser Zeit auch nur in geringem Ausmaß in die Allmende hinein vergrößert werden. Die Flurordnungen bedingten vom Mittelalter bis zum 19. Jahrhundert eine Landbewirtschaftung nach dem System der gebundenen Dreifelderwirtschaft.

Zunächst wurde das Dorf Evessen (im gleichnamigen Gericht des Residenzamtes Wolfenbüttel) mit Produktionsdaten nach der »Neuen Landschaftsordnung« von 1619 ausgewählt[29]. Hier waren 7 Meier- und 24 Kothöfe ansässig, unter denen das Ackerland im Verhältnis von 73:27 verteilt war. Wegen der großen Anzahl der Kleinstellen dürfte die Einwohnerzahl 190 Personen betragen haben. Von der 467 ha großen Feldmark[30] wurden 68 v.H. als Acker genutzt; private Wiesen gab es nicht. Nach den Besitz- und Abgabenverhältnissen, dem Viehschatzregister sowie den Anbau- und Ertragsverhältnissen der benachbarten Domäne Wolfenbüttel (mit vergleichbaren Bodenqualitäten wie Evessen) wurde die Nahrungsproduktion berechnet (s. Rubrik 3 der Tab. 4). Die Ernährung ist als ausreichend zu betrachten, wenn man beachtet, daß die Erzeugnisse der Geflügelhaltung und des Gartenbaus, der immerhin 3,1 v.H. der Gemarkungsfläche beanspruchte, nicht in die Rechnung einging. Sie fiel mit einem Verbrauch von 240 kg Brotgetreide und 22 kg Fleisch dennoch recht einseitig aus. Dagegen blieb im Dorf Haieshausen (in der Leinebörde des Amtes Gandersheim) die Kohlenhydratversorgung unzureichend (s. Rubrik 4 der Tab. 4); der Viehbestand erlaubte aber nach den Lagerbüchern[31] von 1524 bis 1760 eine gute Versorgung der Bevölkerung mit Eiweiß und Fetten. Der Fleischanfall lag 1760 mit 41 kg je Person relativ hoch. Auf der nur 161 ha großen Feldmark mußte bei einem Ackeranteil von 69 v.H. die Brache ganzjährig für das Vieh offengehalten werden; Leguminosen, Flachs und andere einjährige Nutzpflanzen baute man im Sommerfeld an. (Im Vergleich dazu konnte in Evessen das Brachfeld Mitte des 18. Jahrhunderts bis zu einem Drittel besömmert werden.)

Das Ackerland in Haieshausen nutzten zu 86 % drei Ackerleute; den Rest teilten sich drei der acht Köter. Andererseits besaßen sieben Familien der unterbäuerlichen Schicht Gartenland im Umfang von jeweils ½ Morgen (0,12 ha). Damit dürfte die Versorgung mit Frischgemüse und Obst sichergestellt gewesen sein. Ihren Kornbedarf jedoch mußten sie durch Ernte- und Drescharbeiten bei den Bauern und auf dem benachbarten Klostergut oder über den Markt decken. Neben der Landarbeit lag ihr Haupterwerb in der Flachsverarbeitung (oder Leinenweberei)[32].

29 Niedersächs. Staatsarchiv Wolfenbüttel (Nds. StA Wo), L Alt Abt 24 »Newer Landschatz« von 1629, p. 29f.

30 Nds. StA Wo, L Alt Abt 20 »Dorf-, Feld- u. Wiesenbeschreibungen«, Nr. 122 »Evessen«.

31 Nds. StA Wo, L Alt Abt 19 »Erbregister«, Amt Gandersheim 1–9.

32 Diedrich SAALFELD, Bauernwirtschaft und Gutsbetrieb in der vorindustriellen Zeit (= Quellen und Forschungen zur Agrargeschichte 6, 1960), S. 161.

4. *Der Wandel im Konsumverhalten*

In dem Maße, in dem einer Nutzflächenexpansion Grenzen gesetzt waren, mußte die Nahrungsmittelerzeugung immer aufwendiger und teurer betrieben werden. Dabei lieferten bei tragbarem Arbeitsaufwand die bekannten Brotgetreidearten (Roggen, Weizen oder Dinkel) und das übrige Getreide (Gerste und Hafer) langfristig relativ sichere Ernteerträge und damit eine berechenbare Menge an Grundnahrung. Im Notfall konnten sie durch (zumeist nichtbackfähige) Zusätze und rohfaserreiche Ballaststoffe gestreckt werden; dafür kamen zunächst einige Breipflanzen (Hirse, Buchweizen, Ein- und Grünkorn) in Frage. Man verwendete weiterhin neben Milch, Quark, Fleisch, Öl- und Waldfrüchten vor allem Kohl, Rüben und anderes Grobgemüse; eine ständige Ergänzung bildeten als »Zugemüse« zahlreiche Leguminosenarten (vor allem Bohnen und Erbsen). Wegen ihres späten Reife- und Erntetermins dienten diese Feldfrüchte zugleich als Mittel des Arbeitsausgleichs in Gebieten mit vorherrschendem Getreidebau. Dies führte bereits im Hochmittelalter und ganz besonders im 16. Jahrhundert zu einer Intensivierung der am vorteilhaftesten durch die Pflugkultur mechanisierbaren Brotgetreideproduktion. Da zu den Arbeitsspitzen – vor allem in der Ernte und auch zu den sich lange hinziehenden Drescharbeiten – ständig die Frauen herangezogen wurden, mußte darunter in den bäuerlichen Familienbetrieben, die den größten Teil der Landbevölkerung ausmachten, der Arbeitsaufwand für die Zubereitung der Speisen leiden. Hierin liegt wohl begründet, daß es zwei- bis drei- oder gar viermal am Tag Suppen aus dem großen Kochkessel gab – zumeist mit Brot und vielleicht einem Zugemüse. Für die Hauptmahlzeit zu Mittag wurde die Speisenfolge stärker variiert. Am Ende eines langen Arbeitstages fehlte es sicherlich auch der vielgeplagten ländlichen Hausfrau an Kraft, um noch eine vielseitige Mahlzeit auf den Tisch zu bringen – ganz abgesehen davon, daß es ernährungsphysiologisch auch wenig sinnvoll gewesen wäre, zum Nachtmahl eine reichhaltige Kost aufzutischen.

Neben den Haus-, Stall- und Erntearbeiten blieb für die ländliche Hausfrau das Kochen die wichtigste Beschäftigung vom Mittelalter bis zur Neuzeit: In den einfachen bäuerlichen Haushalten hing in dieser Zeit wahrscheinlich der große (häufig kupferne) Kochkessel über der offenen Feuerstelle, wie es am eindruckvollsten wohl Jan Breughel in einem Ölgemälde Anfang des 17. Jahrhunderts festgehalten hat[33]: die Bank an der Hauswand blieb tagsüber offenbar den Männerarbeiten vorbehalten, während die Hausfrau ihren Platz am Feuer hatte. In diesem Fall hat sie gerade ihr Baby versorgt und will es wickeln, während der Hausherr vornehmen Besuch aus der Stadt – ein Ehepaar mit Magd – begrüßt und als (offenbar wertvolles) Gastgeschenk Salz empfängt. Auf dem gedeckten Eßtisch im Hintergrund stehen sechs gefüllte Schüsseln, während ein Mann aus der siebten die nicht definierbare angedickte Flüssigkeit trinkt. In der Tischmitte sind außerdem ein kleines (Salz- oder Fett-)Gefäß, dazu wahrscheinlich eine Käseglocke und ein Brotlaib aufgetischt; als Eßgeräte stehen lediglich Holzlöffel und ein Messer zur Verfügung. Dieses Bild könnte direkt eine alltäglich wiederkehrende Mahlzeit wiedergeben, wie sie aus Braunschweig überliefert ist[34]: Die Familie des

33 Jan BREUGHEL (Bruegel) d. Ä. (1568–1625), »Wohnstube eines flämischen Bauern«, Gemälde im Kunsthistorischen Museum Wien; vgl. Jerome BLUM (Hg.), Die Bäuerliche Welt (1982), S. 128f.
34 Diedrich SAALFELD (wie Anm. 32), S. 129.

Hausherrn, das Gesinde, die Erntearbeiter und Tagelöhner aßen gemeinsam an einem Tisch. Bei Dienstbeginn um 6 Uhr gab es *Branntwein und ein Stück Brodt*, zum Frühstück um 8 Uhr *Muß, dazu Brodt, Butter und Käse;* mittags wurde um 12 Uhr *Vorkost, Fleisch, Butter, Brodt* gereicht, und abends gab es *Gemüse, Eierkuchen, Brodt, Butter, Käse und (genügend) zu trinken.*

Der wöchentliche Verbrauch wurde je Mann mit *16 Pfund Brodt* (oder 12 Pfund je Magd), *1 Pfund Butter, Zugemüse und 3mal* (in der Ernte auch das 4. Mal) *Fleisch* angegeben. Dies stellte bereits eine relativ reichliche Mahlzeit dar, wie es auch in den Gesindeordnungen Ostdeutschlands zum Ausdruck kommt (s. Rubrik 8 der Tab. 4). Noch reichlicher speiste man auf den großen Bauernhöfen der Pfalz, wenn man den Überlieferungen von Schwerz folgt[35]. Dagegen stellte sich die Ernährung auf den Bauernhöfen der Heide, in Braunschweig und allgemein in Deutschland (s. Rubriken 1,3–5) einfacher und eintöniger dar.

Wenn man den einfachen Verzehr um 1780 insgesamt in Deutschland (s. Anlage 4) mit der reichhaltigen Kost der größeren Bauern vergleicht, so wird ersichtlich, daß auf den kleineren Bauernhöfen Schmalhans Küchenmeister gewesen sein muß, wie es die amerikanische Kulturhistorikerin Tannahill[36] sicherlich allzusehr verallgemeinernd, aber doch äußerst anschaulich beschrieben hat: »Aus anderen Quellen (...) entsteht jedoch das Bild einer über den größten Teil der Länder nördlich der Alpen verstreuten, einfach lebenden Gesellschaft, deren tägliche Kost aus Brot, Wasser oder Bier und einem *companaticum* (»was mit dem Brot gegessen wird«) aus dem Kessel bestand. Dieser Kessel, der ursprüngliche *pot au feu*, lieferte eine immer wieder aufgekochte, aber ständig wechselnde Brühe, die Tag für Tag mit dem bereichert wurde, was man gerade zur Hand hatte«. In diesem großen Kessel wurden im Mittelalter neben dem Gemüse (Rüben, Kohl, Kohlrabi, Rettich, Möhren, Bohnen und Erbsen) auch die meisten Mehl- und Teigspeisen (Klöße, Knödel, Nudeln und Spätzle), der angerührte Brei (Erbsbrei) sowie die Grützen in (zumeist Leinen-) Beuteln hineingehängt, aufgekocht und aufgewärmt. Das für den Verzehr vorgesehene Fleisch und den Speck kochte man ebenso größtenteils in diesem Topf auf.

Während im Mittelalter noch reichlich Fleisch auf diese Art mit dem Brot – auch auf den kleineren Höfen – mehrmals wöchentlich und in der Ernte täglich verzehrt wurde, ging im Verlauf des 16. Jahrhunderts mit der Verknappung der Nahrungsressourcen der Fleischverbrauch je Person sehr stark zurück. In den kleinbäuerlichen Familien kamen Fleischspeisen nur noch selten, zumeist an Sonntagen, auf den Tisch. Der Festtagsbraten und Süßspeisen stellten bereits eine köstliche Ausnahme dar. Die Mahlzeiten wurden immer eintöniger. Dagegen wurde mit den technischen Fortschritten des 16. Jahrhunderts die Zubereitung der Speisen und damit zugleich auch die Eßkultur aufwendiger[37]: Während man in der Frühzeit den Kochtopf mit Hilfe von Feldsteinen über einer Feuergrube aufstellte[38], kamen im Mittelalter feste Feuerplatten auf, und in den mitteldeutschen Gehöften der Ostkolonisation

35 Johann Nepomuk von SCHWERZ, Beobachtungen über den Ackerbau der Pfälzer (1816), S. 129 ff. Wiedergegeben wurden die Aufzeichnungen des Bauern Möllinger in Pfeddersheim.

36 Reay TANNAHILL, Kulturgeschichte des Essens (1973), S. 113.

37 Joan THIRSK, Economic Policy and Projects. The Development of a Consumer Society in Early Modern England (1978), p. 106 ff.

38 Karl BAUMGARTEN, Das deutsche Bauernhaus (1980), S. 37.

errichtete man zwischen den Wohn- und Arbeitsräumen (zum Waschen, für die Milchverarbeitung u.a.) bereits ummauerte Herdstellen. Der Kochkessel hing mit der Errichtung von Decken in den Bauernhäusern an einem verstellbaren – ursprünglich hölzernen und nunmehr eisernen – Kesselhaken über dem Herdfeuer[39]. Mittels des Wendebaumes konnten in den niedersächsischen Hallenhäusern nunmehr auch mehrere Kessel gleichzeitig für die Zubereitung der Mahlzeiten verwendet werden[40]. Hinzu kam, daß man auf den festen Feuerstellen Roste anbrachte, auf die Tiegel, dreibeinige Kessel und Pfannen gestellt werden konnten. Seit Beginn der Neuzeit gehörten neben dem großen Kochtopf immer häufiger Tiegel, Töpfe und die »Pfannkuchenpfanne« zum Heiratsgut westfälischer Bauerntöchter. In den Tiegeln und Töpfen konnte man nunmehr in den größeren Haushalten mit ausreichend Arbeitskräften die Zubereitung der Speisen vielfältiger gestalten. In den klein- und mittelbäuerlichen Familien blieb nach Sebastian Münster[41] (in seiner »Cosmographia universalis« von 1544) die Speise der Bauern *schwarz rucken Brot, Haberbrey oder gekocht Erbsen und Linsen, ... Wasser und Molken war fast ganz ihr Trank*. Die Ernährung der Knechte und Mägde dagegen stellte sich auf den großbäuerlichen Höfen und den Gütern (s. Tab. 4) häufig vielseitiger und vor allem reichhaltiger dar. Insgesamt blieb bis zum Ausgang des 18. Jahrhunderts die Kost der Bauern eintönig. Mit der allgemeinen Verbreitung von Kochherden, Tellern, Tassen, Löffeln, Messern und Gabeln sowie dem Aufkommen neuer Nahrungsmittel (Kartoffeln, Feingemüse, Zucker, Tee, Kaffee und Schokolade) paßte sich in der Folgezeit die ländliche Kost allmählich der bürgerlichen Eßkultur an.

39 Josef SCHEPERS, Haus und Hof westfälischer Bauern (^{5}1980), Anhang S. 25 ff.
40 Wilhelm HANSEN, Hauswesen und Tagewerk im alten Lippe (1982), S. 80 ff., 135 ff.
41 Zitiert nach H. LICHTENFELT, Die Geschichte der Ernährung (1913), S. 58.

Tabelle 3 *Subsistenzproduktion bäuerlicher Familien bei unterschiedlichen Wirtschaftssystemen*

a) Selbstversorgung bei Dauerackerbau (Eschsysteme) und okkupatorischer Nutzung der übrigen Gemarkung (Allmende)

Meier- oder Vollhof mit 6 Personen (3 Erwachsene, 3 Kinder)
Ackerfläche: 2,5–4 ha (Mittel: 2,5 ha Roggen, 0,5 ha Hafer)
4–5 Kühe (4 Kälber Nachzucht); 8–12 Schafe; Waldmast (3 Schweine); 2 Pferde

Nahrungsmittelproduktion	Rohertrag 100 kg	Netto-Nahrungsproduktion				
		insges. kg	kg je Person	kcal	g Eiweiß	g Fett
		jährlich		je Person und Tag		
Brotgetreide: 2,5 ha à 6 dt	15					
Roggen: Abgaben (Herrschaft, Kirche)	3					
Saat (mit Schwund)	3					
Nettoproduktion	9	900	150	1040	24	4
Hafer: 0,5 ha à 4 dt	2					
Saat, Futter, Abgaben	1,4					
Grütze, Flocken, Mehl	0,6	60	10	104	3	2
Gartengewächse: Frisch- u. Grobgemüse				40	2	1
Körnerleguminosen (Erbsen, Bohnen)		120	20	190	11	1
Pflanzliche Kost				1374	40	8
Viehprodukte insgesamt				832	78	91
Fleisch: 1 Merzkuh (Schlachtgewicht)		102	17	94	7	6
2 Kälber (à 18 kg)		36	6	16	3	1
1 Ochse		162	27	218	10	13
4 Schafe (à 15 kg)		60	10	60	3	4
3 Schweine (à 40 kg)		120	20	124	10	8
Fleisch und tierische Fette, insgesamt		480	80	512	33	32
Milch (4 × 600 l): Butter		72	12	246	–	26
Magermilch (½ verfüttert, ½): Magerkäse		144	24	58	11	–
Eier: 500 Stück		25	4	16	1	1
Wildbeute: Honig		48	8	66	–	–
Nahrungskonsum je Person und Tag				2272	118	99
abzüglich 20 % tierische Produkte (Fleisch, Butter)				152	8	12
Netto-Nahrungsproduktion				2120	110	87

Tabelle 3 *Subsistenzproduktion bäuerlicher Familien bei unterschiedlichen Wirtschaftssystemen*

b) Dreifelderwirtschaft. Bevölkerungsdichte: 35 Menschen je 1 qkm
(davon 7 Stadtbewohner)
33 % der gesamten Siedlungsfläche Ackerland, 2 % Gärten (½ Gras, ½ Gemüse)
je 100 ha (= 1 qkm): 33 ha Acker – 11 ha Brotgetreide, 3 ha Gerste
– 8 ha Hafer, 11 ha brach (dreesch)
12 Kühe (10 Kälber Nachzucht), 8 Pferde, 12 Schweine

Nahrungsmittelproduktion	Rohertrag 100 kg	Netto-Nahrungsproduktion				
		insges. 100 kg	kg je Person	kcal	g Eiweiß	g Fett
		jährlich		je Person und Tag		
Brotgetreide: 11 ha à 8 dt	88					
Saat, Futter, Abgaben	30					
Brotanfall		58	165	1150	26	4
Gerste: 3 ha à 7 dt	21					
Saat, Futter, Abgaben	7	14	40	285	6	1
Hafer: 8 ha à 4,5 dt	36					
Saat, Futter, Abgaben	24	12	35	360	10	7
Gemüse: Frisch- und Grobgemüse				20	1	–
Körnerleguminosen		9	26	245	14	2
Pflanzliche Produkte insgesamt				2060	57	14
Tierische Produkte, insgesamt				357	19	25
Fleisch: 3 Kühe (SG à 105 kg)		315	9			
4 Kälber (à 18 kg)		72	2			
3 Ochsen (à 167 kg)		500	14			
4 Mastschweine (à 40 kg)		160	5			
Fleisch und tierische Fette insgesamt			30	190	12	12
Milch (12 × 600 l): Butter		224	6	125	–	13
Magerkäse für den Haushalt		480	14	34	6	–
Eier		70	2	8	1	–
Honig		105	3	25	–	–
Nahrungskonsum je Person und Tag				2442	76	39

Tabelle 4 *Nahrungsverbrauch und Kostanschläge, 16.–19. Jahrhundert*
(Angaben in kg je Person und Jahr)

Nahrungsmittel	Deutschland[1] um 1780	Deutschland[1] 1973 1982	Bauernhöfe: 2 Dörfer in Braunschweig 1619	Bauernhöfe: 2 Dörfer in Braunschweig 1760	Bauernhöfe: Heide 1770	Bauernhöfe: Pfalz 1812	Gesindekost Pfalz 1812	Gesindekost Preußen 1785
Quelle	1	2	3	4	5	6	7	8
Roggenbrot	200	14	206	130	330	247	330	440
Weizenmehl	25	49	34	27	27	41	54	20
Nährmittel	25						4	
aus Gerste					32			61
aus Hafer			10	10	20			5
Hülsenfrüchte	20	4	18	19	26	7	9	22
Grobgemüse	25	83[2]				120[2]	92[2]	
Frischgem./Obst		182						
Wein	10	24			}			
Branntwein	3	2			}	60	78	
Bier, Kofent	50	147			}			60
Butter	6	7	5	6	7	9	12	6
Käse	8	7	3	6	13	10	14	10
Fette, Öle	14	25						6
Fleisch, insgesamt	17	93	22	41	38	88	117	60
vom Rind	10	24	11	12	13			26
vom Schwein	5	53	10	21	18			20
vom Schaf	2	1	1	8	7			14
Milch (l)		92	40	56	100			
Eier (Stück)	40	260			62			
Fisch	6	7						7
Tägliche Nahrungsaufnahme								
Kalorien	2310	3346	2205	1850	3420	3610	4126	4240
g Eiweiß	72	96	68	70	123	103	133	137
davon tierisches	18	75	17	31	29	37	50	27
g Fett	42	176	36	43	29	48	62	44

Anmerkungen
1 1780 Deutsches Reich, 1973/1982 Bundesrepublik Deutschland
2 Kartoffeln

Quellennachweis
1 Eberhard Bittermann, Die landwirtschaftliche Produktion in Deutschland 1800–1950 (= Kühn-Archiv 70.1, 1956) S. 73 ff.
2 Food-Consumption Statistics 1973–1982 (= oecd-publ. 1985) S. 195–219.
3 Eigene Berechnungen (wie Anm. 32); (3) Evessen (wie Anm. 29); (4) Haieshausen (wie Anm. 31).
5 Albrecht Thaer, Beschreibung des Hgt. Lüneburg in landwirtschaftlicher Hinsicht (= Vermischte Schriften aus den Annalen der Nds. Landwirthschaft 1.1, 1808).
6/7 Johann Nepomuk von Schwerz (wie Anm. 35).
8 Graf von Podewils, Wirtschafts-Erfahrungen in den Gütern Gusow und Platko 1 (1801).

Marktszene aus Konstanz. Ulrich von Richental: Konzils-Chronik 1414–1418

CHRISTOPH CORMEAU

Essen und Trinken in den deutschen Predigten Bertholds von Regensburg

Die Aufgabe eines guten Predigers bestimmt sich, soviel kann ohne pastoraltheologische Vergewisserung unterstellt werden, von zwei Zwecken: den Hörern die Inhalte einer Heilsbotschaft zu vermitteln und ihnen die Folgerungen, die sie daraus für ihre Lebensführung ziehen sollen, vorzulegen. Der Grad von Konkretheit, mit dem der zweite Zweck verfolgt wird, kann dabei sehr unterschiedlich sein. Wissenssoziologisch formuliert, hat die religiöse Botschaft zunächst den Status einer sinnsetzenden Theorie. Sie wird aus den ihr immanenten Kategorien und Voraussetzungen entwickelt. Soweit sie handlungsnormierend wirken will, leitet sie daraus moralische Folgerungen ab, die auf der Ebene der Theorie zwangsläufig sehr allgemein sind. Der Prediger, der diese Doktrin einer konkreten historischen Hörerschaft vermitteln will, wird auf deren Erfahrungswelt Rücksicht nehmen. Denn bei einer differenzierteren Gesellschaftsorganisation bilden sich viele Handlungsweisen des sozialen Umgangs in der Praxis, im vortheoretischen Raum aus, und diese kann ein Ethos nicht unbeachtet lassen, das wirklich den Alltag der Menschen formen will. Der Prediger wird Phänomene dieser Praxis durch entsprechende Abstraktion mit den allgemeinen moralischen Kategorien der Theorie in Beziehung setzen, um normierend auf sie einzuwirken, vorausgesetzt, er kennt die Alltagspraxis seiner Zuhörer genügend. Seine Bilder und Argumente müssen darauf angelegt sein, die Hörer, die selbst kaum theoretisch denken, dahin zu führen, in ihrer Praxis die leitenden ethischen Kategorien zu erkennen und sich danach zu richten.

Die schriftliche Überlieferung hat auch vor dem 13. Jahrhundert entstandene deutsche Predigten auf uns gebracht. Doch in ihnen herrschen in Thematik und Argumentation noch grundsätzliche Fragen des Dogmas und der Moral vor. Wo aus der religiösen Doktrin Appelle an die Lebensführung abgeleitet werden, bleiben diese überwiegend ideal-allgemein. Bestimmte Adressatengruppen und ihre Lebensumstände sind kaum konkret greifbar. Das wird im 13. Jahrhundert im Umkreis der Bettelorden anders. Deren Laienpredigt geht in neuer Weise auf die Zuhörer ein, sie versucht die Botschaft so zu formulieren, daß diese für eine vielfältige Alltagspraxis anwendungsfähige Maßstäbe und Regeln in die Hand bekommen. Damit bekommt die Predigt einen anderen historischen Zeugniswert. Zwar wirkt die Botschaft ihrerseits als Selektionsraster, der nur zum Thema passende Momente aus der Realität, nicht ein vollständiges Abbild zuläßt. Und das wirkt sich bei einem so pragmatischen Thema wie Essen und Trinken besonders stark aus. Doch liefern die Laienpredigten durch ihr Eingehen auf die Alltagswelt einer laikalen Zuhörerschaft neuen Einblick in die historische Tatsächlichkeit, in der Vielzahl der thematisierten Facetten wurden sie mit Recht eine Summe »der ringsum gelebten Realität«[1] genannt.

1 Hugo KUHN, Minnesangs Wende (^{2}1967), S. 173.

Diese neue Qualität ist aufs engste mit dem Namen Berthold von Regensburg verbunden. Berthold lebte von etwa 1210 bis 1272, gut bezeugt ist seine öffentliche Wirksamkeit ab 1240[2]. Er ist Ordensbruder im Franziskanerkloster Regensburg, das, 1221 gegründet, zu den ältesten Niederlassungen des Ordens in Deutschland zählt. Seine Predigten lassen eine fundierte Bildung erkennen, vor allem das Niveau seiner naturwissenschaftlichen Kenntnisse ist außergewöhnlich; man vermutet, er habe sie sich im Ordensstudium Magdeburg bei Bartholomäus Anglicus angeeignet. Ansehen und Ruf des wortgewaltigen Predigers – man spricht von seiner *gratia predicandi* – sind vielfach bezeugt, durch Mitbrüder wie Roger Bacon, durch Chroniken noch über seine Lebenszeit hinaus. Die Berichte verzeichnen auch die außerordentliche Anziehungskraft des Predigers für die Menge, die Angaben gehen bis zu unglaublichen Hörerzahlen von 200000, an die er sich unter freiem Himmel wandte, nachdem er sie entsprechend der Windrichtung Platz hatte nehmen lassen. Wohl schon eine Folge dieses seines Rufes ist, daß man ihn auch als Schlichter in politischen oder Familienstreitfällen bemühte. Seine Tätigkeit beschränkte sich nicht nur auf die südbayerischen Städte wie Regensburg, Augsburg, Landshut, sondern es sind auch Predigtreisen durch das Elsaß und die Schweiz, durch Österreich, Böhmen, Mähren, Schlesien, Thüringen und Frankreich bezeugt, teilweise in offiziellem kirchlichen Auftrag als Missionar gegen Häretiker oder als Kreuzzugsprediger. Die außerordentliche Popularität, die sich auch in Zitaten in deutschen poetischen oder Sachtexten spiegelt, spricht für den Erfolg und die Originalität der mit Berthold verbundenen neuen Predigtweise.

Freilich mußte die Forschung – höchst widerwillig – Abschied nehmen von der Vorstellung, die deutschen Texte stellten so etwas wie originale Nachschriften dar. So wird die Authentizität der deutschen Texte heute zurückhaltend beurteilt. Weit verbreitet und authentisch sind lateinische Predigt-Sammlungen, die Berthold zur Anleitung für die Geistlichen verfaßte; sie argumentieren im Vergleich zu den deutschen Texten mehr aus der kirchlichen Tradition, weniger aus dem Alltag der Zuhörer. Die rund 70 deutschen Predigten sind in ihrer ältesten Überlieferungsstufe schon zu Sammlungen vereinigt und so als Lesepredigten konzipiert[3]. Sie werden heute Redaktoren im Augsburger und Regensburger Franziskanerkonvent zugeschrieben. Inhalte und Gliederungen beruhen auf lateinischen Predigten Bertholds, die deutsche Umsetzung und Konkretisierung ahmt wohl bewußt den mündlichen Redestil und seine Spontaneität nach, zum Beispiel in den häufigen fingierten Zwischenfragen an Bruder Berthold. Muß man also mit vermittelnden literarischen Zwischenstufen und Redaktoren rechnen, so hat sich die Forschung doch darauf geeinigt, daß letztere sehr stark unter dem Eindruck von Bertholds individueller Sprechweise stehen und so, wie sehr auch immer vermittelt, noch einen Abglanz seiner Unmittelbarkeit und konkreten Anschaulichkeit widerspiegeln und gerade daraus ihre Qualität beziehen.

2 Frank G. BANTA, Berthold von Regensburg (in: Kurt RUH u.a. (Hg.), Die deutsche Literatur des Mittelalters. Verfasserlexikon 1, [2]1978), Sp. 817–823; Georg STEER, Geistliche Prosa (in: Ingeborg Glier [Hg.], Die deutsche Literatur im späten Mittelalter. Geschichte der deutschen Literatur Bd. III,2, 1987), S. 321–326.

3 Franz PFEIFFER–Josef STROBL (Hg.), Berthold von Regensburg I–II (1862–1880, Nachdruck mit einem Vorwort von Kurt RUH 1965); Dieter RICHTER, Die deutsche Überlieferung der Predigten Bertholds von Regensburg (1969). Die Zitate im Folgenden sind durch Angabe von Band, Seiten- und Zeilenzahl der Ausgabe von PFEIFFER–STROBL nachgewiesen.

Ansatzstellen, um auf Essen und Trinken einzugehen, sind für den Volksprediger in erster Linie Formen des Fehlverhaltens, am häufigsten natürlich, traditionell im Sündenkatalog verankert, *gula*, die maßlose Gaumenlust. Der wohlhabende selbstsüchtige Schlemmer figuriert als abstoßende, satirisch überzeichnete Figur: *Ir frâze, ir trinker, und daz ir die selben untugent niemer gelâzen woltent durch got, sô möhtet ir ez doch darumbe lâzen, daz ir aller der werlte smæhe und widerzæme sînt, sô ir alsô verslûchent und frezzent daz ir habent und des iuwer kint und iuwer hûsfrouwe leben solten. Und niemanne wirt er als unwert sô sînen friunden und frizzet alsô êre und guot, friunt und mâge, daz im die niemer holt werdent und dar zuo got und diu werlt. Phî, schantflec, daz hât dir allez samt dîn unmæzic munt verlorn und wirt dîn doch niemer rât. Ach lecker, lecke în und giuz in dich, daz dû erküelest und daz ir daz fiur dâ ze helle deste baz erlîden muget* (II, 182,3–14). Freß- und Trinklust werden hier schon in den Dimensionen gesteigerten Suchtverhaltens angeprangert, dessen abstoßende und sozial ruinöse Wirkungen den Betroffenen noch eher beeindrucken können als das Verdikt Sünde. Die Sünde rächt sich selbst, sie verdammt den Menschen nicht nur an der Seele, sondern sie schadet Ehre, Gesundheit und Besitz; mit Sarkasmus schildert Berthold die jenseitige Bestrafung durch den Teufel, *einen gewissen wirt* [...], *der iuch erkrüpfen und erfüllen mac* (I, 261,7f.). Besonders erfindungsreich zeigt er sich in bildhaften Anreden *swelher, slûcher, nascher, trenker, tranklære, ginolf (= giem + wolf,* den Rachen aufsperrender Wolf)[4]. Schaf und Esel, die aus einer Krippe fressen, sind die bildhaften Stellvertreter für die, die sich überessen und übertrinken, *die trinkent hinz daz sie an der strâzen nider vallent, daz daz vihe über sie gêt* (II, 101,29f.). Maßlosigkeit im Essen und Trinken, *der ist niendert alsô vil, sô hie ze tiutschen landen und aller meiste herren ûf bürgen und burger in steten* (II, 205,17–19), gilt Berthold auch schon als nationales Laster. Außerdem ist es ein Wohlstandsphänomen, ein Laster der Reichen, das durchaus sozialkritisch glossiert wird, denn Gottes Schöpfung stellt genug Nahrung bereit, die Prasserei der einen entzieht aber den anderen das Notwendige: *Sô füllent dise fræze in sich ir einer etewenne eins tages, daz sich drîe oder sehse schône dâ von betrüegen. Swâ der zehen bî einander sint, die vertuont in einem tage, dâ vierzic menschen von berâten wæren schône unde wol* (I, 431,3–7). Regelmäßig nimmt Berthold die Armen von seinen Invektiven aus: *Ir armen liute, ir habet mit der sünde niht ze schaffen, wan ihr habet selten die nôtdurft* (I, 430,34f.). Sie leiden unter der maßlosen Habgier der anderen und können mit aller Plackerei kaum die nötigsten Lebensmitel erwerben, *daz ir niht vil baz gezzent danne iuwer swîn...* (I, 58,36).

Dabei ist Bertholds Standpunkt keineswegs der eines finster-asketischen Moralisten, sondern der eines unverkrampft vernünftigen Realisten. Die Schöpfung bietet genug *fleisches unde brôtes, ze trinken met unde wîn unde bier unde visch, wilt und zam* (I, 59,17–19). Die rechte Ordnung ist, daß wir die Zeit darauf verwenden, das Nötige zu erarbeiten, daß aber auch Zeit bleibt, *daz wir ez ze rehter zît niezen und ze rehter wîse, unde trinken ze rehter wîse* (I, 19,33f.). Der Nahrungstrieb muß befriedigt werden, durchaus ein Teil der weitgefächerten Pflicht, *fride* zu machen (II, 126,7–13): das Übermaß aber ist *ungeordente[r] fride mit dem vleische* (II, 127,31ff.). Das Fasten wird nicht nach dem Buchstaben, sondern nach dem spirituellen Sinn beurteilt – lieber ein Stück Fleisch als Wein im Überfluß am Fasttag (II, 16,5f.). Das Übermaß ist auch beim Fasten zu verwerfen, kann Einflüsterung des Teufels sein

4 Z.B. I, 177,18; II, 171,3; 204,13.

(II, 17,15–19), nur Heilige – und das scheint mir Berthold ohne Eifer zu vertreten – sollen um des höheren himmlischen Lohns willen über *ir rehte maze* hinaus Verzicht leisten (I, 561,12–19).

Grundlage seiner Appelle ist auch die ihm verfügbare Naturerkenntnis. So ist ihm die ernährungswissenschaftliche Einsicht, die man heute in den Satz faßt, daß man zum Fresser nicht geboren, sondern erzogen wird, durchaus geläufig. Vor allem bei Wohlhabenden wird der Fehler begangen, Kinder zu überfüttern, *wan manige liute trûwent, daz diu kint niemer gnuoc gewinnen, unde füllent im allen tac în* (I, 35,24f.), oder wie er an anderer Stelle geradezu dramatisierend ausführt: *Wan iezuo nimt ez sîn muome oder sîn base her und strîchet im în. Sô nimt ez danne sîn swester oder sîn niftel und strîchet im ouch în, nû daz iezuo, nû daz denne, und alsô strîchet im ieglîchez în* (II, 205,28–31).

Die Physiologie der Verdauung erklärt er seinen Hörern mit einem Vergleich aus der Erfahrung des Kochens (II, 204,16–205,10): Jede Hausfrau weiß, daß die Speise in einem mäßig gefüllten Topf am besten gart; genauso ist es mit der Verdauung. Der Magen ist der Topf, die Leber liegt am Magen an und ist dessen Feuerstelle. Ist der Topf mäßig voll, wird die Nahrung gut durchgesotten und bekommt dem Körper. Ist der Magen zu voll, bleibt sein Inhalt ungesotten oder der Topf geht über. Beides schadet bedenklich der Gesundheit. Die mangelnde Verdauung verursacht ein- oder mehrtägiges Fieber, Kopfweh oder andere Krankheiten, das Übergehen des Topfes – nicht als Entleerung des Magens durch Erbrechen, sondern als Austreten von Nahrungsbestandteilen in den Körper verstanden – verursacht in Art einer Vergiftung Organschäden am Gehirn, Erblinden, Ertauben, Lähmungen oder Aussatz. Die Erklärung mag uns heute naiv anmuten, gültig bleibt die von Berthold beredt vertretene Einsicht, daß zahlreiche Erkrankungen ernährungsbedingt sind und sich die Menschen selbst durch das Übermaß an den von ihnen so hoch geschätzten Gütern Gesundheit und langes Leben Schaden zufügen (II, 16,15–18). Berthold scheut sich nicht, seine Zuhörer auch sehr drastisch anzureden: *Wan ich han etelîchen vor mir, des sun in dem grabe lît und der noch manigen tac leben möhte, wære er mæzic gewesen ze munde* (II, 204,34ff.). Auch die Rauschwirkung des Weins, die irrealen Phantasien des Angetrunkenen sind ihm geläufig: *Der wîn der machet einen, daz er von bürge und ouch von lande ret unde von grôzem guote unde von tûsent marken, der er einigen pfennic niht enhât* (I, 245,37ff.).

Eine zweite Ansatzstelle für Äußerungen über Essen und Trinken sind die Ausführungen über die Gewerbemoral. Die ständische Gliederung geht von relativ äußerlichen Kriterien aus und faßt alle Berufe, die sich mit Herstellung oder Vertrieb von Lebensmitteln außerhalb der Landwirtschaft befassen, zu einer Gruppe zusammen (I, 150,12–151,11). Die arbeitsteilige Vielfalt der genannten Gewerbe bezeugt Bertholds Orientierung an einer städtischen Umwelt. Thema für den Prediger sind vor allem die mannigfachen Betrugs- und Manipulationspraktiken aller Gewerbe, mit denen der Kunde um einen gerechten Kauf betrogen wird. Im Nahrungsmittelgewerbe sind das falsche Maße, Verfälschungen wie verwässerter Wein, gepanschtes Öl oder übermäßig aufgetriebenes Brot, daß der Laib nur Luft enhält, falsche Deklarierung – Fleisch einer alten Sau anstelle jungen Schweinefleischs, Hammel- statt Schaffleisch –, mindere Qualität, etwa finniges Fleisch oder versalzenes Brot – Salz ist nirgends so ungesund wie im Brot (I, 151,8–11) – und verdorbene Waren: fauler Wein, faules Korn im Brot, angefaultes Fleisch, verdorbener Fisch oder überalterte Gerichte im Gasthaus (I, 16,9–20; 17,14–21; 86,19–25). Berthold kennt auch heimtückische Täuschungspraktiken, zum

Beispiel Fleisch *under dem velle* aufzuheben bis zur Fäulnis, weil es dann weiß bleibt: *die wîle daz vel drobe ist, sô wænet ein biderman ez sî gar guot unde frisch* (I, 86,21–25). Er fordert deshalb, so etwas wie eine städtische Fleischbeschau von zwei oder vier Kundigen zu installieren, die darüber wacht, daß man sommers ein frisch geschlachtetes Kalb oder Lamm sofort abhäutet, und die beurteilt, ob das Fleisch *zîtic* (reif, abgehangen?) und gesund sei (I, 86,25–30). Denn um kleinen Gewinns willen bringen die Händler und Metzger Gesundheit und Leben ihrer Mitchristen in Gefahr. Neben der Pflicht zur Gerechtigkeit ist vor allem die hygienische Verantwortung Bertholds Anliegen. Immer wieder beschwört er die Gefahren, in die eine Wöchnerin, ein zur Ader Gelassener, Kranke, aber auch Gesunde durch Hygieneverstöße und Verfälschungen gebracht werden, was eine schwere Sünde gegen die Mitmenschen und, weil gegen seine Geschöpfe, auch gegen den Schöpfer ist (I, 16,14–16; 86,30–35; 150,26–39). Harmlos nehmen sich dagegen die Praktiken der Dienstboten aus, die sich in Abwesenheit der Herrschaft das Fett von der Brühe über Brot gießen und dann der Herrschaft *ungesmake kost* vorsetzen (I, 85,21–24). Freilich sieht Berthold die Dialektik von Herr und Knecht und ermahnt ersteren, Dienstboten und Arbeiter angemessen in ordentlichen Portionen zu verköstigen und nicht nur mit Knochen abzuspeisen oder in einem *katzenvas* zu servieren: *Gip dir selber ûf dîn katzenvaz oder dînen kinden oder dîner katzen* (I, 90,38–91,10).

Positive Aussagen über Essen und Trinken sind selten, doch sind auch wenige Ansatzstellen denkbar, wo die Textsorte Predigt dafür eine Verwendung hatte. Im Lob der Schöpfung können sich solche Assoziationen einstellen, *daz die böume des winters sô dürre unde sô blôz sint und nû gein dem sumer schœne blüete unde loup ûz werfent und dar nâch edelez obz tragent daz sô gar unachtbære sint unde daz sie doch sô guoten wîn gebent unde den liuten sô wol zement, unde die liute sô frô machet* (I, 49,14–19). Die tägliche Nahrung, noch mehr *ain guet speise* und *ain edeler wîn*[5] sind Anlaß genug, der Güte des Schöpfers eingedenk zu sein. Bertholds häufige Ausfälle gegen das Übermaß dürfen also keineswegs so verstanden werden, die Wertschätzung von Essen und Trinken sei ihm generell verdächtig. Vielmehr ist er auch darin ganz scholastischer Realist.

Konkret nennt er freilich wenig. Sein Nahrungskatalog beschränkt sich auf die naturgegebenen Lebensmittel Fleisch, Fisch, Korn, Mehl, Wein, Obst, Käse, Eier, Öl, Schmalz und die allgemeinsten Zubereitungsarten Brot, Bier, Met. An Gewürzen erwähnt er Muskat und Nelken, Honig und Zucker stehen in Metaphern für erwünschte positive Qualität. Ganz peripher bleiben auch Tischsitten und Gastlichkeit. *zuht* und *maze* sind, wie überall, so auch bei Tisch gut (II, 191,4), übertriebene Tischsitten – dem Tischnachbarn beim Trinken eine Serviette zu halten (II, 179,6 f.) – bedeuten ihm wenig. Er reagiert hier empfindlich – vielleicht gesellschaftliche Erfahrung des Minoriten spiegelnd – auf den Gesellschaftskomment: *Ob ein mensche einvalteclîche izzet oder trinket, daz ez sô hövelich niht kan gesîn mit aller sîner wîse, daz heizent etelîche liute untugent; man verliuset aber gotes hulde niht dâ mite* (I, 564,29–32). Ein spezielles kirchendisziplinarisches Problem reflektiert die Erwähnung der Sanktion, daß die wissentliche Tischgemeinschaft mit einem Gebannten für die Beteiligten ebenfalls den Bann nach sich zieht (II, 121,16 ff.). Für die Geschichte des Kochens selbst ließen sich kaum verwertbare Äußerungen finden. Die reiche Küche König Salomos verbrauchte täglich außer

5 Kurt RUH (Hg.), Franziskanisches Schrifttum im deutschen Mittelalter 2 (1985), S. 43, 38.

Fisch und Wild 30 Ochsen (I, 177,17f.). Brot für die Meßfeier muß aus Mehl von Weizen oder weizenverwandtem Getreide gebacken werden, ohne Sauerteig *(derp)*, ohne Treibmittel *(âne gerwen)* und in runder Fladenform. Ratlos ist Berthold aber, wie der zum gleichen Zweck bestimmte Wein klar und frei von Nachgärung zu Essig erhalten werden kann, da man sich in einem Land befindet, wo er nicht ohne weiteres durch frischen ersetzt werden kann (I, 301,1–9). Doch diese Auslassungen gehören strenggenommen zu rituellen Vorschriften.

Nur an einer Stelle – als er über das himmlische Gastmahl predigt – erweckt er Hoffnungen, man könnte mehr von seiner Vorstellung von einer Schlemmermahlzeit erfahren; er enttäuscht sie schließlich aber doch wieder (I, 220,1–221,2). Zwar entwickelt er die Beschreibung spiritueller himmlischer Freuden aus der allegorischen Ausdeutung einer zunächst real verstandenen Mahlbildlichkeit. Es erwartet uns *solichiu spîse, diu unsern kochen gar unkunt ze machen ist* (II, 201,4), doch die Menükarte des *kuchenmeister oben* (II, 244,3) ist nur über einen leeren Vergleich benennbar, sie bietet so vielerlei Geschmack *als tropfen in dem mer* (II, 244,6) oder *als stoubes in der sunnen ist* (I, 220,11). Aufschlußreich ist aber eine phantasievolle Variante: Pro Heiligen im Himmel gibt es eine Geschmacksnuance, weshalb die Heiligen sehr daran interessiert sind, daß sich ihre Zahl vermehrt, weil dann die Menükarte länger wird (II, 244,9–13). Anscheinend schätzt man auch dort noch die Abwechslung. Für die sehr viel vorstellbarere andere Seite des Überbietungsvergleichs, die hier auf Erden erfahrbare Realität, die dem himmlischen Gastmahl gegenüber zurückbleibt, hat Berthold offenbar wenig befriedigende Erfahrung zur Verfügung, die Palette der Gaumenfreuden ist begrenzt: *Sô habent die spîse ûf ertrîche niht mêre danne niun hande gesmac* (I, 220,12f.). Das Repertoire der Kochkunst ist begrenzt: *Sie kochen ez hin, sie kochen ez her, sie brâtenz hin, sie brâtenz her...* (I, 220,13f.). Man wird aufmerksam: Sollte sich hinter dem Hin- und Herkochen die Raffinesse aufwendiger Zubereitung verbergen, oder sind es nur ruinös lange Garzeiten, die das beste Rohmaterial zugrunde richten? Berthold meint wohl letzteres, denn er fährt fort: *...swie sie ez marteln* – wie auch immer sie (das Rohmaterial) mißhandeln – *sô hât ez doch niht mêre danne niun hande gesmac* (I, 220,14f.). Immerhin das noch, denn angesichts der Beschreibung bin ich geneigt, mich seinem resignativen Resümee anzuschließen: *Ir herren, iuwer köche künnent rehte nihtes niht; die dâ hie ûf ertrîche kochent, die künnent rehte nihtes niht...* (I, 220,8f.).

Die Vermutung liegt nahe, eine solche Hinwendung zur Lebensrealität der Hörer, wie sie in den Berthold zugeschriebenen Predigten als neue Tendenz zu beobachten war, gebe für die weitere Geschichte der volkssprachlichen Predigt einen Anstoß, der zu kontinuierlicher Anreicherung und Abwandlung führe. Doch diese Erwartung hat sich bei einer freilich flüchtigen weiteren Umschau zum Thema nicht bestätigt. Die von Berthold aufgegriffenen Themen und Argumentationen scheinen vielmehr rasch zu Stereotypen geworden zu sein, die von da an zum Repertoire eines Predigers gehören und sich in der Predigttradition forterben, ohne sich aus aktueller Realitätserfahrung sonderlich zu verändern. Auch bei einem berühmtem Prediger wie Geiler von Kaisersberg war in seinen Predigten zu Sebastian Brants Narrenschiff nichts zu finden, was die vorgetragenen Beobachtungen wesentlich ergänzte.

Erst Abraham a Sancta Clara geht in seinen der Predigt nahestehenden Schriften, barocker Veranschaulichungsfreude folgend, über diesen Rahmen hinaus: Sein und seiner Hörer kulinarischer Horizont ist deutlich erweitert, wenn er zum Beispiel als Geschmack je nach Wunsch, den das Manna in der Wüste annehmen konnte, aufzählt: *Ein westfälischer Schun-*

ken, eine österreichische Lerchen, ein tirolischer Gemsenschlegel, ein schwäbischer Pfannenzelten, eine böhmische Golatschen, ein bayerischer Kirchtagbrein, ein schweizerischer Zieger, eine spanische Schoccolada, ein türkischer Scherbett, eine welsche Stufata[6]. Markant verändert ist – nicht unbedingt beifällig vom Moralisten registriert – die Wertschätzung der Kochkunst: *Die vorhin bey den alten Deutschen gebräuchlichen Speisen werden dermahl wie schlechtes Geschlampwerck verworfen; es muß sich anjetzo der Dreyfuß, der Bratspieß, der Rost, ein jeder russiger Kessel, sogar die Koch-Löffel die hölzene Fantasten auf die Alamodi sich verstehen; wann der Koch Hitz halber in der Kuchel nicht thäte schwitzen, so müßte er doch Studierens halber schwitzen, dann die neue schmutzige Inventiones machen ihn erst glorios bey der Herrschaft; die Simplicia gehören bey der Zeit nur für das Hausgesind; die Composita aber seyend also für die Herrschaft zugerichtet...*[7]. Das Extravagante wird zur Forderung der Mode, die selben Leute fordern zuhause italienischen Wein, wenn sie aber in Rom sind, Rhein-, Mosel- oder Neckarwein[8]. Und ist es nicht das regional Außergewöhnliche, so muß es wenigstens temporär ungewöhnlich sein: *Wann sie nicht junge Hiendl und Spargl im Januario, jungen Rättich im Februario, Salat im Mertzen, Maurachen im Aprill, junge Vögl im May, Kerschen und Marillen im Junio, Weintrauben im Julio, junge Capauner im Augusto, frische Lemoni im September, Austern im October, neuen Wälsch- und Tyroler-Wein im November, und Spanischen im Dezember haben, so ist es nicht Rares; und will hierinfalls ein jeder der Erste im Delectiren, Praphiren und Tractiren seyn. Widrigenfalls seynd ihnen diese Sachen Fatal und nichts Neues überall*[9]. Die *frische[n] Wein-Trauben auß der neuen Welt*[10] zu Ostern, für Abraham noch der Gipfel unmöglichen Begehrens, heute selbstverständlich – dieses Thema eines weltweiten kulinarischen Marktes aber ist spezifisch neuzeitlich und reicht weit über die Epoche hinaus, die hier behandelt werden sollte.

6 Abraham a Sancta Clara, Auf, auf, ihr Christen. Werke III, hg. von Hans STRIGL (Wien 1905), S. 224f.
7 Abraham a Sancta Clara, Etwas für Alle 1 (Wien 1829), S. 146.
8 Abraham a Sancta Clara, Hundert Ausbündige Narren (1709, Nachdruck 1978), S. 112.
9 Ebd. S. 109.
10 Ebd. S. 110.

Herrschaftliche Küche zu Beginn des 18. Jahrhunderts. Florinus, 1702

ULRICH KARTHAUS

Kulinarisches bei Gottfried Keller

Küche und Keller – das reimt sich im Deutschen wie Haus und Hof, Kind und Kegel, Roß und Reiter: es ist aber weit mehr als dieser Zufall, wenn der Schweizer Poet Gottfried Keller wie kaum ein anderer Küche und Keller in seinem erzählerischen Werk beschwört. Die Erinnerung an die Armut noch des 18. Jahrhunderts vor der Verbreitung des Kartoffelanbaus in Mitteleuropa, andererseits aber der langsam wachsende Wohlstand während seiner Lebenszeit in den 71 Jahren von 1819 bis 1890 sind Voraussetzungen, die sein Werk prägen. Schon das Kind macht die Erfahrung, daß täglich satt zu werden nicht selbstverständlich ist. Zugleich erkennt es den Zusammenhang zwischen der Nahrung des Menschen und seinem Charakter, jenes labile Wechselverhältnis zwischen den verschiedenen Tätigkeiten des essenden, schmekkenden Gaumens und des redenden Mundes, zwischen dem verdauenden Magen und dem ihm benachbarten Zwerchfell, wo nach antiker Überzeugung der Mut seinen Sitz hat:

Eines Tages wurde ich zur Strafe über die Mittagszeit in der Schule zurückbehalten und eingeschlossen, so daß ich erst auf den Abend etwas zu essen bekam. Das war das erste Mal, wo ich den Hunger kennen und zugleich die Ermahnungen meiner Mutter verstehenlernte, welche mir Gott vorzüglich als den Erhalter und Ernährer jeglicher Kreatur anpries und als den Schöpfer unsers schmackhaften Hausbrotes darstellte, der Bitte gemäß: Gib uns heut unser tägliches Brot! welches nie fehlen dürfe, wenn die Sache nicht schief gehen sollte. Überhaupt gewann ich für Essen und Trinken ein großes Interesse und manche Einsicht in die Beschaffenheit derselben, indem ich fast ausschließlich den Verkehr von Frauen mit ansah, dessen Hauptinhalt der Erwerb und die Besprechung von Lebensmitteln war, und die Wichtigkeit, welche ich diesem Verkehre beilegen sah, trug sich mir auch auf meine Bitte um das tägliche Brot über. Auf meinen Wanderungen durch das Haus drang ich allmählich tiefer in den Haushalt der Mitbewohner ein und ließ mich oft aus ihren Schüsseln bewirten, und undankbarer Weise schmeckten mir die Speisen überall besser als bei meiner Mutter. Jede Hausfrau verleiht, auch wenn die Rezepte ganz die gleichen sind, doch ihren Speisen durch die Zubereitung einen besonderen Geschmack, welcher ihrem Charakter entspricht. Durch eine kleine Bevorzugung eines Gewürzes oder eines Krautes, durch größere Fettigkeit oder Trokkenheit, Weichheit oder Härte, bekommen alle ihre Speisen einen bestimmten Charakter, welcher das genäschige oder nüchterne, weichliche oder spröde, hitzige oder kalte, das verschwenderische oder geizige Wesen der Köchin ausspricht, und man erkennt sicher die Hausfrau aus den wichtigsten Speisen des Bürgerstandes, nämlich dem Rindfleisch und dem Gemüse, dem Braten und dem Salate; ich meinerseits, als ein junger frühzeitiger Kenner, habe aus einer bloßen Fleischbrühe den Instinkt geschöpft, wie ich mich zu der Meisterin derselben zu verhalten habe[1]. Soweit der »Grüne Heinrich« in der ersten Fassung des Romans, die

1 Gottfried KELLER, Sämtliche Werke und ausgewählte Briefe, ed. Clemens HESELHAUS (München 1956 u.ö., 3 Bde.) I, S. 72f.

zwischen 1846 und 1850 entstand. Das Thema des Colloquiums gestattet vielleicht, die Frage, wieweit Autor und Held identisch seien oder nicht, zurückzustellen und anzunehmen, hier spreche Gottfried Keller selbst und nicht sein Heinrich Lee, eine Annahme, die durch das gesamte novellistische Werk Kellers einen hohen Grad von Plausibilität gewinnt: denn die Reflexion des Erzählers ist ein Programm, das die sinnstiftende Kraft eines zentralen Motivs seines Werkes ausspricht. Es ist die Küche und es sind die Mahlzeiten, in denen sich menschliche Verbindungen herstellen und lösen, wo sie scheitern und gelingen.

Gelegentlich neigen wir dazu, das Wort Materialismus mit dem Attribut »platt« zu versehen: der Kellersche Materialismus, der durch die Dinge hindurch die Menschen erkennt, ist alles andere als platt – er ist als poetisches Prinzip eine Art von Zauber, mit dem die Dinge menschlich werden, vom Charakter der mit ihnen umgehenden Menschen gefärbt, ja beglänzt. Daher *besprechen* die Hausfrauen die Lebensmittel im mehrfachen Sinne von *bereden, bestellen, bedingen,* aber auch im Sinne von *incantare,* mit feierlichen Worten besprechen, ja sogar in der von Grimm genannten ersten Bedeutung des Verbums: *alloqui, compellare, die götter besprechen, angehen*[2]. Das tägliche Brot, in der Tat, ist es wert, solcherart im Alltag und aus dem Alltag emporgehoben und kultiviert zu werden, denn es ist die Bedingung des Wohlbefindens, ja des Lebens, und es ist zugleich der Spiegel des Menschen, der das *Brot im allerweitesten Sinn*[3] herbeischafft, bereitet und auftischt, um sich selbst und seine Nächsten bei Leben und Laune zu erhalten.

Darum hat die Küche eine durchaus poetische und in der poetischen eine erotische Bedeutung: nicht in jenem handgreiflichen Sinn allein, wonach die Liebe durch den Magen geht, sondern in dem der Erkenntnis: die Küche verrät den Menschen, er ist nicht nur, was er ißt, er ist vielmehr auch das, was er kocht und wie er kocht. Die Meisterin der Fleischbrühe, eines der wichtigsten Gerichte in Kellers Werk, bekundet sich in der *braungoldene*(n) *Brühe,* die der Schneider Wenzel Strapinski in der Novelle ›Kleider machen Leute‹, wie es dieser Köstlichkeit gebührt, mit *schwere*(m) *Löffel*[4] genießt. Denn ist die nicht, zumal wenn ein Glas Wein sie begleitet, das Stärkungsmittel schlechthin nach ermüdender Reise *an einem unfreundlichen Novembertage?*[5]

Es ist klar: Der Dichter Gottfried Keller gewinnt den Zugang zu den Herzen seiner Frauengestalten nicht über die Schminktöpfe und Salbentiegel ihrer Toilettentische. Er versagt sich die Indiskretion, ihre Boudoirs und Alkoven zu durchstöbern – was sie von sich aus zeigen, was sie auf den Tisch bringen, kennzeichnet sie zur Genüge, ebenso wie ihr Appetit und womit sie ihn stillen. So lesen wir im ›Fähnlein der Sieben Aufrechten‹ von der Liebe Karl Hedigers zu Hermine Frymann, die die Väter, Schneidermeister Hediger und der Zimmermeister Frymann, mit Unwillen sehen, die aber die Mutter Karls begünstigt. Als Hermine sie gelegentlich besucht, bereitet jene eine Kaffeemahlzeit, zu der Meister Hediger aus seiner Werkstatt herbeigerufen wird: *Als er vollends hörte, wie sie Zucker zerklopfte, wurde er höchst ungeduldig, bis man ihn zum »Trinken« rief; aber er wäre keinen Augenblick vorher*

2 Jacob Grimm-Wilhelm Grimm, Deutsches Wörterbuch, Bd. I (Leipzig 1854), Sp. 1640f.
3 Johann Wolfgang Goethe, Faust I, V. 2966.
4 Keller, II, S. 255.
5 Ebd. S. 255.

gegangen, denn er gehörte zu den Festen und Aufrechten. Als er nun in die Stube trat, sah er seine Frau und die ziervolle verbotene Person in dicker Freundschaft hinter der Kanne sitzen, und zwar hinter der blaugeblümten, und außer den Mäuslein stand noch Butter da und die blaugeblümte Büchse voll Honig; es war zwar kein Bienenhonig, sondern nur Kirschmus, ungefähr von der Farbe von Hermines Augen; und dazu war es Sonnabend, ein Tag, wo alle ehrbaren Bürgersfrauen fegen und scheuern, kehren und bohnen und keinen genießbaren Bissen kochen[6].

Die Beziehungen der Menschen zueinander ebenso wie ihre Eigentümlichkeit gelangen zum Ausdruck; die tiefrote, gesättigte Farbe des Kirschmuses wird zum Bild Hermines, in der man Kellers erotisches Ideal sehen darf, *so holdselig und dabei resolut*[7], eine Frau, die die Geschehnisse zu steuern weiß, emanzipiert vor Suffragetten und Feministinnen, das genaue Gegenbild des Denischens in der Erzählung ›Die Berlocken‹, welches durch die Ehe mit einem Kaufmann aus einem *erst so blühenden* Menschenkind *ein gedrücktes Hausfrauchen, so ein bescheidenes aufgewärmtes Sauerkräutchen* wird[8].

Hermines Entschlossenheit bewährt sich vor allem dort, wo sie die von ihrem Vater geplante Hochzeit mit Ruckstuhl hintertreibt: der junge Mann ist von ihrem Vater zu Tisch gebeten, und sie weiß ihn durch eine mit Karl eingefädelte Intrige fernzuhalten: *Am folgenden Mittag wurde bei Meister Frymann der Tisch ungewöhnlich reich gedeckt. Hermine füllte die geschliffenen Flaschen mit Sechsundvierziger, stellte die glänzenden Gläser neben die Teller, legte schöne Servietten darauf und zerschnitt ein frisches Brot aus der Bäckerei zur Henne, wo ein altherkömmliches Gastbrot gebacken wurde, das Entzücken aller Kinder und Kaffeeschwestern von Zürich. Auch schickte sie einen sonntäglich geputzten Lehrling zum Pastetenbeck, die Makkaronipastete und den Kaffeekuchen zu holen, und endlich stellte sie auf einem Seitentischchen den Nachtisch zurecht, die Hüpli und Offleten, das Gleichschwer und die Pfaffenmümpfel oder den Gugelhupf. Frymann, der durch die schöne Sonntagsluft angenehm erregt war, entnahm aus diesem Eifer, daß die Tochter seinen Plänen keinen ernstlichen Widerstand leisten wolle, und er sagte vergnügt zu sich selbst: So sind sie alle! Sobald eine annehmbare und bestimmte Gelegenheit an sie herantritt, so machen sie kurz ab und nehmen sie beim Schopf! Nach alter Sitte war Herr Ruckstuhl auf Punkt zwölf geladen. Als er ein Viertel nach zwölf nicht da war, sagte Frymann: »Wir wollen essen; man muß den Musjö beizeiten an Ordnung gewöhnen!« Und als er nach der Suppe immer noch nicht kam, rief der Meister die Lehrlinge und die Magd herbei, welche heute allein essen sollten und teilweise schon fertig waren, und sagte zu ihnen: »Da eßt noch mit, wir wollen das Zeug nicht angaffen! Haut zu und laßt es euch schmecken, wer nicht kommt zur rechten Zeit, der soll haben, was übrig bleibt!« Das ließen sich die nicht zweimal sagen und waren fröhlich und guter Dinge, und Hermine war am aufgewecktesten und empfand umso besseren Appetit, je verdrießlicher und unlustiger der Vater wurde*[9].

Die liebevolle Schilderung des Gebäcks, des Getränks, die patriarchalische Atmosphäre des wohlhabenden Kleinbürgerhaushaltes, in dem die Lehrlinge die Hausarbeit mittun und

6 Ebd. S. 839.
7 Ebd. S. 839.
8 Ebd. S. 1148.
9 Ebd. S. 847f.

gewöhnlich auch mit bei Tische sitzen, bilden den Hintergrund der Handlung, in der die Gemütsverfassung des Vaters und der Tochter in gegenläufiger Bewegung sich auseinander entwickeln: der Verlauf der Mahlzeit führt dem Vater das Scheitern seines Planes, der Tochter das Gelingen des ihren vor die Sinne. Das Essen ist keine bloße austauschbare Kulisse, die durch eine andere Form der Geselligkeit ersetzbar wäre – etwa durch eine Landpartie, wie sie im Werk Fontanes oft erzählt wird[10]. Vielmehr ist das sonntägliche Mittagsmahl der Höhepunkt der Woche, ein Fest für den wochentags tätigen Handwerker, die Einladung zur Teilnahme an diesem Fest in häuslicher Gemeinschaft eine Freundschaftsbekundung, wie sie ausdrücklicher kaum gedacht werden kann. Und wer bei solchem Feste unentschuldigt fehlt, weil er infolge einer nächtlichen Zecherei, zu der er sich verführen ließ, im Arrest sitzt, der zeigt, daß er die Freundschaft des würdigen Frymann nicht wert ist. Mit ihm ist es nichts. Er hat den Kairos verfehlt, sein Urteil ist gesprochen, seiner wird im ferneren Verlauf der Erzählung mit keinem Worte mehr Erwähnung getan. Die Mahlzeit ist, so gesehen, eine Schicksalsstunde, in der es um das Glück des Menschen geht. Wer die verbindende Macht gemeinsamen Essens und Trinkens mißachtet, ist sein Glück nicht wert.

Am Ende geben die störrischen Väter ihren Widerstand auf und sprechen Hermine und Karl einander zu. Daß dies nicht wiederum bei einer Mahlzeit geschieht, sondern beim Weine, darf in einem Werk dieses *weinseligen alten Hagestolzen,* wie Thomas Mann ihn nennt[11], nicht verwundern.

Die poetische Beziehung Kellers zum Essen hat ihren sozialen und geschichtlichen Grund. Zunächst von dieser, der sozialen Wurzel von Kellers kulinarischer Poesie. Sie wird im ersten Stück der Novellensammlung ›Die Leute von Seldwyla‹ sichtbar, einer autobiographisch inspirierten Erzählung vom Zusammenleben einer Witwe mit ihren beiden Kindern: *Die Mutter kochte (...) jeden Mittag einen dicken Kartoffelbrei, über welchen sie eine fette Milch oder eine Brühe von schöner brauner Butter goß. Diesen Kartoffelbrei aßen sie alle zusammen aus der Schüssel mit ihren Blechlöffeln, indem jeder vor sich eine Vertiefung in das feste Kartoffelgebirge hineingrub. Das Söhnlein, welches bei aller Seltsamkeit in Eßangelegenheiten einen strengen Sinn für militärische Regelmäßigkeit beurkundete und streng darauf hielt, daß jeder nicht mehr noch weniger nahm als was ihm zukomme, sah stets darauf, daß die Milch oder die gelbe Butter, welche am Rande der Schüssel umherfloß, gleichmäßig in die abgeteilten Gruben laufe; das Schwesterchen hingegen, welches viel harmloser war, suchte, sobald ihre Quellen versiegt waren, durch allerhand künstliche Stollen und Abzugsgräben die wohlschmeckenden Bächlein auf ihre Seite zu leiten, und wie sehr sich auch der Bruder dem widersetzte und ebenso künstliche Dämme aufbaute und überall verstopfte, wo sich ein verdächtiges Loch zeigen wollte, so wußte sie doch immer wieder eine geheime Ader des Breies zu eröffnen oder langte kurzweg in offenem Friedensbruch mit ihrem Löffel und mit lachenden Augen in des Bruders gefüllte Grube. Alsdann warf er den Löffel weg, lamentierte und schmollte, bis die gute Mutter die Schüssel zur Seite neigte und ihre eigene Brühe voll in das Labyrinth der Kanäle und Dämme ihrer Kinder strömen ließ*[12].

10 Vgl. hierzu die kenntnisreiche Gießener Dissertation: Brigitte HAUSCHILD, Geselligkeitsformen und Erzählstruktur. Die Darstellung von Geselligkeit und Naturbegegnung bei Gottfried Keller und Theodor Fontane (Frankfurt/M., Bern 1981).

11 Thomas MANN, Gesammelte Werke in dreizehn Bänden (Frankfurt/M. ^{2}1974) IX, S. 255.

12 KELLER, II, S. 15f.

Auch hier wieder zeigt sich der Charakter der Menschen an der Art ihres Umgangs mit dem Essen: das harmlose Schwesterchen, der schmollende Pankraz, die gute Mutter bewähren ihre soziale Rolle und die individuelle Eigenart durch ihr Verhalten bei Tisch. Sie sind aber weder in der Lage der wohlhabenden Kleinbürger Zürichs, wie sie uns im ›Fähnlein der sieben Aufrechten‹ begegnen, noch in der momentan beglückten des Schneiders Wenzel Strapinski, die alle wählen können, was sie essen. Diese kleine Familie leidet Not. Die Witwe nämlich lebt von einem *Kartoffelacker* und einem kleinen *Witwengehalt: Dieses Geld wurde immer mit Schmerzen erwartet, indem die ärmlichen Gewänder der Kinder gerade um jene verlängerten Wochen zu früh gänzlich schadhaft waren und der Buttertopf überall seinen Grund durchblikken ließ. Dieses Durchblicken des grünen Topfbodens war eine so regelmäßige jährliche Erscheinung, wie irgend eine am Himmel, und verwandelte ebenso regelmäßig einen Zeitlang die kühle, kümmerlich-stille Zufriedenheit der Familie in eine wirkliche Unzufriedenheit*[13].

Das tägliche Brot, so bescheiden es ist, bewirkt Zufriedenheit, wenn auch nur eine kümmerlich-stille. Der tägliche Genuß des gleichen bescheidenen Gerichtes, nach heutigen Vorstellungen kulinarisch unter dem Niveau einer Armenküche, ernährungsphysiologisch vermutlich einseitig in nahezu unverantwortlichem Maße, ist aber auch außerhalb der Literatur bis weit in das neunzehnte, ja in das zwanzigste Jahrhundert hinein eine Selbstverständlichkeit in ländlichen und kleinbürgerlich-städtischen Gesellschaften. Karl Philipp Moritz läßt seinen Anton Reiser, einen Hutmacherlehrling zu Braunschweig um 1770, berichten: *Des Abends wurde jahraus, jahrein, eine Kalteschale von starkem Bier gegeben. Reiz genug, um die Nachmittagsarbeit zu versüßen*[14]. Und ich selbst erinnere mich, in den vierziger Jahren auf einem Bauernhof gelebt zu haben, wo man allabendlich Bratkartoffeln und eingemachte Leberwurst genoß. So ist denn der Umstand, daß Pankraz der Schmoller sich alltäglich an Kartoffelbrei sättigen kann, dem Erzähler Gottfried Keller kein Anstoß, vielmehr eine Selbstverständlichkeit. Der alljährlich wiederkehrende Mangel, sinnfällig in dem durchscheinenden grünen Topfboden, bewirkt erst die Unzufriedenheit, die wir bereits beim alltäglichen Genuß des Kartoffelbreis empfinden würden. Gerade jene bescheidenen Eßgewohnheiten aber lassen jede reichlichere Mahlzeit als etwas Besonderes erscheinen, als eine Art Fest. Das tägliche Brot gewinnt seinen Rang im Leben Kellers durch den Umstand, daß er den Mangel, ja den Hunger gekannt hat – nicht nur als Schulknabe, sondern vor allem 1840–1842 in München als Student. Dies mag der Grund sein für die gelungenen Mahlzeiten und ihre liebevolle Schilderung in seinem Werk, so wie, vielleicht, sein Junggesellentum ihn zu den schönsten Liebesgeschichten des deutschen neunzehnten Jahrhunderts inspirierte.

Nun aber zum zweiten, literarischen Grund für den Rang der von ihm dichterisch beschworenen Mahlzeiten: Ein flüchtiger Blick in zwei Werke Theodor Fontanes, wie Keller im Jahre 1819 geboren, kann ihn deutlich machen. In der Novelle ›Schach von Wuthenow‹ (1882) wird ein Diner beim Prinzen Louis Ferdinand von Preußen beschrieben. Es ist eine Herrengesellschaft, und mit keinem Worte wird der Speisen und Getränke gedacht. Man kann darin ein Indiz erblicken für das Wissen Fontanes, daß diese adeligen Menschen Not und Mangel niemals gekannt haben. Das Essen und Trinken ist ihnen selbstverständlich. Erzählenswert wird es offenbar erst dort, wo es nicht selbstverständlich ist.

13 Ebd. S. 13.
14 Karl Philipp MORITZ, Anton Reiser. Ein psychologischer Roman, ed. Wolfgang MARTENS (1972), S. 59.

Das ist der Fall in dem Roman ›Frau Jenny Treibel‹, in dem zwei Diners erzählt werden, die am selben Abend stattfinden: im Hause des Kommerzienrates Treibel und in der Wohnung des Gymnasialprofessors Schmidt. Namentlich die materielle Basis dieser zweiten Mahlzeit beschäftigt den Erzähler Fontane: Die Oderbruchkrebse, die des Professors Haushälterin aufträgt, bilden nicht nur den Gegenstand des Genusses, sondern auch den des Tischgesprächs. Ich vermute: weil der Genuß einer besonderen Speise für den bescheidenen Gelehrten und seine Kollegen ein Fest ist, ein aus dem Alltag herausgehobener Augenblick, der mit Aufmerksamkeit gewürdigt sein will. Die Humanität dieses Menschen wird an der Eleganz deutlich, mit der er die Speise genießt und bespricht, ganz im Sinne von Kellers Grünem Heinrich. Man ist versucht, ihn als Beispiel auch unseren Zeitgenossen vor Augen zu halten. Denn wenn man, etwa als Hobbykoch, Kollegen bewirtet, kommt man sich gelegentlich vor wie ein Pianist, der vor Taubstummen konzertiert.

Hinter dieser Weigerung aber, über Genossenes zu plaudern, hinter der Unfähigkeit auch, womöglich elegant darüber zu konversieren, steht nicht nur teutonische Plumpheit, die man ja auch anderwärts in Deutschland beobachten kann, sondern eine Art von pretiöser Distanz zu den Dingen des alltäglichen Lebens, die die Grundlage des natürlichen Lebens sind. Wenn Keller diese angeblich vornehme Haltung nicht kennt, so hat das nicht allein seinen Grund in seinem Leben, das ihn mit dem Hunger hat Bekanntschaft machen lassen, sondern noch in einem anderen, poetischen Moment. Walter Benjamin sagt von ihm: *Oft glaubten in der beginnenden Renaissance Maler und Dichter die Antike darzustellen und charakterisieren doch nur ihre Zeit. Für Keller gilt beinahe das Umgekehrte. Er glaubte seine Zeit zu geben und in ihr gab er Antike*[15].

Was diese Antike Kellers ist, mag ein Wort Hegels über die »Besondere Bestimmung des eigentlichen Epos« verdeutlichen: *Was der Mensch zum äußeren Leben gebraucht – Haus und Hof, Gezelt, Sessel, Bett, Schwert und Lanze, das Schiff, mit dem er das Meer durchfurcht, der Wagen, der ihn zum Kampfe führt, Sieden und Braten, Schlachten, Speisen und Trinken, – es darf ihm nichts von allem diesen nur ein totes Mittel geworden sein, sondern er muß sich noch mit ganzem Sinn und Selbst darin lebendig fühlen und dadurch dem an sich Äußerlichen durch den engen Zusammenhang mit dem menschlichen Individuum ein selber menschlich beseeltes individuelles Gepräge geben. Unser heutiges Maschinen- und Fabrikenwesen mit den Produkten, die aus demselben hervorgehn, sowie überhaupt die Art, unsere äußeren Lebensbedürfnisse zu befriedigen, würde nach dieser Seite hin ganz ebenso als die moderne Staatsorganisation dem Lebenshintergrunde unangemessen sein, welchen das ursprüngliche Epos erheischt. Denn wie der Verstand mit seinen Allgemeinheiten und deren von der individuellen Gesinnung unabhängig sich durchsetzenden Herrschaft in den Zuständen der eigentlich epischen Weltanschauung sich noch nicht muß geltend gemacht haben, so darf hier auch der Mensch noch nicht von dem lebendigen Zusammenhange mit der Natur und der kräftigen und frischen, teils befreundeten, teils kämpfenden Gemeinschaft mit ihr losgelöst erscheinen*[16].

Betrachtet man unter diesem Aspekt die zahllosen Mahlzeiten und Zechgelage, die sich in Kellers erzählerischem Werk finden, so zeigt sich fast ein poetisches Wunder, nur scheinbar ein Anachronismus. In einer Zeit der Industrialisierung und Kolonialisierung, in der die

15 Walter BENJAMIN, Über Literatur (1969), S. 27.

16 Georg Wilhelm Friedrich HEGEL, Ästhetik. Mit einem einführenden Essay von Georg LUKÁCS (Berlin/DDR 1955), S. 948.

Gegenstände des natürlichen und alltäglichen Bedarfs dem Menschen immer fremder werden, in einer Epoche, da das Brot nicht mehr im Hause gebacken, das Bier nicht mehr im Hause gebraut wird, da aber die Erinnerung an jene Zeiten, da das üblich war, offenbar noch lebendig ist – in dieser Zeit stellt die Prosa Gottfried Kellers in ihrer fiktiven Welt einen Zustand her, da die Menschen der natürlichen, selbstverständlichen Beziehung zur Grundlage des Lebens inne sind. Da ist nichts von gewaltsamer intellektueller Anstrengung zu spüren, um jenen als Entfremdung beklagten Weltzustand zu überwinden, da verdrängt man die natürlichste Natur des Menschen nicht, sondern man bekennt sich in Freiheit zu ihr. Und Freiheit im Umgang mit dem Essen bedeutet Freude und Genuß für die Menschen, die in Kellers Prosa erscheinen.

Er war vielleicht der einzige unter seinen Schriftstellerkollegen des neunzehnten Jahrhunderts, der dies ungekünstelte und menschliche Verhältnis des Menschen zu dem, was ihn ernährt, dargestellt hat. Die Mahlzeit ist bei ihm zwar gelegentlich auch Prunk- und Staatsmahlzeit: aber ihr eigentlicher Sinn, den Gaumen zu erfreuen und den Magen zu füllen, den Menschen zu laben und zu stärken, des Menschen Gemüt und seinen Leib in gleicher Weise zu kräftigen – dieser Sinn wird von Keller nie vergessen.

Seine Menschen, wenn sie essen, sind gleich weit entfernt von Mangel und Überfluß, von Askese und Völlerei. Sie bewahren ihre Natur auch dort, wo gesellschaftliche Verhältnisse sie zu verfremden suchen: *Martin Salander befolgte in allen Lagen seines Lebens, wo eine Suppe vorkam, die Angewöhnung, ohne Verzug mit dem Genusse derselben zu beginnen, sobald er sie im Teller hatte*[17]. Was den Gegensatz zwischen Realismus und Naturalismus ausmacht, mindestens nach Georg Lukács, *Erzählen oder Beschreiben*[18], es fällt in Kellers Werk wie selbstverständlich zusammen. Die Mahlzeiten, die seine Figuren halten, zeigen es.

Damit nimmt die Dichtung Gottfried Kellers in der deutschen Literatur eine einzigartige Stellung ein. Betrachtet man sie unter dem motivgeschichtlichen Blickwinkel des Essens und Trinkens, so ist sie gleichweit entfernt von allen extremen Haltungen, die sich auf diesem Gebiet zeigen mögen. Wir suchen vergeblich die prätentiöse Suche nach der Natur, die Werther in den siebziger Jahren des achtzehnten Jahrhunderts auf dem Umweg über die Lektüre Homers findet: *Wenn ich so des Morgens mit Sonnenaufgange hinausgehe nach meinem Wahlheim und dort im Wirtsgarten mir meine Zuckererbsen selbst pflücke, mich hinsetze und sie abfädme und dazwischen lese in meinem Homer, wenn ich denn in der kleinen Küche mir einen Topf wähle, mir Butter aussteche, meine Schoten ans Feuer stelle, zudecke und mich dazusetze, sie manchmal umzuschütteln: da fühl ich so lebhaft wie die herrlichen, übermütigen Freier der Penelope Ochsen und Schweine schlachten, zerlegen und braten. Es ist nichts, das mich so mit einer stillen, wahren Empfindung ausfüllte, als die Züge patriarchalischen Lebens, die ich, Gott sei Dank, ohne Affektation in meine Lebensart verweben kann*[19].

Das ist eine vermittelte, empfindsame, trotz Werthers Beteuerung affektierte Beziehung zur Natur, eine literarisch zelebrierte Mahlzeit, von der Kellers Mahlzeiten ebensoweit entfernt sind wie von der Beiläufigkeit, mit der Stifters Prosa beispielsweise das Essen behandelt. Da kommt etwa in der Novelle ›Brigitta‹ ein Gast spätabends in ein Gutshaus, wo man ihn – eine bei Stifter häufiger zu beobachtende Situation – allein essen läßt: *Nachdem er (...) mehrere Kerzen angezündet hatte, wünschte er mir gute Nacht und ging fort. In einer*

17 KELLER, III, S. 709.
18 Vgl. Georg LUKÁCS, Werke, Bd. IV (Neuwied, Berlin 1971), Essays über Realismus, S. 197–242.
19 GOETHE, Werke VI (Stuttgart 1958), S. 33.

Weile wurde von einem anderen Wein, Brot und kalter Braten gebracht, worauf mir von ihm, wie von seinem Vorgänger, gute Nacht geboten wurde. Ich erkannte hieraus und aus der völligen Einrichtung der Zimmer, daß ich nun allein bleiben würde, und ging daher an die Türen, und schloß mich ab[20].

Solche ungesellige, auf den natürlichen Zweck reduzierte Nahrungsaufnahme sucht man in Kellers Prosa ebenso vergeblich wie den Mißbrauch der Mahlzeit zur Demonstration des eigenen Reichtums: das ist der Fall in der ›Schwarze(n) Spinne‹ von Jeremias Gotthelf. Anläßlich einer Kindtaufe wird dort eine landesübliche Erfrischung gereicht: *Draußen saßen allerdings die zwei männlichen Paten, ein alter und ein junger, den neumodischen Kaffee, den sie alle Tage haben konnten, verschmähend, hinter dem dampfenden Weinwarm, dieser altertümlichen, aber guten Bernersuppe, bestehend aus Wein, geröstetem Brot, Eiern, Zucker, Zimmet und Safran, diesem ebenso altertümlichen Gewürze, das an einem Kindestaufschmaus in der Suppe, im Voressen, im süßen Tee vorkommen muß*[21]. Weshalb es vorkommen muß, ist klar: nicht des Geschmackes wegen, der im Falle des Tees wie des Weins durch den Safran doch wohl für einen unbefangenen Gaumen eher gemindert wird, sondern des Preises wegen: Safran ist meines Wissens das teuerste Gewürz, das es überhaupt gibt, Gotthelfs Bauern verwenden es ausschließlich, um zu zeigen, daß sie's bezahlen können.

Keller läge ein derartiger Manierismus ebenso fern wie der Mißbrauch einer Mahlzeit als Instrument pädagogischer Repression, wie er beispielsweise von dem Erzieher Lindner in Musils ›Mann ohne Eigenschaften‹ geübt wird: *Der Tisch war gedeckt; die Teller, je drei vor jedem der beiden Plätze aufeinandergestellt, sahen ihn mit dem runden Blick des Vorwurfs an; die Messerbänkchen aus Glas, auf denen Messer, Löffel und Gabel wie Kanonenrohre von der Lafette starrten, und die eingerollten Servietten in ihren Ringen waren aufmarschiert wie eine Armee, die ihr General im Stich gelassen hat*[22]. Die Bildersprache deutet das Bedrohliche einer bürgerlichen Zivilisation an, die den Sohn des Pädagogen sich anverwandeln will. Die Vergleiche aus der Sphäre des Militärischen signalisieren die latente Gewalt einer Erziehungspraxis, in der Speisen die Funktion einer Belohnung, ihre Versagung die einer Bestrafung erhalten: auch solche pädagogische Mahlzeit, wie sie sich im Anschluß an den zitierten Textausschnitt in Musils Roman findet, sucht man bei Keller vergeblich.

Eine andere Möglichkeit, die man in der weiteren literaturhistorischen Umgebung Gottfried Kellers beobachten kann, zeigt die literarische Dekadenz zu Beginn unseres Jahrhunderts. Ich erwähne die Mittagsmahlzeit in Thomas Manns Novelle ›Wälsungenblut‹ (1906). Der Vater des Zwillingspaares, dessen Inzest den Höhepunkt der Erzählung bildet, der Hausherr der übervornehmen und überreichen Tiergarten-Villa, Herr Aarenhold, leidet *an einer Schwäche des Sonnengeflechts, jenes Nervenkomplexes, der sich unterhalb des Magens befindet und die Quelle schwerer Mißhelligkeiten werden kann. Er war daher gehalten, zu prüfen, was er zu sich nahm. Es gab Fleischbrühe mit Rindermark, Sole au vin blanc, Fasan und Ananas. Nichts weiter. Es war ein Familienfrühstück*[23]. Die ironische Beschreibung deutet an, daß die Mahlzeit zum Ritual geworden ist. Der ursprüngliche Sinn, den Menschen zu sättigen, wird über den anderen, sekundären Funktionen, nahezu vergessen: Mahlzeiten

20 Adalbert STIFTER, Brigitta (1970), S. 15.
21 Jeremias GOTTHELF, Die schwarze Spinne, ed. Konrad NUSSBÄCHER (1975), S. 11 f.
22 Robert MUSIL, Der Mann ohne Eigenschaften, ed. Adolf FRISÉ (1978), S. 1065.
23 Thomas MANN (wie Anm. 11) VIII, S. 383.

gliedern den Tag, sind Anlaß der Begegnung von sonst auseinanderstrebenden Familiengliedern, sind Akte der Darstellung eines leeren, sinnlos gewordenen Lebens, das unproduktiv, ohne Ergebnis verläuft, dessen unfruchtbare, biologisch sozusagen auf der Stelle tretende Inhaltslosigkeit im Inzest des Zwillingspaares kulminiert. Das Ritual der Mahlzeit wird denn auch wie ein Kultus zelebriert. Als der zweite Gang mit dem Speisenaufzug von der Küche in den Speisesaal hinabgetragen wird, heißt es: *Das Fischgericht stieg hernieder*[24].

Solcher Kultus liegt ebenso außerhalb von Kellers Gesichtskreis wie Werthers empfindsame Suche nach der Unmittelbarkeit des natürlichen Lebens, wie Stifters ungesellige und frugale Sättigungsvorgänge, wie Jeremias Gotthelfs geschmackloser Gewürzmißbrauch, wie des Erziehungswissenschaftlers Lindner pädagogische Repression mittels Tischordnung und Nachtischverbot: es ließen sich sicherlich noch weitere Möglichkeiten finden, wie Literatur oder literarisch dargestellte Menschen die harmonische Verbindung von Sättigung und Erfreuung, Geselligkeit und charakteristischem Ausdruck des eigenen Wesens verfehlen[25].

So scheint es, als stehe Kellers poetische Darstellung von Mahlzeiten einzig da in der neueren deutschen Literaturgeschichte, Resultat einer schwierigen Balance des Dichters zwischen verschiedenen, auseinanderstrebenden geschichtlichen Möglichkeiten, die das Thema bietet, einer Balance, die der Autor mit sicherer Klugheit erzählend immer wieder leistet. Man kann in dieser hohen künstlerischen Klugheit Kellers jenen untrüglichen Instinkt erkennen, den Theodor W. Adorno mit Bezug auf Mörike den *geschichtsphilosophische(n) Takt*[26] nennt. Man mag aber auch, wenn man an Adornos Ästhetik kein Gefallen findet, eine Realisierung der Maxime des braven Soldaten Schwejk in Kellers poetischer Küchenkunde erblicken: *Ohne Intelligenz kann der Mensch in einem gewöhnlichen Beruf und im Leben durchkommen, aber bei der Küche merkt mans*[27].

24 Ebd. S. 385.

25 Eine umfassende Darstellung des Themas bietet neuerdings Alois WIERLACHER, Das Essen in der deutschen Literatur. Mahlzeiten in Erzähltexten von Goethe bis Grass (1987).

26 Theodor W. ADORNO, Noten zur Literatur I (1958), S. 96.

27 Jaroslav HAŠECK, Die Abenteuer des braven Soldaten Schwejk, trad. Grete REINER (1976), S. 347.

Spätmittelalterliche Küche

XENJA VON ERTZDORFF

Lachen über das Essen und Trinken der Riesen in Johann Fischarts »Geschichtsklitterung« (1590)

Riesen haben einen gewaltigen Appetit und Durst, dies ist allgemein bekannt, sie verzehren ungeheure Mengen an Fleisch und trinken in entspechenden Quantitäten Bier[1]. Man begegnet ihnen als guten oder bösen Wesen in der Volksüberlieferung. In des sehr belesenen Arztes Heinrich von Neustadt Fassung des *Apollonius*-Romans[2] treten die Menschen des geheimnisvollen Volkes »Gock und Magock« in gewaltiger Größe auf (sie sind neun Fuß lang – V. 2958) und essen das Fleisch von Wölfen, Hunden und Menschen (V. 2991–2994) und trinken Stutenmilch (V. 2996). Sie sind sehr kriegerisch, und ihr König begehrt eine Königstochter zur Frau. Darüber kommt es zum Krieg und zur Befreiung der Prinzessin durch Apollonius. Von dem riesigen Kolkan wird berichtet, daß er *Ainen gantzen schafpauch* verzehrt, *Ain geprattne gans* oder *Vier hennen zu einem male Dy ißt er ane zale.* Dazu trinkt er einen halben Eimer (V. 4561–4567). Er jagt Hirsche und Hinden, wilde Bären und Wildschweine. Sein Gesinde versorgt er gut, es ist immer satt. Einige sind gern bei ihm, andere wären gern anderswo (V. 4569–4576). Er ist aber ein durchaus böses Wesen nicht wegen seiner Größe und seines Appetits, sondern wegen seiner moralischen Schlechtigkeit und sexuellen Zügellosigkeit. Es gibt keine Anzeichen im Text dafür, daß über das Essen und Trinken dieser »Riesen« gelacht werden konnte oder sollte. Sie sind böse und gefährlich. Ihre Riesenhaftigkeit erhöht ihre Rohheit und Gefährlichkeit, und sie werden durch den tapferen Apollonius besiegt, dessen Ansehen dadurch erhöht wird.

Riesen ganz anderer Art, aber ebenfalls von gewaltiger Statur und mächtigem Hunger und Durst, erschuf François Rabelais in Grandgousier, Gargantua und Pantagruel, deren Geschichte er in fünf Büchern erzählt. Pantagruel stammt aus der Folklore, er war ein kleines Teufelchen, »das den Trinkern Salz in den Mund streut«[3]. »Aus dem winzigen Dämon ... läßt Rabelais eine übergroße kosmische Gestalt emporwachsen, die sowohl über die Qualen als auch über die Stillung des körperlichen wie des geistigen Durstes und damit über eine unerschöpfliche Quelle menschlichen Glücks verfügt. Das Pantagruel und Gargantua verliehene Selbstherrschertum erhöht ineins die grotesk übersteigerten Kräfte, Taten und Aussprüche der rabelaisischen ›Helden‹ zur Selbstherrlichkeit des Leibes: Das Lachen über ihren

1 Vgl. den Artikel »Zwerge und Riesen« im Handwörterbuch des deutschen Aberglaubens, hg. von Hanns Bächtold-Stäubli u.a. Bd. 9 (1941, Nachdruck Berlin 1987), Sp. 1124.

2 Heinrich von Neustadt, Apollonius von Tyrland... hg. von S. Singer (= Deutsche Texte des Mittelalters 7, Berlin 1906); vgl. Die deutsche Literatur des Mittelalters. Verfasserlexikon 3 (^{2}1981), Sp. 838–845 (Peter Ochsenbein). Der Roman ist vermutlich im ersten Jahrzehnt des 14. Jahrhunderts entstanden. Ich danke Herrn cand. phil. Rudolf Schulz für den Hinweis auf die »Riesen« und ihre Mahlzeiten im »Apollonius von Tyrland«.

3 M. A. Screech, Rabelais (London 1979).

Riesendurst und Riesenhunger, über die unersättliche Sexualität oder ungeheuerliche Skatologie ihrer ›Faits et dits héroïques‹ setzt die aus der epischen Idealität verdrängte Körperlichkeit des menschlichen Daseins wieder ins Recht und diejenigen ins Unrecht, die an diesem Akt der Befreiung des Kreatürlichen moralisch Anstoß nehmen«[4]. Hans Robert Jauss bezieht sich auf Mikhail Bakhtin[5], wenn er fortfährt: »der Grund des grotesken Lachens liegt in der ephemären Entlastung von moralischen Tabus, deren Last und Zwang wohl allererst in diesem Akt der ›feiertäglichen Befreiung des Lachens und des Leibes‹ bewußt empfunden wird«[6].

Nur der Roman »Gargantua«[7] hat eine zeitgenössische, sehr eigenwillige deutsche Übersetzung gefunden in Johann Fischarts »Geschichtsklitterung«, erschienen in zweiter Auflage 1590[8]. Fischart hält sich an den vorgegebenen Ablauf der Handlung, ergänzt und kommentiert aber nach eigenem Gutdünken, das eindeutig zu definieren nicht möglich ist[9]. Vor allem will er die Leser, darin Rabelais folgend[10], zum Lachen bringen:

Wann aber nun kurtzweil und freud
Ist deß Gemüts artzney vor leid
So hab ich so mär wollen schreiben
Von lachen, alß vil weinens treiben:
Bedacht, das lachen in all krafft
Ist deß Menschens recht eigenschafft[11].

4 Hans Robert JAUSS, Über den Grund des Vergnügens am komischen Helden (in: Das Komische. Poetik und Hermeneutik 7, 1976), S. 118f.

5 Mikhail BAKHTIN, Rabelais and his World. Translated by Helene ISWOLSKY (Cambridge/Mass. and London 1968); Ausschnitte in deutscher Übersetzung: Michail BACHTIN, Literatur und Karneval. Zur Romantheorie und Lachkultur. Aus dem Russischen übersetzt und mit einem Nachwort von Alexander KAEMPFE (1969), S. 33.

6 JAUSS S. 119. Zu den Riesen bei Rabelais vgl. auch Dorothy Gabe COLEMAN, Rabelais. A Critical Study in Prose Fiction (Cambridge 1971), S. 168–203.

7 François RABELAIS, Gargantua. Première édition critique faite sur l'Edition princeps. Texte établi par Ruth CALDER... (= Textes littéraires français, Genève 1970).

8 Der leichteren Lesbarkeit halber zitiere ich den Text nach der Ausgabe: Johann FISCHART, Geschichtsklitterung (Gargantua). Text der Ausgabe letzter Hand von 1590. Mit einem Glossar hg. von Ute NYSSEN ... (1967). Die maßgebliche wissenschaftliche Ausgabe ist: Johann FISCHART, Geschichtsklitterung (Gargantua). Synoptischer Abdruck der Fassungen von 1575, 1582 und 1590. Neu hg. von Hildegard SCHNABEL. 2 Bde. (= Neudrucke deutscher Literaturwerke 65–69 und 70–71, Halle/Saale 1969).

9 Hugo SOMMERHALDER, Johann Fischarts Werk. Eine Einführung (= Quellen und Forschungen N. F. 4, (128), 1960), S. 52–80: »Die Geschichtsklitterung«. Bes. S. 79: »Das Thema der ›Geschichtsklitterung‹ ist eine rhythmisch fließende und klingende, ungeheuer reiche und vielfältige lustvolle Welt, die entstanden ist durch eine großartige Verflüssigung des Irdischen. Die Bewegung ist die Ursache jener Erlösung durch das Groteske.« Christoph MÜHLEMANN, Fischarts ›Geschichtsklitterung‹ als manieristisches Kunstwerk. Verwirrtes Muster einer verwirrten Welt (= Europäische Hochschulschriften, Reihe I, 63, Bern, Frankfurt 1972), S. 141: »Die Interpretation des Werkes ergibt, daß Fischart die Geschichte Gargantuas, wie er sie bei Rabelais vorfindet, nicht einfach übersetzt und nacherzählt... Oft genug geht aber der Zusammenhang nicht nur zur Vorlage, sondern auch innerhalb des Werkes von Fischart verloren. Das hängt damit zusammen, daß Fischart einem starken Ausdrucksbedürfnis unterliegt, das ihn gewissermaßen zwingt, alles zu sagen, was ihm im Augenblick des Schreibens gerade einfällt. Er ist aber offenbar nicht imstande oder nicht daran interessiert, seine Phantasie zu zügeln und seine Einfälle logisch zu ordnen.«

10 RABELAIS, Gargantua, S. 7, V. 10f.: »Es ist besser über Lachen als über Tränen zu schreiben«: *Pource que rire est le propre de l'homme;* SOMMERHALDER S. 79.

11 FISCHART S. 6, V. 13–18.

Lachen hat nach dem literarischen und medizinischen Verständnis der Zeit eine wichtige therapeutische Funktion gegen die seelische Krankheit der Melancholie[12]. Seitens der Poetik und Rhetorik wird im 16. Jahrhundert *lusus* (Scherzspiel) und *ridiculum* (Scherz) gerechtfertigt als Mittel der Entspannung und Erholung, ebenso auch als Therapeutikum gegen Melancholie[13]. Aber das Lachen über die Lebensführung der Riesen, insbesondere die Befriedigung ihrer elementaren Bedürfnisse, hat, nach modernem Verständnis von Bakhtin, Jauss, Michel Butor und Denis Hollier, sowohl bei Rabelais als auch bei Fischart, noch weitere Dimensionen[14].

Schon ein knapper Überblick über die Bereiche, über die gelacht werden kann oder soll, mag dies zeigen[15]: der Bruch sexueller oder skatologischer Benennungstabus, inadäquate Auslegungen der Schrift aus hebräischer und monastisch-christlicher Tradition. Auffällig ist der Hinweis von M. A. Screech, daß Rabelais im »Quart Livre«, etliche Jahre nach dem »Pantagruel«, kritischer über das menschliche Lachen urteilte, daß es nicht immer gut und wünschenswert sei[16]. Riesendurst und Riesenhunger sowie Grandgousiers Vorratshaltung an Lebensmitteln und Getränken haben Fischart zur Ergänzung der Kapitel 3 und 4 der »Geschichtsklitterung« gegenüber seiner Vorlage inspiriert[17]. Der Kritik an ärmlichen einheimischen Eß- und Trinkgewohnheiten[18] folgt die Beschreibung von Grandgousiers gewaltigen Eß- und Trinkgewohnheiten und schließlich im 4. Kapitel die Vorratshaltung Grandgousiers. Hier ist in gigantischer Aufzählung alles versammelt, was gut und zugleich schaurig und ekelerregend ist, in einer großartigen sprachlichen Aufreihung und Aufgipfelung[19]: *Es war ihm ein lust zuzusehen (wer gern Purgieren* [abführen] *wolt) wann er die vermoderte, verkoderte* (lappenartige), *verschloderte und verfallene Käßzinnen etwann mit schauffeln auff das Brot striche, und die lebendige Käß und Lindwürm zwischen seinen Zänhammern unnd Mülsteinen also sauberlich zermalmet und zerknirschet, das es lautet als wann ein Galgen voll gestiffelter Bauren bei Nacht durch Kot ins Dorff stampfften und postierten* (rannten)[20]. Die Lust des Zusehens gilt nur für denjenigen, der abführen wollte, denn der Verzehr der

12 Hinweise auf zeitgenössische und spätere Abhandlungen über das Lachen bei RABELAIS, Gargantua, S. 7f. und ausführlich bei Heinz-Günter SCHMITZ, Physiologie des Scherzes. Bedeutung und Rechtfertigung der Ars Iocandi im 16. Jahrhundert (= Deutsche Volksbücher in Faksimiledrucken, Reihe B, 2, Hildesheim, New York 1972), S. 116–134 et passim.

13 Glending OLSON, Literature as Recreation in the Later Middle Ages (Ithaca and London 1982); SCHMITZ S. 135 et passim; Joachim SUCHOMSKI, »Delectatio« und »Utilitas«. Ein Beitrag zum Verständnis mittelalterlicher komischer Literatur (Bern, München 1975).

14 Eine Diskussion über die Vergleichbarkeit des Lachens bei Rabelais und Fischart auch im Hinblick auf Michel BUTOR und Denis HOLLIER, Rabelais ou c'était pour rire (Paris 1972) steht noch aus und kann im Rahmen dieser Skizze auch nicht geführt werden.

15 Zum Folgenden SCREECH S. 41–56.

16 Ebd. S. 56.

17 Florence M. WEINBERG, Gargantua in a Convex Mirror. Fischart's View of Rabelais (= Studies in the Humanities. Literature – Politics – Society 2, New York, Bern, Frankfurt am Main 1986), S. 48–51.

18 FISCHART S. 56–58.

19 Zur Sprachtechnik Fischarts vgl. Walter Eckehart SPENGLER, Johann Fischart, gen. Mentzer. Studie zur Sprache und Literatur des ausgehenden 16. Jahrhunderts (= Göppinger Arbeiten zur Germanistik 10, 1969); Dieter SEITZ, Johann Fischarts Geschichtsklitterung. Untersuchungen zur Prosastruktur und zum Grobianischen Motivkomplex (= These, Neue Folge 6, Frankfurt/M. 1974); Gerd SCHANK, Etymologie und Wortspiel in Johann Fischarts »Geschichtsklitterung« ([2]1978).

20 FISCHART S. 77, Z. 13–20.

verdorbenen Käsestücke, in denen die Würmer dröhnend zerkaut werden, ist grausig-grotesk, also wegen der gewaltigen Freßgier des Riesen, die alle gesitteten Eßnormen durchbricht, ein Grund zum Lachen. Dem »Käsekatalog« folgt der »Fisch- und Weinkatalog«[21] aus der Vorratshaltung Grandgousiers als Ausweis für die Fülle, in der der Riese zu essen und zu trinken pflegte.

Sein Sohn Gargantua zeichnet sich durch Gutmütigkeit, wenig erfolgreichen Studierwillen, aber um so größeren Appetit und Durst aus. Hierzu nur ein Beispiel: *Auch weil er von Natur gar flegmatisch war, fieng er gemeinlich sein essen an mit etlich dotzend Schuncken* (= Schinken), *mit gereuchten Ochssenzungen, rauchgedörten Würsten, kalten Eyern…*, dazu werfen ihm sechs Diener einander abwechselnd mit vollen Schaufeln *Senff in das Maul, das ihm die augen übergiengen: Dann der Senff war noch vom sauren Herbst. Darauff that er einen schrecklichen trunck weissen Weins*[22]. Auch hier kommt zu der exzessiven Fülle des Verzehrten gleich das Unangenehme: Der Senf ist so scharf und sauer, daß dem Riesen die Augen tränen. Zum Gelächter über die gesprengte Essensnorm fügt sich unmittelbar die Schadenfreude über den eingeschränkten Genuß durch den überscharfen Senf.

Nicht gerade ein Rezept zum Nachahmen bietet die bekannte Episode von Gargantuas Verzehr von frischem grünem Kopf- und Kohlsalat[23]. Sechs Pilger mit dem Abzeichen der Pilger von St. Jakob von Compostela, der Muschel, geraten in die Kriegswirren von König Grandgousier und seinem Feind: *unnd vor sorg der feind, hatten sie sich inn ein Garten hinder die Bonenstengel, hindern langen Lattich und breite Köl versteckt und gestreckt, meinten allda wol zulosieren* (sich aufzuhalten). *Gurgelstrozza aber war eben damals etwas unlustig, unnd fraget, ob man nit Kropfflattich* (Kopfsalat) *gehaben möge, ein Köpffelsalat mit Köl vermengt zumachen. Als er nun verstund* (erfuhr), *daß die schönsten und grösten im gantzen Land daselbs wachssen, so groß als die Pflaum und Nußbäume hie aussen, gieng er für lust selbs dahin, und bracht ein Handvoll desselben, so vil ihn genug bedaucht, mit, und zugleich auch darinn die sechs Pilger, welche vor forcht nicht reden noch husten dorfften, geschweig ein fürtzlin lassen, daß kein wunder gewesen, es hett sie aller Schwindel angestossen*[24].

Gewaltig ist hier die Größe des Gemüses, welches den Pilgern Schutz bieten soll. Gargantua war zufällig *etwas unlustig*, möglicherweise verstimmt, und fragt nach frischem Kopfsalat mit Kohl vermengt[25]. Als er von dem Riesengemüse hört, geht er *für lust* selbst dahin und bringt sich eine ausreichende Portion mit, die er wäscht, mit Öl, Essig und Salz zubereitet und dann auf seine Art verzehrt. *That darauff ein guten suff fürnen Wein* (alten Wein)[26] und wartet auf das Nachtessen. Von den mitverschluckten sechs Pilgern hat er gar nichts bemerkt außer einem Pilgerstab, den Grandgousier für einen Schneckenfühler hält und abrät, ihn zu essen. Gargantua läßt sich nicht abhalten: In diesem ganzen Monat sind Schnecken gesund, und er faßt nach dem Stab und hebt damit den Pilger unter einem Salatblatt

21 Ebd. S. 77–84.
22 Ebd. S. 237, Z. 21–33.
23 Rabelais, Gargantua, Kap. 36, S. 217–220; Fischart, Kap. 41, S. 350–353.
24 Fischart S. 350, Z. 9–22.
25 Ich vermute einen diätetischen Zusammenhang zwischen der offenbar psychischen Verstimmung und dem Wunsch nach frischem Salat als Heilmittel, konnte aber in der mir zugänglichen Literatur über Diätvorschriften für Melancholiker keinen Beleg für meine Vermutung finden.
26 Fischart S. 351, Z. 10–11.

auf *und zecht ihn lustig mit dem andern gekräut hinweg*[27]. Die St. Jakobspilger mit ihrer Pilgermuschel sind mit Schnecken im Salat assoziiert worden, die Menschen als zufällige Zutat im Salat des Riesen reizen durch ihre Kleinheit im riesigen Salat, den der Riese verzehrt, zum Lachen. Möglicherweise spielt hier auch die Verletzung des Kannibalismus-Tabus mit hinein, die Lachen auslöst wie andere sprachliche Tabuverletzungen[28]. Die armen Pilger beratschlagen, was sie tun könnten, als sie mit dem Salat aufgenommen wurden, aber sie finden keinen Ausweg. Nachdem der Riese sie alle in seinen Mund gestopft hat mitsamt dem Salat, wendet sich das Interesse des Erzählers ihnen zu. Gar schaurig geht es im Mund des kauenden und nachtrinkenden Riesen zu: *Die verschluckte Bilger, wandten und schraubten sich, so vil ihn möglich, auß seinen Malzänen, vermeinend, man het sie vileicht inn die äusserste finsternuß eins Kerckers, und das unterst gewelb eines Thurns oder ins Hechssenkämmerlin* (Gefängnis für Hexen) *geworffen, da den letzten Heller zubezalen. Aber als Strosagurgel den Küsuf* (gewaltiger Zug wie bei einer Kuh) *that, meinten sie nicht anders, dan sie müsten all im Maul ersauffen: Auch hett sie beinah der anlauffend stram* (Strom) *des Weins in abgrund seins magens geschwemmet und getriben, doch erhielten sie sich Ritterlich mit den Pilgerkrucken, und sprangen damit wie die Frisische Botten über die Thammgräben, biß sie die grentze oder das gezäun der Zän, wie es Homerus septum dentium heißt, widerumb erlangten…*[29].

In ihrer Todesnot halten sie sich *Ritterlich* mit ihren Pilgerstäben, bis sie an die Zähne heran kommen. Einer von ihnen erinnert sich, von einem Walfisch gehört zu haben, auf dessen Rücken sich so viel Sand und Erde befindet, daß er wie eine Insel erscheint. Das ist eine Anspielung auf den weit verbreiteten Bericht von St. Brandans Seefahrt[30]. Der Walfisch pflegt hinabzutauchen und die Schiffsleute, die ankern wollen, mit sich hinunterzuziehen. Der Pilger wollte es besser machen und mit seinem Stab feststellen, ob sie an den Zähnen festes Land erreicht hätten. Dabei wirft er seinen Stab so heftig, daß *der streich auff eyn geschwollen Zanfleysch abglitschet, davon eyn solcher schmertzen dem Gurgellantua entstund, daß er gleichsam inn eyner Tobsucht Mordio schri, und wie eyn tolle Ganß im Kreiß herumb lieff*[31]. Um sich zu helfen, läßt er sich einen Zahnstocher bringen und spießt an ihm gleich alle sechs Pilger auf einmal auf, was der Erzähler anzüglich-genüßlich beschreibt, und befördert sie wie *besteckend gekräut* (steckengebliebenes Kraut) hinaus. Die Pilger rennen, von Gargantua unbemerkt, davon, das Zahnweh hört auf, man ruft ihn zu Tisch. Über die Mahlzeit wird erst im nächsten Kapitel weitererzählt, wichtig ist hier nicht mehr, was alles verzehrt wird, sondern der Bericht Grandgousiers über die Entstehung des Krieges zwischen ihm und Picrochol und die Ankunft weiterer Gäste und die Gespräche mit ihnen.

Das weitere Geschick der Pilger wird vom Erzähler berichtet: Sie geraten noch zweimal in große Bedrängnis, aus der sie sich retten können. In borniert-frommer Erbaulichkeit beweist ihnen später einer von ihnen, als sie in Sicherheit sind, daß ihr Geschick und ihre Errettung in

27 Ebd. S. 351, Z. 9–10.
28 Frau Dr. Margit Sichert, Gießen, wies in der Diskussion auf diesen Aspekt hin. – In der oben zitierten Textstelle aus Heinrichs von NEUSTADT ›Apolloniusroman‹ essen die Gock-und-Magock-Leute auch Menschenfleisch.
29 FISCHART S. 351, Z. 13–25.
30 St. Brandans Seefahrt. Faksimile-Ausgabe von Elisabeth GECK (1969).
31 FISCHART S. 351, Z. 33–37.

Psalm 124 (nach Luthers Zählung) vorhergesagt sei. Nach Herman Meyer[32] und, ihm folgend, Hans Robert Jauss[33] sind die drei Fährnisse der Pilger und ihre Rettung von Rabelais auf diesen Psalm hin als Parodie auf unangemessene Bibelauslegung konstruiert. Fischart greift dabei die Bibelauslegung der Wiedertäufer an[34].

Der wohlbehagliche Verzehr des Riesensalats mit der grausamen Zutat der sechs Menschen als Schnecken, *fläisch*[35] oder *Saltzkörnlin*[36] löst ebenso mehrdeutiges Lachen aus wie die anderen hier aufgeführten Beispiele für das Lachen über das Essen und Trinken der Riesen. Gewiß sind auch hier die Disproportionen der unmittelbare Anlaß des Lachens: »...große Furcht der kleinen Pilger – winziges Objekt für den Riesenappetit, mit dem erst nur zu erratenden Konvergenzpunkt im Blickfeld ›Schnecke im Salat‹«[37]. Die riesige Leiblichkeit ist aber auch eine Todesbedrohung für die Pilger als kleine Menschen; daß sie in ihrer bornierten frommen Einfalt ihr Geschick im Psalm Davids vorgebildet sehen, erregt zusätzlich das Lachen der theologisch besser Gebildeten. Die Pilger tauchen im 48. Kapitel wieder auf und werden von Grandgousier zu einem im reformatorischen Sinn richtigen Leben bekehrt[38]. Aus dieser Perspektive wird ihre anfängliche Glaubensgewißheit widerlegt, ihre Rettung verdanken sie ihrer eigenen Beherztheit in aller Angst und dem Zufall. Das mag das Gelächter über ihre Not, beinahe von dem Riesen verschlungen zu werden – was sie selbst ja gar nicht wissen, sondern nur als Todesbedrohung erfahren –, etwas versöhnlicher klingen lassen.

Essen und Trinken sind lebenserhaltend und können zu sinnenhaften Genüssen verfeinert und übersteigert werden. Essen und Trinken der Riesen erfolgt auch in riesigen Dimensionen und kann Lachen bewirken, wenn es als Befreiung von dem Gebot der sparsamen Nahrungsaufnahme erfahren wird. Die Riesen sind in der alten Folklore- und Literaturtradition meist gefährliche, menschenbedrohende Wesen in ihren brutalen Vitaltrieben. Sie sind dagegen gutmütig, ja klug und weise bei Rabelais und bei Fischart, geblieben ist ihnen ihre ursprüngliche gigantische Triebhaftigkeit und Triebbefriedigung. Die Erzählung von ihnen soll den Leser zum Lachen bringen, *pource que rire est le propre de l'homme.* Der therapeutische Zweck dient als Legitimation des Lachens. Das Lachen über die Riesen, speziell das Lachen über ihr Essen und Trinken, ist aber umfassender und zugleich ambivalent: Es ist Ausdruck der Freude am Sinnengenuß und an der Erhaltung des Lebens, zugleich aber auch ein aggressives Belachen von Tabuverletzungen, von Grauen und Ekel vor dem Grausigen und

32 Herman MEYER, Das Zitat in der Erzählkunst. Zur Geschichte und Poetik des europäischen Romans (^{2}1967), S. 46–48. – Vgl. auch RABELAIS, Gargantua, Kommentar zur Stelle S. 220, 88: »Ce sont sans doute les mots ›non dedit nos in captionem dentibus eorum‹, qui inspirèrent surtout cet épisode. Des plaisanteries basées sur les psaumes sont fréquentes chez R., qui, en franciscain et moine, les savait par cœur, Ici il parodie la trop facile application des prophéties de l'Ancien Testament aux circonstances modernes«.

33 JAUSS S. 120f.

34 FISCHART S. 353, Z. 1f. Den Vergleich zwischen Rabelais und Fischart zieht MEYER S. 48. Fischart kürzt das Psalmenzitat. »Das spezifische Merkmal von Rabelais' Erzählung, die rechnerisch genaue ›Übereinstimmung‹ von zitiertem Bibeltext und Fabel, geht dadurch verloren. Es ist nicht anzunehmen, daß Fischart sie nicht gesehen hätte; vielmehr wird er die rationale Genauigkeit der Entsprechung als ihm nicht gemäß empfunden und absichtlich zerstört haben.«

35 FISCHART S. 350, Z. 33.

36 Ebd., S. 353, Z. 4.

37 JAUSS S. 120.

38 FISCHART S. 381–385.

vor tödlicher Bedrohung[39]. Das Essen und Trinken der Riesen kann fröhlicher Genuß sein – aber sehr bedingt. Das Bedrohliche der menschliches Maß übersteigenden Freß- und Sauflust wird nicht moralisch abgewertet; darum geht es weder Rabelais noch Fischart. Aber in der Triebbefriedigung der gutmütigen Riesen, zu der auch Essen und Trinken gehören, öffnen sich zudem die Dimensionen elementarer Lebenserhaltung, des Grausigen und des Todes. Der Leser, der die Geschichte liest, bewahrt sein Menschsein, indem er über sie lacht und damit der durch Literatur vermittelten existentiellen Bedrohung standhält[40].

39 Vgl. hierzu auch Walter HAUG, Das Komische und das Heilige. Zur Komik in der religiösen Literatur des Mittelalters (in: Wolfram-Studien VII, hg. von Werner SCHRÖDER [1982]), S. 8–31, hier S. 16f.

40 Im Leser vollzieht sich hier etwas Ähnliches wie bei den Teilnehmern an den karnevalistischen Festen des späten Mittelalters und der frühen Neuzeit. Vgl. Jacques HEERS, Vom Mummenschanz zum Machttheater. Europäische Festkultur im Mittelalter. Aus dem Französischen von Grete OSTERWALD (Frankfurt/M. 1986) (Orig. Titel: Fêtes des fous et Carnavals, Paris 1983), S. 219–301.

Bambergische Halsgerichts- und rechtliche Ordnung. Holzschnitt, Bamberg 1510

MARGARETE ZIMMERMANN

Kochkunst im spätmittelalterlichen Frankreich: »Le Ménagier de Paris«

I

Gemeinsames Essen und Trinken sind soziale Handlungen, die den Zusammenhalt gesellschaftlicher Gruppen garantieren und Gemeinschaften zur immer wieder erneuerten Erfahrung ihrer Verbundenheit verhelfen. Diesen »Sozialwert« des Mahls hat Georg Simmel in einer Abhandlung von 1910 wie folgt beschrieben: »Das gemeinsame Essen und Trinken (...) löst eine ungeheure sozialisierende Kraft aus, die übersehen läßt, daß man ja gar nicht wirklich »dasselbe«, sondern völlig exklusive Portionen ißt und trinkt und die primitive Vorstellung erzeugt, man stelle hiermit gemeinsames Fleisch und Blut her (...) Gerade weil die gemeinsame Mahlzeit ein Ereignis von physiologischer Primitivität und unvermeidlicher Allgemeinheit in die Sphäre gesellschaftlicher Wechselwirkung und damit überpersönlicher Bedeutung hebt, hat sie in manchen früheren Epochen einen ungeheuren sozialen Wert erlangt«[1].

In der französischen Literatur des späten Mittelalters findet sich dieser Aspekt – das heißt: die gemeinschaftsstiftende Funktion des Mahls für die Angehörigen einer Gruppe – in zahlreichen Variationen wieder und verbindet sich mit anderen Bedeutungskomponenten; diese verweisen etwa auf den sozialen Rang und das soziale Selbstverständnis des Essenden oder auf die dem Essen eigene erotische Dimension[2]. So kann die Zelebrierung eines Mahls neben der Stiftung von Gruppengefühl dazu dienen, Macht und Reichtum zu demonstrieren: ein prägnantes Beispiel hierfür findet sich in den »Chroniques« des Jean Froissart, der ein nächtliches Mahl am Hof des Gaston de Foix, des berühmten Gaston »Phébus«, schildert[3]. Ein spätmittelalterlicher Fürst setzt sich selbst in Szene, und das Mahl, das in ausgefallenen Schauessen *(étranges entremets)* kulminiert, wird zum »Gesamtkunstwerk«, zu einer Verbindung des Kulinarischen mit musikalischen, akrobatischen und mimischen Darbietungen. – Ein anderes Bild bietet sich in Antoine de La Sales Roman »Jehan de Saintré« (1456). Hier organisiert der Abt eines Klosters in der Provinz, ein Mann aus dem wohlhabenden städtischen Bürgertum, ein Fastenmenü von provozierender Üppigkeit, um die adlige Patronatsher-

1 Georg SIMMEL, Soziologie der Mahlzeit (1910), in: DERS., Brücke und Tür (Stuttgart 1957), S. 243–250; Zitat S. 244. – Zur gemeinschaftsstiftenden Funktion des Mahls siehe ferner Otto Gerhard OEXLE, Gruppenbindung und Gruppenverhalten bei Menschen und Tieren. Beobachtungen zur Geschichte der mittelalterlichen Gilden (in: Saeculum 36, H. 1, 1985), S. 28–45; vgl. vor allem S. 39.

2 Für die französiche, englische und deutsche Literatur des 19. Jahrhunderts untersucht dies: Hartmut KILTZ, Das erotische Mahl. Szenen aus dem »chambre séparée« des neunzehnten Jahrhunderts (Frankfurt a. M. 1986).

3 Jean FROISSART, Chroniques (in: Albert PAUPHILET (Hg.), Historiens et chroniqueurs du Moyen Âge, Paris 1952), S. 535.

rin zu gewinnen[4]. Die überbordende Tafel, die erotische Freuden zu verheißen scheint, ist wichtiger Bestandteil einer schließlich erfolgreichen Verführungsstrategie. Für den Autor La Sale wird dies zum Anlaß, die Bedrohung der Welt des Adels und ihrer Werte durch materielle »Überbietungsstrategien« einer neuen Schicht kritisch zu beleuchten.

II

In dem bedeutendsten mittelalterlichen Hausbuch französischer Sprache, dem anonymen »Ménagier de Paris« (zu deutsch etwa: »der Hausvater/Wirtschafter von Paris«)[5], geht es dagegen um die Organisation und um die praktische Durchführung von Mählern. Behandelt wird dort also die konkrete Grundlage für gemeinschaftliches Essen im Rahmen der Sozialform des mittelalterlichen Hauses[6], wobei das Mahl eng mit Vorstellungen von einer standesgemäßen bürgerlichen Existenz verbunden ist[7]. Das Werk wurde Ende des 14. Jahrhunderts wahrscheinlich von einem Angehörigen des gehobenen Bürgertums, einem Mann vorgerückten Alters, zum Gebrauch für seine fünfzehnjährige Ehefrau verfaßt beziehungweise kompiliert[8]. Der unbekannte Verfasser gibt seiner meist zärtlich mit *chere seur* angeredeten und in Haushaltsdingen eher unerfahrenen Ehefrau[9] ebenso zahlreiche wie präzise Hinweise zur Beschaffung von Lebensmitteln, zu ihrer Konservierung, Zubereitung und Kombination zu

4 Siehe die Beschreibung des »bescheidenen Imbisses« *(un peu de collacion): (...) en la sale basse bien tapissee et a bon feu, ou estoit le dressoir et les tables mises, les salades dessus, cresson, vin aigre, plas de lemprayes rosties, en pasté et en leur saulce, grans soles boulies, frictes et rosties au verjus d'orenge, rougez, barbeaux, saulmons rostis, bouliz et en pasté, grans quarreaulz et grosses carpes, plas d'escrevices, grans et grosses anguilles renversees a la galentine, plas de divers grains couvers de gelee blanche, vermoille et doree, tartres bourbonnoises, talemouses et flans de creisme d'amandes tres grandement sucrees, pommes et poires cuites et crues, amandes sucrees et pelees, cerneaux a l'eaue rose, aussi figues de Melicque, d'Allegarbe et de Marseille, et raisins de Corinthe et de Orte, et maintes autres choses dont pour abregier je me passe (...)* (Antoine de La Sale, Jehan de Saintré, hg. von Jean Misrahi und Charles A. Knudson (Genf [3]1978), S. 252).

5 Der vollständige Text des »Ménagier de Paris«, der in drei Hss. überliefert ist, wurde 1847 von Jérôme Pichon herausgegeben: Le Ménagier de Paris. Traité de morale et d'économie domestique composé vers 1393 par un bourgeois parisien; diese Ausgabe (Ndr. Genf 1966, 1982) enthält, gerade in bezug auf den kulinarischen Teil, eine sehr informative Einleitung und einen umfangreichen Anmerkungsapparat; alle folgenden Zitate aus diesem Werk beziehen sich auf diese Ausgabe. – Der Text wurde 1928 von Eileen Power ins Englische übersetzt (The Goodman of Paris, London 1928). Seit 1981 liegt eine von Georgine E. Brereton und Janet M. Ferrier besorgte gekürzte Ausgabe vor (Oxford 1981), in deren Vorwort der jüngste Stand der Forschung resümiert wird. – Generell läßt sich sagen, daß der »Ménagier de Paris« zwar häufig in historischen Untersuchungen als Quelle zitiert wird (siehe dazu stellvertretend: Arno Borst, Lebensformen im Mittelalter (1979), S. 66–70), daß die Forschung – und hier vor allem die Literaturwissenschaft – jedoch noch weit entfernt ist von einer angemessenen Würdigung dieses wichtigen Werks.

6 Siehe dazu den grundlegenden Aufsatz von Otto Brunner, Die alteuropäische »Ökonomik« (in: Zeitschrift für Nationalökonomie 13, 1950), S. 114–139.

7 Zu denken ist an das gehobene städtische Bürgertum des 14. Jahrhunderts; Jérôme Pichon (wie Anm. 5, Bd. 1, S. XXV) situiert den Verfasser des mittelfranzösischen Hausbuchs in »cette bourgeoisie éclairée, intelligente et riche dans laquelle se recrutoient l'Église, le parlement et les finances«.

8 Die Angabe zum Alter der Ehefrau findet sich im Prolog zum »Ménagier de Paris«, S. 1; zum sozialen Hintergrund des Verfassers, zu seinen Quellen und zu seiner Arbeitsweise siehe Jérôme Pichon (wie Anm. 5) Bd. 1, S. XXIII–XXXV, und Janet M. Ferrier (wie Anm. 5) S. XXI–XXVII.

9 Prolog, S. 1: *vostre jeunesse et (...) vostre petit et ygnorant service.*

Speisen und Speisefolgen: aus diesem Grund enthält der im übrigen sehr vielschichtige »Ménagier de Paris« mit seinen rund 380 Rezepten auch das umfangreichste mittelalterliche Kochbuch in französischer Sprache[10].

Jedoch beschränkt sich die Vermittlung von Alltagswissen keineswegs auf den kulinarischen Bereich, sondern umfaßt gleichfalls eine Einführung in den Gartenbau (mit nützlichen Hinweisen auf die um 1400 gebräuchlichen Kräuter, Gemüse- und Obstarten), in Grundprinzipien der Warenkunde, enthält Ratschläge zur Vermeidung und Behebung »häuslicher Katastrophen« (immer wieder: das Anbrennen von Speisen[11]) sowie schließlich Rezepte für Krankenkost. Um einen verläßlichen Eindruck von dieser facettenreichen Hauslehre zu vermitteln, sei ein kurzer Exkurs zum »Ménagier de Paris« in seiner Gesamtheit und zu dessen Stellung innerhalb der Tradition alteuropäischer »Lehren vom ›ganzen Haus‹«[12] vorangestellt.

III

Gattungs- und sozialgeschichtlich gehört der »Ménagier de Paris« in den Zusammenhang jener Reihe von Hauslehren oder Ökonomiken, für die die griechische Tradition, genauer: Aristoteles' 1. Buch der »Politik«, vor allem aber Xenophons »Oikonomikos« und die sogenannten pseudoaristotelischen Schriften bestimmend sind und deren Verzweigungen Sabine Krüger eingehend untersucht hat[13]. Nach den Stufen der Übersetzung von antiken Hauslehren zunächst ins Lateinische, dann in die jeweiligen Volkssprachen wird im Spätmittelalter eine weitere und vorläufig letzte Entwicklungsstufe mit der Abfassung eigenständiger Ökonomiken, entweder in lateinischer Sprache oder in der Volkssprache, erreicht. In den romanischen Literaturen wird diese Phase durch den »Ménagier de Paris« und, wenn auch in ganz anderer Weise, durch Leon Battista Albertis humanistischen Traktat »Della Famiglia« (und hier vor allem durch das 3. Buch, »Economicus«, um 1433/34) repräsentiert.

Der »Ménagier de Paris«, der in der Ausgabe von J. Pichon rund 570 Druckseiten umfaßt, zerfällt in drei große Teile oder *distinctions.* Teil I und damit das Hausbuch insgesamt beginnt

10 Rudolf GREWE weist in seinem sehr informativen Vorwort zum altkatalanischen Kochbuch »Libre de Sent Soví« (Barcelona 1979), S. 39 darauf hin, daß die mittelalterlichen Kochbücher im Durchschnitt meist rund 100 Rezepte enthalten. – Zur Bedeutung des »Ménagier de Paris« für die Geschichte der Kochkunst siehe die ausführlichen Einleitungen zu den Ausgaben von Jérôme PICHON und Georgine E. BRERETON–Janet M. FERRIER (wie Anm. 5), ferner den Sammelband »Boire et Manger au Moyen Âge« (Nizza 1984) mit den folgenden Beiträgen: Liliane PLOUVIER, La Gastronomie dans le »Viandier de Taillevent« et le »Ménagier de Paris«, S. 149–159; Françoise SABBAN, Les Savoir-Cuire ou l'art des potages dans le »Ménagier de Paris« et le »Viandier de Taillevent«, S. 161–172; Antoinette SALY, Les Oiseaux dans l'alimentation médiévale d'après le »Viandier« de Taillevent et le »Ménagier de Paris«, S. 173–179.

11 Die Bedeutung dieses Problems wird verständlich, wenn man sich vergegenwärtigt, wie schwierig es bei dem im Mittelalter üblichen Kochen auf offener Flamme war, die Feuerstärke zu regulieren: siehe dazu den Beitrag von Doris RUMM-KREUTER in diesem Band.

12 Zu diesem Aspekt siehe Margarete ZIMMERMANN, »Curieuse bible domestique« et texte-seuil de la prose narrative en France: »Le Ménagier de Paris« (in: Akten des XVIIIe Congrès international de linguistique et philologie romanes, Trier, 19.–24. Mai 1986) (im Druck).

13 Sabine KRÜGER, Zum Verständnis der Oeconomica Konrads von Megenberg (in: DA 20, 1964), S. 475–561. – Zu spätmittelalterlichen Ehelehren siehe Michael DALLAPIAZZA, Minne, hûsêre und das ehlich leben. Zur Konstitution bürgerlicher Lebensmuster in spätmittelalterlichen und frühhumanistischen Didaktiken (Frankfurt a. M. 1981).

mit einem Prolog, in dem jene eheliche Unterweisungssituation entworfen wird, die als Rahmen dient: hier wendet sich der Ehemann an seine Frau und kündigt an, ihrem eigenen Wunsche zu entsprechen und ihr ein Vademekum für alle Situationen des bürgerlichen Ehelebens an die Hand zu geben.

Die erste *distinction* ist ganz der Entwicklung von Lebensregeln gewidmet: sie behandelt die Themen religiöses Verhalten, Auftreten in der Öffentlichkeit, Keuschheit, eheliche Liebe, Gehorsam, Sorge um das leibliche Wohl des Ehemannes und die von beiden zu praktizierende eheliche Solidarität; von Kindern und Kindererziehung spricht der »Ménagier« an keiner Stelle. In diesem ersten Teil, genauer gesagt: im Zusammenhang mit der sechsten Todsünde, der Völlerei[14], und mit den Ausführungen zum (sehr sinnlich-konkret definierten) Ideal ehelichen Glücks[15] finden sich bereits erste Überlegungen zum Essen und Trinken. Insgesamt enthält die *premiere distinction* aufschlußreiches Material zum spätmittelalterlichen Frauenbild und zu bürgerlichen Ehekonzeptionen. Ihre literaturgeschichtliche Bedeutung liegt im Umgang mit der Gattung Exemplum: hier lassen sich frühe Formen des novellenähnlichen Erzählens beobachten[16]. Teil II, der uns hier vorrangig beschäftigen soll, ist ausschließlich praktischen Fragen gewidmet: dem Gartenbau, der Anwerbung und der Behandlung von Dienstboten, vor allem aber – auf rund 200 Druckseiten – der Zubereitung von Speisen und der Zusammenstellung von Mählern. Der dritte Teil des Hausbuches blieb unvollendet oder ist zumindest in allen drei Handschriften nur als Fragment überliefert. Einleitend hatte der Autor eine dreigliedrige Abhandlung über standesgemäße Formen der Geselligkeit und über Spiele angekündigt, realisiert wird aber nur der dritte Abschnitt, eine Abhandlung über Sperberhaltung.

Wir haben es also mit einem extrem vielschichtigen und auf den ersten Blick »kurios« anmutenden Werk zu tun, dessen vermeintliche Kuriosität sich jedoch in Notwendigkeit verwandelt, wenn man sich vergegenwärtigt, daß sich der »Ménagier de Paris« auf die von Otto Brunner beschriebene »Sozialform des ›ganzen Hauses‹« bezieht, auf die Bedürfnisse jener umfassenden Lebens- und Wirtschaftsgemeinschaft, die für die vorindustrielle Gesellschaft in Europa kennzeichnend war.

IV

So viel zu einer Situierung dieses spätmittelalterlichen Hausbuches innerhalb größerer sozialgeschichtlicher Zusammenhänge. Der kulinarische Teil nimmt bereits in Anbetracht seines Umfangs eine einzigartige Stellung ein, denn in Frankreich gibt es lediglich zwei weitere, jedoch wesentlich kürzere kulinarische Traktate in der Volkssprache: einen kleinen, um 1300 am Hofe von Anjou entstandenen Text, die »Enseingnemenz qui enseignent a apareillier

14 Siehe dazu die Ausführungen zu »le péchié de gloutonnie« in Bd. 1 des »Ménagier de Paris«, S. 47ff.

15 Dazu: Die Kapitel 5 *(Estre amoureuse de son mari)* und 7 *(Avoir soin de son mari)* des »Ménagier de Paris«, Bd. 1.

16 Dieser Aspekt wird analysiert in: Margarete ZIMMERMANN, Vom Hausbuch zur Novelle. »Le Ménagier de Paris« – Les Quinze Joies de Mariage« – »Les Cent Nouvelles Nouvelles« (Habil. Schrift Münster) (im Druck).

toutes manieres de viandes«[17], ferner den berühmten »Viandier«, lange Zeit irrtümlich dem Koch Taillevent (das heißt: Guillaume Tirel) zugeschrieben[18]. Jedoch steht der »Viandier«, der sich wie alle übrigen Rezeptsammlungen dieser Zeit an professionelle Köche und damit an Männer wendet, weit hinter dem »Ménagier de Paris« zurück hinsichtlich seines Umfangs, der Präzision der Angaben und der Vielfalt der behandelten Gesichtspunkte. – Innerhalb des mediterranen Kulturbereichs ist ihm höchstens das altkatalanische »Libre de Sent Soví«[19] aus der ersten Hälfte des 14. Jahrhunderts vergleichbar. Es vermittelt einen präzisen Eindruck von der Bedeutung und dem Niveau der katalanischen Kochkunst, die ihrerseits einen starken Einfluß auf die italienische Küche ausgeübt hat[20].

Eine zusätzliche Rechtfertigung für die Beschäftigung mit dem »Ménagier de Paris« ergibt sich aus dessen Entstehung im späten Mittelalter, einer für die Geschichte der Ernährung und die Entwicklung der Kochkunst eminent wichtigen Phase[21]. Im 14. Jahrhundert ist die

17 Der Text wurde veröffentlicht unter dem Titel »Un petit traité de cuisine écrit en français au commencement du XIVe siècle« hg. von L. Douet D'Arcq (in: Bibl. de l'École des Chartes 1, Série 5, 1860), S. 209–227. – Zu diesem Traktat: Marianne Mulon, Les premières recettes médiévales (in: Jean Jacques Hémardinquer (Hg.), Pour une histoire de l'alimentation, Paris 1970 (Cahiers des Annales)), S. 236–240.

18 Die Hs. von Sitten, die älteste Hs. des »Viandier«, ist um 1300 entstanden; siehe dazu Paul Aebischer, Un manuscrit valaisan du »Viandier« attribué à Taillevent (in: Vallesia 8, 1953), S. 73–100. Da jedoch der Koch Guillaume Tirel alias Taillevent, der im Dienste von Jeanne d'Évreux, Philippe de Valois, des Herzogs der Normandie und der französischen Könige Karl V. und Karl VI. gestanden hat, von etwa 1314 bis 1395 (?) lebte, wurde die Annahme einer Autorschaft Taillevents mit dem Auffinden der Hs. von Sitten hinfällig. – Der »Viandier« wurde ediert von Jérôme Pichon und Georges Vicaire, überarbeitet von Sylvie Martinet (Genf 1967). – Im übrigen liegt die Vermutung nahe, daß es sich bei einer solchen Verbindung des Namens und der Funktion eines Kochs im Dienste des Hochadels mit einer Rezeptsammlung um ein im Spätmittelalter häufiger praktiziertes Verfahren gehandelt hat: auch im Prolog des altkatalanischen »Libre de Sent Soví« findet sich ein ähnlicher Hinweis, der hinsichtlich seines Realitätsgehalts von Rudolf Grewe (wie Anm. 10, S. 54) als »una ficció literària« bezeichnet wird; ähnlich skeptisch: Luis Faraudo de Saint-Germain, El »Libre de Sent Soví«. Recetario de cocina catalana medieval (in: Boletín de la Real Academia de Buenas Letras de Barcelona 24, 1951–52), S. 5–71; dort S. 7. – Mit dem Verweis auf einen (historisch nicht zu identifizierenden) königlichen Koch arbeitet ebenfalls die wahrscheinlich im 15. Jahrhundert entstandene katalanische Rezeptsammlung »Libre del Coch«, hg. von Veronika Leimgruber (Barcelona 1982), die einem »mestre Robert«, angeblich ein Koch des Königs Ferdinand von Neapel, zugeschrieben wird; das Buch erfreut sich im 16. Jahrhundert und als kastilische Übersetzung unter dem Titel »Libro de cozina de Ruperto de Nola«, hg. von Carmen Iranzo (Madrid 1969) großer Beliebtheit.

19 Zur Bedeutung dieses kulturgeschichtlich hochinteressanten Werks siehe Luis Faraudo de Saint-Germain (wie Anm. 18, S. 14): »joyel no desdeñable de nuestra rica arqueología de orden pratico«; Rudolf Grewe (wie Anm. 18, S. 7): »el més antic text català que coneixem sobre cuina, el qual és un conjunt de dues-centes vint receptes de plats que es cuinaven als Països (Catalans al l'Edat Mitjana en una època d'esplendor i d'expansió.«

20 Die Einflüsse innerhalb der mediterranen Kultur untersucht Alice Vollenweider, Der Einfluß der italienischen auf die französische Kochkunst im Spiegel der Sprache (in: Vox Romanica 22, 1963), S. 59–88 und S. 397–443; zum katalanischen Einfluß siehe S. 408–411. – Zu den wechselseitigen Beeinflussungen von italienischer und katalanischer Kochkunst siehe Barbra Santich, L'influence italienne sur l'évolution de la cuisine médiévale catalane (in: Jean Jacques Hémardinguer (wie Anm. 17), S. 131–140.

21 Die wichtigste Literatur zur Geschichte der Ernährung und zur Kochkunst im Spätmittelalter: M. Alberini, 4000 anni a tavola. Dalla bistecca preistorica al pic-nic sulla luna (Mailand 1970); Ulf Dirlmeier, Art. »Ernährung« (in: Lexikon des Mittelalters, Bd. 3, 1986), Sp. 2161–2169; Jean Jacques Hémardinquer (wie Anm. 17); Bridget Ann Henisch, Fast and Feast. Food in Medieval Society

Versorgungslage als gut bis sehr gut zu bezeichnen; dadurch wird »die zunehmende Hinwendung der Verbraucher zu höherwertigen Nahrungsmitteln«[22] ermöglicht. Der Grund dafür ist in den ökonomischen Gegebenheiten des Spätmittelalters zu erkennen. Da sich aus dem Bevölkerungsrückgang seit der Mitte des 14. Jahrhunderts langfristig ein Überangebot an Getreide ergab und deshalb die Getreidepreise sanken (»Agrarkrise«) und da es zugleich, ebenfalls als Folge des Bevölkerungsrückgangs, zu zahlreichen Wüstungen kam, traten seit dem Ende des 14. Jahrhunderts allmählich Veränderungen in der Bodennutzung auf: anstelle von Getreideanbau rückte die Viehhaltung in den Vordergrund und damit die Produktion von Fleisch und anderen tierischen Produkten. Diese Entwicklung wurde auch durch die zunehmende Kaufkraft gerade der städtischen Schichten gefördert. Daß bei sinkenden Preisen und/oder steigendem Einkommen der Fleischverzehr zunimmt, hat der Wirtschaftshistoriker Wilhelm Abel als eine allgemeine, bis in die jüngste Zeit hinein bestätigte Regel formuliert[23]. Gerade im Spätmittelalter, »dem Zeitalter der Wüstungen, war der Fleischanfall groß«, resümierte jüngst noch einmal Abel und wies darauf hin, daß es gleichzeitig auch »bis tief in die Unterschichten der Bevölkerung hinein« eine Kaufkraft gegeben habe, »die das viele Fleisch aufzunehmen bereit und imstande war«[24]. Den Schätzungen Abels zufolge war zum Beispiel in weiten Teilen der deutschen Territorien der Fleischverbrauch je Kopf der Bevölkerung im Spätmittelalter höher als der Fleischverzehr der Gegenwart in der Bundesrepublik und lag weit über jenem zu Beginn des 19. Jahrhunderts.

Solche Hinweise auf das spätmittelalterliche Wirtschaftsgeschehen können erklären, warum diese Zeit auch als eine Phase des wachsenden kulinarischen Raffinements gelten kann. In diesem Zusammenhang wäre zudem zu fragen, ob eine kulinargeschichtliche Zäsur wirklich erst mit dem 15./16. Jahrhundert – Stichwort: die Intensivierung der französischen Kontakte zu Italien – zu setzen ist, wie dies gemeinhin geschieht, oder ob nicht auch hier der Einschnitt im Spätmittelalter zu suchen ist und ob sich nicht bereits von hier aus Linien der Kontinuität zur Neuzeit ergeben[25]. Eng mit diesen Entwicklungen hängt die zunehmende Bedeutung von Quantität und Qualität der Nahrung als Schichtmerkmal zusammen. Dabei zeigt der Blick in den »Ménagier de Paris« allerdings, daß eine Grenze zwischen oberem Bürgertum und Adel zuweilen schwierig zu bestimmen ist. Am deutlichsten wird sie im Bereich des Dekorativ-Spielerischen, in den Repräsentationsessen, die im bürgerlichen Hausbuch sehr viel knapper behandelt werden als in dem auf adlige Bedürfnisse zugeschnittenen »Viandier«.

Schließlich ist das späte 15. Jahrhundert auch in bezug auf eine schriftliche Fixierung von

(London 1976); Helmut HUNDSBICHLER, Nahrung (in: Harry KÜHNEL (Hg.), Alltag im Spätmittelalter, Graz–Wien–Köln ²1985), S. 196–231; Barbara KETCHAM WHEATON, L'Office et la bouche. Histoire des mœurs de la table en France 1300–1789 (Paris 1984); Eberhard SCHMAUDERER, Studium zur Geschichte der Lebensmittelwissenschaft (Wiesbaden 1975); Reay TANNAHILL, Food in history (London 1973); Hans WISWE, Kulturgeschichte der Kochkunst (München 1970). – Ferner sei auf den Sozialhistoriker Piero CAMPORESI und seine Untersuchungen: Il paese della fame (Bologna 1978) und: Alimentazione. Folclore. Società (Parma 1980) verwiesen.

22 Ulf DIRLMEIER (wie Anm. 21), Sp. 2165.

23 Wilhelm ABEL, Strukturen und Krisen der spätmittelalterlichen Wirtschaft (Stuttgart–New York 1980), S. 39.

24 Ebd. S. 41.

25 Diese »Kontinuitätsthese« vertreten ebenfalls: Rudolf GREWE (wie Anm. 18), S. 7; Liliane PLOUVIER (wie Anm. 10), S. 155.

Alltagswissen eine bedeutsame Zeit; die Abfassung solcher »Summen« in der Volkssprache, zu denen der »Ménagier de Paris« gehört, wurde in Frankreich nachdrücklich von Karl V. gefördert[26]. Im Hinblick auf Kochrezepte bedeutet dies zunächst, daß eine solche Verschriftlichung von praktischem Wissen diesem andere Möglichkeiten der Weitergabe eröffnet als die der mündlichen Tradierung. Ferner wird dieses Wissen damit »beweglich« und stärkeren Veränderungen unterworfen, denn es kann ein anderes Publikum als das ursprünglich intendierte erreichen und sich durch kreative Rezeption neuen Bedürfnissen anpassen. Das heißt: die neuen Medien der Übermittlung verändern das Küchenwissen und die Art seiner Darbietung – dies eine Tendenz, die sich natürlich nach dem Beginn der Ära des Buchdrucks verstärkt fortsetzt[27].

V

Doch kehren wir zum »Ménagier de Paris« zurück. Der folgende Überblick über die Gliederung des kulinarischen Teils soll einen präziseren Eindruck vermitteln. Der Verfasser gruppiert in Teil II seines Hausbuchs die Gesamtheit des von ihm kompilierten[28] Küchenwissens im 4. und 5. Artikel. Artikel 4 soll, so wird der jungen Frau angekündigt, »Euch lehren, wie Ihr in Eurer Rolle als Herrin über Euer Haus Meister Jean Befehle und Anordnungen zu Mahlzeiten aller Art geben sollt und auf welche Weise die einzelnen Gerichte und Gänge anzuordnen sind«[29]. Einzigartig im Vergleich zu anderen zeitgenössischen Kochbüchern romanischer Herkunft ist dabei die Tatsache, daß nicht nur Rezepte, sondern auch, ganz ähnlich wie in modernen Kochbüchern, Menüvorschläge und Anweisungen zur praktischen Durchführung großer Festessen gegeben werden. – Die Einteilung des kulinarischen Traktats im einzelnen:

Artikel 4:

a. Allgemeines zum Fleischeinkauf und Fleischkonsum
   Aufzählung der wichtigsten Metzger von Paris. – Angabe der dort verkauften Fleischmengen. – Der Fleischverbrauch einiger großer Adelshäuser.
   Die Bezeichnungen für die einzelnen Fleischstücke. – Einige Preise (S. 80–87).
b. Allgemeine Hinweise
   »Küchenkniffe«. – Hinweise zum Lebensmitteleinkauf/Warenkunde (S. 87–91).
c. 24 Menüpläne: »aucuns disners et soupers de grans seigneurs et autres«[30]

   Auswahl von Fleisch- und Fastengerichten; Nennung von Gerichten und Vorführung ihrer Kombinationsmöglichkeiten (ohne Rezepte) (S. 91–103).

26 Siehe dazu Jeannine QUILLET, Charles V. Le roi lettré (Paris 1984), S. 96ff.
27 Diesen Aspekt untersucht: Alain GIRARD, Du manuscrit à l'imprimé: le livre de cuisine en Europe aux 15e et 16e siècles (in: Jean-Claude MARGOLIN-Robert SAUZET (Hg.), Pratiques et discours alimentaires à la Renaissance, Paris 1982), S. 107–117.
28 Zur Arbeitsweise des unbekannten Autors siehe Jérôme PICHON (wie Anm. 5) Bd. 1, S. XXXIf.; ferner Janet M. FERRIER (wie Anm. 5), S. Lff.
29 *Qui vous doit aprendre que vous, comme souverain maistre de vostre hostel, sachiez commander et deviser a Maistre Jehan disners et souppers, et deviser mès et assietes* (»Le Ménagier de Paris«, Bd. 2, S. 80).
30 Ebd. S. 91. – Zu den mittelalterlichen Mahlzeiten siehe Ulf DIRLMEIER (wie Anm. 21), Sp. 2166.

d. Drei detailliert beschriebene Modelle für Festessen (mit präzisen Angaben zu ihrer Vorbereitung und Durchführung: Organisationspläne, Einkaufszettel, Preise einzelner Nahrungsmittel, Gesamtkosten)
   - Festessen des Abbé de Lagny für einen hohen königlichen Justizbeamten (für 16 Personen),
   - Hochzeitsessen des Maître Helye im Mai (40 Personen),
   - Hochzeitsessen des Jean de Hautecourt im September (40 Personen) (S. 103–124).

Zur Veranschaulichung dessen, was anläßlich eines solchen Festessens aufgetischt wurde, gebe ich die Speisefolge des ersten Mahls wieder:

- Wein; dazu warme Pasteten; mit einer weißen Würzmischung bestreute Bratäpfel; saftige gebackene Feigen mit Kresse und Rosmarin.
- Erster Gang: zwei Fischragouts: das eine bereitet aus in einer Salzlake eingelegten Schleien, Mangold und weißen Heringen; das zweite: 6 Süßwasseraale und 3 Seehechte. – Gewürzt wird mit: Mandeln (6 Pf.), Ingwer (½ Pf.), Safran (½ Unze), einer Gewürzmischung (2 Unzen), Zimt und einer Zuckermischung (½ Pf.).
- Zweiter Gang: Meeres- und Süßwasserfische (Seezungen, Seeaal, Butt, Lachs, Hecht, Karpfen und Brassen).
- Entremets: (gekochte?) Schollen und Neunaugen mit einer Sauce; gebratene Tümmler in einer Sauce, Makrelen, Seezungen, Brassen, Maifische, bestreut mit Reis und gerösteten Mandeln; dazu Cameline-Sauce[31] oder Vertjus[32].
- Dessert: Fruchtkompott mit einer weißen und einer roten Gewürzmischung, Blätterteigpasteten, gekochte Cremes, Feigen, Datteln, Trauben und Haselnüsse.
- Hypocras mit Waffeln.
- Wein und Konfekt zum Abschied (als »Boute-hors«)[33].

Auffallend und Indiz für einen gehobenen Lebensstandard sind die Fülle und Vielfalt der angebotenen Fische, ferner ihre Würzung durch Ingredienzien wie Ingwer, Zimt, Safran und die Beigabe von Reis und Mandeln, die ebenfalls Indikatoren für Wohlstand sind.

Mit diesem Modell-Essen endet Artikel 4. Artikel 5 handelt davon, »welche Anordnungen zu geben sind zwecks Zubereitung aller Art von Suppen, Eintöpfen, Ragouts[34], Saucen und

31 Es handelt sich um eine mit geröstetem Brot gebundene Sauce, die mit Zimt und Ingwer gewürzt wurde; sie konnte des weiteren Rosinen enthalten und wurde zuweilen mit Essig oder Wein abgeschmeckt; siehe dazu Jean-Louis FLANDRIN, Internationalisme, nationalisme et régionalisme dans la cuisine des XIVe et XVe siècles: le témoignage des livres de cuisine (in: Boire et Manger au Moyen Âge (wie Anm. 10), S. 75–91; dort S. 76; ferner das Rezept im »Ménagier de Paris«, Bd. 2, S. 230.

32 Den Vertjus, ebenfalls eine »klassische« mittelalterliche Sauce, gibt es in verschiedenen regionalen Varianten; er ist jedoch stets eine säuerliche Sauce auf der Basis von Traubensaft.

33 Der Autor gibt an: *Vin et épices sont le Boute-hors* (»Le Ménagier de Paris«, Bd. 2, S. 107); siehe dazu die Erläuterungen von Liliane PLOUVIER (wie Anm. 10), S. 155: »Les boutehors ou ›épices de chambre‹ sont des fruits confits au miel (noix, amandes, gingembre, zestes d'oranges...), des pâtes de fruits (de coings: cotignac), des nougats (ou pignolats à base de pignons de pin).«

34 Ich habe den Begriff *potaige* mit »Suppen, Eintöpfe, Ragouts« übersetzt, da sich die Bedeutung von mittelfrz. *potaige* heute nicht mit einem Lexem adäquat erfassen läßt; siehe dazu Liliane PLOUVIER (wie Anm. 10), S. 152: »Les potages comprenaient au Moyen Âge toutes les préparations qui se mettaient dans le pot. Selon qu'elles étaient solides ou liquides on distinguait entre potages liants et potages non liants.

aller anderen Speisen«[35]: nach den Menü-Modellen werden nun also die praktischen Anweisungen zur Ausführung der einzelnen Gerichte gegeben.

Artikel 5:
a. Allgemeines
»Küchenkniffe«. – Tips und Rezepte für die Hausschlachtung. – Die Bezeichnungen für die einzelnen Teile von Rind und Schwein. – Konservierungstechniken für Fleisch und Fisch (S. 124–134).
b. Suppen/Ragouts
– gewöhnliche ungebundene Suppen/Ragouts ohne Gewürze
– ungebundene Suppen/Ragouts mit Gewürzen
– gebundene Suppen/Ragouts mit Fleisch
– gebundene Suppen/Ragouts ohne Fleisch (S. 134–177).
c. Gebratenes (S. 177–184)
d. Pasteten (S. 185–186)
e. Süßwasserfische (S. 187–194)
f. Meeresfische
– gewölbte Fische
– flache Fische (S. 194–206)
g. Eierspeisen (S. 206–210)
h. Repräsentationsessen *(entremets)*, Gesottenes und Glasiertes (S. 210–224)
i. Weitere Repräsentationsessen (S. 224–229)
j. Saucen
– kalt gerührte Saucen
– gekochte Saucen (S. 229–237)
k. Krankenkost
– Heiltränke
– Suppen/Ragouts (S. 237–243)
l. Verschiedene Kleinigkeiten
– Ausführliches Rezept für ein Kompott aus Walnüssen, Rüben, Karotten, Birnen, Kürbis, Pfirsichen, Petersilien- und Fenchelwurzeln.
– Herstellung und Vorbereitung verschiedener Dinge, zum Beispiel:
  – Rosenwasser zum Händewaschen
  – Hypocras
  – Zaubertricks
  – Vertjus
  – unsichtbare Tinte
  – Klebstoff
  – ein Jahr lang blühende Rosen
  – Zahnschmerzmittel

Les premiers s'appellent maintenant ragoûts, tandis que les seconds ont conservé leur dénomination originale.« – Zur »Suppenproblematik« siehe auch Françoise SABBAN (wie Anm. 10), S. 166 f.

35 *Qui parle de commander, deviser et faire faire toutes manières de potaiges, civés, saulses et toutes autres viandes* (»Le Ménagier de Paris«, Bd. 2, S. 124).

- Sand für Sanduhren
- Giftpfeile zwecks Erlegung von Wild
- magische Formel zur Heilung von Hundebissen
- Zubereitung von Igeln und Eichhörnchen
- Waffeln (S. 243–262)

m. Weitere Kleinigkeiten, die kein eigenes Kapitel lohnen
- Entsalzen
- Umgang mit angebrannten Speisen
- Wäschetinte
- Brennmaterial
- Tinte
- Wurstherstellung
- Entsalzen von Butter
- Herstellung von Orangeat
- weitere Rezepte

Die Übersicht zeigt zunächst, daß wir es mit einer klar gegliederten Darbietung von Küchenwissen zu tun haben, wobei die Systematik des 5. Artikels sehr wahrscheinlich aus dem »Viandier« übernommen wurde. Vergleicht man diese Einteilung nun mit jener, die modernen Kochbüchern (etwa bis in die dreißiger Jahre des 20. Jahrhunderts) zugrunde liegt, so wird ein verblüffend hoher Grad an Übereinstimmung ersichtlich. Unterschiede lassen sich in ihrer Mehrzahl mit dem Verweis auf die Realiengeschichte erklären, das heißt mit dem Fehlen bestimmter Nahrungs- und Genußmittel sowie gewisser Techniken der Konservierung und der Zubereitung; ferner ist eine unterschiedliche Marktlage zu berücksichtigen. Diese Strukturiertheit auf der Ebene des gesamten Traktats, eine Strukturiertheit, die sich auf der Ebene der Speisefolge innerhalb des mittelalterlichen Mahls wiederfindet, bildet ein Element der Kontinuität zwischen der Kochkunst des späten Mittelalters und jener der Neuzeit. Des weiteren liefert der »Ménagier de Paris« umfangreiches und präzises Material zur Rekonstruktion der Eßgewohnheiten einer städtischen Oberschicht um 1400. Soziale Indizien sind die häufige Verwendung kostbarer Gewürze, die Elaboriertheit der Speisefolgen bei Festessen und die Fülle der Fleisch- und Fischgerichte, letzteres ein Reflex der eingangs erwähnten, spezifisch spätmittelalterlichen Wirtschaftslage.

Mit Sicherheit hat der »Viandier« dem Verfasser des »Ménagier de Paris« als Vorlage gedient, und aufgrund der Überlieferungssituation des »Viandier« läßt sich ferner vermuten, daß eine der späteren, ausführlicheren Fassungen dieses Kochbuchs die Vorlage abgegeben hat. Sehr wahrscheinlich hat unser Autor aber noch aus anderen Quellen geschöpft[36]; insgesamt ist das Problem der Filiationen zwischen den frühen kulinarischen Traktaten des romanischen Bereichs weitgehend unerforscht[37]. Untersuchenswert wäre außerdem die Frage des internationalen Charakters mittelalterlicher Kochkunst, deren Rezepte gleichzeitig natürlich auch stark national und regional geprägt sind[38].

36 Siehe dazu Jérôme Pichon (wie Anm. 5), Bd. 1, S. XXXII ff.; Janet M. Ferrier (wie Anm. 5), S. LII ff.
37 Wichtige Hinweise zu diesem Problem geben: Marianne Mulon (wie Anm. 17), Rudolf Grewe (wie Anm. 10), Alice Vollenweider (wie Anm. 20) und Barbara Santich (wie Anm. 20).
38 Siehe dazu Jean-Louis Flandrin (wie Anm. 31).

Für eine Untersuchung spätmittelalterlicher Ernährung und Kochkunst bietet heute der »Ménagier de Paris« bedeutend reicheres Material als der »Viandier«, denn der anonyme Verfasser des bürgerlichen Hausbuchs erläutert Grundtechniken, gibt Grundrezepte wieder, ist sehr viel ausführlicher in seinen Rezeptbeschreibungen und teilt ferner interessante Hinweise zur Warenkunde und zum Einkauf von Lebensmitteln sowie zur Organisation großer Menüs und Festlichkeiten mit.

VI

Sozialgeschichtlich besonders aufschlußreich ist die Behandlung der *entremets* im »Ménagier de Paris«, jener kulinarisch-optischen und/oder szenisch-spielerischen Höhepunkte eines spätmittelalterlichen Festmahls. Sie stellen die ausgeprägteste Form dessen dar, was Roland Barthes einmal mit der prägnanten Formel des »paraître alimentaire«[39] umschrieben hat. Der Verfasser interessiert sich nur für die eßbaren Schaugerichte, und auch hier handelt es sich um eine beschränkte Auswahl von Rezepten. Einmal, nach dem Hinweis auf die komplizierte Herstellungsweise von *poules farcies coulourées ou dorées,* merkt er etwas unwillig an: »Aber das alles ist mit viel zu viel Aufwand verbunden und gehört nicht zu den Aufgaben des Kochs eines Bürgers oder eines einfachen Ritters – aus diesem Grunde übergehe ich es«[40]. Immerhin kann er nicht umhin, ebenfalls mit einem Rezept für den »klassischen« »vergoldeten Schwan« *(cigne doré)* aufzuwarten, dessen Beliebtheit als Repräsentationsessen bis ins 17. Jahrhundert anhält. Sie dürfte mit dem hohen Symbolwert des Schwans innerhalb des Volksglaubens, der Alchemie und der Mythologie[41], des weiteren mit dem Sozialwert des Schwans als Speise zusammenhängen.

Die Verwirklichung dieses Rezeptes verlangt ein beträchtliches Maß an Geschicklichkeit und Erfahrung[42]: der Schwan wird nicht gerupft, sondern an der Bauchseite aufgeschlitzt, dann am Flügelansatz mit Luft aufgeblasen und in einer Weise gehäutet, daß der Hals zusammen mit der Haut entfernt wird. Man brät ihn am Spieß und manövriert ihn wieder zurück in seine Umhüllung aus Haut und Federkleid; der Schwanenhals wird, um Lebendigkeit vorzutäuschen, mit Holzstöckchen abgestützt und das Fleisch mit einer gelben Pfeffersauce gewürzt. Weitere Möglichkeiten: »On l'argente, on le dore, on le dresse sur un socle de pâte colorée en vert, on le sert recouvert d'un manteau de sandal armorié et entouré de bannières aux mêmes armes«[43]. Durch diese Zubereitungs- und Darbietungsweise wird der Schwan zum Träger zusätzlicher Bedeutungen. Und: als Schaugericht innerhalb einer spätmittelalterlichen Speisefolge löst er einen Überraschungseffekt aus, trägt zur Unterhaltung des betrachtenden und staunenden Essers bei – und verleiht dem gesamten Mahl den Charakter eines memorablen Festes[44].

39 Roland BARTHES, Pour une psycho-sociologie de l'alimentation contemporaine (in: Jean Jacques HÉMARDINQUER (wie Anm. 17), S. 307–315.
40 *Mais il y a trop à faire, et n'est pas ouvrage pour le queux d'un bourgois, non mie d'un chevalier simple; et pour ce, je le laisse* (»Le Ménagier de Paris«, Bd. 2, S. 269).
41 Siehe dazu den Art. »Cygne« (in: Jean CHEVALIER-Alain GHEERBRANT, Dictionnaire des symboles, Bd. 1, Paris 1973), S. 161–165.
42 Das Rezept findet sich im »Ménagier de Paris«, Bd. 2, S. 184.
43 Antoinette SALY (wie Anm. 10), S. 178.
44 Siehe dazu das Kapitel »Surprise and Sotelty« in: Bridget Ann HENISCH (wie Anm. 21), S. 206–236.

Während sich der Autor des »Ménagier de Paris« im allgemeinen damit begnügt, solche Effekte durch kunstvolle Füllungen von Braten und Geflügel und durch farbige Glasuren, mit denen meist Fische überzogen werden, zuweilen auch durch unterhaltsame Zaubertricks zu schaffen, geht der »Viandier« in dieser Hinsicht weiter und gibt Anleitungen zu bedeutend ambitiöseren Entremets (zusätzliche Anfertigung bemalter farbiger Kulissenteile aus Leinwand oder Holz; Einsatz menschlicher Mitspieler). Im »Ménagier de Paris« indiziert diese »Lücke« eine bewußte Abgrenzung nach »oben«, eine Beschränkung auf standesgemäße Tafelfreuden, wie überhaupt eine – durchaus selbstbewußte – Besinnung auf den eigenen Stand und das diesem Gemäße das gesamte Hausbuch leitmotivisch durchzieht[45].

VII

Abschließend einige Anmerkungen zu zwei besonders hartnäckigen Vorurteilen über mittelalterliche Eßweisen und Speisezusammenstellungen, und zwar zum Vorwurf des »Barbarischen« und dem einer angeblich völlig unstrukturierten Speisefolge, der allein quantitative Gesichtspunkte zugrunde lägen. Die Vertreter dieser Auffassung lassen eine wahre Kochkunst und Eßkultur erst mit dem 16. Jahrhundert beginnen. Zur Verdeutlichung dieser Position sei stellvertretend Fernand Braudels Urteil über spätmittelalterliche Eßgewohnheiten zitiert: »Pas de cuisine raffinée, en Europe, avant le XVe siècle finissant, disions-nous. Que le lecteur ne se laisse pas éblouir rétrospectivement par tels ou tels festins (...): ces fontaines de vin, ces pièces montées, ces enfants déguisés en anges qui descendent du ciel sur des câbles... La quantité ostentatoire l'emporte sur la qualité. Il s'agit au mieux d'un luxe de gueule. Les débauches de viande (...) en sont le trait marquant«[46].

Eine solche Betrachtungsweise greift entschieden zu kurz. Ihr läßt sich – mit Roland Barthes[47] – durch den Verweis auf den Zeichencharakter von Speisen und Ernährungsgewohnheiten begegnen. Mit anderen Worten: bei einer historischen Betrachtungsweise von Ernährungsgewohnheiten kann es nicht ausschließlich darum gehen, beschreibend das zu erfassen, »was ist« (oder »war«), sondern gefragt werden muß zugleich nach dessen Stellenwert innerhalb eines sozialen und mentalen Systems, dessen Grundlagen uns, was das Mittelalter angeht, fremd geworden sein mögen – und deshalb können seine kulinarischen Ausprägungen als »barbarisch« erscheinen.

Sinnvoller, da eben »Sinn« und Bedeutungen freilegend, ist es, die Zusammenstellung von Speisen zu bestimmten Speisefolgen damals wie heute als eine Kombination verschiedener

45 Siehe dazu bereits den Prolog zum »Ménagier de Paris«, Bd. 1, S. 1–4.

46 Fernand BRAUDEL, Civilisation matérielle et capitalisme (XVe–XVIIIe siècle), Bd. 1 (Paris 1967), S. 139; mit dieser Argumentation – und durch einen expliziten Rückbezug, der im obigen Zitat ausgelassen wurde – reaktualisiert BRAUDEL die Einschätzung spätmittelalterlicher Kochkunst durch Alfred Louis FRANKLIN in dessen Buch »La Vie privée d'autrefois. La cuisine« (Paris 1888). – Ebenfalls kritisch zu mittelalterlichen Speisefolgen äußert sich Reay TANNAHILL (wie Anm. 21), die in diesem Zusammenhang von »a more or less haphazard assortment« (S. 222) spricht.

47 Siehe dazu Roland BARTHES (wie Anm. 39), S. 314: »Se nourrir est une conduite qui se développe au-delà de sa propre fin, qui remplace, résume ou signale d'autres conduites, et c'est en cela qu'elle est bien un signe.« – Bei Hans WISWE (wie Anm. 21) findet sich ebenfalls der Hinweis auf »die mannigfachen Beziehungen der Kochkunst vergangener Zeiten zu den Lebensweisen und Denkgewohnheiten ihrer Menschen« (S. 7).

Regeln zu verstehen. Solche Regeln ergeben sich etwa aus den materiellen Möglichkeiten des Gastgebers, den Angeboten der Jahreszeit und des Marktes, der Bedeutung des Mahls, den Bedürfnissen von Geladenen und Gastgebern, dem Sozialwert der Speisen und anderen ihnen eigenen Merkmalen. Während uns nun die Regelsysteme, die neuzeitlichen Menüs zugrunde liegen, weitgehend vertraut sind, fehlt dieser Zusammenhang für das Mittelalter und damit die Möglichkeit, von der Ebene des rein materiellen Nahrungselements zu jener der Bedeutungen vorzudringen. Regelsysteme, die die Beschaffenheit mittelalterlicher Speisen und ihre Kombination steuern, sind in erster Linie religiöse Gebote, die Elementenlehre und magische oder typologische Denkweisen[48].

Auszugehen ist also grundsätzlich von der Einsicht, daß Nahrung nicht lediglich »une collection de produits, justiciables d'études statistiques ou diététiques«[49] darstellt, sondern daß sie in all ihren Erscheinungsformen vielmehr verstanden und historisch »entziffert« werden muß als »un système de communication, un corps d'images, un protocole d'usages, de situations et de conduites«[50]. Zu untersuchen wären deshalb, neben den materiellen Aspekten von Ernährung, zugleich gesellschaftliche Verhaltensweisen und soziale Rollen, die in verschiedenen Typen des Mahls enthalten sind[51]. Zu fragen wäre ferner nach dem jeweiligen Verständnis von »Welt«, das sich über die Nahrung und über ihre Kombination zur »Syntax der Menüs« artikuliert. Allein auf diese Weise dürfte es gelingen, Phänomene wie spätmittelalterliche Speisefolgen und das Eßverhalten der Menschen jener Zeit mit Hilfe eines angemessenen, da historisches Verständnis ermöglichenden Fragenkatalogs zu analysieren und in diesen Erscheinungen mehr zu erkennen als den Ausdruck einer »barbarischen Freßlust« und eines »luxe de gueule«.

48 Siehe dazu Hans WISWE (wie Anm. 21), S. 64ff.; Helmut HUNDSBICHLER (wie Anm. 21), S. 229f.
49 Roland BARTHES (wie Anm. 39), S. 309.
50 DERS., ebd. – Ähnlich: Françoise SABBAN (wie Anm. 10), S. 169.
51 Zu diesem Aspekt finden sich Überlegungen bei Yves PÉLICIER, Les nourritures à la Renaissance. Essai de typologie (in: Jean-Claude MARGOLIN-Robert SAUZET (Hg.) (wie Anm. 27), S. 15–20; PÉLICIER spricht von »cette trame de rôles sociaux en action autour de l'alimentation« (S. 15).

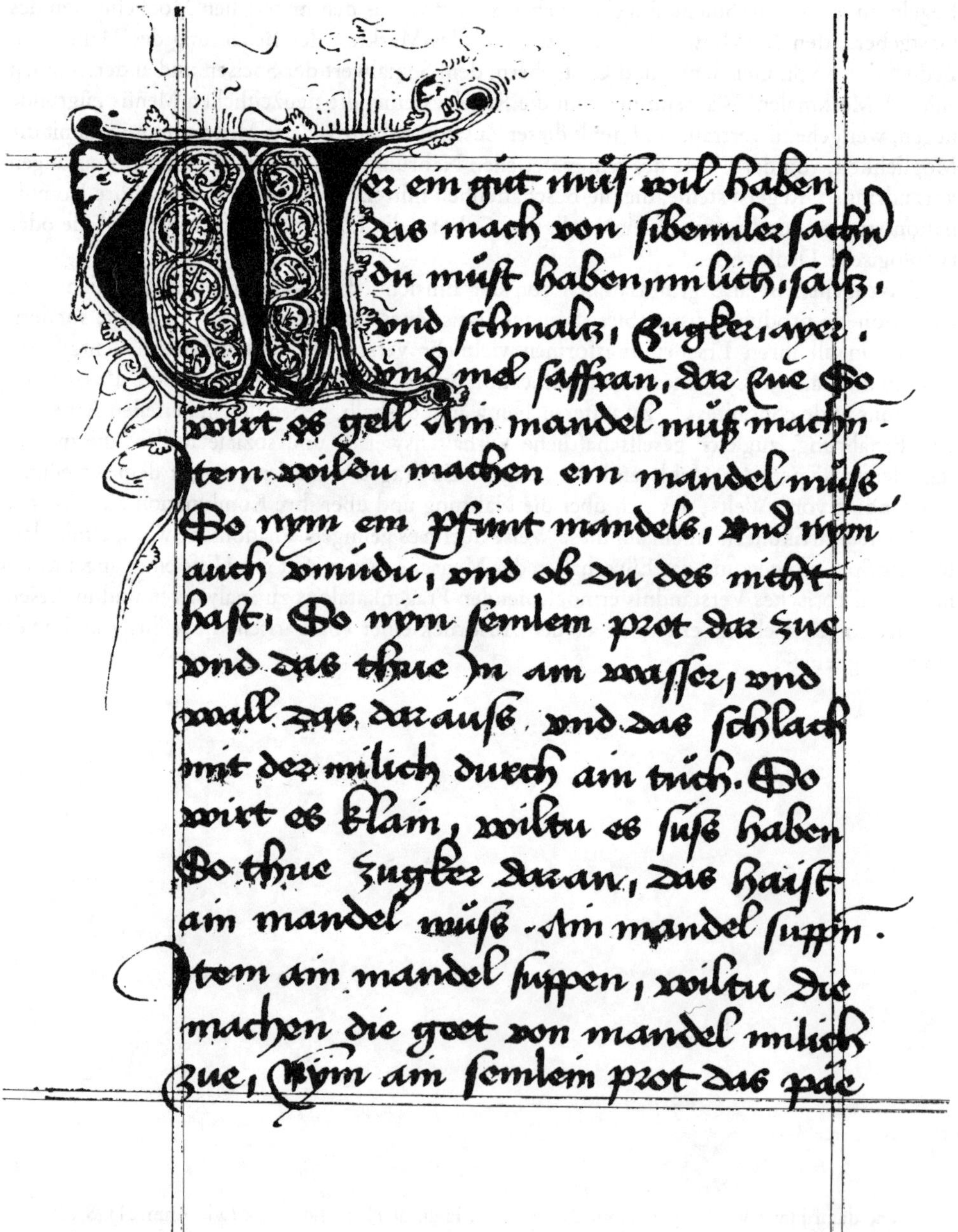
Wer ein güt müs wil haben
das mach von sibenerley sachen
du müst haben milich, saltz,
und schmaltz, zugker, ayer,
und mel saffran, dar zue so
wirt es gell. Ain mandel müs machen.
Item wildu machen ein mandel müse
so nym ein pfunt mandels, und nym
auch [illegible], und ob du des nicht
hast, so nym semlein prot dar zue
und das thue in ain wasser, und
wall das darauss und das schlach
mit der milich durch ain tuch. So
wirt es klain, wiltu es süss haben
so thue zugker daran, das haisst
ain mandel müse. Ain mandel suppen.
Item ain mandel suppen, wiltu die
machen die geet von mandel milich
zue, nym ain semlein prot das päe

Reimvorrede aus dem Kochbuch des Maister Hannsen des von Wirtenberg Koch, 1460

SIEGLINDE HARTMANN

Vom »vrâz« zum Parnaß

Ein mentalitätsgeschichtlicher Versuch über die Bedeutung der Kochkunst in Mittelalter und früher Neuzeit

Für Monsieur Marcel, den Meisterkoch,
und Karl Horchler, den Maître Gourmet

»La cuisine – un des Beaux Arts«

Was bedeutet uns die Kochkunst heute? Als Jean Ferniot, der bekannte Kochbuchautor und designierte Präsident des französischen Centre National des Arts Culinaires, unlängst vor einem Frankfurter Publikum darauf antwortete, brachte er seine Auffassung auf folgende Formel: *La cuisine – un des Beaux Arts*[1]. Auf diese Ansicht reagierte ein Großteil der deutschen Zuhörer mit Befremden, ja sogar Ablehnung.

Dabei hat eine ähnliche Hochschätzung der Kochkunst auch in der deutschen Kultur eine lange Tradition! Es war nämlich kein Geringerer als Carl Friedrich von Rumohr (1785–1843), einer der Begründer der deutschen Kunstwissenschaft, welcher in der Schöpfung kulinarischer Köstlichkeiten sogar die Grundsätze klassischer Kunstideale verwirklicht sah. Rumohr wagte nämlich folgende Behauptung: *Auf die Kochkunst allein ist daher jener berühmte Ausspruch des Horaz anzuwenden, den man so oft von den höchst nutzlosen und ganz einseitig schönen Künsten der Poesie und Malerey hat verstehen wollen; nemlich dieser: »Vermischte Nützlichkeit mit Anmuth«*[2]. Rumohr scheint mit dieser Äußerung, die den Auftakt zu seinem 1822 veröffentlichten Kochbuch bildet, keinen nennenswerten Widerspruch erregt zu haben. Schließlich hat sich sein kulinarischer Cicerone, dem er den bezeichnenden Titel »Geist der Kochkunst« verliehen hatte, bis heute als Bestseller der klassischen Kochbuchliteratur behaupten können.

Aber Carl von Rumohr war nicht der erste Deutsche, der die Segnungen der Kochkunst mit der Aura künstlerischer Weihen umgeben hatte. Auch im 17. Jahrhundert galt die Gabe, kunstvolle Gerichte zubereiten zu können, als ein Geschenk des Musenhimmels. Das geht zum Beispiel aus dem Titel des berühmten Nürnberger Kochbuchs von 1691 hervor, der folgenden Wortlaut trägt: *Der aus dem Parnasso ehmals entlauffenen vortrefflichen Köchin / welche bei denen Göttinnen Ceres, Diana und Pomona viel Jahre gedienet / hinterlassen und bißhero / bey unterschiedlichen der löbl. Koch=Kunst beflissenen Frauen zu Nürnberg / zerstreuet und in grosser Geheim gehalten gewesene Bemerck=Zettul*[3].

Des weiteren lassen die Kochbuchtitel des 16. Jahrhunderts eine ähnlich hohe Wertschät-

1 Vortrag unter gleichem Titel gehalten am 25.2.1986 vor der Deutsch-Französischen Gesellschaft in Frankfurt a.M. e.V.

2 Zit. nach dem Faksimile der Originalfassung von 1833, hg. unter dem Titel »Königs Geist der Kochkunst« (München 1973), S. 42.

3 Vollständiges Nürnbergisches Koch=Buch. Mit einem Nachwort hg. von I. Spriewald (Hildesheim 1979).

zung der Kochkunst erkennen[4]. Nur sind es hier noch nicht antike Göttinnen, welche die Gaben der Kochkunst verleihen, sondern der christliche Gott. So jedenfalls formuliert es einer der angesehensten Kochbuchautoren dieses Jahrhunderts, Marx Rumpolt, Kurfürstlich Mainzischer Mundkoch, im Vorwort zu seinem »Neuen Kochbuch«: *Es haben durchleuchtigste Churf. G. F. zu jeder zeit die verstendigsten Leut Menschlichs Geschlechts / denjenigen / so mit höchstem Ernst den Nachkommen / durch die von Gott jnen verliehene Gaben / nützlich und dienlich zu seyn / etwz fruchtbarlichs bey jnen zu schaffen / und also umb die gantz Menschliche Gesellschafft / sich wol zu verdienen unterstanden haben / besonders fürnemmes Lob / unnd zwar nicht vnbillich / zugeschrieben*[5].

Weiter zurück, ins 15., 14. Jahrhundert oder überhaupt ins Mittelalter, scheint diese Tradition hoher Wertschätzung der Kochkunst aber nicht zu reichen. Darauf deuteten zunächst folgende Indizien:

- Erstens fehlt dem Mittelhochdeutschen der Begriff »Kochkunst«. Das »Deutsche Wörterbuch« von Jacob und Wilhelm Grimm weist dieses Kompositum denn auch als eine Neubildung des 16. Jahrhunderts aus[6].
- Dementsprechend führen die Kochbücher des 14. und 15. Jahrhunderts das Wort »Kunst« nicht im Titel.
- Auch kann das Mittelalter weder einen Nachfahren des antiken Lukull noch einen Vorläufer des Renaissance-Schlemmers Gargantua vorweisen.

Ergibt sich aus alledem nicht der zwingende Schluß, daß sich die Bewertung der Kochkunst im Mittelalter nicht aus dem altbekannten Bannfluch der *gula* hat lösen können? Historisch gesprochen würde das bedeuten, daß wir die Aufwertung der Kochkunst ausschließlich der diesseitsbejahenden, sinnenfrohen Renaissance zu verdanken hätten.

Bei der Durchsicht mittelalterlicher Quellen ergaben sich Zweifel an dieser Schlußfolgerung. Sie enthielten nämlich allerlei Hinweise, und zwar unterschiedlichster Art dafür, daß sich die Bewertung kulinarischer Künste und Genüsse nicht plötzlich mit dem Umbruch vom Mittelalter zur Renaissance gewandelt hatte. Mit fortschreitendem Quellenstudium begann sich vielmehr ein langwährender Prozeß einer Um- und Neubewertung abzuzeichnen, dessen entscheidende Wende jedoch noch im Spätmittelalter anzusetzen ist. Dabei traten auch mittelalterliche Belege für den Begriff »Kochkunst« zutage, eine Begriffsbildung, die ja den Aufstieg der Kochkunst zum Parnaß der Künste unter anderem erst ermöglichen sollte. Die wichtigsten Stadien dieses langen Weges, der von der Ächtung der Kochkunst als Quelle sündiger Völlerei bis zu ihrer heute noch wirksamen Aufwertung zu einer genußreichen Kunst führt, seien hier ansatzweise skizziert.

4 Vgl. Frantz de RONTZIER, Kunstbuch von mancherley Essen. Wolfenbüttel 1598. Faksimiledruck hg. von M. LEMMER (München 1979).

5 Ein new Kochbuch in Druck gegeben durch M. Marxen Rumpolt. Nachdruck der Ausgabe Frankfurt a. M. 1581, hg. von M. LEMMER (Leipzig u. a. 1976), Vorrede Bl. 2.

6 Bd. 11 (Nachdruck München 1984): *Kochkunst, f. ars culinaria. Maaler 247a; früher gern kocherei, wie malerei. dän. kogekunst.* Im ebd. zit. Dt.-Lat. Wörterbuch von Josua MAALER, Die Teütsch spraach. (Zürich 1561, Ndr. Hildesheim, New York 1971) finden sich auf Bl. 247r folgende Übersetzungen von lat. coquina: *Kunst ze kochen, kuchemeisterey* und *kochkunst.* Der mittelalterliche Begriff *kocherie,* wie ihn die mhd. Wörterbücher verzeichnen, kommt dort nicht mehr vor.

»*Von vil ezzens sage ein vraz*« und Hartmanns Verdikt

Die Ursprünge der moralischen Abwertung kulinarischer Künste und Genüsse sind unschwer zu erraten: Sie leiten sich aus den asketischen Lebensregeln der mittelalterlichen Mönchskultur her[7]. Erstaunlich wirkt nur, daß die monastische Leib- und Genußfeindlichkeit auch in der neuen, rein weltlichen Hofkultur des Hochmittelalters die Einstellung zur Kochkunst prägen konnte, obwohl die *hôchzît*, das höfische Fest mit seinem zeremoniösen Bankett als Höhepunkt, das wichtigste Medium gesellschaftlicher Selbstdarstellung wie Selbstbestätigung bildete.

Aber mit dem kulinarischen Element der neuen, aus Frankreich importierten Hofkultur schien man sich in Deutschland zu Anfang recht schwerzutun. Welcher Art diese Schwierigkeit war, zeigt sich schon in der ersten deutschen Übersetzung eines Artusromans, des »Erec«, sowie in den charakteristischen Änderungen, die sein Autor Hartmann von Aue gegenüber seiner französischen Vorlage in der Schilderung des ersten Festmahls vornimmt. Dabei handelt es sich um das Bankett, das zur Feier von Erecs und Enitens Hochzeit, der beiden Helden des Romans, veranstaltet wird. Während Chrétien de Troyes, Hartmanns Vorbild, diese Szene ähnlich ausführlich wie jede beliebig andere beschreibt, auch Gäste wie Gastgeber die Tafelfreuden *à leur volonté* sowie *à leur aise* genießen läßt, unterschlägt Hartmann seinem Publikum all diese Details[8]. Für diese Kürzung liefert der deutsche Dichter folgende Begründung:

dâ was sô manec ritter guot	(Dort waren so viele edle Ritter,
daz ich iu zeiner mâze	daß ich Euch mit Maß und Mäßigung
wil sagen von ir vrâze:	von ihrer Völlerei erzählen will.
wan si ahten mêre	Denn sie sorgten sich mehr
ûf ander êre	um andere Ehren
danne daz si vraezen vil.	als daß sie viel schlemmten.
da von ich iu kurze wil	Daher will ich Euch nur kurz
gesagen von der wirtschaft[9].	von der Bewirtung erzählen.)

Für Hartmann ist mit dem Genuß eines reichhaltigen Festmahls also augenscheinlich der Tatbestand der Völlerei erfüllt. Völlerei aber, lat. *gula*, mhd. *vrâz*, zählte zu den sieben schwersten Sünden, den sogenannten Hauptsünden. Es ist offensichtlich, daß es mit der Ethik eines jeden *guoten ritters* unvereinbar war, solch einem kapitalen Laster zu fröhnen. Deshalb fühlt sich Hartmann auch bemüßigt zu erklären, daß seine Festgesellschaft nach anderen Ehren strebe, als durch bloße Schlemmerei zu glänzen. So jedenfalls lassen sich die werkimmanenten Gründe verstehen, warum Hartmann das Festmahl nicht ausführlicher schildert.

Über die tieferen Ursachen solch einer einschneidenden Umwertung kann man bei dem derzeitigen Forschungsstand nur Vermutungen anstellen. Vielleicht war die deutsche Koch-

7 Daß und wie dennoch in mittelalterlichen Klöstern opulent getafelt wurde, beschreibt N. FOSTER, Schlemmen hinter Klostermauern (Hamburg 1980).

8 Diesen Unterschied hat herausgearbeitet R. ROOS, Begrüßung, Abschied, Mahlzeit. Studien zur Darstellung höfischer Lebensweise in Werken der Zeit von 1150–1320 (Diss. Bonn 1975), S. 354–356.

9 Ed. LEITZMANN, Vers 2129–2136.

kunst, verglichen mit französischen Verhältnissen, so unterentwickelt, Küche und Keller selbst in fürstlichen Haushaltungen so dürftig bestellt, daß Hartmann den Tafelluxus, den Chrétien beschreibt, einfach für skandalös halten mußte. Oder vielleicht wollte der deutsche Dichter ganz im Gegenteil einer aufkommenden »Freßwelle« entgegenwirken[10]. Fest steht nur, daß Hartmann seinen ethischen Rigorismus, mit dem er im »Erec« üppiges Tafeln verurteilt, in keinem seiner späteren Werke revidiert hat. Renate Roos, die der Darstellung höfischer Festmähler in Werken aus der Zeit von 1150 bis 1320 eine umfangreiche Untersuchung gewidmet hat, kommt zu dem gleichen Schluß. Mehr noch: Sie kann nachweisen, daß Hartmann mit seiner negativen Haltung zum kulinarischen Teil höfischer Feste sogar Schule gemacht hat.

Zu Hartmanns Nachfolgern auf dem Weg kulinarisch-literarischer Abstinenz gehören viele bekannte Namen. Bezeichnenderweise sind es die berühmteren unter ihnen wie Gottfried von Straßburg und Rudolf von Ems, bei denen die »Aversion gegen alles, was mit dem Essen zusammenhängt«, so lautet Renate Roos' Fazit, am ausgeprägtesten erscheint[11]. Zur Illustration dieser Einstellung möchte ich nur einen Vers aus dem Roman »Wilhelm von Orlens« des Rudolf von Ems zitieren: *Von vil ezzens sage ein vraz*, heißt es dort[12]. Damit war Hartmanns Auffassung sozusagen post factum auf die bündige Formel eines poetischen Verdikts gebracht. Post factum darf hier allerdings nicht als postum mißverstanden werden. Denn das *vrâz*-Verdikt hat noch bis in die Endzeit des Mittelalters Verfechter gefunden. Und das erstaunlicherweise in einer Literaturgattung, die nur der gegenteiligen Wertung ihre Entstehung verdankt: Ich meine die Kochbuchliteratur.

Das belegt zum Beispiel die Überschrift einer Rezeptsammlung, die in einer Handschrift mit Koch- und Arzneirezepten aus dem späten 15. Jahrhundert überliefert ist. Sie lautet: *Dieser tractat dient dem pauch*[13], eine Formulierung, deren Drastik beweist, daß die Kochkunst selbst in solch einem versachlichten und neutralisierten Kontext noch nicht vollständig von dem Geruch frei war, der Befriedigung sündiger Gelüste zu dienen. In dieser wie übrigens auch in anderen Sammelhandschriften tritt diese Art von Etikettierung jedoch immer seltener auf[14]. Wir können sie deshalb getrost als ein Relikt vergangener und überwundener Wertung interpretieren. Inzwischen war nämlich eine Wende eingetreten, die einen langsamen, aber grundlegenden Wandel in der Einstellung zu Sinn und Wert gehobener Eß- und Kochkultur bewirken sollte.

10 Bessere Ernährungsverhältnisse setzen für die jüngste Forschung erst mit dem agrarischen Strukturwandel im 13./14. Jahrhundert ein. Die Ergebnisse, zu denen W. ABEL gelangt ist (DERS., Agrarkrisen und Agrarkonjunktur, Hamburg/Berlin ²1966, sowie DERS., Strukturen und Krisen der spätma. Wirtschaft. Quellen und Forschungen zur Agrargeschichte 32, Stuttgart 1980) gelten heute als umstritten. Vgl. H. WURM, Körpergröße und Ernährung der Deutschen im Mittelalter (in: Mensch und Umwelt im Mittelalter, hg. von B. HERRMANN, Stuttgart ²1986), S. 101–108.

11 Roos (wie Anm. 8), S. 457.

12 Ed. JUNK Vers 14760.

13 Cod. Guelf. 78,1 Aug. 8°, Bl. 46ᵛ.

14 Weitere Überschriften bei F. PFEIFFER, Alte deutsche Kochbücher (in: Serapeum 9, 1848, S. 273–285 und 10, 1849, S. 331–333). Jüngste Zusammenstellung von Hss. und Frühdrucken bei H. WISWE, Kulturgeschichte der Kochkunst (München 1970), S. 149–158.

»Rûmolt der kuchenmeister, ein ûzerwelter degen« und Wolframs Wende

Es stellt sich also das Problem, in welche Zeit die Anfänge dieser Wende fallen und welche Faktoren sie verursacht haben können. Da diese Fragen bisher so noch nicht gestellt worden sind, sollen auch lediglich hypothetische Antworten darauf gegeben werden. Dabei scheinen von vielen möglichen Ursachen zwei besonders wichtig: ein historisches und ein literarisches Ereignis. Mit dem geschichtlichen Faktum ist die Schaffung eines neuen Hofamtes, des Küchenmeisters, um das Jahr 1200 gemeint. Und unter dem literarischen Ereignis ist das Werk Wolframs von Eschenbach zu verstehen, genauer: die Art und Weise, wie Wolfram das verpönte Thema »Küche« behandelt.

Zunächst zur historischen Wirklichkeit: Es war Philipp von Schwaben, deutscher König von 1198 bis 1208, der für Heinrich von Rothenburg (ob der Tauber) Amt und Würde eines *magister coquine* in der besagten Zeit neu geschaffen hatte. Der unmittelbare Anlaß: Philipp mußte den Rothenburgern einen Ersatz für das Truchsessenamt bieten, das er ihnen einige Jahre zuvor entzogen und inzwischen anderweitig vergeben hatte[15]. Das neue Küchenmeisteramt scheint also seine Existenz eher politischen Gründen denn protokollarischen Notwendigkeiten oder gar kulinarischer Begeisterung zu verdanken. Angesichts dieses ›Geburtsmakels‹ erstaunt es zunächst sehr, wie rasch sich dieses neue Hofamt neben den vier traditionellen Reichshofämtern – Marschall, Kämmerer, Truchseß und Mundschenk – behauptet hat.

Das ist zumindest der Eindruck, den uns das erste literarische Echo auf diese Neuordnung am deutschen Königshof vermittelt. Überliefert ist es im »Nibelungenlied«, dessen älteste Fassung auf wenig später als 1200 datiert wird[16]. Wie selbstverständlich hat der Dichter dort das Küchenmeisteramt von Anfang an in seine Darstellung der burgundischen Hofhaltung einbezogen. Mehr noch: der Nibelungendichter stellt das Küchenmeisteramt sogar über die übrigen Hofämter, indem er es zuerst nennt. Denn so lauten die Strophen 11 und 12:

Rûmolt der kuchenmeister, ein ûzerwelter degen,
Sindolt und Hûnolt, dise herren muosen pflegen
des hoves und der êren, der drîer künege man.
sie heten noch manegen recken, des ich genennen niene kan.

Dancwart der was marschalc; dô was der neve sîn
truhsaeze des küneges, von Metzen Ortwîn.
Sindolt der was schenke, ein ûz erwelter degen.
Hûnolt was kameraere: si kunden hôher êren pflegen[17].

15 Vgl. dazu K. Bosl, Die Reichsministerialität der Salier und Staufer 2 (Stuttgart 1951), S. 386–394; I. Latzke, Hofamt, Erzamt und Erbamt im mittelalterlichen deutschen Reich (Diss. Frankfurt a. M. 1970), S. 206–211. Heinrich von Rothenburg war zunächst Küchenmeister des Herzogs Konrad von Schwaben und wurde dann von Philipp an den Königshof befördert; der Titel *magister coquinae regis* ist allerdings nach Latzke erst seit 1209 unter Otto IV. belegt.

16 Vgl. dazu J. Heinzle, Das Nibelungenlied (München und Zürich 1987), S. 47; O. Ehrismann, Nibelungenlied (München 1987), S. 229–232; J. Fourquet, Le manuscrit C du Nibelungenlied (in: EG 41, 1986), S. 127–142.

17 Ed. Brackert. Interpretation der beiden Strophen mit bezug auf historischen Kontext der Hofämter bei O. Ehrismann (wie Anm. 16), S. 106–109.

(Rumold, ein preisgekrönter Held, / Sindold und Hunold, diese Edlen mußten / für eine ehrenvolle Hofhaltung sorgen, die Dienstleute der drei Könige. / Sie hatten noch viele Recken, die ich nicht hier nennen kann. / Dankwart war Marschall; und sein Verwandter war / Truchseß des Königs, Ortwin von Metz. / Sindold war Schenk, der preisgekrönte Held. / Hunold war Kämmerer: sie alle verstanden es, das hohe Ansehen des Hofes zu wahren und zu mehren.)

Wie zum weiteren Beweis für die hohe Wertschätzung des Küchenmeisteramtes wird Rumold später auch noch zum Statthalter König Gunthers ernannt (Str. 1519).

Wie kommt das Küchenmeisteramt so plötzlich zu solch hohen Ehren? Schließlich war ja die generelle Meinung von eher ablehnenden Haltungen geprägt, wie sie zum Beispiel Hartmann von Aue und seine Anhänger propagierten. Bei der Bewertung und Interpretation dieses Phänomens ist meines Erachtens bisher ein wichtiger Faktor außer acht gelassen worden: der eigentliche Ursprung des Küchenmeisteramtes. Dieses Hofamt stellte nämlich keineswegs, wie noch Hellmut Rosenfeld in seiner Analyse glaubte, ein Novum dar, das »an anderen Höfen völlig unbekannt« gewesen wäre[18]. Im Gegenteil, dieses Amt war – wie könnte es anders sein?! – in Frankreich, am Königshof, begründet worden, und zwar schon rund 150 Jahre bevor Philipp dem Beispiel französischer Etikette folgte. Seit dem Jahr 1060 sind uns sogar die Namen aller Amtsträger in lückenloser Folge bis zum Ende des Mittelalters überliefert[19]. Daß diese Überlieferung ursächlich mit dem unangefochten hohen Ansehen zusammenhängt, welches das Amt des »Grans Queux«, des obersten Hüters über das nationale Heiligtum der Kochkunst, seit dem Frühmittelalter genossen hat, braucht nicht näher begründet zu werden.

Für ebenso offensichtlich sind aber auch die Zusammenhänge zwischen der plötzlichen Hochschätzung des Küchenmeisteramtes in Deutschland und der Prestige wie Anciennität in sich vereinigenden Würde des gleichen Amtes am französischen Königshof anzusehen. Auch in dieser Hinsicht, nicht nur auf der rein geistigen Ebene literarischen Lebens, hat die höfische Kultur Frankreichs somit beispielgebend auf das deutsche Reich gewirkt. Hier stellt sich allerdings die Frage, ob man dem einen Beispiel des Nibelungenlieddichters so sehr Allgemeingültigkeit zusprechen kann. Widerspricht dieser Verallgemeinerung nicht allein die Tatsache, daß sich ein anderer, ungemein einflußreicher Epiker, nämlich Wolfram von Eschenbach, sogleich über Amt und Person des Küchenmeisters Rumold lustig gemacht hat?

Bei der Anspielung auf Rumold, die im Verlauf eines Wortgefechts zwischen Herzog Liddamus und Landgraf Kingrimursel im VIII. Buch des »Parzival« fällt[20], handelt es sich zweifelsohne um einen wenig schmeichelhaften Vergleich, da er offensichtlich dazu dient, Liddamus als hochtrabenden Großsprecher zu entlarven. Ob sich die Spitze Wolframscher Ironie deshalb auch generell gegen das neue Hofamt des Küchenmeisters und seine Domäne die Küche richtet, ist jedoch nicht sicher: Denn keiner der höfischen deutschen Epiker spricht so häufig, so gern und mit solcher Kennerschaft vom Essen und Trinken wie Wolfram! Beschreibungen von Speisenfolgen und (erstmalig!) von Zubereitungsarten, Aufzählungen

18 Die Datierung des Nibelungenliedes Fassung B und C durch das Küchenhofmeisteramt und Wolfger von Passau (in: PBB (Tübingen) 91, 1969), S. 104–120; hier: S. 105.

19 Liste bei Du Cange Bd. II, S. 557 unter Lemma *coquus*.

20 Ed. Weber, Str. 420, 25–421, 10.

von Getränken, Bilder, Vergleiche und sonstige Anspielungen aus der kulinarischen Sphäre sind so zahlreich im »Parzival« und im »Willehalm«, daß es in diesem Zusammenhang unmöglich ist, auf alle Stellen einzugehen. Es sei hierzu, wie schon zu dem gleichen Thema bei Hartmann, auf die Studie von Renate Roos verwiesen[21].

Ergänzend zu dem dort Gesagten sei hier lediglich ein Punkt näher erörtert: die Ironie, mit der Wolfram immer wieder seine kulinarischen Einlagen spickt. Welchen Zweck verfolgt der Dichter mit dieser Ironie? Dies läßt sich am besten am Beispiel der Geschichte demonstrieren, die Wolfram seinem Publikum über den Zustand seiner eigenen Haushaltung auftischt. In seinem Hause, so klagt der Dichter in den Strophen 184 bis 185 des »Parzival«, herrsche solche Kargheit, daß selbst die Mäuse nichts zu stehlen fänden. Provoziert zu diesem Klagelied fühlte sich der Dichter ironischerweise durch die eigene genüßliche Schilderung, mit der er kurz zuvor alle Küchen- und Kellererzeugnisse aufgezählt hatte, die sein Herr, der Graf von Wertheim, zu genießen pflege[22]. Wahrlich ein Kontrastprogramm, nur eben deshalb auch sehr durchsichtig in seiner Funktion als Bescheidenheitstopos und kniefällige Reverenz vor dem hohen Stand seines Gönners.

In der Doppelbödigkeit dieser Ironie schwingt aber meines Erachtens noch mehr mit. Denn die Lügenmär von dem armen, zu kulinarischer Abstinenz verurteilten Wolfram bietet dem Dichter auch Schutz, besonders gegen den Vorwurf, aus eigener Erfahrung und persönlichem Wohlgefallen das ehrenrührige Thema »Küche« mit solcher bis dato unerhörten Ausführlichkeit zu behandeln. Die Ambivalenz der Ironie erlaubte es Wolfram somit, sich von dem Verdacht der Völlerei zu befreien und gleichzeitig das *vrâz*-Verdikt zu umgehen. Richtet man von hier aus den Blick weit nach vorn, auf das Ende des Mittelalters, so gewinnt man den Eindruck, als ob diese beiden Faktoren, Wolframs Ironie und das neue Amt eines Hofküchenmeisters, entscheidend dazu beigetragen hätten, den Bannfluch der *gula* zu brechen, der die Anerkennung der feinen Küche als eines unverzichtbaren Elements höfischer Kultur zunächst überschattet hatte.

»Ein wol gelerter koch« und der Siegeszug der Kochkunst im Spätmittelalter

Denn Anzeichen für eine moralische Enttabuisierung kulinarischer Künste und Genüsse mehren sich nun allenthalben. Am deutlichsten läßt sich Wolframs Einfluß natürlich bei seinen unmittelbaren Nachfolgern und Fortsetzern beobachten.

In dieser Hinsicht hat der »Willehalm«-Fortsetzer Ulrich von Türheim in seinem »Rennewart« betitelten Roman den größten Befreiungsakt vollbracht. Weder Autor Ulrich noch Held Rennewart lassen sich nämlich ihr stetes Vergnügen am Essen trüben. Getreu nach dem Motto *wol mich daz ich ezzen sol*[23] genießt Rennewart alle »Wunder der Kochkunst« (Vers 32222), und zwar bis zum letzten Atemzug. Denn selbst im Kloster, wo Rennewart sein Leben beschließt, läßt ihn der Abt so bewirten, wie es seinem Ruf als Genießer und Feinschmecker gebührt: mit dem Besten, das Klosterküche und -keller zu bieten haben. Somit hat Ulrich von Türheim, der sonst wenig geschätzt wird, zumindest eins vollbracht: Er hat uns den ersten Gourmet und Gourmand der deutschen Literatur beschert, und das sogar »avant la lettre«!

21 Roos (wie Anm. 8), S. 363–375.
22 Ed. WEBER, Str. 184, 4–25.
23 Ed. HÜBNER, Vers 25575.

Aber nicht nur im Bereich der weltlichen Literatur[24], sondern auch in der geistlichen Dichtung zeigen sich schon bald Reflexe einer gewandelten Einstellung zur Kochkunst. Ein besonders bemerkenswertes Beispiel dafür bietet eine allegorische Tugendlehre, die anonym überliefert ist und wahrscheinlich im Alemannischen entstanden ist. Sie trägt den mystisch klingenden Titel »Das Gnaistli«, also das »Seelenfünklein«, und wird auf die Wende vom 13. zum 14. Jahrhundert datiert[25]. In diesem Gedicht wird der Seele unter anderem empfohlen, ihren Haushalt von vier »Amtmännern« (Vers 406) führen zu lassen, die jeweils eine der Vier Kardinaltugenden personifizieren. Dabei nimmt der Autor folgende Rollenverteilung vor: Ein *torwart* soll die Weisheit verkörpern, ein *vogt* die Stärke, ein *wol gelerter koch* die Temperantia, die *masz* (Vers 410), und ein Ritter die Gerechtigkeit.

Ein Koch als Inkarnation der höfischen *mâze!* Klingt das nicht unglaublich? Hier wird das Verhältnis von *mâz* und *vrâz*, wie es Hartmann nur hundert Jahre zuvor bestimmt hatte, völlig auf den Kopf gestellt. Eine in der Tat erstaunliche Umwertung, die viele Fragen aufwirft, zum Beispiel die nach dem Stellenwert dieser Rangerhöhung. Spricht hier nur ein Einzelgänger, oder stimmt seine Hochschätzung von Koch und Kochkunst mit einer neu gebildeten, schon vorherrschenden Meinung überein? Oder etwa eine Detailfrage zur Charakteristik des Kochs. Der »Gnaistli«-Autor wünscht sich den Koch »gelehrt«. Zu einem gelehrten Koch gehörte aber eigentlich ein Lehrbuch. Solche Lehrbücher zur Unterweisung *von den kochespîsen,* wie es in der Vorrede zum ältesten deutschen Kochbuch heißt[26], sind jedoch erst seit der Mitte des 14. Jahrhunderts überliefert. Klafft hier lediglich eine Überlieferungslücke?

All diese Fragen können vorerst nur mit Vermutungen beantwortet werden. Eines jedoch läßt sich jetzt schon deutlich erkennen: Die Art und Weise, wie der Koch und sein Handwerk in dieser Dichtung charakterisiert werden, nimmt im Keim die Entwicklung des 15. Jahrhunderts vorweg, so wie sie uns in den schriftlichen Zeugnissen dokumentiert ist. Die Kochkunst wird sich nämlich innerhalb dieses einen Jahrhunderts zu einem blühenden und hochgeachteten Zweig der Sieben mechanischen Künste entwickeln. Davon zeugen in erster Linie die zahlreichen Kochbücher und Rezeptsammlungen in deutscher Sprache, die in rascher Folge nach dem »Buoch von guoter spîse«, dem oben erwähnten ersten deutschen Kochbuch, aufgezeichnet werden[27]. Die Bildung einer eigenständigen Fachliteratur bedeutete übrigens nicht, daß sich die Kochkunst damit gleichzeitig aus ihrer Bindung an die höfische Kultur gelöst hätte. In den Kochbüchern wird laufend auf den edlen oder höfischen Charakter der beschriebenen Speisen verwiesen, Hinweise, die eigentlich überflüssig sind, da die Kochbücher des 15. Jahrhunderts ohnehin keine Rezepte für Einfachgerichte, sondern nur für

24 Ähnliches auch in der neuen Gattung der »Herbstlieder« des späten Minnesangs.

25 Ed. von J. Freiherr von LASSBERG (Hg.), Lieder-Saal. Bd. 3 (Ndr. Darmstadt 1968), S. 23–49; Datierung noch nicht völlig geklärt; vgl. dazu H. NIEWÖHNER, Der Inhalt von Lassbergs Liedersaal-Hs. (in: PBB 66, 1942), S. 153–196, hier: S. 187, sowie Ch. STÖLLINGER, Das Gnaistli (in: Verfasser-Lexikon ^{2}Bd. 3), Sp. 72–73.

26 »Daz buoch von guoter spîse«. Abbildungen zur Überlieferung des ältesten deutschen Kochbuchs. Hg. von G. HAYER (= Litterae 45, Göppingen 1976), S. 23.

27 Zu Quellennachweisen s. Anm. 14 sowie A. FEYL, Das Kochbuch Meister Eberhards (Diss. Freiburg i. Br. 1963), S. 13–32.

»Herrenspeise« enthalten[28]. Nicht eine Ausgrenzung aus der höfischen Kultur dokumentiert sich somit im Ars-Charakter der Kochbuchliteratur, sondern ein neu hinzugewonnener Eigenwert der Kochkunst.

Wie in der Öffentlichkeit, so stieg nun auch das Ansehen der Kochkunst innerhalb der Sieben Eigenkünste, wie die *Artes mechanicae* auf deutsch genannt wurden. Ja, wir besitzen sogar schon aus der ersten Hälfte des 15. Jahrhunderts ein Zeugnis dafür, daß die Kochkunst hier ihren Rang bedeutend verbessern konnte. Das Handwerk der Köche rangierte nämlich bis dato nur als Teil einer übergeordneten Sparte wie die Jagd *(venatio)* oder der Landbau *(agricultura)*. So war es in der ersten theoretischen Zusammenfassung der Handwerke und Bildenden Künste zu den *Septem artes mechanicae* festgelegt, die Hugo von St. Viktor im 12. Jahrhundert vorgenommen hatte. Und so blieb es bis zu den Artes-Darstellungen im Spätmittelalter[29]. In dem deutschen Traktat, der im Anschluß an Johannes Rothes »Ritterspiegel« und »Eisenacher Rechtsbuch« aufgezeichnet ist, findet sich aber plötzlich die *venatio* entthront und durch die *spisekunst* als *houpthantwerg* ersetzt[30].

Die Begriffsprägung *spisekunst* oder *spisende kunst*, wie es dort abwechselnd heißt, muß noch im 15. Jahrhundert Schule gemacht haben. Denn in der Überschrift zu einer Rezeptsammlung, die in einer Handschrift aus dem späten 15. Jahrhundert überliefert ist, begegnet eine ganz ähnliche Formulierung. Sie lautet: *Vermerk eine guede kunst von ungrischen oder pehamyschen essen zw kochen*[31]. Die Wendung *kunst...essen zw kochen*, die hier zum ersten Mal belegt ist, bildet die unmittelbare Vorstufe zu unserem neuhochdeutschen Begriff »Kochkunst«, der dann seit dem 16. Jahrhundert endgültig in unseren Sprachschatz Einzug hielt[32]. Dem Weg des Wortes folgt die Sache: Der Aufstieg der Kochkunst zum Parnaß der Künste hatte begonnen.

28 Nachweise bei G. HAYER (wie Anm. 26), S. 10; die Bezeichnung »herr« konnte sich im 15. Jahrhundert jedoch sowohl auf adelige als auch auf geistliche und bürgerliche Herren beziehen. Vorbild blieb jedoch der Hof, worauf das häufig verwendete Epitheton »hoflich« bzw. »hofleich« in den Rezeptüberschriften weist.

29 Hugo von St. VIKTOR, Eruditionis Didascalicae Libri Septem. Ed. PL. 176, Sp. 739–838; venatio mit Kochkunst: Cap. XXVI, Sp. 762. Zu anderen Zuordnungen vgl. P. STERNAGEL, Die artes mechanicae im Mittelalter. Begriffs- und Bedeutungsgeschichte bis zum Ende des 13. Jahrhunderts (Kallmünz Opf. 1966). Speziell zum deutschen Spätmittelalter vgl. G. EIS, Die sieben Eigenkünste und ihre altdeutschen Literaturdenkmäler (in: Forschungen und Fortschritte 26, 1950), S. 269–271.

30 Überliefert in Ms. poet. et roman. 4° Nr. 8, Kassel, Landesbibliothek, Bl. 150^{r}–152ra; Ed. W. CRECELIUS, Die sieben freien Künste (in: AKDV N. F. 3, 1856), Sp. 273–274 und Sp. 303–304, hier: Sp. 273 und 303. Neueste Datierung auf kurz nach 1411–14 bei B. HILBERG, Katalog der Poetica-Hss. Kassel, Landesbibliothek, erscheint voraussichtlich 1988 – Erlaubnis des Hinweises mit freundlicher Genehmigung der Verfasserin.

31 Cgm 349, München, Bayer. Staatsbibliothek, Bl. 118^{r}; Beschreibung bei K. SCHNEIDER, Die deutschen Handschriften der Bayerischen Staatsbibliothek München Bd. 2 (Wiesbaden 1970), S. 379–385.

32 Vgl. Anm. 6.

Bestrafung der Sieben Todsünden in der Hölle. Kupferstich, Florenz, um 1460–80

GERD BAUER

In Teufels Küche

Irdisches Vergnügen war dem Christentum immer verdächtig. Kein Wunder darum, daß im Mittelalter Essen und Trinken über den Lebensbedarf hinaus als *Gula* zum klassischen Kanon der sieben Todsünden[1] zählten. Wer sich diesen Genüssen hingab[2], dessen Weg galt als klar vorgezeichnet: Er führte stracks in Teufels Küche. Was den armen Sünder dort erwartete, hat im ausgehenden Mittelalter Hieronymus Bosch, der 1516 starb und wohl um 1450 geboren wurde, besonders eindringlich geschildert, und darum sollen einige seiner Werke im Zentrum der Betrachtung stehen. Zur Rechtfertigung dieser Akzentuierung sei auf den Amerikaner Timothy Foote verwiesen, der schrieb: »Bosch bedeutet für die Höllenmalerei etwa das, was Henry Ford für das Automobil bedeutet«[3]. Doch nun zum zentralen Thema, wie die Schlemmer in der Hölle bewirtet wurden, mit einigen Belegen dafür, daß schon lange vor Bosch die Vorstellung vom Sünder als Höllennahrung die Darstellungen der Jenseitsqualen ganz wesentlich geprägt hat. Verschlungen zu werden, gehörte zu den Erwartungen, die unauflöslich mit dem Gedanken an die Hölle verbunden waren.

Schon in karolingischer Zeit, in einigen Zeichnungen des um 830 entstandenen Utrecht-Psalters, wird das Höllentor als überdimensionaler Rachen gestaltet[4], so, wie es besonders eindrucksvoll eine Miniatur in dem um 1150 in England entstandenen Psalter Heinrichs von Blois anschaulich macht[5]. Das Motiv blieb während des ganzen Mittelalters lebendig und auch noch darüber hinaus. Ein relativ spätes Beispiel aus dem Jahr 1562 ist Pieter Bruegels des Älteren Darstellung der »Dullen Griet«, die einen Raubzug unmittelbar vor dem – wie üblich als riesiger Groteskkopf gestalteten – Höllentor durchführt[6].

1 Morton W. Bloomfield, The Seven deadly Sins (Michigan 1952). – Michael Evans, Laster (in: LCI 3, 1971), Sp. 15–27.

2 Besonders gefährdet scheinen nach spätmittelalterlicher Auffassung die Venus- und Merkur-Kinder gewesen zu sein, deren Neigung zu Essen und Trinken auf der Mehrzahl der Planetenkinderbilder angezeigt wird. Siehe A. Hauber, Planetenkinderbilder und Sternbilder. Zur Geschichte des menschlichen Glaubens und Irrens (1916), Abb. 36–38 (Venus-Kinder), Abb. 41–42, 44–46 (Merkur-Kinder). – Kat. Vom Leben im späten Mittelalter. Der Hausbuchmeister oder der Meister des Amsterdamer Kabinetts (Amsterdam und Frankfurt 1985), S. 207 Anm. 18, S. 213 mit Lit. – Hind 1 (1938), A. III.5 und 6.

3 Timothy Foote, Bruegel und seine Zeit um 1525–1569 ([7]1983), S. 42.

4 Ernst Guldan, Das Monster-Portal am Palazzo Zuccari in Rom. Wandlungen eines Motivs vom Mittelalter zum Manierismus (in: ZK 32, 1969), S. 229–261.

5 London, British Library, Ms. Cotton Nero C IV, fol. 34ᵛ. – Hughes S. 180 (Farbabb. mit vertauschter Bildlegende; die auf S. 181 gehört zu S. 204 und umgekehrt). – Francis Wormald, The Winchester Psalter (1973). – C. M. Kauffmann, Romanesque Manuscripts 1066–1190 (= A Survey of Manuscripts illuminated in the British Isles 3, 1975), Nr. 78. – Kat. English Romanesque Art 1066–1200 (London 1984), Nr. 61, Abb. S. 16.

6 Antwerpen, Museum Mayer van den Bergh, Nr. 788. – Joseph de Coo, Museum Mayer van den Bergh. Catalogus I: Schilderijen, verluchte Handschriften, Tekeningen ([2]1966), S. 30–35 (Zusammenfassung der

Viele Darstellungen zeigen im Detail, wie die Sünder irdischen Speisen gleich[7] in der Hölle traktiert werden. Die immer noch populäre Vorstellung von einem großen Kessel, in dem eine dichtgedrängte Schar von Verdammten gesotten wird[8], ist eines der zentralen Motive zahlreicher Höllendarstellungen. Auf einer französischen Miniatur des sogenannten Meisters der Brüsseler Initialen vom Anfang des 15. Jahrhunderts[9] ist es zu sehen, zusammen mit dem nicht ganz so verbreiteten, aber immer noch häufigen Motiv des an einem Spieß gebratenen Sünders[10]. Das ist in manchen Darstellungen, wo ein Paar[11] zusammen an einen derartigen Spieß gebunden ist, offenkundig als Strafe für *Luxuria* gedacht, in einigen speziellen Fällen, wo ein einzelner von dem Spies durchbohrt ist, auch als Bestrafung von Homosexualität[12]. Die Sünder im Kochtopf werden bei Hieronymus Bosch[13] für ihre Habgier[14] bestraft; doch gilt für Höllenmotive generell, daß sie sehr variabel Verwendung fanden und daher nicht immer in ihrer Bedeutung klar fixierbar sind. So sind beispielsweise die beiden erwähnten Strafen in Pieter Bruegels Todsündenfolge der *Ira* zugeordnet[15]. Sofern nicht Beischriften klare Auskünfte geben, ist daher Vorsicht gegenüber allzu eindeutigen Festlegungen geboten. Ein Katalog der gegen Ende des Mittelalters immer variantenreicher ausgemalten Höllenqualen[16] steht leider bis heute ebenso aus wie ein Höllenbaedecker, der die typischen Bestandteile der dortigen Topographie erfaßte.

Die schon durch die Gestaltung des Höllentors als riesiger Rachen zum Ausdruck gebrachte Vorstellung, daß die Verdammten der Hölle als Nahrung dienen, ist in einer Reihe von Darstellungen noch einmal aufgegriffen in ihrem Mittelpunkt, wo Luzifer – vielarmig und mit mehreren Mäulern – seine Opfer verschlingt. Seit den Mosaiken in der Kuppel des

älteren Literatur). – Roger H. MARIJNISSEN und Max SEIDEL, Bruegel (Stuttgart 1969), Nr. 13, Abb. 152–177. – Eine Studie, die die politischen Dimensionen des Werks deutlich macht, bereite ich vor.

7 BÄCHTHOLD-STÄUBLI 4 (1932), Sp. 209: »Die Verdammten werden in der Höllenküche gebraten und dann von den Teufeln gefressen.« – Sp. 244: »Andere werden in Pfannen geröstet, an Spießen gebraten, oder es wird ihnen glühendes Metall in den Mund gegossen« (vgl. dazu Anm. 14).

8 HUGHES S. 187, 189, 207, 209 f., 271. – Charles D. CUTTLER, Two Aspects of Bosch's Hell Imagery (in: Scriptorium 23, 1969), S. 313–319. – HAMMER-TUGENDHAT S. 26 f.

9 London, British Library, Ms. Add. 29433, fol. 89. – Millard MEISS, French Painting in the Time of Jean de Berry (1967), S. 241, Farbabb. 790, vgl. auch Abb. 787–789.

10 HUGHES S. 21, 33, 154, 189, 210, 213, 271, 273. – Vgl. die Literatur Anm. 8.

11 Alexandre de LABORDE, Les manuscrits à peintures de la ›Cité de Dieu‹ de Saint Augustin. 2 (1909), Pl. LXI, LXVIII, XCIX. – HUGHES S. 210.

12 Am deutlichsten in San Gimignano; siehe HUGHES S. 213, auch S. 189; ebenso auf den in Anm. 55 und 56 genannten Florentiner Kupferstichen.

13 Vgl. die Detailabb. bei Dino BUZATTI und Mia CINOTTI, L'opera completa di Bosch (1966), Tav. III. – Dasselbe Motiv kann aber auch zur Veranschaulichung der Strafe für *Invidia* dienen, wie der Beischrift des in Anm. 54 genannten Kupferstichs zu entnehmen ist.

14 Eine charakteristische Strafe für die Habgierigen ist auch das Einflößen von flüssigem Gold; siehe HUGHES S. 207. – Diese Vorstellung ist schon sehr früh nachweisbar, siehe BÄCHTHOLD-STÄUBLI 4 (1932), Sp. 242: »In der Vision eines armen Weibes (um 819) erscheint als Höllenstrafe, daß zwei Dämonen einem auf dem Rücken liegenden Goldgierigen flüssiges Gold in den Mund gießen«. – Eine besonders drastische Variante zeigt Taddeo di Bartolos Fresko in San Gimignano, wo ein Teufel auf der Brust des Sünders hockt und ihn mit selbstproduzierten Dukaten eindeckt; siehe HUGHES S. 214.

15 H. Arthur KLEIN, Graphic Worlds of Pieter Bruegel the Elder (1963), Nr. 43.

16 BÄCHTHOLD-STÄUBLI 4 (1932), Sp. 246: »Der Überblick über die Visionsliteratur zeigt, wie die Höllenstrafen immer persönlicher und sinnlicher werden«. Dasselbe Phänomen läßt sich auch bei den bildlichen Darstellungen beobachten.

Florentiner Baptisteriums vom Ende des 13. Jahrhunderts ist dies ein typisches Motiv der italienischen Tradition[17]. Besonders eindrucksvoll ist die grauenhaft-großartige Miniatur in den Très Riches Heures des Duc de Berry in Chantilly (Abb. 1) vom Anfang des 15. Jahrhunderts[18], die ganz unmittelbar eine Passage aus der weit verbreiteten »Visio Tondali« visualisiert, die in deutscher Übersetzung folgendermaßen lautet: »Hier, in der äußersten schrecklichen Tiefe des Abgrundes befindet sich der Fürst der Finsternis selbst, auf einem ungeheueren eisernen Rost ausgestreckt, festgebunden und von Teufeln umgeben, welche die unter ihm prasselnden Kohlen mit Blasebälgen anfachen. Er ist von riesiger Größe, schwarz wie Rabenfedern, rührt in der Finsternis tausend Arme, mit eisernen Klauen daran und entrollt einen gewaltigen Schwanz, ganz mit spitzen Pfeilen besetzt. Das entsetzliche Ungeheuer zittert und windet sich, schäumend vor Schmerz und Wut, fährt mit tausend Händen durch die dunkle Luft, welche ganz mit Seelen erfüllt ist, und wenn er eine Anzahl von ihnen erfaßt hat, drückt er sie in seinem verbrannten Munde aus, wie es ein durstiger Bauer mit einer Weintraube macht, dann seufzt er und bläst sie wieder von sich; wenn er wieder einatmet, zieht er sie alle wieder ein. So werden diejenigen bestraft, welche nicht auf die Barmherzigkeit Gottes gehofft oder nicht an Gott geglaubt haben, und ebenso alle anderen Sünder, welche erst eine Zeitlang die anderen Qualen ausstehen müssen und dann endlich dieser letzten unterworfen werden, welche ewig dauert«[19].

Wie der Forschung seit längerem bekannt ist[20], liegt ein anderer Abschnitt aus dieser »Visio Tondali«, deren zweite gedruckte Fassung übrigens 1484 in 's-Hertogenbosch erschien[21], der Heimatstadt des Hieronymus van Aken, nach der er sich Bosch nannte, auch dem seltsamen Vogelmonster auf dem rechten Flügel des großen Triptychons im Prado zugrunde[22], das nach seinem Mittelbild gemeinhin »Der Garten der Lüste« genannt wird, richtig aber »Das Goldene Zeitalter« heißen müßte, wie ich an anderer Stelle darlegen werde. Wie Robert McGrath 1968 erläutert hat[23], wird dadurch die Strafe sündiger Mönche und Nonnen veranschaulicht, die – so der Text – nach dem Durchgang durch den Leib des Monsters in einen Pfuhl herabstürzen, dort schwanger werden, Männer wie Frauen, und Teufelskreaturen gebären.

Ein anderes Werk des Meisters aus 's-Hertogenbosch ist ebenfalls im Prado in Madrid

17 Hughes S. 273, vgl. auch S. 158, 205, 207, 218, 270, 274 und die in Anm. 54–57 genannten Werke.

18 Chantilly, Musée Condé, Ms. 1284, fol. 108r. – Die Très Riches Heures des Jean Duc de Berry im Musée Condé Chantilly. Vorwort von Millard Meiss. Einführung und Bilderläuterungen von Jean Lognon und Raymond Cazelles (1973), Nr. 91.

19 Zit. nach Kurt Pfister, Hieronymus Bosch (1922), S. 46.

20 Zuerst Hermann Dollmayr, Hieronymus Bosch und die Darstellung der vier letzten Dinge in der niederländischen Malerei des 15. und 16. Jahrhunderts (in: Jahrbuch der kunsthistorischen Sammlungen des allerhöchsten Kaiserhauses 19, 1898), S. 328–330. – Ragnar von Holten, Hieronymus Bosch und die Vision des Tondalus (in: Konsthistorisk Tidskrift 28, 1959), S. 99–109.

21 M. F. A. G. Campell, Annales de la typographie néerlandaise du XV siècle (1874), S. 482, Nr. 1688. – Zuvor war schon eine Ausgabe in Antwerpen erschienen; siehe Kat. Le cinquième centenaire de l'imprimerie dans les anciens Pays-Bas (Brüssel 1973), Nr. 165.

22 Der hier besprochene Ausschnitt bei Tolnay S. 247. – Eine umfassende Zusammenstellung der bisherigen Literatur bei Gibson E 71–145; vgl. dazu meine Rezension (in: Kunstchronik 38, 1985), S. 300–307.

23 Robert L. McGrath, Satan and Bosch. The Visio Tundali and the monastic Vices (in: Gazette des Beaux-Arts 71, 1968), S. 45–50.

aufbewahrt: die Tischplatte mit der Darstellung der sieben Todsünden. Sie führt zum zentralen Thema dieses Beitrags, daß nämlich in der Hölle die Verdammten nicht nur als Speise dienten, sondern auch ihrerseits bewirtet wurden[24]. Ringförmig um das Zentrum mit Christus und der Inschrift »Cave, cave d(omi)n(u)s videt« sind die sieben Todsünden dargestellt, *Gula* (Abb. 2), in der Achse oberhalb Christi, repräsentiert durch einen fetten Völler mit einem gleichgearteten Sprößling und einen heruntergekommenen Trinker. In dem kleinen Ecktondo links unten wird gezeigt, wie in der Hölle Gleiches mit Gleichem vergolten wird, denn dort sitzt wiederum ein fetter Mann an einem gedeckten Tisch in dem geöffneten roten Zelt links oberhalb der Mitte, das unmißverständlich die Inschrift »Gula« an der Stirnseite trägt. Als Speisen auf dem Tisch sind wenig appetitliche und offenbar noch lebendige, krötenartige Kriechtiere zu sehen, so daß sich die Lust am Essen in Ekel wandelt[25].

Zwei Details der Gula-Darstellung im Kreis der Todsünden sollen genauer erörtert werden. Der dicke Mann führt einen Schweinsfuß zum Mund, ein Motiv, das bei Bosch mehrfach vorkommt[26] und in der Literatur teilweise kuriose Deutungen herausgefordert hat. Wilhelm Fraenger sprach es als Phallus-Symbol an[27]; doch den Vogel schoß zweifellos wieder einmal Wertheim Aymès ab, der in ihm offenbar kraft höherer Eingebung ein »Symbol des sich nähernden Psychopompos«[28] sah. Stellt man die einschlägigen Belege jedoch systematisch zusammen, ergibt sich ganz zweifelsfrei, daß sie ein Zeichen für die Lust ihrer Träger am üppigen Essen sind. Ein Blick auf einen Florentiner Kupferstich aus dem letzten Viertel des 15. Jahrhunderts[29], auf dem ein grotesker Moriskentanz zu sehen ist, bei dem die Männer sich um eine wohlbeleibte Frau bewegen, die durch eben dieses Attribut ausgezeichnet ist, macht zudem deutlich, daß es sich nicht um ein Privat-Symbol des Hieronymus Bosch handelt, sondern daß der damit verbundene Hinweis offenkundig auch andernorts verstanden wurde. Es ließe sich leicht eine ganze Serie zusammenstellen[30] bis hin zu Pieter Bruegels Darstellung des »Schlaraffenlands«[31].

Noch ein weiteres Detail von Boschs Gula-Darstellung verdient Aufmerksamkeit in dem

24 Tolnay S. 58–69. – Literatur bei Gibson E 259–270.

25 Daß die Schlemmer in der Hölle gezwungen werden, ekelerregende Tiere zu verspeisen, berichtet auch Verard in seinem »Traité des Peines d' Enfer« (um 1480); siehe Hammer-Tugendhat S. 27.

26 Tolnay S. 66, 94, 135 (rechter Flügel des Antonius-Triptychons, in einem Gefäß auf dem Tisch im Vordergrund), 283, 317 (Nr. 3), 320 (Nr. 14), 428 (Nr. 7), 432 (Nr. 26).

27 Wilhelm Fraenger, Hieronymus Bosch (1975), S. 407 (zum Antonius-Triptychon); vgl. auch S. 260 (zum »Verlorenen Sohn«). – Tolnay interpretierte das Motiv beim »Verlorenen Sohn« als volkstümlichen Glücksbringer (S. 46), beim Luxuria-Fragment als »Anspielung auf die Wollust« (S. 348).

28 Clément A. Wertheim Aymès, Hieronymus Bosch. Eine Einführung in seine geheime Symbolik, S. 80; vgl. auch S. 78 (zum »Verlorenen Sohn«). An beiden Stellen wird das Motiv als »Hirschfuß« angesprochen.

29 Hind 1 (1938) B. III. 12. – Robert L. McGrath, The Dance as Pictorial Metaphor (in: Gazette des Beaux-Arts 89, 1977), S. 89 mit Abb. 9. – Th. Vignau-Wilberg, Höfische Minne und Bürgermoral in der Graphik um 1500 (in: Wort und Bild in der niederländischen Kunst und Malerei des 16. und 17. Jahrhunderts, hg. v. Herman Vekeman und Justus Müller Hofstede, 1984), S. 46 mit Abb. 7.

30 Mehrere Beispiele bei Konrad Renger, Lockere Gesellschaft. Zur Ikonographie des Verlorenen Sohnes und von Wirtshausszenen in der niederländischen Malerei (1970), Textabb. 1, Abb. 34, 36, 62.

31 Roger H. Marijnissen und Max Seidel, Bruegel (Stuttgart 1969), Nr. 37, S. 274–277. – Rüdiger an der Heiden, Pieter Bruegel der Ältere. Das Schlaraffenland und der Studienkopf einer Bäuerin in der Alten Pinakothek (1985). – Auch im graphischen Werk Bruegels kommt das Motiv mehrfach vor; siehe H. Arthur Klein, Graphic Worlds of Pieter Bruegel the Elder (1963), Nr. 36, 37, 44.

hier verfolgten Zusammenhang: Oberhalb der Tür sitzt in einer Nische eine der rund 40 Eulen, die im Œuvre Boschs in höchst unterschiedlicher Bedeutung vorkommen[32]. Im vorliegenden Kontext kann kein Zweifel daran bestehen, daß sie wegen der »eigentümlichen Erscheinungen der Verdauungstätigkeit«[33] hier als ein weiteres Symbol der *Gula* aufzufassen ist.

Das in dem kleinen Höllen-Tondo der Madrider Tafel nur knapp angedeutete Motiv der Bewirtung in Teufels Küche ist detailreich ausgemalt im Mittelbild von Boschs Wiener Weltgericht[34], wo auf dem Plateau links vorne in einer Art Küchen-Folterkammer Szenen vielfältigster Art zu sehen sind (Abb. 4 u. 5): Dort werden Menschen von Monstren mit riesigen Messern zerstückelt, in einer Pfanne geröstet, am Spieß gebraten, dahinter, in der Nische eines Hauses, im Kessel gekocht, oder, darüber aufgehängt, geräuchert. Im Inneren des Hauses ist eine Kelter in vollem Betrieb erkennbar, aus der noch eine gespreizte Hand hervorragt, und seitlich der Außenwand sitzt ein fetter Prasser an einem mit Kröten gedeckten Tisch, wo ihm ein ekelerregender Trank eingeflößt wird, dessen Herstellungsart nicht verschwiegen wird.

Derartige aberwitzige Erfindungen erfreuten sich in der ersten Hälfte des 16. Jahrhunderts außerordentlicher Beliebtheit, und darum entwickelte sich eine regelrechte Verwertungsindustrie für Bosch-Motive, die Figurationen aus seinen Bildern kalleidoskopartig in immer neuen Kombinationen zusammenstellte[35]. Wenige Beispiele sollen genügen, um dies zu demonstrieren.

Noch in die unmittelbare Nähe des Meisters gehört das Brügger Weltgericht, das vermutlich ein direkter Schüler in seiner Werkstatt schuf, der, wie leicht zu erkennen ist, Motive des Wiener Weltgerichts, darunter den krötengedeckten Tisch, mit anderen aus dem Höllenflügel des sogenannten Gartens der Lüste zu einer neuen Komposition verband[36]. Unverkennbar in die Bosch-Nachfolge gehört auch die kleine Tafel mit der Tondalus-Vision im Museo Lazaro-Galdiano in Madrid, die unter zahlreichen Szenen in der Manier des Meisters auch das Motiv des fetten Prassers zeigt, dem ein Trank eingeflößt wird, in diesem Fall aus einem Krug[37]. Ganz offenkundig angeregt von der finsteren Zecherrunde im Höllenflügel des großen Triptychons im Prado ist die Darstellung auf einem vor 1536 von Matthias Gerung geschaffenen, phantastischen Flugblatt, dessen Tendenz an einer Vielzahl von Motiven unschwer ablesbar ist, nicht zuletzt daran, daß der Papst persönlich von einem geflügelten Höllenhelfer

32 Paul VANDENBROECK, Bubo significans. Die Eule als Sinnbild von Schlechtigkeit und Torheit, vor allem in der niederländischen und deutschen Bilddarstellung und bei Hieronymus Bosch I. (in: Jaarboeck koninklijk Museum voor Schone Kunsten – Antwerpen 1985), S. 19–25 (Liste der Darstellungen bei Hieronymus Bosch), S. 73, 94 (Beziehungen zur *Gula*).

33 Heinrich SCHWARZ und Volker PLAGEMANN, Eule (in: RDK 6, 1973), Sp. 307. – Der negative Charakter der Eule ist im vorliegenden Fall auch dadurch deutlich gemacht, daß sie die Nische, in der sie hockt, verunreinigt hat.

34 TOLNAY S. 168–187. – Literatur bei GIBSON E 165–172, J 24. – Auch diese Darstellung ist wesentlich von der »Visio Tondali« geprägt worden; siehe dazu im einzelnen H. W. STEEMERS, Hieronymus Bosch een interpretatie van zijn laatse oordeelstriptiek te Wenen aan de hand van Middelnederlandse literarie bronnen (1979), passim.

35 Gerd UNVERFEHRT, Hieronymus Bosch. Die Rezeption seiner Kunst im frühen 16. Jahrhundert (1980). – Vgl. dazu meine Rezension (in: Kunstchronik 34, 1981), S. 262–277.

36 TOLNAY S. 188–201. – UNVERFEHRT Nr. 3, Abb. 197 f.

37 UNVERFEHRT Nr. 82, Abb. 223; vgl. auch Nr. 81, Abb. 222, ein Werk, das im wesentlichen Motive des Höllentondos der Madrider Tischplatte wiederholt (siehe Anm. 24).

der Runde dem Rachen eines grotesken Kompositwesens zugeführt wird[38]. Breiten Raum nehmen die mittlerweile bekannten Motive auch in einer Höllendarstellung des Pseudo Herri met de Bles in Venedig ein, auf der neben dem krötengedeckten Tisch ein zweiter zu sehen ist, auf dem menschliche Gliedmaßen wie zum Verkauf ausgelegt sind. Rundherum finden sich dann Spuk- und Folterszenen aller erdenklichen Arten[39].

Schließlich sind ähnliche Motive auch mehrfach in Bildern von Pieter Huys anzutreffen: Sowohl in seinem Weltgerichtsbild in Brüssel[40] als auch auf dem im Prado in Madrid[41] (Abb. 6 u. 7) füllen sie – wie bei dem Vorbild, dem Wiener Weltgericht von Bosch – den Bereich links unten. Darüber hinaus kommt bei Huys das Motiv des mit Kriechtieren, zusätzlich aber noch mit Blumen und einem Menschenkopf gedeckten Tisches in einer Antonius-Versuchung vor[42]. Eine eigentlich widersinnige Verwendung des Motivs, denn natürlich soll der Heilige nicht durch Ekel abgestoßen, sondern durch lockende Genüsse zur Todsünde der *Gula* verleitet werden. Das kann ein Blick auf den rechten Flügel von Hieronymus Boschs Lissaboner Antonius-Triptychon deutlich machen, wo wieder einmal die Schweinspfote in dem Gefäß mitten auf dem Tisch als Gula-Symbol dient[43]. Die dem Heiligen drohende Gefahr ist bei Bosch sehr viel dezenter durch eine halb unter dem Tischtuch verborgene Kröte angedeutet, während Pieter Huys, zweifellos unter dem Eindruck der Tische aus Teufels Küche, im wahrsten Sinne des Wortes dicker auftrug.

Daß die Vorstellung, den Schlemmern und Trinkern werde in der Hölle mit gleicher Münze heimgezahlt, indem die Quälgeister sie dort mit ekelhaften Speisen und Tränken traktierten, auch noch in der zweiten Hälfte des 16. Jahrhunderts lebendig blieb, belegt ein Kupferstich des Marten de Vos[44], der das nun schon geläufige Motiv rechts unten zeigt. Es erhebt sich nach diesem Überblick die Frage, ob der schon früh für seinen außergewöhnlichen Einfallsreichtum gerühmte Meister aus s'Hertogenbosch auch sein Erfinder war.

In der vorherigen altniederländischen Malerei scheint es in der Tat unbekannt gewesen zu sein. Doch schon ein Ulmer Holzschnitt (S. 142), der gegen 1485 entstand, zeigt, wie im Flammenmeer der Hölle einem der Sünder links unten von einem Teufel ein Becher mit einer geringelten Schlange an den Mund gesetzt wird[45]. Wendet man den Blick weiter südlich, nach Italien, so stößt man dort auf eine Reihe weiterer teuflischer Tafelrunden, die seit dem 14. Jahrhundert dort entstanden. Den Mosaizisten, die am Ende des 13. Jahrhunderts ihr

38 Unverfehrt S. 232, Abb. 249. – Werner Hofmann (Hg.), Luther und die Folgen für die Kunst (1983), Nr. 42 mit Farbabb. 5.

39 Castelli Abb. 57–60. – Hughes S. 166.

40 Castelli Abb. 66–68. – Unverfehrt Nr. 129, Abb. 211.

41 Castelli Abb. 70. – Unverfehrt Nr. 127, Abb. 212.

42 Castelli Abb. 64–65. – Unverfehrt Nr. 128, Abb. 156.

43 Tolnay S. 134–163. – Literatur bei Gibson E 188–211.

44 Eduard Fuchs, Illustrierte Sittengeschichte vom Mittelalter bis zur Gegenwart. Renaissance. Ergänzungsband (1909), Abb. 128. – In anderem Zusammenhang taucht das Motiv auf dem Brüsseler Hiobsaltar des Bernart van Orley auf. Auf der Außenseite ist dort die Geschichte vom armen Lazarus dargestellt. Rechts vorne ist zu sehen, wie der reiche Prasser im Fegefeuer mit Kröten und Schlangen bewirtet wird; siehe Max J. Friedländer, Jan Gossart – Barent van Orley (Die altniederländische Malerei 8, 1930), Nr. 85, Taf. LXIX.

45 Ernst Weil, Der Ulmer Holzschnitt im 15. Jahrhundert (1923), S. 69, Abb. 44. – Hammer-Tugendhat (Anm. 16 zu S. 27) macht auf ein weiteres Beispiel aus der französischen Handschrift vom Ende des 15. Jahrhunderts (Oxford, Bodleian Library, Ms. Douce 134, fol. 85v) aufmerksam.

großes Werk in der Florentiner Baptisteriums-Kuppel schufen[46], war das Motiv noch ebensowenig bekannt wie Giotto, als er zu Beginn des 14. Jahrhunderts sein Weltgerichts-Fresko an die Westwand der Arena-Kapelle in Padua malte[47]. Auch in den zahlreichen illustrierten Dante-Handschriften kommt es nicht vor. Dante vergaß bei seiner Schilderung des Inferno die Schlemmer zwar keineswegs, gab als deren Strafe aber an, sie müßten in ewig eisigem Regen auf dem Boden liegen[48]. Entsprechend wurde die Szene von den Illustratoren ausgemalt[49]. Um so mehr muß es angesichts dieses Tatbestandes überraschen, daß in dem großen Fresko, das Nardo di Cione 1357 in der Strozzi-Kapelle von Sta. Maria Novella in Florenz malte, dem einzigen monumentalen Werk, das bemüht ist, Dantes Schilderungen weitgehend getreu ins Bild zu setzen, die Sünder um einen Tisch versammelt sind, wo sie mit Speisen und Getränken traktiert werden, die, anders als bei Bosch und seinen Nachfolgern, zumindest von ihrem Anblick her keinerlei Ekel erregen[50]. Das kann nur heißen, daß dem Künstler das Motiv von Höllendarstellungen her so geläufig war, daß er es in die Dante-Ikonographie interpolierte. Es ist mir nicht gelungen, frühere Beispiele, die es demnach fraglos gegeben haben muß, nachzuweisen, doch bald darauf finden sie sich in rascher Folge.

In Francesco Trainis Höllenbild im Camposanto von Pisa[51] ist es ebenso zu finden wie in den Fresken, mit denen Taddeo di Bartolo 1393 die Collegiats-Kirche in San Gimignano ausmalte[52]. Bei Fra Angelico kommt es auf seinen Weltgerichts-Tafeln im Museo di San Marco in Florenz (Abb. 3) und in Berlin-Dahlem vor[53]. Offensichtlich auf seine Florentiner Tafel von 1432–1435 geht ein in den Jahren um 1470–1490 ebenfalls dort entstandener Kupferstich zurück[54]. Ein anderer (S. 126), etwas früher, 1460–1480 datierter, gibt in einer Inschrift links oben als Quelle das Fresko im Pisaner Camposanto an[55]. Zeitgleich entstand eine hochformatige Variante, die durch erläuternde Schriftbänder bereichert ist[56], und schließlich kann eine Illustration[57] zu einem 1477 in Florenz edierten Buch belegen, daß das Motiv dort ein fester Bestandteil der Höllenikonographie geworden war. Ein Fresko Martino Spanzottis in Ivrea dokumentiert, daß die Höllen-Tafelrunde auch in Norditalien bekannt war[58].

Die Kette der Beispiele zeigt, daß die Vorstellung von einer Schlemmer-Runde in der Hölle über anderthalb Jahrhunderte in Italien lebendig blieb, trotz der andersartigen Schilderung Dantes. Möglicherweise hat jedoch seine Vision des Inferno mit den wohlabgegrenzten

46 Hughes S. 272 f.
47 Hughes S. 21 (seitenverkehrt!), farbiges Detail S. 179.
48 Dante, Inferno VI, 34 ff.
49 Peter Brieger–Millard Meiss–Charles S. Singleton, Illuminated Manuscripts of the Divine Comedy (1969), Bd. 2, S. 92–103. – Nur eine Miniatur in einer um 1390–1400 in Florenz entstandenen Handschrift (Vatican, lat. 4776, fol. 18v) zeigt, überschnitten vom rechten Bildrand, um einem Tisch versammelt eine Männergruppe, von denen einer einen Becher zum Mund führt, wie auf dem Fresko von Nardo di Cione (vgl. die folgende Anm.).
50 Hughes S. 189 (Gesamtansicht), S. 158 (Detail).
51 Ebd. S. 154.
52 Ebd. S. 33, 212–214.
53 Ebd. S. 206 f.
54 Hind 1 (1938) B.III.7.
55 Ebd. A.I.59.
56 Ebd. A.I.60.
57 Ebd. A.V.1(3).
58 Giovanni Testori, G. Martino Spanzotti. Gli Affreschi di Ivrea (1958), Tav. LXXIII–LXXIV.

Höllenkreisen dazu beigetragen, daß in allen italienischen Bildern die Höllen so klar geordnet sind: Um die stets im Zentrum thronende Gestalt Satans sind immer sieben abgegrenzte Bezirke gruppiert, die jeweils die Bestrafung für eine der sieben Todsünden zeigen, nach dem »Prinzip, daß der Mensch in der Hölle damit bestraft wird, womit er im Leben gesündigt hat«[59].

Den Höllenvisionen Boschs ist eine derartige Wohlgeordnetheit diametral entgegengesetzt; er inszenierte ganz gezielt das Höllenchaos. Auch das hier spezieller untersuchte Thema ist bei ihm mit so völlig anderen Mitteln gestaltet, daß wenig für die Annahme spricht, er könnte seine Anregung dazu in Italien erhalten haben, obwohl er sich nach neueren Erkenntnissen der Forschung[60] dort aufgehalten hat. Außer Frage steht jedoch, daß seine Vorstellungen von den Vorgängen in Teufels Küche die Bilder des 16. Jahrhunderts wesentlich geprägt haben.

VERZEICHNIS DER ABGEKÜRZT ZITIERTEN LITERATUR

Bächthold-Stäubli, Hanns: Handwörterbuch des deutschen Aberglaubens. Bd. 4. Leipzig, Berlin 1932.
Castelli, Enrico: Il demoniaco nell' arte. Mailand 1952.
Gibson, Walter S.: Hieronymus Bosch, an annoted Bibliography. Boston 1983.
Hammer-Tugendhat, Daniela: Hieronymus Bosch. Eine historische Interpretation seiner Gestaltungsprinzipien. München 1981.
Hind, Arthur M.: Early Italian Engravings. Part 1: Florentine Engravings and anonymous Prints of other Schools. London 1938.
Hughes, Robert: Heaven and Hell in Western Art. London 1968.
Tolnay, Charles de: Hieronymus Bosch. Baden-Baden 1965.
Unverfehrt, Gerd: Hieronymus Bosch. Die Rezeption seiner Kunst im frühen 16. Jahrhundert. Berlin 1980.

59 Bächthold-Stäubli 4 (1932), Sp. 219.
60 Die einschlägige Literatur ist zusammengestellt in meiner Rezension des Buches von Unverfehrt (in: Kunstchronik 34, 1981), S. 275f.

Abb. 1 Stundenbuch »Les Très Riches Heures« des Jean Duc de Berry: Die Hölle.
Chantilly, Musée Condé, Ms. 1284, fol. 108r

Abb. 2: Hieronymus Bosch: Bestrafung der Gula, Detail der Tischplatte mit den Sieben Todsünden. Madrid, Prado

Abb. 3 Fra Angelico: Weltgericht, Hölle. Florenz, Museo di San Marco

Abb. 4 Hieronymus Bosch: Wiener Weltgerichts-Triptychon.
Mittelbild, Gesamtansicht

Abb. 5 Hieronymus Bosch: Wiener Weltgerichts-Triptychon.
Detail des Mittelbildes: Bestrafung der Gula

Abb. 6 Pieter Huys: Weltgericht. Gesamtansicht. Madrid, Prado

Abb. 7 Pieter Huys: Weltgericht. Detail: Bestrafung der Gula. Madrid, Prado

Bestrafung der Sieben Todsünden in der Hölle. Holzschnitt, Ulm, um 1485

IBRAHIM ELMADFA / S. AL-HADRUSI

Über Ernährungswissen und Ernährungsgewohnheiten bei den alten Arabern

Das Verlangen nach Nahrung zählte auch bei den alten Arabern zu den dominierenden Instinkten, es rangierte sogar vor dem sexuellen Verlangen. Die Verhaltensforscher jener Zeit beobachteten, daß beim Erreichen eines bestimmten Grades des Hungergefühls, sollte plötzlich eine spärliche Nahrungsmenge zur Verfügung stehen, die Mutter – häufig – der Sicherung der eigenen Versorgung höheren Rang gibt als der ihres Nachkommens (in 1*, vgl. S. 148). Die Dichter und Gelehrten Arabiens dokumentierten, daß die Nahrungssicherung über allem stand. Abū Tammam (804–846), der große Dichter sagte: »Starker Hunger verdrängt in mir das Verlangen nach Liebesgenuß selbst schönster Frauen.«

– *iḏa ǧtamaʿa l-ǧū u l-mubarriḥu wa-l-hawā*
nasītu wiṣāla l-ānisāti l-kawāʿibī.
– *aniḥ fa-ṣtabiġ qursan iḏa ʿtādak l-hawa*
bi-zaitin kamā yakfīka faqdu l-ḥabāʾbī (in 2, 4/1853 ff.).

Al-Aṣmaʿī (740–831) berichtete von einem jungen Mann, der seinem Wegbegleiter – einem betagten Senior – von den Folgen des Hungers auf die Gesundheit und Leistungsfähigkeit des Mannes erzählte, er versuchte damit, sich selbst und seinen Begleiter zu beschäftigen und vom langen beschwerlichen Weg abzulenken. Nachdem beide ihr bescheidenes Mahl zu sich genommen hatten, fing der Jüngere erst an, über die Liebe und den Liebesgenuß zu philosophieren (in 3, 3/484).

Analysiert man die Liebespoesie (erotische Poesie) der alten Araber, so findet man darin wenige, aber interessante Hinweise auf die Eßlust. Viele von ihnen schreiben über die Frau zahlreiche lange Lobgedichte oder -reden, in denen sie sie oder einige ihrer Körperteile mit den Leib- und Lieblingsspeisen verglichen. Ihre Phantasie umfaßte nicht nur die Vielfalt und Qualität, sondern auch die Quantität. So wünschte sich der Dichter Umaīya Ibn Abī ṣ-Ṣalt (?–626) nichts mehr als Brot, Milch, Butter und Datteln. Davon wünschte er so viel, daß er ohne Maß und Kontrolle essen kann und auch daran stirbt (in 2, 4/1854).

Kein Wunder! Denn diese Menschen lebten in der Wüste sehr karg und bescheiden, die meiste Zeit des Jahres fanden sie kaum Eßbares. So liest man in den alten Schriften, daß sie – vom Hunger bedrängt – Luft schluckten, an trockenen Hölzern und Kräutern kauten und Eidechsen und Yarabi (Wüstenspringmäuse) aufreizten oder aufstöberten und fingen (in 4, 1/380). Die Wüsten-Araber vor dem Islam aßen sozusagen alles, was sie finden konnten, und wiesen nichts Eßbares zurück. Bedrängt und gequält von Armut und Hunger, töteten sie manchmal ihre neugeborenen Kinder, bis der Islam diese Art der Problemlösung verbot.

* Siehe die Literaturliste im Anhang, S. 148, auch für die folgenden Verweise.

qul taʿālaw atlū mī ḥarrama rabbukum ʿalaikum, allā tušrikū bihi šaiʾan, wa-bi-l-wālidaini iḥsanan, wa-lā taqtulū awlādakum min imlāqin, naḥnu narzuqukum wa-iyyahum… (sūra 6/151).
»Sag: Kommt her! Ich will (euch) verlesen, was euer Herr euch verboten hat: Ihr sollt nichts (als Teilhaber an seiner Göttlichkeit) beigesellen. Und zu den Eltern (sollt ihr) gut sein. Und ihr sollt nicht eure Kinder wegen Verarmung töten – wir bescheren ihnen und euch (den Lebensunterhalt) …« (Sūra 6, Das Vieh, 151) (in 5).

Ihr knappes, karges Leben erkennend und regelnd, zählt Surat al-Anʿām (einer der Ersten im Koran, 6. Mekkia) auf, was die Menschen nicht essen durften: Alles Eßbare sei erlaubt, ausgenommen das Verendete, das Blut und das Schweinefleisch. Aber auch dieses Verbot wird in der Not gelockert.

qul la aǧidu fī mā ūḥiya ilaiya muḥarrman ʿlā ʿimin yaṭ ʿamuhū illā an yakūna mītatan aw daman masfūḥan aw laḥma ḫinzīren, fa-innahu riǧsun aw fisquan uhilla li-ġairi llāhi bi-hi, fa-man iḍṭurra ǧaira bāǧin wa-lā ʿādin fa-inna rabakka ġafūrun rahīm (sūra 6/145)
»Sag: In dem, was mir (als Offenbarung) eingegeben worden ist, finde ich nicht, daß etwas für jemand zu essen verboten wäre, es sei denn Fleisch von verendeten Tieren oder Blut das (beim Schlachten) ausgeflossen ist, oder Schweinefleisch – das ist Unreinheit –, oder Grenel (fisq) (menschliches Fleisch), worüber (beim Schlachten) ein anderes Wesen als Gott angerufen worden ist. Aber wenn einer sich in einer Zwangslage befindet, ohne (von sich aus Verbotenes) zu begehren oder eine Übertretung zu begehen (trifft ihn keine Schuld). Dein Herr ist barmherzig und bereit zu vergeben« (Sūra 6, Das Vieh, 145) (in 5).

Wie schon bei anderen Völkern des Orients entsprangen Weisheit und Philosophie der Menschen den Gegebenheiten, ja den Nöten ihres Lebens. Die ständige Nahrungsknappheit machte aus den alten Arabern fast asketische Menschen, die – nicht wegen der Knappheit, sondern eher trotz der Knappheit – »freiwillig« auf das Essen verzichteten; sie tadelten heftigst die Sattheit und priesen den Hunger. Auf dieser Basis fußend, fanden sich in den Schriften und Überlieferungen der Araber vor dem Islam und während der Anfänge des Islams Grundregeln und Weisheiten, die bis heute in der arabisch-islamischen Ernährungs- und Gesundheitserziehung berücksichtigt werden. Hierzu seien einige Beispiele aufgeführt:

»Schlemmerei verdrängt Klugheit« (oder Scharfsinn).
al-bitnatu tuḏhibu l-fitna (in 3, 6/298).

»Ich hungere so lange, bis ich keinen Hunger mehr habe.
Beim Essen bin ich nicht der Schnellste, denn der Schnellste ist der Gierigste.«
– udīmu mitāla l-ǧūʿi ḥattā umītuhu
wa-aḍribu ʿanhu ḏ-ḏikra ṣafḥan fa-aḏhalū
– iḏā muddat l-aidī ila z-zadi lam akun
bi-aʿǧalihim iḏ aǧšaʿu l-qaumi aʿǧalu
(aš-Šanfara, …–525) (in 4, 1/377).

Aus diesen zwei Beispielen erkennt man hinsichtlich des Eßverhaltens der Araber, daß der Zufall zum Ursprung wurde, eine abhängige Größe wurde also zur Determinante, mit anderen Worten: aus der Not wurde eine Tugend. Auch im Islam fanden diese Überlieferungen ihren Niederschlag. So soll der Prophet Muhammad gesagt haben:

> »Der Gläubige ißt in einem Darm, der Ungläubige ißt in sieben Därmen.«
> *al-mu'minu ya'kulu fi ma'yin waḥdin, wa-l-kāfiru ya'kulu fi sab'ati am'ā'*
> (Ḥadiṯ) (in 4, 1/378).

Dies bedeutet, daß auch der Islam die Vielesserei anprangert und ablehnt.

Das war die erworbene Bescheidenheit der Araber vor dem Islam. Und die Dichter waren, wie oben erwähnt, während der Anfänge des Islams zu stolz, um über das Essen und die Eßlust zu schreiben. Hinzu kam, daß der Besitz zur Zeit der Kalifen und speziell in der Umayyadischen Zeit so verteilt war, daß das Individuum so viel besaß, wie es zum Überleben benötigte (eine gewisse Parallelität zu heutigen Sozialstaaten!). Allerdings gab es auch seinerzeit Arme und Reiche, unten und oben. Die Situation war fast so schlimm wie im zweiten Jahrhundert islamischer Zeitrechnung, so etwa unter der Abbasidischen Herrschaft. Hierüber schrieb Aḥmad Amin (Bek) in seinem Buch »Ẓuhr al Islām«: »In allen Regionen des islamischen Staates (im dritten Jahrhundert islamischer Zeit) war der Besitz während dieser Epoche nicht mal annähernd fair oder gleich verteilt. Die Klassenunterschiede waren überdeutlich groß, es herrschten Paradies und Hölle, luxuriöser Wohlstand und unbeschreibliche Armut, grenzenloser Genuß und Entbehrung...« (6; zit. nach 1, S. 9f.). Die Situation verschärfte sich durch die ständigen Kriege und inneren Unruhen; die menschliche Arbeitskraft wurde der landwirtschaftlichen Produktion entzogen und in den Kriegsdienst gestellt. Es herrschten auch politische und konfessionelle Unruhen; »Law and Order« waren bereits dahin.

Seit dieser Zeit findet man, daß viele Dichter offen und deutlich über ihre Nöte und Bedürftigkeit schreiben, sie gaben damit ein altes Prinzip, den Hunger in Tat und Wort zu unterdrücken, auf. Sie lobpreisten den edlen Spender und Gönner und tadelten den Geiz. Sie waren sozusagen nicht uneigennützige, aber manchmal kritische Zeitgenossen. Dokumentiert wurde, daß viele Wissenschaftler, Gelehrte und Dichter ihr alltägliches Brot regelrecht erschrieben oder erbettelten, manche lebten wie Parasiten von den Almosen reicher Gönner, und wer dies nicht ertragen konnte, wanderte aus, zum Beispiel nach Andalusien (wie Abū *'Ali al-Qālī;* 901–967). Die Reichen dagegen lebten in Saus und Braus. Ihre Gastfreundschaft und ihre Großzügigkeit zeigten sie zu bestimmten Anlässen; an ihren Ausgaben wurde ihr Reichtum gemessen. Besonders spendabel waren sie im Fastenmonat Ramadan (6), wie dies übrigens bei den Moslems aller Zeiten der Fall war und noch ist. So wird von Ibn Abbad (938–995), dem Minister in Bagdad, erzählt, daß in seinem Haus Tag für Tag für die Dauer von vier Wochen tausend Menschen nach Sonnenuntergang ihr Mahl zu sich nahmen. Ein anderer soll täglich regelmäßig 12000 Brote verteilt haben und im Ramadan das Doppelte (in 6, zit. nach 1, S. 11). Ein weiterer Minister, Ibn al-Furāt (855–924), soll täglich seine Gäste mit einem deftigen Mahl beglückt haben, das aus allerlei Köstlichkeiten bestand. Er benötigte für seine Küche täglich 30 Schafe, 30 Ziegenlämmer, 200 Hühner und 200 Hähnchen, 400 Stücke anderen Geflügels sowie Brot und Kuchen und viele Getränke (7, S. 87ff.).

Während jener Zeit aßen die Araber viel, aber auch vielseitig. Das Essen allgemein und das Fleisch waren Gegenstand ihrer Erzählungen, Gedichte, Unterhaltungen und Witze. So sagte ein Mann einem ihm gegenübersitzenden Beleibten:

»Ich sehe, daß Du einen hübschen Stoff von Deiner Zähne Arbeit anhast.«
arā ʿalaika qatifatan min nasǧi adrāṣik (in 8, 3/225).

Auf die Frage, wieviel er täglich esse, antwortete Maisara al-a'kūl fragend: »Aus eigener Tasche oder auf fremde Kosten? Aus der eigenen Tasche? Ein Makkuk (ca. ½ Maß). Und auf Kosten anderer? Backt und deckt den Tisch; also her mit dem Schmaus« (in 8, 3/225).

Um das Fleisch wurde vieles erzählt und überliefert. Ta'abbaṭa Šarran (…–540) soll gesagt haben:

»Nichts im Leben liebe ich mehr als dreien:
Fleisch essen, Fleisch (Pferde!) reiten und Fleisch an Fleisch reiben.«
mā aḥbabtu šaiʾan qaṭṭu akṯar min ṯalaṯin:
aklu l-laḥmi, wa-rukūbu l-laḥmi, wa-ḥakku l-laḥmi bi-l-laḥami
(Ta'abbaṭa Sarran) (in 3, 6/300).

Hilāl Ibn al-Asʿar at-Tamīmī (?–747) (in 8) soll ein Vielfraß gewesen sein, ebenso seine Frau. Zu einem Abendmahl sollen er und seine Frau fast zwei Kamele gegessen haben. Im Schlafgemach wollte er dann mit ihr schlafen, aber wegen der Füllerei konnte er nicht. Darüber verwundert, fragte er nach dem Grund. »Wie könntest Du mich erreichen, und zwischen uns sind zwei ganze Kamele«, antwortete die Frau Gemahlin (in 8, 3/226 und in 3, 6/300).

Andererseits gab es auch eine starke Aversion gegen den Fleischgenuß, was zu der Annahme führt, daß unter den Zeitgenossen jener Zeit auch Vegetarier gelebt haben müssen. Folgende prägnante Äußerungen seien in diesem Zusammenhang erwähnt:

»Fleisch wie Wein; beide machen süchtig.«
mudminu l-laḥmi ka-mudminu l-ḫamr (in 8, S.217).

Einer beobachtete, daß ein anderer Fleisch verzehrte. Sein Kommentar:
»Fleisch verzehrt Fleisch, welch eine schlimme Tat.«
laḥmun ya'kulu laḥaman, uffin li-haḏā ʿamalan (in 8, S. 217).

»Seid gewarnt vor diesen Massakern (Fleischverzehr!), sie machen süchtig, wie der Alkohol es tut.«
iyyākum wa-hāḏihi l-maǧāzir, fa-inna lahā ḍarāwatan ka-ḍarāwati l-ḫamr
(al-Ǧāḥiẓ; 771–869) (in 8, S. 217).

Bei den reichen Arabern war das Essen eher ein Anlaß zum Genuß denn eine Möglichkeit, ein Grundbedürfnis zu erfüllen, auch entwickelten sich neue Tafel- und Tischsitten. Während ihre Vorfahren und die Armen mit der Hand aßen – nach Empfehlungen des Propheten mit der rechten Hand (*iḏā akala aḥadukum fa-l-yʿakul bi-yamīnihī, wa-ya-šrab bi-yamīnihī; fa-inna a-šaiṭāna ya ʿakulu bi-šimālihī wa-ya-šrabu bi-šimalihī* [Hadit] [in 10, S. 68b]), aßen die Reichen mit teurem Besteck. So soll der Minister Muhallabi (903–963) beim Essen für jedes Häppchen einen neuen Löffel benutzt haben (in 1, S. 11f.). Solche feinen Leute wurden als weder gierig noch gefräßig beschrieben. Auffällig war, daß sie »das Volumen ihrer Happen verkleinerten. Sie aßen vom Brot nur die weiche zarte Mitte, vom Fleisch nur das Magere vom jungen Tier. Sie aßen keine Nieren und keine Sehnen, keine Mägen und keine Innereien (Milz, Lunge, Leber). Sie schmatzten nicht; auch die Suppe schlürften sie nicht. Sie lutschten an keinen großen dicken Markknochen, sondern nur die kleinen« (9, S. 129f.).

Um diese Zeit entstand eine neue Eßkultur. Viele Dichter und Schriftsteller beschäftigten sich mit den Themen Kochen und Essen sehr ausführlich. Was hierüber zu lesen ist, zeigt, daß sie sehr bemüht waren, die Phantasie beim Kochen anzuregen und die Eßlust zu steigern. Es wurden Kochbücher verfaßt sowie Bücher über die Tischordnung. Als Beispiele seien folgende Titel erwähnt:

»Welches Essen, wann und in welcher Reihenfolge«
»mā yuqaddamu min l-aṭʿimai wa-mā yuʾaḫḫar«

»Die Reihenfolge beim Obstessen«
»tartibu akli l-ſawākih« (ar-Razi; 865–923) (in 1, S. 15)

»Weingenuß auf Festen«
»an-nabiḏu wa-šurbuhu fi l-walāʾ*im« (Qustā Ibn Loqā; ...–912) (in 1, S. 15).*

Die alten Araber hatten bezüglich des Eßverhaltens von anderen Kulturen Weisheiten und Regeln übernommen und praktiziert. So galt für sie der Grundsatz des Hypokrates (469–375 v. Chr.), fast wörtlich übersetzt, als Leitfaden und eine Grundregel der Nahrung gegenüber:

»Ich esse, um zu leben, und lebe nicht, um zu essen.«
innī innamā ākulu li-aḥya, wa-ġairī yaḥyā li-yaʾkul (in 8, S. 303)

Ebenso hatten sie von den Persern einiges gelernt. So gilt zum Beispiel über den Zeitpunkt der Nahrungsaufnahme folgende Regel:

»Wer sich (von der Kaufkraft ausgehend) das Essen leisten kann,
soll essen, wann er Hunger hat.
Wer es sich nicht leisten kann,
soll essen, wann er zu Essen gelangt.«
wa-qila li-Buzirğmihr (6. Jh.):
aiyu t-taʾāmi aṣlaḥ?, qāla: ammā li-man qadira fi-iḏā ğaʾā,
wa-li-man lam yaqdir fa-iḏā wağad (in 3, 6/307).

Andere Leitsätze entsprangen der arabischen Kultur. Sie wurden auch vom Islam bestätigt und übernommen und bilden wichtige Grundlagen im Rahmen der Ernährungs- und Gesundheitserziehung in der arabisch-islamischen Gesellschaft. Sie finden heute in vielen modernen Programmen der Präventivmedizin große Beachtung. Von den zahlreichen Leitsätzen, Regeln, Empfehlungen und Überlieferungen möchte ich nur einige anführen:

»Wir essen dann, wenn wir hungrig sind; und hören auf zu essen, bevor wir gesättigt sind.«
naḥnu qaumun lā naʾkulu ḥattā nağūʾa, wa-iḏā akalnā la našbaʿ.

Damit wird von der übermäßigen und unkontrollierten Nahrungsaufnahme abgeraten.

»Unterhaltet euch bei Tisch, auch wenn es sich um die Kosten eurer Waffen handelt.«
taḥaddaṯu ʿala ṭ-ṭaʿāmi wa-lau bi-ṯumni asliḥatikum (Hadīṯ) (in 10, 1/295b).

Nach diesem »Hadit« soll der Mensch die Nahrung langsam zu sich nehmen und das schnelle Herunterschlingen (Würgen) des Essens gemieden werden. Das langsamere Essen ist heute ein wesentliches Ziel einiger therapeutischer Maßnahmen, das gestörte Eßverhalten adipöser Menschen zu korrigieren.

»Wenn Du ißt, so laß ein Drittel Deines Bauches für feste Nahrung, ein Drittel für Flüssiges und ein Drittel für die Atemluft.«
iḏā akalta fa-ǧʿal ṯulṯa baṭnika li-z-zād, wa-ṯulṯahu li-l-māʾ, wa-ṯulṯahu li-l-hawāʾ (Hadit) (10, 1/S. 295b).

»Iß weniger, dann schläfst Du besser.«
aqlil ṭaʿāman taḥmad manaman (in 8, 3/219).

Und schließlich ein Ratschlag eines Weisen (Ibn az-Zuʿaira) (in 8, S. 306), der auf die Frage, ob er je unter Völlegefühl gelitten hätte, mit »nein« antwortete! Warum?

»Denn wir essen nur gut Gegartes,
wir kauen das Gegessene gründlich,
und wir füllen den Magen nur mäßig.«
»hal atḫamta abadan?« qala lā.
wa-kaifa ḏālika?
qāla: »li-annā iḏā ṭabaḫnā anḍaǧnā, wa-iḏā maḍaǧnā daqqaqnā,
wa-lā nukiẓẓu l-maʿidata wa-lā nuḫlīhā« (in 8. 3/219).

Dieses Zitat, das beweist, daß dieser Weise kein Rohköstler war, soll diesen Beitrag über das Ernährungs- und Konsumverhalten der Araber im Mittelalter beschließen. Es ist zu hoffen, daß hierdurch das Interesse an weiterführenden Forschungen auf diesem Gebiet geweckt wird.

LITERATUR

1 SAʿĪD, Ǧamīl, al-Māʾda fi l'adab al-ʿarbī (in: Maǧalat al-Maǧmaʿ al-ʿilmī al-ʿiraqī. Bd. 9. Bagdad 1970) S. 3–21.
2 AL-MARZUQĪ, Šarḥ dīwān al-Ḥamasa, Ed. A. AMĪN (u. a.). Bd. 1–4. Kairo 1951.
3 IBN ʿABDRABBIH, al-ʿIqd, Ed. A. AMIN (u. a.). Bd. 1–7. Kairo 1946.
4 AL-ĀLUSĪ, Buluġ al-arab…, Ed. M. AL-AṮARI. Bd. 1–3. Beirut (o. J.).
5 PARET, R. (Übersetzer), Übersetzung des Koran. Stuttgart 1962.
6 AMĪN, A., Ẓuhr al-Islām.
7 MEZ, Adam, Die Renaissance des Islam. Heidelberg 1922.
8 IBN QUTAIBA, ʿUyūn al-Aḫbār. Bd. 1–4. Kairo 1925–1930.
9 AL-WAŠŠĀʾ, al-Muaššā, Ed. R. BRUNNOW. Leiden 1884, S. 124 ff.
10 Concordance de la Tradition Muslimane, Ed. A. J. WENSINEK (u. a.). Leiden 1936.

HELMUT BUSCH

Unerwünschte Ernährungseffekte

Beispiele aus der Medizingeschichte

Die pharmakologische Vorstellung »unerwünschte Effekte« beschreibt unerwünschte Nebenwirkungen einer medikamentösen Therapie. Am Beispiel des Ergotismus und der Gicht sollen unerwünschte Ernährungseffekte abgegrenzt werden. Der Ergotismus ist ein Beispiel dafür, daß eine einseitige Ernährung mit einem auf natürliche Weise schadstoffreichen Nahrungsmittel eine Krankheit auslösen kann. Die Gicht dagegen zeigt, wie bei einer genetischen Disposition eine Krankheit dann manifest werden kann, wenn eine falsch zusammengesetzte und zu kalorienreiche Nahrung zugeführt wird.

Ergotismus

Es ist nicht möglich, alle historischen Ergotismusbeschreibungen eindeutig dieser Krankheit zuzuordnen. So lassen sich für den Extremitätenbereich beschriebene entsprechende Veränderungen rückblickend nicht immer sicher von Erkrankungen wie zum Beispiel einer Knochentuberkulose, einer Lepra, einer Polyarthritis oder auch von Entzündungszuständen nach Verletzung mit nachfolgender Superinfektion unterscheiden.

Die Mutterkornvergiftung, die im Mittelalter und später zu Massenerkrankungen geführt hat, beginnt mit Magen-Darm-Störungen und Parästhesien. Von diesen subjektiven Beschwerden, die von den Betroffenen als ein sehr starkes Kribbeln an Fingern und Zehen gespürt werden, hat die Erkrankung ihren Namen, Kribbelkrankheit. Beim Ergotismus gangraenosus kommt es durch Gefäßspasmen zu einem Absterben der den Gefäßen zugeordneten distalen Extremitätenbereiche, wobei diese gefühllos und gangraenös werden und schließlich austrocknen. Dies führt nicht nur zu Deformationen, sondern auch zu Verstümmelungszuständen vergleichbar denen nach Amputation. Die konvulsive Form des Ergotismus ist durch tonische Krämpfe und schmerzhafte Kontrakturen vorwiegend der Beugemuskulatur gekennzeichnet. Darüber hinaus wurden auch Fälle beobachtet, bei denen – offensichtlich durch eine zentralnervöse Affektion – sowohl psychotische Phänomene als auch cerebrale Anfälle und tabesähnliche Rückenmarksstörungen festgestellt werden konnten.

Ursache für die Vergiftung durch Mutterkorn ist eine Pilzerkrankung des Roggens. Der Schlauchpilz Claviceps purpurea Tulasne stellt die Überwinterungsform dieses Pilzes dar. Er sieht aus wie ein übergroßes Getreidekorn und drängt aus den Spelzen der Roggenähre hervor. Er ist hellbraun bis violettbraun gefärbt. Wir wissen heute, daß die Ergotismus-Epidemien immer dann aufgetreten sind, wenn sich Menschen überwiegend oder ausschließlich von dem frisch geernteten Roggen ernährt haben. Durch die Lagerung nimmt der Gehalt an giftigem Mutterkorn allmählich ab. Angaben über ein vorangegangenes feuchtes Frühjahr und einen heißen Sommer vor einer Ergotismus-Epidemie weisen auf günstige Voraussetzungen für die

Pilzentwicklung hin. Krankheitsursache war auch, daß in Mangeljahren das Getreide ohne Reinigung zu Mehl gemahlen wurde. Daß der Ergotismus in Städten seltener auftrat, hat wahrscheinlich zwei Gründe. Einmal war dort eine Mischkost mit mehr Eiweißgehalt eher möglich. Zum anderen trafen die Städte durch Anlage von Kornspeichern Vorsorgemaßnahmen gegen Hungersnöte. Sie konnten dadurch abgelagertes und mutterkornfreies oder mutterkornärmeres Roggenmehl ausgeben.

Bis heute ist unklar, wie der vorwiegend in Deutschland beobachtete Ergotismus convulsivus entsteht. Tierexperimentell läßt sich diese Manifestationsform – im Unterschied zum Ergotismus gangraenosus – nicht sicher reproduzieren. Als seine Ursache werden vorrangig spezifische neurotoxische Mutanten des Mutterkorns diskutiert, die von klimatischen beziehungsweise Witterungsbedingungen maßgeblich abhängig sein könnten.

Einer der frühesten ernstzunehmenden Berichte über eine Ergotismus-Epidemie stammt aus dem Jahr 945. Die Chronik des Flodoardus von Reims berichtet unter anderem, daß die aus der Gegend von Paris stammenden Kranken, die der Herzog Hugo der Große in einem Spital der Kirche Notre-Dame pflegen ließ, erneut erkrankten, wenn sie nach Hause entlassen wurden. Es ist zu vermuten, daß im Spital selbst, in der Stadtregion, mutterkornfreies Brot und wohl auch Mischkost angeboten werden konnte. Eine Kommission der Pariser Akademie der Wissenschaften hat 1776 diese Epidemie als sicher durch Ergotismus gangraenosus verursacht eingestuft. Von besonderer Bedeutung für die Dokumentation des Ergotismus ist das »Feldtbuch der Wundtartzney« des Hans von Gersdorff von 1517. Dieser im Antoniter-Spital in Straßburg arbeitende Arzt beschreibt unter anderem, daß er 100–200 Amputationen an den dort Hilfesuchenden vorgenommen habe, wobei er ohne Betäubung vorgehen konnte. Dies spricht für den Ergotismus, da die abgestorbenen Körperenden durch Untergang der sensiblen Nerven gefühllos werden. Daß der hl. Antonius, der nach der Legende 356 als Eremit in der Wüste starb, der spezielle Schutzheilige für Ergotismus-Kranke wurde, hat folgende Vorgeschichte: Seine Gebeine sollen 635 n. Chr. über Alexandria nach Konstantinopel in die Hagia Sophia gekommen sein. 1070 erteilte der byzantinische Kaiser Romanus IV. Diogenes einem französischen Grafen aus der Dauphiné die Erlaubnis, die Reliquien mit nach Frankreich zu nehmen, wo sie in dem Dorf Motte-aux-Bois eine Ruhestätte fanden. Als dann 1089 in dieser Region eine Ergotismus-Epidemie ausbrach, wurde diese Dorfkirche zum Anziehungspunkt für hilfesuchende Pilger. Um die zahlreichen Kranken zu versorgen, entstand ein Spital, dessen Gründer die Herren von Valoire, Vater Gaston und Sohn Gérin, waren. Ihre Familie hatte nämlich dies für den Fall versprochen, daß der von Ergotismus befallene Gérin geheilt würde. In der Nacht vor der Heilung soll der Graf der Dauphiné einen Traum gehabt haben, in dem ihm der hl. Antonius erschien. Er soll ihm im Traum einen Stab in T-Form gereicht und ihn aufgefordert haben, diesen Stab in die Erde zu stecken. Als er dies tat, soll ein Baum mit herrlichen Früchten gewachsen sein. Der hl. Antonius soll auch gesagt haben: »Ich gebiete Euch, die Nächstenliebe Christi an den Armen zu üben und das niemals zu vergessen. Das soll Euer und der Leitsatz all derer sein, die Euch nachfolgen werden.«

Der Antoniter-Orden ging aus einer Bruderschaft hervor, die bereits 1095 von Papst Urban II. bestätigt wurde. Der Orden hatte maximal 369 Niederlassungen in Europa. Er wurde auch von den weltlichen Territorialherren durch Privilegien sehr begünstigt. Die Spitäler nahmen ausschließlich Kranke mit dem sogenannten Antonius-Feuer auf. Die Bezeichnung Antonius-Feuer dürfte zwar vorwiegend, aber nicht ausschließlich auf Ergotismus-Kranke angewendet worden sein, was sich aus den eingangs angestellten differentialdiagnostischen Überlegungen ableiten läßt. Mit dem Begriff »Feuer« beschrieb man besonders eindrucksvolle und schmerzhafte Anfangssymptome des Ergotismus gangraenosus. So führte Guy Didier, ein Arzt im Dienste der Antoniter, im 16. Jahrhundert aus, »daß bei dieser Krankheit solcher Schmerz und solche Hitze entstehen, daß sie einer wirklichen Verbrennung gleichkommen.« Die Kranken mußten sich vor der Aufnahme in das Spital den Statuten der Antoniter unterwerfen, die religiöse und wirtschaftliche Sachverhalte, aber auch zum Beispiel das Tragen einer Kleidung mit dem »T« des Antoniter-Ordens regelten. Die Kranken hatten aber auch festgelegte Ansprüche zum Beispiel über die Zuwendung bestimmter Nahrung an Festtagen. So konnte der Rat der Stadt Lyon das Antoniter-Spital 1592 ermahnen, den Kranken die zugesagte Fleischration auch auszuteilen. Zwischen der Justus-Liebig-Universität und dem Antoniter-Orden läßt sich ebenfalls eine historische Verbindung aufzeigen. Das »T« im Wappen der Universität weist auf Beziehungen der Hochschule in ihren Gründerjahren nach Grünberg hin, wo im Mittelalter eine Antoniter-Gründung gewesen ist.

Aus Frankreich, wo vor allem der Ergotismus gangraenosus immer wieder epidemisch auftrat, stammt die erste Beobachtung über einen Zusammenhang zwischen dem Verzehr von mutterkornhaltigem Roggen und der Krankheit. 1630 wies der Arzt Tuillier aus Angers auf die Toxizität des Mutterkorns als Ursache für den Ergotismus hin. 1676 berichtete sein Sohn zusammen mit Dodart über eine Epidemie im sumpfreichen Gebiet südlich von Orléans, und 1709 erwähnte der Arzt Noel in seinem Bericht über eine weitere Epidemie in dieser Gegend, daß das Korn des Jahres fast zu einem Viertel aus Mutterkorn bestanden habe. Boucher beschrieb 1772 eine große Epidemie in der Gegend um Lille im Anschluß an die österreichischen Erbfolgekriege (1749/1750). Salernes wies 1756 auf die extrem hohe Sterblichkeit dabei hin. Von 120 Patienten, die im August 1755 in das Hospital von Orléans kamen, überlebten nur fünf. Für die besondere Gefährdung der armen Bevölkerung in Krisenzeiten ist ein Bericht von Vétillard ein eindrucksvolles Beispiel: »Ein armer Landarbeiter, dessen Not sehr groß war, bettelte einen getreidesiebenden Bauern um den verworfenen Teil an. Er mißachtete alle Warnungen und verwendete das Getreide zum Brotbacken. Im Verlaufe eines Monats starben der Mann, seine Frau und 2 seiner Kinder. Einem 3. Kind, das noch an der Brust genährt wurde, hatte man Brei aus diesem Mehl gekocht; es entging dem Tode, wurde aber völlig schwachsinnig und verlor beide Beine.«

In Deutschland berichtete Baldonius Ronsseus 1590 über eine Epidemie in Dörfern des Herzogtums Braunschweig-Lüneburg. 1597 beschrieben Professoren der Marburger Medizinischen Fakultät »eine bislang in diesem Lande unbekannte ansteckende Seuche, welche der gemeine Mann in Hessen die Kribbelkrankheit nennt«. Sie empfahlen, was für partiell zutreffende ätiologische Vorstellungen spricht, den Genuß von rohen Eiern und Milch zusätzlich zum Brot. Den Beginn einer wissenschaftlichen Anerkennung des Zusammenhangs zwischen dem Genuß von vergiftetem Roggen und dem Ergotismus convulsivus in Deutschland markierte eine Veröffentlichung von Johann Conrad Brunner 1695. Es folgten die Dissertation von Christian Vater 1723 sowie 1792 »Die Geschichte der Kribbelkrankheit« des Hannoveraner Hofmedicus Johann Tauber. Christoph Ludwig Nebel (1738–1792), seit 1775 ordentlicher Professor für Chirurgie und Geburtshilfe in Giessen, veröffentlichte 1772 eine »Abhandlung von der Schädlichkeit eines Mutterkorns, aus Erfahrungen und chymischen Versuchen bewiesen«, die sich auf seine Beobachtungen einer Ergotismus-Epidemie in der

Gegend um Gladenbach stützten. Zuvor hatte sich am 19.9.1770 die Medizinische Fakultät der Giessener Universität in einem Gutachten wie folgt geäußert: *So zweifeln wir nicht, daß Gedachtes secale corniculatum die Ursache erwähnter Krankheit sei.* Nebel mußte seine richtige Feststellung aber gegen *unbesonnene und schmähliche Anwürfe* des Kasseler Hofmedicus Schleger verteidigen, wobei er diesem zusätzlich mangelhafte Lateinkenntnisse nachwies (vgl. Benedum und Giese, 1983). Es ist erstaunlich, wieviel Zeit die richtige medizinische Einschätzung über die Ätiologie des Ergotismus benötigte, um sich bei Fachleuten und bei der betroffenen Bevölkerung durchzusetzen. Denn auch die Landbevölkerung registrierte zwar, daß Hühner nach dem Genuß des mutterkornvergifteten Getreides eingingen, zog aber keine Konsequenzen für die eigene Ernährung daraus. Die letzte bekannte große Ergotismus-Epidemie in Deutschland ereignete sich 1879 in der Gegend um das oberhessische Frankenberg. Der Marburger Nervenarzt Siemens (1881) hat dabei nicht nur den typischen Ergotismus convulsivus beschrieben, sondern er wies auch auf zentralnervöse Folgen mit produktiv-psychotischen Phänomenen und bleibenden hirnorganischen Schäden hin. Tuczek wies am gleichen Patientengut 1882 ein Krankheitsbild nach, das durch Veränderungen im Bereich der Rückenmarkshinterstränge bedingt war und deshalb Ähnlichkeit mit der Tabes dorsalis aufwies.

Die erwähnte Unsicherheit darüber, ob allen historischen Ergotismus-Beschreibungen auch jeweils mit Sicherheit diese medizinische Diagnose zugeordnet werden kann, hat auf der kunsthistorischen Ebene eine Entsprechung. So findet sich zum Beispiel auf Pieter Breughels d. Ä. Bild »Der Kampf zwischen Carneval und Fastenzeit« (Kunsthistorisches Museum Wien) eine Pilgerin mit ihrem Sohn, dem beide Füße und der linke Unterarm fehlen. Torrilhon (1958) stellt die moderne Diagnose einer Thrombangiitis obliterans. Es spricht aber einiges dafür, daß in der Zeit Breughels ein Ergotismus gangraenosus wahrscheinlicher war. Eindrucksvoll in diesem Zusammenhang ist auch das Bild Breughels »Die Krüppel« aus dem Louvre in Paris. Ferner gibt es zum Beispiel mehrere Darstellungen des Hieronymus Bosch von Bettlern und Krüppeln, die den Maler als besonders scharfen Beobachter von Ergotismus gangraenosus-Kranken qualifizieren können, die aber eine andere diagnostische Zuordnung, so etwa Lepra oder Kriegsverletzungen (H. Vogt, 1966), ebenfalls zulassen. Grünewalds Tafel »Die Versuchung des hl. Antonius« aus dem Isenheimer Altar zeigt eine Gestalt mit aufgetriebenem Leib, verkrüppelten Armen und flossenartigen Füßen, die auch dem Ergotismus gangraenosus zugeordnet werden könnte. Für eine solche Interpretation spricht, daß es sich um ein Auftragswerk der Colmarer Antoniter gehandelt hat. Die erste künstlerische Darstellung von Ergotismus darf wahrscheinlich in Sankt Kunibert in Köln vermutet werden, wo der hl. Antonius um 1270 als Eremit umgeben von mit entsprechenden Symptomen gezeichneten Kranken abgebildet worden ist (vgl. Bauer, 1973).

Die Gicht

Der akute Gichtanfall imponiert als entzündliche Reaktion – meist eines Gelenks, bevorzugt eines Großzehengrundgelenks – mit Rötung, Schwellung und Hitze. Neben Anfällen, bei denen der Patient die Bettdecke oder Erschütterungen im Raum kaum ertragen kann, kommen auch leichtere Anfälle vor, bei denen deutliche Schmerzen nur bei Belastung des befallenen Gelenks angegeben werden. Die Anfälle klingen meist nach einigen Tagen symptomfrei ab.

Häufen sie sich, so mündet das Leiden nicht selten in ein Zustandsbild mit chronischen Gelenkveränderungen durch Deformierung. Ursache hierfür ist, daß es durch den erhöhten Harnsäurespiegel im Blut zur Ausfällung und Ablagerung von Harnsäurekristallen in mesenchymalen sowie in kollagen- und mukopolysaccharidreichen Geweben kommt. Dadurch wird dann auch der gelenknahe Knochen zerstört. Außerdem treten Weichteiltophi auf. Obwohl der Erbgang noch nicht sicher geklärt ist, läßt sich die Vorstellung gut begründen, daß der Gicht eine Stoffwechselstörung durch Enzymdefekt zugrunde liegt, die dominant aber mit inkompletter Penetranz und Expressivität vererbt wird. Für die genetische Disposition werden derzeit zwei Faktoren diskutiert:

1. Eine vermehrte Bildung von Harnsäure im Intermediärstoffwechsel.
2. Eine Harnsäureausscheidungsstörung der Niere.

Männer erkranken etwa zwanzigmal häufiger als Frauen. Erhöhte Harnsäurewerte im Blut finden sich bei 12–25 % der nahen Verwandten von Gichtkranken, aber nur bei 0,1–0,8 % der Gesamtbevölkerung. In Ländern mit hohem Lebensstandard haben jedoch 1–3 % der männlichen Bevölkerung erhöhte Serumharnstoffwerte. Deshalb ist davon auszugehen, daß exogene Faktoren – also unerwünschte Ernährungseffekte – keine ursächliche, sondern eine manifestationsfördernde Wirkung haben. Typische Auslösemechanismen für einen Gichtanfall, die im Zusammenhang mit dem Thema besonders interessieren, sind Festessen, Schlemmereien, Feiertage, Kongresse, Jagd- und Fischtouren – also Gelegenheiten, bei denen purinhaltige Eiweißkörper, das Stoffwechselausgangssubstrat für die Harnsäure, übermäßig konsumiert werden. Zu nennen sind ferner übermäßiger Alkoholkonsum, aber auch Unterkühlung, körperliche Überbeanspruchung und seelische Belastungen (vgl. Zöllner, 1977).

Die für den Ergotismus beschriebene Zuordnungsschwierigkeit historischer Berichte zu dem eindeutigen Krankheitsbild besteht auch für die Gicht. Gicht und rheumatische Erkrankungen konnten lange Zeit nicht sicher unterschieden werden. Obwohl bereits Hippocrates (geb. 460 v. Chr.) von zwei verschiedenen Störungen ausgeht, wurde diese Einschätzung über viele Jahrhunderte vergessen, und sie bekam erst wieder 1683 durch den englischen Arzt Sydenham (1624–1689), den kompetenten Erstbeschreiber, diagnostisches Gewicht. Der Arzt Aretaios von Kappadokien hat im 1. Jahrhundert n. Chr. erstmals einen Erbfaktor für die Gicht diskutiert. Auch diese richtige Vermutung wurde lange vergessen, bis sie der Edinburgher Arzt William Cullen (1710–1790) wieder aufgriff. Er wies auf eine bestimmte Konstitution, nämlich einen großen robusten Körper, einen großen Kopf sowie einen cholerisch-sanguinischen Typus – wie schon beim Vater des Erkrankten – hin.

Um die Rahmenbedingungen für unerwünschte Ernährungseffekte in früheren Zeiten abzugrenzen, soll die bewältigte Speisekarte eines damaligen Festes am Beispiel der 1483 gefeierten Hochzeit des Bäckermeisters Veit Gundlinger aus Augsburg aufgeführt werden. Innerhalb von acht Tagen verzehrten 720 Personen 20 Ochsen, 30 Hirsche, 95 gemästete Schweine, 46 gemästete Kälber, 49 Zicklein, 5000 Stück Federvieh, 1006 Gänse, 15 Auerhähne, 45 Pfauen, 900 Würste sowie 15000 Hechte, Barben, Aalraupen, Forellen und Krebse (vgl. E. Lesky 1968). Dieser Bericht zeigt, daß der nachstehende, im späten Mittelalter gängige Spruch wesentliche Sachverhalte erfaßt hat: »Bacchus der Vater, Venus die Mutter, Luxuria die Hebamme, das Kind heißet Podagra«. (zit. nach Eckert und v. Imhof, 1971).

Im mittelalterlichen England war die Gicht eine wohlbekannte Krankheit. Im 13. Jahrhundert ernährten sich der englische Adel und die oberen Schichten fast ausschließlich von

Fleisch. Gemüse galt als Nahrung für arme Landarbeiter und für Mönche. Früchte wurden von gebildeten Menschen deshalb nur selten genossen, da sie im Verdacht standen, eine Art Melancholie hervorrufen zu können. Man aß viel und trank dazu schwere süße Weine aus den Mittelmeerländern. Der Dominikanermönch Randolphus von Bocking, der Hauskaplan und Biograph des hl. Richard (1197–1258), hat erstmals das Wort Gicht – im englischen *Gout* – benutzt, um das periodische schmerzhafte Anschwellen der Großzehe zu bezeichnen. Er heilte sich, indem er die Schuhe seines Herrn trug. Damals hat es in England auch bei den einfachen Leuten Gicht gegeben. Dafür spricht, daß ein Arzt König Heinrichs V. (1387–1422), John of Gaddesden, entsprechend den antiken Vorstellungen gegen die Gicht zwei unterschiedliche Getränke zum Abführen beschrieben hat. Nur in dem Abführmittel für Reiche, das aus einem Latwerge bestand, wurden Perlen und menschliche Knochenasche verarbeitet. Daß bei entsprechender Erbanlage auch seltene Schlemmereien armer Leute Gichtanfälle ausgelöst haben, entspricht modernen pathophysiologischen Vorstellungen.

Angesichts der häufigen, teilweise regelmäßigen exzessiven Nahrungszufuhr in der Oberschicht und der selteneren Exzesse der wirtschaftlich schlechter gestellten Bevölkerung muß daran erinnert werden, daß beiden der Wert diätetischer Maßnahmen nicht unbekannt gewesen sein dürfte. An erster Stelle der therapeutischen Vorstellungen der antiken Heilkunde stand nämlich die Diätetik *(Regimen sanitatis),* die sich unter anderem mit der Mäßigung hinsichtlich Speise und Trank befaßte (vgl. Benedum, 1985). Für das Volk gab es seit dem Ende des 13. Jahrhunderts diätetische Empfehlungen in Gedichtform, das »Regimen sanitatis Salernitatum«. Die Verknüpfung mit der im Mittelalter hochberühmten Medizinschule von Salerno, der *Civitas Hippocratica,* sollte den Empfehlungen Nachdruck verleihen (vgl. E. Lesky, 1968).

Die Dynastie der Tudors hatte mehrere Gichtkranke. Heinrich VII. (1457–1509) mußte seine Hochzeit mit der Prinzessin Elisabeth wegen eines Gichtanfalls verschieben. Daß in dieser Zeit auch magische Gesichtspunkte in der Therapie eine Rolle spielten, belegt der Bericht, daß Thomas Linacre innerhalb eines Jahres nicht weniger als 20 vom gichtkranken König Heinrich VIII. (1491–1547) gesegnete Fingerringe an seine berühmten zeitgenössischen Patienten schickte. Nach unserem heutigen Verständnis kann man deren Effektivität gegen die Gicht wohl einen besonders hohen Placeboeffekt zuordnen. Wie seltsam Arznei in jener Zeit aber auch sein konnte, läßt sich mit einem Rezept von Lorenz Fries aus seinem 1518 erschienenen Werk »Spiegel der Artzny« belegen: »Röste eine fette alte Gans und Teile zerhackter Kätzchen mit Schweineschmalz, Weihrauch, Wachs und Weizenmehl. Das alles muß gegessen werden. Das Fett soll auf die schmerzhaften Gelenke gestrichen werden. Dies wird dann die Schmerzen aus den Gelenken vertreiben.«

Neben Michelangelo sind für Italien vor allem prominente Mitglieder aus dem Hause der Medici als Gichtkranke zu nennen. Erkrankt waren Giovanni di Bicci (1360–1428), sein Sohn Cosimo (1389–1464), dessen Sohn Peter der Gichtige (1416–1469) sowie Lorenzo der Prächtige (1449–1492). Außerordentlich gefräßig und besonders stark erkrankt war Karl V. (1500–1558). Als er die Belagerung von Metz 1552 wegen eines Gichtanfalls verschieben mußte, konnte sich Frankreich besser auf den Waffengang vorbereiten, was kriegsverlängernde Auswirkungen gehabt haben dürfte. Philipp II. (1527–1598) soll seine Krankheit als Gottesprüfung für seinen – nach seiner Ansicht – ungenügend strengen Kampf gegen die

Häretiker verstanden haben. Er soll deshalb nie geklagt haben und ließ sich erst behandeln, als er 65jährig weitgehend bewegungsunfähig geworden war.

Der Nürnberger Humanist Willibald Pirkheimer (1440–1501) ist für unser Thema in zweifacher Hinsicht interessant. Seit 1512 hat er seine eigenen Erfahrungen mit der Gicht in einem Tagebuch sehr anschaulich geschildert. Er hat außerdem ein »Lob der Gicht« in Latein verfaßt, das Johann Fischart 1577 unter dem Titel »Podagramisch Trostbüchlein« in deutscher Übersetzung herausgab. Er läßt hierin das Fräulein Podagra auftreten und vor den versammelten Richtern ausführen: »Ich bitte Euch, doch selbst, Ihr Richter, betrachtet ihren Leib, ihr Äußeres, ihre Haut, ihr Gesicht, ihre Farbe, ihre Gestalt, ihren Gang, und findet Ihr nicht, daß diese alle die Spuren der höchsten Ausschweifung an sich tragen, so will ich mich nicht weigern, die härteste Strafe zu leiden. Daher bin ich nicht so schuldig, sondern sie selbst sind es, sie, die mich durch ihre Vergnügen anködern (...) Bedenkt daher, Ihr Richter, was diejenigen verdienen, welche ihr eigenes Leben anklagt, ihre Gestalt verrät, die alte Gewohnheit überführt. Sie bedenken nicht, daß sie trinken und essen müssen, um zu leben, und daß sie nicht deswegen leben, zu essen und zu trinken. Sie erwägen nicht, daß nur die Schlemmer und die, welche dem Bauch fröhnen, auf mich aufgebracht sind.« (zit. nach Eckert und v. Imhof, 1971).

Das 18. Jahrhundert hat neben der Charakterisierung als Zeitalter der Vernunft auch den Beinamen »Das Goldene Zeitalter der Gicht« erhalten, was sich am Beispiel von England besonders gut demonstrieren läßt. Der preußische Hofarzt Professor Coste hatte sicher die Vorliebe der Briten für Beefsteak und Portwein vor Augen, als er 1762 – wahrscheinlich nicht ohne Neid – schrieb: »Die Engländer« – gemeint war der Upperclass-Gentleman – »sind die Menschen mit der opulentesten Ernährung. Sie haben das beste Leben auf der Welt.« Gichtige saßen sowohl auf dem englischen Thron wie in Downingstreet 10. In der englischen Literatur jener Zeit hat die Gicht sich niedergeschlagen. Henry Fieldings (1707–1754) Tom Jones war gichtkrank. Laurence Sterne (1713–1768) widmete sein Werk »Tristram Shandy« dem Premierminister Pitt (1708–1778) in der Hoffnung, daß dies ihm helfen werde, jene Ausgeglichenheit des Geistes zu erreichen, die für den Gichtkranken notwendig ist, um ihn wenigstens einen Moment lang von seinen Schmerzen zu befreien. Premierminister Pitt hat in der englischen Geschichte bei der Auseinandersetzung mit den USA eine große Rolle gespielt. Die berühmte Bostoner Tea-Party 1773 führte die beiden Gichtigen Pitt und Franklin an den Verhandlungstisch, um einen Ausgleich zu ermöglichen. Sie sollen auch ihre Erfahrungen mit der Gicht ausgetauscht haben. Aber der erzielte Kompromiß wurde in England niedergestimmt, und der Unabhängigkeitskrieg brach aus. G. Wallace und K. M. Wallace kommentierten dies 1955 wie folgt: »Es war sicher ein Mißgeschick für England, daß das Colchikum« – ein Mittel gegen Gicht – »damals noch nicht bekannt genug war. Es ist interessant zu spekulieren, ob nicht beim Einsatz dieses Mittels die Ärzte von Pitt die Bostoner Tea-Party und den Kampf von Bunkerhill hätten verhindern können.« – Benjamin Franklin (1706–1790) verfaßte seinen »Dialogue with the Gout«, in dem er über seine schmerzhaften Erfahrungen in humorvoller und philosophischer Weise berichtete. Auf seinem Totenbett soll er dankbar bemerkt haben, daß er während seines Lebens nur von drei unheilbaren Krankheiten befallen worden war, von der Gicht, von einem Steinleiden und vom Alter.

Die Gichttherapie wurde im 18. Jahrhundert – vor allem in England – rationaler. Die grundsätzlich richtigen diätetischen Vorstellungen wurden bewußter als sinnvoll akzeptiert.

So empfahl ein Doktor George Cheyne (1671–1743) eine Diät, die nur Gemüse und Milcheiweiß anbot. Admiral Lord Nelson (1758–1805) konnte zum Beispiel seine schweren Anfälle mit einer Diät aus Gemüse und Wasser während seiner Stationierung in Malta kupieren. Kurz und bündig, aber zutreffend äußerte sich damals auch ein John Abernathy: »Lebe von einem Sixpence am Tag und verdiene ihn selbst.«

Die antike Einschätzung, daß Alkohol Gichtattacken auslösen kann, wurde im 18. Jahrhundert ernsthafter akzeptiert. Sir William Temple wies darauf hin, daß die Gicht in der zweiten Hälfte des 18. Jahrhunderts deshalb ein so großes Problem geworden war, weil es in England üblich wurde, die französischen Weine immer häufiger mit Brandy zu verstärken. Für Sir Charles Scudamore war Wein aus Burgund am gefährlichsten, er empfahl dagegen guten Bordeaux sowie Weißwein von Rhein und Mosel. Ein Mister Lowell schrieb damals: »Ich nenne meine Gicht den nichtverdienten Vermögenszuwachs durch meines Großvaters Madeira, und ich denke, wie exzellent er gewesen sein muß – ich schlürfe ihn geradezu aus dem Weinregal meiner Phantasie – und wünsche, er hätte mir den Anlaß anstelle der Folgen vererbt.«

Als Beispiel für einen berühmten Gichtkranken im 19. Jahrhundert sei an Georg August Friedrich von Hannover (1762–1830), den späteren König Georg IV. von England, hingewiesen, der Gicht als »Dorn in der Rose der Gastronomie« charakterisierte. William Thackeray (1811–1863), ein dem Prinzregenten nicht gut gesonnener Kritiker, führte damals aus, daß »der Prinz ein so standfester Trinker sei, daß 6 Flaschen Wein nach dem Essen kaum eine spürbare Veränderung seiner Kontenance bewirken könnten.«

Die Tatsache, daß seit der Antike so viele einflußreiche und intellektuell hoch eingeschätzte Männer an der Gicht erkrankten, verfestigte die Ansicht, daß Gicht und intellektuelle Kompetenz irgendwie zusammengehören. 1919 wies deshalb die Londoner Times darauf hin, daß eine Gichterkrankung offensichtlich umgehend den sozialen Status des Patienten anhebt. Die satirische Zeitschrift Punch drückte sich wie folgt aus: »Indem sich die Gicht dem demokratischeren Zeitgeist angleicht, wird sie weniger oberschichtspezifisch und ist nun allen zugänglich. Es ist lächerlich, daß einem Mann die Freuden der Gicht verwehrt werden, nur weil er die falsche Schule besucht hat« (zit. nach Copeman, 1964).

AUSGEWÄHLTE LITERATUR

Bauer, V. H.: Das Antonius-Feuer in Kunst und Medizin. Berlin, Heidelberg, New York 1973.

Benedum, J.: Physikalische Medizin und Balneologie im Spiegel der Medizingeschichte. In: Z. Phys. Med. Baln. Med. Klim. 14, 141 (1985).

Benedum, J. – Giese, Chr.: Die Professoren der Medizin in der Gießener Gemäldegalerie. Gießen 1983.

Copeman, W. S. C.: The History of Gout. Berkeley, Los Angeles 1964.

Eckert, W. P. – Imhoff, Chr. von: Willibald Pirckheimer. Dürers Freund im Spiegel seiner Werke und seiner Umwelt. Köln 1971.

Lesky, E.: Von Freßgelagen und Hungersnot zur Ernährungswissenschaft. In: Österreichische Ärztezeitung 10 (5. 5. 1968).

Zöllner, N.: Gicht. In: Lehrbuch der Inneren Medizin. Hg. von R. Gross und P. Schölmerich. Stuttgart, New York 1977.

HEINRICH SPRANKEL

Essen in der Not: Mäuse und Ratten

Eine frühe Erfahrung in der Individualentwicklung mit längerfristigem lebensbedrohendem Defizit im trophischen System und mit der Entwicklung von Gegenstrategien mag wohl eine besondere Sensibilität für in der Vergangenheit liegende Parallelen gefördert haben. Die Art der Betrachtung ist bestimmt durch die prägnante Formulierung »Essen in der Not: Mäuse und Ratten«. Sie ist Werk der Veranstalterinnen dieses Symposions; ihnen sei herzlich dafür gedankt. Gerade das Lehrsatzmäßige in der Fassung gab die Anregung, in den zum Zitieren vorgesehenen historischen Ereignissen auf verschiedenen Ebenen Teilprobleme aufzugreifen und sie wenigstens ansatzweise zu verfolgen, wobei Gegenwartsbezug nicht ausgeschlossen sein soll. Dies geschieht überwiegend unter dem Blickpunkt der den Verfasser prägenden Zoologie.

Darf man etwa von Essen reden, wenn in der Not, also in der Mangelsituation, Ratten und Mäuse verzehrt werden? Hierzu muß jetzt schon bemerkt werden, daß in der akuten Nahrungsmangelsituation Mäuse und Ratten lediglich repräsentative Glieder einer Nahrungskette darstellen, an deren Ende schließlich fakultativ der Mensch selbst steht, zuweilen in makabrer Doppelrolle. Die Eingangsgröße »Notsituation« im ersten Teil des Titels enthält allein für sich bemerkenswerte Facetten, etwa den modernen Aspekt »Essen in Raum- und Zeitnot«. Sozio-ökonomische Umbrüche in unseren hoch verdichteten Innenstädten, gekennzeichnet durch »Fast-live«, drängen »Essen im entspannten Feld« ins Abseits und bieten den idealen Nährboden für »Fast-food-Ketten«.

Die einst hochgeschätzten Interaktionen von Gast und Gastgeber oder Bedienung hat die heutige Entwicklung ins Gegenteil verkehrt: Im Modell gut studierbar an der Caféteria unseres Klinikums hat die Realisierung des Fortschritts in der Hygiene zu einer strikten Abschottung von Konsumenten und Produzenten geführt. Was hier als Freiheit in der Zusammenstellung des Menüs aus tatsächlich gut gekochten Speisen propagiert wird, erweist sich in der Praxis als Herausforderung an das feinmanipulatorische Können der in der knappen Mittagspause Hineinströmenden, das dann mit der lagerichtigen Eingabe einer Speicherkarte in eine EDV-Anlage eine letzte Aufgipfelung erfährt. Ein solcher Gast kann, nachdem er mit streng kontrollierter Motorik kollisionsfrei einen frei gewordenen Stuhl erreicht hat, schließlich auch noch essen.

Dieses Bild, das nicht mehr als Persiflage allzu kritischer Äußerungen von solche Entwicklungen forcierenden Zeitgeistern sein will, hat wirklich nichts gemeinsam mit dem Gedrängel zum Essen oder beim Essen, solange bohrender Hunger die Motivation war – und dies ist für die weitaus längste Spanne der Menschheitsgeschichte der Fall. Über Jahrhunderte waren bekanntlich in Mitteleuropa für die breiten Bevölkerungsschichten zwei Mahlzeiten pro Tag die Norm. Hofordnungen der Dynasten geben darüber genaue Auskunft, so etwa die der hessischen Landgrafen. Es ist auffallend, welch breiten Raum die Regularien der Speiseordnung und der dazugehörigen Logistik einnehmen. Die strenge hierarchische Ordnung bei Tisch wird verständlich, wenn man berücksichtigt, daß Verpflegung und Bekleidung den größten Teil der Entlohnung der für unsere heutigen Verhältnisse kopfstarken Hofhaltung ausmachten. Zur Abrundung des Systems gehört die strikte Anweisung an den Haushofmeister, vor dem Essensbeginn nach einem bestimmten Glockenzeichen alle nach außen führenden Türen geschlossen zu halten, um Nichtberechtigte fernzuhalten. Von den Residenzen und ähnlich gelagerten Sonderfällen abgesehen, blieb die Bevölkerung bis in die Neuzeit trotz zunehmender Urbanisierung und eines hohen Diversifikationsgrades in der Berufsausübung Selbstversorger oder Teilselbstversorger. In den Kleinstädten ist diese breite soziale Schicht als Ackerbürger bekannt.

Eine solche Bevölkerung, eingebunden in den annualen Rhythmus von Saat und Ernte und den Fortpflanzungszyklus ihrer Haustiere, gerät zwangsläufig in jedem Krieg in eine Versorgungskrise, besonders auf dem flachen Land und in den kleinen Städten. Die Truppen lebten bekanntlich aus dem Land, ob Freund oder Feind machte für die Bevölkerung keinen Unterschied. Traf die Besatzung ein zur Zeit des Getreides auf dem Halm und überwinterte sie gar, dann war mit dem Verbrauch des Saatkorns eine länger dauernde Hungersnot vorprogrammiert. Das Grasland reichte für den Weidegang der Streitrösser nicht aus, Heu- und Strohvorräte waren bald verbraucht, grüngeschnittenes Getreide mußte als Ersatzfutter her. Die Soldateska preßte der hungernden Bevölkerung kaum vorstellbare Mengen an Bier, Brot und Schlachtvieh ab.

Die Auswirkung einer solchen Kumulation der Eingangsgrößen auf das Schicksal des gemeinen Mannes auf dem flachen Land schildert wohl manche lokale Chronik aus dem Dreißigjährigen Krieg. Hier seien einige frei übertragene Passagen aus dem Kirchenbuch des Städtchens Grünberg aus den Jahren 1634 und 1635 wiedergegeben. Das Gewicht der lapidaren Worte des damaligen Pfarrers Johann Rosarius läßt sich nur ermessen, wenn man berücksichtigt, daß dieser an der alten Handelsstraße »Durch die kurzen Hessen« gelegene Landstrich seit 1621 90mal besetzt und ausgeplündert wurde. »Da alle Zufuhr stockte, entstand eine furchtbare Hungersnot. Man nahm die ungenießbarsten Dinge wie Laub, Gras und Leder, um den Hunger zu stillen. Die ekelhafteste Kost wurde mit Geld aufgewogen: Eine Rattenmaus bezahlte man mit 4 Gulden. So viel hatte im Jahr 1618 ein fettes Rindvieh gekostet. Auf dem Lande schlug man sich um gefallenes Vieh.« Wenn er schon die Rattenmaus für erwähnenswert hält, was alles sonst an tierlichen Hausgenossen, normalerweise mit Verzehrtabu belegt, wird schon denselben Weg gegangen sein, mit Sicherheit die mäusevertilgende Katze und die Hofhunde.

Erst ein Bearbeiter dieser Aufzeichnungen aus jüngster Zeit hat sich nicht gescheut, bislang Ausgespartes an die Öffentlichkeit zu bringen[1]. »Pfarrer Rosarius schreibt, daß man vor lauter Hunger Leichen ausgegraben hätte, um an Fleisch zu kommen, ja man hätte Leute erschlagen, um etwas gegen den Hunger zu bekommen.« Die zurückhaltende Schilderung betrifft keinen Einzelfall, wie eine Eintragung im Krofdorfer Kirchenbuch (Kirchengemeinde westlich Gießen am Fuße der Burg Gleiberg) aus dem Jahre 1636 belegt: *Auch Exempel sind des mensch*

1 Willi GRÜNEWALD, Chronik der Evangelischen Kirchengemeinden der Großgemeinde Grünberg (1979), S. 65–68.

einand uß hungersnoth gefressen (...) uf der Schindkauten des Aaß auch sonsten andere Ding mehr genossen[2].

Es wäre allzu billig, das Verhalten unserer Vorfahren als Sittenzerfall im Dreißigjährigen Krieg abzutun und den gleichzeitigen Zug des schwarzen Todes, der Pest, unerwähnt zu lassen, der von Juni bis September 1635 in Grünberg 1224 Personen zum Opfer fielen, rund die Hälfte der Bevölkerung. Der gesondert erwähnte Verlust der gesamten städtischen Führungsschicht ist unausgesprochen sicher für die Hilflosigkeit einer an Leib und Seele gebrochenen Bevölkerung mit verantwortlich. So blieb eben dem gemeinen Mann nur die in profitabler Menge leicht erreichbare und über die gängige Jagdmethode, per Falle, anzueignende Rattenmaus, wobei ihm unser zoologisches Wissen, daß er einen eingewanderten Fremdling verspeise, höchst gleichgültig gewesen sein dürfte. Hat doch die Haus-, Dach- und Schiffsratte *Rattus rattus* als synanthrope Art erst um 1200 in nennenswertem Umfang aus Südasien kommend Mitteleuropa besiedelt, verschleppt zu Wasser und zu Lande durch den Fernhandel.

Mehr als Anregung für den Epidemiologen gedacht ist die Überlegung, ob nicht der vermehrte hautnahe Umgang mit den Ratten über den Rattenfloh als wichtiges Glied der Infektionskette den Seuchenzug der Pest verstärkt haben könnte. Dieses traurige Kapitel soll mit einem Zitat von Bertolt Brecht schließen, das zwar aus anderem Milieu stammt, aber in schwer zu überbietender Treffsicherheit das Verhalten geplagter Menschen umreißt: *Erst kommt das Fressen, dann kommt die Moral.*

Die letzte historische Episode, die den hohen Anspruch des ersten Teils des Themas tatsächlich erfüllt und den zweiten vervollständigt, spielt gut 220 Jahre später, im deutsch-französischen Krieg, während der Belagerung von Paris. Seit dem 19. September 1870 waren 1¾ Millionen Menschen, darunter 500 000 Waffenträger, innerhalb eines 82 km langen Belagerungsringes eingeschlossen. Die Strategie der Belagerer war Aushungern. Sehr widerstrebend – erst unter dem Druck nicht ausgeschalteter republikanischer Entsatzheere – entschlossen sich die Preußen und ihre Verbündeten im Januar zu einer Kanonade. Sie brachte schnell am 28. Januar 1871 den Waffenstillstand.

Nun, die Belagerten hatten dank moderner Kommunikationsmittel in Voraussicht kommender Dinge vorgesorgt, der Bürger reagierte mit klarem Kopf und entwickelte Initiativen, um ungewöhnliche Ressourcen zu erschließen. Ein kaum bekanntes Dokument gibt exakt Auskunft über eine solche Aktion. Mitglieder der angesehenen Société Zoologique d'acclimatation traten mit einem kühnen Experiment an die Öffentlichkeit, das man als Selbstversuch einordnen muß. Der Bericht des Präsidenten der Gesellschaft, M. A. Geoffroy Saint-Hilaire, ist streng wissenschaftlich gegliedert in Situationsanalyse, Versuchsansatz, Verlauf und Ergebnis[3]. Er steht unter dem Titel »Ein Mittagessen während der Belagerung von Paris«[4].

Das denkwürdige Mahl hat am 17. November 1870 stattgefunden. Der Gewährsmann teilt mit: »Unter den Umständen, in denen sich augenblicklich die Bevölkerung von Paris befindet, wo die Vorräte von lebendem Vieh auf dem Punkt sind auszugehen, wo der Vorsicht halber die Oberbehörde die Ernährung mit gesalzenem Fleisch auf die Dauer von drei Tagen vorschreibt, worauf während der nächsten drei Tage Pferdefleisch zum Verkauf gebracht

2 Den Nachweis verdanke ich Herrn Kollegen Jörg Bottler.
3 Bulletin de la société Zoologique d'acclimatation (ohne weitere Angaben).
4 Deutsche Übersetzung: Anonym (in: Der Zoologische Garten 12, 1871), S. 184–186.

werden soll, d.h. wo wir uns rüsten müssen, uns mit Eingemachtem aller Art zu ernähren, mit Gesalzenem oder mit Eingemachtem in Büchsen, ist jeder Versuch lobenswert, der das Resultat haben kann, der Pariser Einwohnerschaft Frischfleisch zu verschaffen. – Viele unter uns, und mehrere von Ihnen, meine Herren, haben gesucht, welches die frischen Fleischsorten zur Nahrung sein könnten. Die Sperlinge, die Amseln, die Holztauben unserer Gärten sind die vorgesehenen Opfer, und die Güte ihres Fleisches braucht nicht erst bezeugt zu werden. Die Jagd auf Vögel in der Bannmeile und in Paris geschieht lebhaft, zu lebhaft sogar, da die Unvorsichtigkeit der Jäger in den Straßen von Paris, auf den Boulevards und in unseren öffentlichen Gärten manchen bedauerlichen Unfall verursachen konnte. Außerhalb des Walles von Paris fehlen nicht die kleinen Vögel; abgesehen von den Sperlingen sind die Bachstelzen und andere Pfriemschnäbler häufig, die Lerchen streichen zahlreich in den Feldern umher.

Die Krähen leben in Scharen an manchen Punkten von Paris, und ihr Fleisch, ohne eine Delikatesse zu sein, ist, wenn man die Haut abzieht, es abbrüht und dann kocht, sehr gut genießbar; die Mehrzahl von Ihnen hat es wohl gekostet? Wer von Ihnen kennt nicht die Rabensuppen?

Die Arten von Säugetieren, die augenblicklich in unserem Bereiche stehen, sind weniger zahlreich als die beschwingten Arten, und doch werden sie uns eine weit beträchtlichere Menge von Nahrungsstoffen bieten.

Seit längerer Zeit hatten mehrere von uns den Vorsatz gefaßt, das Fleisch der Katze, des Hundes und das der – Ratte zu versuchen.«

Der Optimismus des Herrn Präsidenten war berechtigt: Der Vorrat an Ratten hätte sicher für eine weit längere Belagerung ausgereicht, nur – es war nicht mehr die gleiche Art, die wir im Dreißigjährigen Krieg kennengelernt haben, es handelte sich nun um die Wanderratte *Rattus norvegicus.* Vereinzelt aufgetaucht gegen Ende des 16. Jahrhunderts in Europa als eine überwiegend durch den Schiffsverkehr aus Ostasien eingeschleppte Art, gelang ihr im 18. Jahrhundert eine explosionsartige Ausbreitung auf Kosten der heimisch gewordenen Dach- oder Hausratte. Weniger empfindlich gegen Kälte und Feuchte konnte sie jeden Winkel menschlicher Bauten besiedeln einschließlich des Kloakensystems. Als Allesfresser ist vor ihr nichts sicher, was die menschliche Vorrats- und Abfallwirtschaft produziert, desgleichen alle Tiere, soweit sie sie überwältigen kann. In den Getreidespeichern traf sie in Gestalt der Hausmaus *Mus musculus* auf ein fast unbeschränktes Reservoir von Beutetieren. Die Maus ihrerseits hat sich erst im Zuge des aus dem turkestanisch-iranischen Raum kommenden Getreideanbaus zum Kommensalen des Menschen entwickelt und kann in unserem Klima nicht im Freien leben. Konsequenterweise muß hier als weiteres Glied der eingangs angesprochenen Nahrungskette die Hauskatze eingeführt werden. Im 6. Jahrtausend vor Christus begann ihre Domestikation in Vorderasien, ihre Formung aus mehreren Unterarten der Wildkatze *Felis silvestris.* Als geschätzte Schädlingsbekämpferin ist sie den Getreidebauern nach Europa gefolgt, im Unterschied zum Hund ihr soziales Potential dem Menschen gegenüber nur beschränkt öffnend. Sie benutzt den Menschen fakultativ als Nahrungsspender, dessen Bauten bieten ihr willkommenen Schutz gegen unser feucht-kaltes Klima.

Das damalige Paris als Hochburg von Kunst, Wissenschaft und luxuriösem Leben genoß gleichzeitig – durch viele zeitgenössische Berichte belegt – den Ruf, die am stärksten stinkende Metropole des Westens zu sein, bedingt durch eine gemessen an dem schnellen Wachstum der Stadt völlig unzureichende Abfallbeseitigung im weitesten Sinne. Angesichts einer solchen anthropogen bereiteten idealen ökologischen Nische ist es keine Unterstellung, in diesem Paris auch eine Rattenhochburg zu sehen.

Zu dem im häuslichen Bereich eines der Mitglieder bereiteten Essen hatten sich zehn Prominente der Gesellschaft versammelt. Der Speisezettel macht der Wissenschaftlichkeit des Unternehmens und dem guten Ruf der französischen Küche gleichermaßen Ehre.

Speisezettel vom 17. November 1870:

Suppe. *Potage.*

1. Pferdebrühe mit Hirse *(Consommé de Cheval au Millet).*

Relevés.

2. Scheibchen von Hundeleber *(Brochettes de foi de Chien à la Maître d'hôtel).*
3. Schnittchen von Katzenziemer mit Sauce Mayonnaise *(Emincé de râble de Chat sauce mayonnaise).*

Vorspeisen. *Entrées.*

4. Bug und Rückenstückchen vom Hund auf Kohlen gekocht, Liebesapfel-Sauce *(Epaules et filets de Chien braisés, sauce tomate).*
5. Katzenpfeffer mit Champignons *(Civet de Chat aux Champignons).*
6. Hundekoteletts mit grünen Erbsen *(Côtelettes de Chien aux petits Pois).*
7. Rattenwildpret, Sauce Robert *(Salmis de Rats sauce Robert).*

Braten. *Rôti.*

8. Hundekeulen mit kleinen Ratten garniert, Pfeffersauce *(Gigot de Chien flanquès de Raton sauce poivrade).*

Gemüse. *Légumes.*

9. Begonien mit Brühe *(Bégonais au jus).*

Beiessen. *Entremets.*

10. Plumpudding mit Rhum und Pferdemark *(Plumpudding au rhum et à la moelle de Cheval).*

Die wohlgeordnete Bewertung der Befunde ist umfangreich, allein die Eleganz der Niederschrift verbietet eine Kürzung.

»1. Die Suppe war vortrefflich, die Hirse vielleicht ein wenig hart, aber von angenehmem Geschmack.
2. Gegen die Hundeleber hatte die Mehrzahl von uns, wie wir uns nachher gestanden, einen Widerwillen, sie wurde aber vorzüglich gefunden. Der Geschmack der Leber erinnerte uns an Hammelsniere; die Stücke waren zart und durchaus angenehm.
3. Der Katzenziemer war sehr köstlich. Dies weisse Fleisch ist von angenehmem Aussehen; die Stücke waren zart und ihr Geschmack konnte ein wenig an kaltes Kalbfleisch erinnern.
4. Hundebug und Hundefilets waren zart. Ihr Geschmack wurde von einigen Gästen mit dem des Gemse- oder Kameelfleisches verglichen.
5. Der Katzenpfeffer war in jeder Hinsicht vorzüglich, obgleich ein wenig hart; aber ich glaube, wenn wir nicht noch andere Pflichten gegen unseren Magen zu erfüllen gehabt hätten, wir würden alle bei dieser guten Schüssel geblieben sein.
6. Die Hundecoteletts waren etwas zu sehr gesäuert; der Essig schmeckte zu viel vor. Das Fleisch war nicht schlecht, aber ein wenig faserig.

7. Das Rattenwildpret schien uns sehr gut. Die meisten unter uns fanden, dass dies Fleisch den Geschmack von Vogelfleisch hatte.
8. Die Hundekeulen waren gut, hauptsächlich die blutigen Partien; die zu stark gekochten Theile hatten von ihrem Geschmack verloren und waren faserig. Gutes Fleisch im Ganzen, mehr als blos geniessbar. Was die kleinen Ratten betrifft, die den Keulen beigelegt waren, so erschienen sie fade, ihr Fleisch war weich und faserig.
9. Die Begonien mit Brühe haben die grösste Ähnlichkeit mit Sauerampfer. Dies neue Gemüse ist vielleicht noch schärfer als Sauerampfer. Wenn man es mehr haben könnte, dann wäre es in diesem Augenblicke, um die Wirkung des gesalzenen Fleisches zu mildern, mehr zu empfehlen als je.
10. Der Plumpudding mit Pferdemark war vortrefflich.

Wenn im Ganzen auch die Fleischspeisen etwas zu sehr durch die Zuthaten verhüllt waren, dass ihr eigentlicher Geschmack nicht deutlich genug hervortrat, so ist doch der Versuch geglückt, wir haben nicht nur Jeder von jeder Schüssel gegessen, sondern auch mit Vergnügen von diesen neuen Gerichten genossen. Die Erfahrung, die wir gestern gemacht haben, meine Herren, muss nur ausgebeutet werden, und Sie alle sollten sich dazu vereinigen, denn wenn wir auch durch die genossenen Speisen meistentheils befriedigt waren, so sollte man sein Urtheil doch nicht auf einen einzigen Versuch stützen. So ist unter den Katzen sicher ein Unterschied je nach ihrer Farbe, nach ihrer Nahrung und nach ihrem Geschlechte, und ebenso wird es bei den Hunden sein.«

Leider erfahren wir nichts über die Umstände der Beschaffung der »Beutetiere«; sie wird nach dem oben Gesagten keine besonderen Probleme aufgeworfen haben, auch wenn der Herr Präsident auf bestimmte Erfahrungen derjenigen Bevölkerungsgruppe verzichten mußte, die von Berufs wegen den engsten Kontakt mit dem urbanen Vorzugsmilieu der Wanderratten wie auch der streunenden Hunde und Katzen halten mußte. Sie hatte geschlossen mit Ausbruch des Krieges Paris verlassen: das Heer der Straßenkehrer und Lumpensammler. Es rekrutierte sich ausschließlich aus deutschen Einwanderern (Wanderarbeiter), vorzugsweise aus der Pfalz und aus Hessen. Ausgangspunkte waren hier der übervölkerte Kreis Gießen und der jetzige Vogelsbergkreis, aus denen sich seit etwa 1830 ein ständig wachsender Strom verarmter Bauernfamilien, Teilfamilien und Heranwachsender beiderlei Geschlechts nach Paris ergoß. Unter Einschluß einer eher zu niedrig angesetzten Dunkelziffer ergab eine Volkszählung von 1866 eine Zahl von 40000 Deutschen in Paris, knapp 2 % der Gesamtbevölkerung. Der geringere Teil erreichte des Niveau eines Industriearbeiters oder Handwerkers, vor allem in der Möbelherstellung.

Von den Gesellschaftswissenschaften innerhalb der Erforschung von Randgruppen offenbar noch nicht entdeckt, schöpfen wir unsere Kenntnisse über das Schicksal dieses Proletariats im wesentlichen aus den Berichten der katholischen und evangelischen Mission beziehungsweise der Deutschen Schule in Paris[5], sofern nicht außerdem die Erlebnisse der betroffenen Generationen innerhalb alteingesessener Familien tradiert werden. Streiflichtartige Zitate genügen, um eine extreme Notsituation zu umreißen[6]. »Die Hessen griffen fast ausschließlich zum Kehrbesen; in ihren Händen lag unter der Aufsicht von französischen Unternehmen die

5 Wilfried Pabst, 120 Jahre Deutsche Schule(n) in Paris (1980).
6 Ders., Hessische Auswanderer in Paris (unveröffentlichtes Vortragsmanuskript 1983).

Straßenreinigung von Paris (...) Ihr Tagewerk beginnt in jeder Jahreszeit um 3 Uhr morgens und mit den Füßen in der Nässe arbeiten sie bis 11 Uhr (...) Sehr selten nur schlagen sie Wurzeln in Paris. Die, welche nicht gleich in den ersten Monaten sterben – und die Sterblichkeit ist sehr hoch unter ihnen – kehren mit ihrem kleinen Sparpfennig in die Heimat zurück (...) Das Geheimnis ihres Handwerks liegt auch weit mehr in der Kunst nicht zu verhungern als in der Kunst, Geld zu verdienen. Es wird kaum in Paris eine Arbeiterklasse geben, die es im Entbehren soweit gebracht hat wie die Hessen, denn Geld zurücklegen in einem Beruf, der dem arbeitsfähigen Mann im Höchstfall täglich 2½ Franken einbringt, ist gewiß nicht leicht (...) Im Winter tragen die Männer einen Pelz von Hundefell; die Frauen und Kinder – auch sie sind in die Aufräumkolonnen eingereiht – tragen alte Kaliko-Lumpen und ein rotes oder grünes wollenes Kopftuch über den Kopf gebunden ...« Erfährt man dann, daß manche Familien in Kasernen billiges Kommißbrot kauften und anderswo für wenig Sous Fleischabfälle erstanden, so erlaubt dieses Bild kaum Zweifel daran, welchen Weg die Corpora der Fellträger einst genommen haben.

Der in dem fortzuführenden Bericht des Herrn M. A. Geoffroy Saint-Hilaire liegende Kontrast verbietet von selbst, nach Gemeinsamkeiten in den beiden Notsituationen zu suchen. »Was die Ratten betrifft, so kam ich gestern Abend befriedigt zurück, aber mein Vorurtheil gegen diesen schrecklichen Nager blieb; es ist diesen Morgen zerstört worden. Ich habe zum Frühstück Rattenfricassee *(Rats en gibelotte)* genossen und ich begreife nicht, dass ich so lange eine so vorzügliche Nahrung nicht gekannt habe. Gestern glaubten wir, Ratte habe Aehnlichkeit mit Vogelfleisch, heute meinte ich, vorzügliches Kaninchen zu essen. Die Muskeln der Vorderbeine sind feiner als die der Hinterbeine; aber die letzteren sind umfangreich und fleischig, mehr als man sich denken sollte. Das Gewicht einer abgezogenen, ausgeweideten Ratte ohne Kopf beträgt etwa 130 Gramm, das der Leber, die gross und schön ist, 16 Gramm, und man sieht, dass nur wenige Ratten nöthig sind, um eine ansehnliche Schüssel zu bilden.«

Ob beziehungsweise inwieweit diese vaterländische Tat der Société Zoologique d'acclimatation in der Öffentlichkeit Resonanz gefunden hat, ließ sich leider nicht aufklären. Die Selbstsicherheit ihres Auftretens fußt wohl auf der Nachwirkung der knapp hundert Jahre umfassenden Epoche in der Geschichte der Biologie, die wesentlich von Pariser Institutionen getragen wird, verbunden mit den Namen Buffon, Lamarck, Cuvier, Etienne und Isidor Geoffroy Saint-Hilaire. Von hier ging zum Beispiel die Abwendung von der »Menagerie« aus; der »Akklimatisationsgarten« mit tierzüchterischen Zielsetzungen wurde richtunggebend bei zahlreichen Neugründungen zoologischer Gärten außerhalb der Grenzen Frankreichs. Wie die Daten des wiedergegebenen Berichts deutlich machen, hatte der Krieg den internationalen wissenschaftlichen Informationsaustausch in für uns beneidenswerter Weise eher stimuliert als behindert.

Weit weniger freimütig fließen Informationen über Strategien zur Überwindung des Engpasses in der Eiweiß- und Fettversorgung in der jüngsten Nachkriegszeit. Die waffenlose Zeit der Jagdausübung förderte manche Rezeptur zutage, etwa um fallengefangene Füchse und Krähen küchenfähig zu machen, mancher in der Tierpräparation Versierte vergaß nach dem Abbalgen von Eichhörnchen und anonymer Katze angesichts zarten Muskelfleisches schnell die wahre Identität.

Über den Verzehr des Hundes wird in unserem Kulturkreis grundsätzlich der Deckmantel des Schweigens gebreitet. Gerade wegen seiner Rolle als ältester Kumpan des Menschen hat umgekehrt seine Opferung in Grenzsituationen verschiedentlich eine literarische Würdigung erfahren.

Trotz aller raum-zeitlich bedingten Unterschiede in der kulturellen Überformung des Essens in der Not lassen die angeführten Beispiele eine einheitliche Grundstrategie erkennen. Der Mensch hat durch gezielte Eingriffe sein Umweltsystem transformiert – in unserer Betrachtung sich manifestierend in Ackerbau und Nutztierhaltung, verbunden mit Vorratswirtschaft. Er hat sich somit einen Rahmen geschaffen, aus dem er nur noch beschränkt heraustreten kann. Bricht dieses System zusammen, so greift er nahezu automatisch auf einen im zweiten Glied stehenden Ausschnitt der Tierwelt zurück, den er ebenfalls gewollt oder ungewollt mitgeformt und an sich herangezogen hat und der aus welchen Gründen auch immer normalerweise mit Verzehrtabus belegt ist. Er betreibt eine Art primitive Jagd, die wie bei einem tierlichen Beutegreifer von folgenden Eingangsgrößen bestimmt ist: Eine aus der Kenntnis der Verhaltensweisen des potentiellen Beutetiers resultierende Jagdmethode, leichte Erreichbarkeit von Beutetieren in profitabler Menge oder profitabler Größe. Die Summe der Determinanten zeigt, daß die Grenzen zum Erreichen einer positiven Energiebilanz sehr eng gesetzt sind. Dies beantwortet beiläufig die häufig aufgeworfene Frage, ob nicht verstärkt ausgeübte Jagd im herkömmmlichen Sinne ein Regulativ darstellen könnte, von selbst. Sie kann nur der kleinen Gruppe der Jagderfahrenen eine Überlebenschance bieten, zumal da die Dichte verfügbaren Wildes grundsätzlich überschätzt wird. Nach diesen Beobachtungen und Überlegungen hinge die Fähigkeit zur Entwicklung von Überlebensstrategien in Notzeiten allein vom Erhalt der Kenntnis unserer biologischen Lebensgrundlagen ab. Bleibt die Frage, wie lange noch?

Herrschaftlicher Vorratskeller.
Fabeln des Aesop.
Ulm (Johannes Zainer) 1475

FRITZ RUF

Die Suppe in der Geschichte der Ernährung

»Suppe heisset die sehr bekannte, und so wohl Gesunden als Krancken dienliche Löffelspeise, welche entweder schlechthin aus Brod und Wasser, Cofent, ja welches kräfftiger, aus Fleischbrühe, Wein, Milch und Bier zubereitet wird, oder vielmahls mit unterschiedenen anderen nahrsamen und gesunden Ingredientien versetzet und verändert werden kan ...«
(Zedler Universal-Lexicon 1744).

Diese Definition der Suppe[1] steht bereits an einem Zeitpunkt in der historischen Entwicklung der »Löffelspeise«, an dem sowohl von der Art der Zubereitung als auch von der Zusammensetzung her keine wesentlichen Unterschiede mehr zu heutigen Suppen feststellbar sind, wenn man von den industriell gefertigten »Convenience«-Erzeugnissen zunächst einmal absieht. Im folgenden soll versucht werden, die Entwicklung und Veränderung der Suppe im Laufe der Menschheits-Geschichte in Umrissen nachzuzeichnen, wobei auch den Aspekten der Kochkunst, der Stellung der Suppe im Mahlzeitengefüge sowie den Tischsitten Beachtung geschenkt werden muß. Schließlich ist noch ein Blick zu werfen auf die Entwicklung der Lebensmitteltechnologie, die zwar nicht die Zusammensetzung und damit Aussehen, Geschmack und Konsistenz der Suppe an sich verändert hat, aber die industrielle Herstellung von Fleischextrakten, Suppenmehlen, kochfertigen Erzeugnissen in trockener oder pastöser Form, Instantprodukten, konzentrierten oder verzehrfertigen Suppen in Dosen oder Gläsern, auch tiefgefroren, begründete.

Der prähistorische Mensch war noch gezwungen, die Natur nach Stoffen zu durchforschen, die als Mittel zum Überleben (= Lebensmittel) und somit zur Befriedigung des Primärbedürfnisses nach Nahrung geeignet waren, um die Triebkraft »Hunger« als Voraussetzung der biologischen Existenz zu stillen. Der Urmensch war in erster Linie Sammler, zum Beispiel von Vierfüßlern, Vögeln, Eiern, Milch, Grasfrüchten, Knollen, Nüssen und vielen Samen, später dann auch Jäger und Fischer[2]. Die Nahrung wurde roh verzehrt. Dem »Peking-Menschen«, der vor 500000 bis 700000 Jahren (je nach Datierung) lebte, wird erstmals der Gebrauch des Feuers zugeschrieben, wobei die ältesten Hinweise auf eine Feuerbenutzung aus der Zeit um 300000 v. Chr. aus China, um 200000 bis 100000 v. Chr. aus Europa vorliegen. Seit dieser Zeit finden sich in den menschlichen Ansiedlungen kleine Erdgruben, in denen Feuer unterhalten werden konnte. Es diente dem Erhitzen von Steinen, mit denen dann

1 Art. »Suppen« (in: Johann Heinrich ZEDLER, Grosses vollständiges Universal-Lexicon. Bd. 41: Suin-Tarn. Leipzig, Halle 1744, Ndr. Graz 1962), Sp. 343–361, bes. Sp. 343.
2 Zu den Stadien der Ernährungsgeschichte vgl. den gleichnamigen Aufsatz von Hans-Jürgen TEUTEBERG (in: Hans-Jürgen TEUTEBERG – Günter WIEGELMANN, Unsere tägliche Kost. Geschichte und regionale Prägung. Münster 1986), S. 303–310.

Speisen zubereitet wurden[3]. Für die Nahrungsqualität brachte das Feuer eine wesentliche Verbesserung. Bereits bekannte Lebensmittel wurden durch die Hitzebehandlung chemisch und physikalisch verändert, dadurch schmackhafter und bekömmlicher; viele in rohem Zustand nicht oder nur schwer verdauliche Stoffe, zum Beispiel Früchte, wurden erst durch *Kochen in Wasser* aufgeschlossen und dadurch genießbar. *Das war die Geburtsstunde der Suppe.* Der amerikanische Anthropologe Coon meint, daß »die Einführung des Kochens der entscheidende Faktor gewesen sein mag, der dem Menschen den Übergang von einer im wesentlichen animalischen Existenz zu einer im volleren Sinne menschlichen ermöglichte«[4]. Sein berühmter Kollege Lévi-Strauss und vor ihm noch einige andere Völkerkundler haben ebenfalls auf diese entscheidende Zäsur aufmerksam gemacht.

Bis heute weiß man nur sehr wenig über das Kochen in prähistorischen Zeiten; auf diesem Gebiet sind kaum mehr als Mutmaßungen möglich[5]. Mit der Entdeckung des Feuers wurde zuerst das Grillen und Braten des Fleisches über dem offenen Feuer üblich[6]. Eigentliche Suppen können aber erst seit dem Brennen von Ton und Lehm (etwa 7500 v. Chr.) und damit der Herstellung von Kochgefäßen zubereitet worden sein, wenngleich es bereits vorher die Methode des »Grubenkochens« gab, mit der Lebensmittel gedämpft oder in Wasser gekocht wurden[7]. Fraglich bleibt bei dieser Methode, ob und wie man die entstehende Kochbrühe als »Suppe« überhaupt nutzte. Das gleiche Problem stellte sich auch bei anderen primitiven Methoden, Lebensmittel in Flüssigkeiten zu garen, wie etwa beim Kochen in ledernen Beuteln[8]. Noch Herodot berichtete von der Gewohnheit der Skythen, Fleisch und Wasser in Tiermägen (Pansen) zu füllen und zum Kochen über das Feuer zu hängen, wenn kein Kessel zur Hand war[9].

Heute schätzt man, daß dem Menschen vom Palaeolithikum an neben Fleisch, Fisch, Milch und Eiern wahrscheinlich über 700 Pflanzen als Nahrung, vor allem als Getreide- und Gemüsebreie (Eintopfsuppen), gedient haben können und es bis heute kein Lebensmittel pflanzlicher oder tierischer Herkunft gibt, das nicht schon zu dieser Zeit bekannt gewesen wäre. Etwa um 8000 v. Chr. vollzog sich – beginnend im Zweistromland – die für unsere heutige Gesellschaft typische Arbeitsteilung mit dem Seßhaftigkeit bedingenden Anbau von Pflanzen, aus denen durch Selektion Kulturpflanzen entstanden, wie Emmer, Gerste, Hafer, Weizen, Hirse, Reis, Mais, seit etwa 1000 v. Chr. auch Roggen sowie Granatapfel, Apfel, Birne, Dattel und Weintraube. Die Domestikation von Wildtieren – Ziege, Schaf, Schwein, Geflügel, später auch Rind – reicht ebenfalls in jene Zeit zurück.

Diese als »Agrarische Revolution« bezeichnete Umgestaltung der Lebensweise der Men-

3 Vgl. Patricia und Don R. Brothwell, Manna und Hirse. Eine Kulturgeschichte der Ernährung (Mainz 1969), S. 18; Reay Tannahill, Kulturgeschichte des Essens. Von der letzten Eiszeit bis heute (München 1979), S. 24 f.

4 Carleton S. Coon, The History of Man. From the First Human to Primitive Culture and Beyond (New York 1954), S. 63; vgl. Claude Lévi-Strauss, Le triangle culinaire (in: L'Arc 26, 1965), S. 19–29; Ders., Du miel aux cendres (Paris 1966); Ders., L'origine des manières de table (Paris 1968).

5 Tannahill (wie Anm. 3), S. 23.

6 Ebd. S. 22 f.

7 Ebd. S. 24 ff.

8 Vgl. Brothwell (wie Anm. 3), S. 19.

9 Herodot, Historien. Deutsche Gesamtausgabe, übers. von A. Horneffer, neu hg. und erläutert von H. W. Haussig (Stuttgart 1971) IV. Buch, S. 61.

schen bestimmte auch die Auswahl der zum Bereiten der Suppen benutzten Pflanzen: Gerste, Hirse, Weizen, Emmer, dazu Hülsenfrüchte. In diese Epoche fällt im europäisch-asiatischen Kulturkreis die Erfindung des die Scholle wendenden Pfluges und des Mahlsteins. Mußten bisher die Getreidekörner zum Verzehr geröstet oder als Suppe gekocht werden, so »mahlte« man sie jetzt zu grobem Schrot und bereitete hieraus die Suppe oder den Brei. Wahrscheinlich war auch das im Alten Testament genannte Linsengericht, für das Esau sein Erstgeburtsrecht verkaufte, eine Eintopfsuppe[10]. Viele Beobachtungen weisen darauf hin, daß Suppe und Brei auf jeden Fall älter sind als das Brot[11].

An dieser Stelle sind noch einige grundsätzliche Bemerkungen zur Unterscheidung von Suppe und Brei zu machen. Festhalten läßt sich, daß der Unterschied eigentlich nur eine Frage nach der Zugabe von mehr oder weniger Flüssigkeit ist[12]. Die Tatsache, daß in den Kochbüchern der Antike und des Mittelalters häufiger Breie als eigentliche Suppen auftauchen, muß im Zusammenhang mit der Einbürgerung des Löffels als Eßgerät gesehen werden. Zwar kannten schon die Ägypter Löffel, aber sowohl in Griechenland und im Rom der Antike als auch im mittelalterlichen Deutschland aß man durchweg noch mit den Fingern oder trank die entsprechenden Speisen oder Suppen[13]. So heißt es in einem Chanson des Marquis de Coulanges, das zwischen 1640 und 1680 entstanden ist:

> »Ehemals aß man aus der gemeinsamen Platte und tauchte
> Brot und Finger in die Soße. Heute ißt jeder mit Löffel
> und Gabel von seinem eigenen Teller, und ein Lakai
> wäscht das Besteck von Zeit zu Zeit am Büffet«[14].

Erst im 16. und 17. Jahrhundert setzte sich zunächst in den Oberschichten das Eßbesteck und das Essen vom eigenen Teller durch. In den bäuerlichen Schichten jedoch blieb das Essen aus der gemeinsamen Schüssel noch bis ins frühe 20. Jahrhundert üblich[15]. Die Durchsetzung des Besteckes ist insofern für die Suppe von Bedeutung, als es sehr wohl möglich erscheint, einen dick eingekochten, kompakten Brei mit den Fingern zu essen, was bei der flüssigeren Suppe jedoch nicht möglich ist.

Allerdings wurden, sprachgeschichtlich gesehen, Mus und Suppe früh voneinander unterschieden, wobei die Tatsache, daß die Bezeichnung *muos* nicht nur eine breiartige Speise, sondern auch ganz allgemein »Essen«, »Mahlzeit«, »Speise« bedeuten kann, auf die Bedeutung des Muses für die tägliche Ernährung hinweist[16]. Mit Hilfe der vergleichenden indogermanischen Sprachwissenschaft läßt sich die »Suppe« bis in das 2. Jahrtausend v. Chr.

10 Genesis 25, V. 29–34.

11 Vgl. hierzu Rainer Beck, Naturale Ökonomie, Unterfinnung: Bäuerliche Wirtschaft in einem oberbayrischen Dorf des frühen 18. Jahrhunderts (München, Berlin 1986), S. 163, Anm. 100.

12 Vgl. ebd. S. 162ff., bes. S. 163, Anm. 99.

13 Hannsferdinand Döbler, Kultur- und Sittengeschichte der Welt. Bd. 3: Kochkünste und Tafelfreuden (München 1972), S. 155ff.

14 Zit. nach: Norbert Elias, Über den Prozeß der Zivilisation. Soziogenetische und psychogenetische Untersuchungen. Bd. 1: Wandlungen des Verhaltens in den weltlichen Oberschichten des Abendlandes (Frankfurt/M. 1981), S. 121.

15 Vgl. hierzu Günter Wiegelmann, Die Modernisierung der Tischsitten bei der Landbevölkerung Mitteleuropas (in: Teuteberg–Wiegelmann [wie Anmerkung 2], S. 43–62) S. 48.

16 Matthias Lexer, Mittelhochdeutsches Taschenwörterbuch (Stuttgart 1981), S. 145.

verfolgen. Dabei geht die lateinische *ius* (Brühe) auf eine alte, aus dem Indogermanischen ererbte Wurzel *i̯eu-* mit der Bedeutung »bei der Speisebereitung vermengen« zurück, wobei verschiedene Wandlungen stattgefunden haben[17]. Die frühe Bezeugung im Altindischen (um 1000 v. Chr.) und die weite Verbreitung in den indogermanischen Einzelsprachen läßt auf ein Vorhandensein der Suppe im 2. Jahrtausend v. Chr. schließen. Anders steht es mit einer zweiten Benennung gleichen Inhalts: Das altindische *supah* (Brühe, Suppe) ist erst in der zweiten Hälfte des 1. Jahrtausends v. Chr. belegt. Hierzu gibt es nur in den germanischen Sprachen eine ähnlich klingende Bildung: die Bildung *supa* im Altnordischen (Brühe, Suppe), *souf, suf* im Althochdeutschen und *suppe* im Frühneuhochdeutschen. Diese Bezeichnungen können nicht zwingend auf eine gemeinsame indogermanische Grundlage zurückgeführt werden. Wahrscheinlich liegen lautmalende (onomatopoetische) Bildungen vor, die einzelsprachlich unabhängig voneinander entstanden sind[18]. Im Deutschen ist die Bezeichnung *suppe* erst seit dem 14. Jahrhundert üblich und meint ursprünglich eine flüssige Speise oder eine eingetunkte Schnitte beziehungsweise einen eingetunkten Bissen. Sie wird in die romanischen Sprachen entlehnt und wirkt ihrerseits inhaltlich mit der Bedeutung »Fleischbrühe mit Brot« oder »Suppe« aus dem Französischen wieder zurück auf die Bedeutung des deutschen Wortes. Dabei wird dem Einfluß der französischen Küche in sachlicher Hinsicht diesbezüglich auch ein gewisser Einfluß zugeschrieben[19].

Erste konkrete Hinweise für die Verarbeitung von Getreidearten zu Breien stammen aus archäologischen Funden in ägyptischen Gräbern. So fand man unter den Überresten aus dem Grab eines reichen Ägypters zu Beginn des 3. Jahrtausends v. Chr. neben anderen gekochten Lebensmitteln Reste von Gerstenbrei[20], der wahrscheinlich eine Gerstensuppe war, da der Löffel – wie bereits erwähnt – schon den Ägyptern bei ihren Mahlzeiten bekannt war. Seit der Seßhaftwerdung und dem Beginn des Ackerbaus hatte das Getreide die Stelle des wichtigsten Lebensmittels eingenommen, die zuvor dem Fleisch zugekommen war[21]. Auch das Phänomen der Gärung war im Laufe dieser Entwicklung entdeckt worden; auf diese Weise erhielt man Met, Wein und Bier und damit »Flüssigkeiten« für die Zubereitung von Suppen, zum Beispiel von Wein- und Biersuppen[22]. Die Sumerer, die die Gerste in Handmörsern zerstießen oder sie in primitiven Handmühlen zerkleinerten, kannten und nutzten bereits eine große Anzahl von Lebensmitteln, die grundsätzlich alle in Wasser gekocht wurden[23].

Im klassischen Griechenland gab es vor allem einen Brei (Eintopfsuppe) aus zerstampfter

17 Diese Wurzel erlebt folgende Wandlungen: Im Altindischen ȳus-, Neutrum (Nominativ yûh), auch yūsán-, jünger jūsá-, Maskulinum, Neutrum »Suppe, Brühe«, Lateinisch iūs, Neutrum »Brühe«, lit. jūše »Fischsuppe, schlechte Suppe«, Altkirchenslavisch jucha »Brühe, Suppe«, Griechisch ζυμε (zyme) »Sauerteig«. Vgl. Pokorny, Kurzgefaßtes etymologisches Wörterbuch. Bd. 1 (Bern, München 1959), S. 507; Manfred Mayrhofer, Kurzgefaßtes etymologisches Wörterbuch des Altindischen. 4 Bde. (Heidelberg 1956–80), Bd. 3: Nachträge und Berichtigungen, 1976, S. 26 (persönliche Mitteilung von R. Hiersche, Gießen).

18 Mayrhofer (wie Anmerkung 17), S. 494; Raimund Pfister, Onomatopoetisches »su« (in: Indogermanische Forschungen 61, 1954), S. 86–101, S. 89 ff., und Duden Etymologie (Mannheim 1963), S. 696.

19 Friedrich Kluge, Etymologisches Wörterbuch der deutschen Sprache (Berlin [20]1967), S. 765; Duden Etymologie (wie Anm. 18), S. 696.

20 Döbler (wie Anm. 13), S. 25.

21 Teuteberg, Stadien (wie Anm. 2), S. 303 ff.

22 Tannahill (wie Anm. 3), S. 60 f.

23 Döbler (wie Anm. 13), S. 102 f.

Gerste oder Hirse, auch mit Erbsen, Linsen und Saubohnen, dazu Oliven, Feigen oder etwas Ziegenkäse, als besonderen Leckerbissen gesalzenen Fisch. Besonders beliebt war dabei der Thunfisch[24]. Überall bekannt und gar nicht beliebt war die berühmte »Schwarze Suppe« der Spartaner. Nach einigen Geschichtsschreibern bestand sie aus dem Blut von Schlachttieren mit Essig und Salz als Zutaten, wieder andere beschrieben sie als »einfachen Mehlpapp«. Letzteres könnte der Wahrheit am nächsten kommen: Denn mit 20 Jahren mußte der Spartaner einer von Lykurg (883 v. Chr.) angeordneten »Mahlgemeinschaft« beitreten – der ersten belegten Form der Gemeinschaftsverpflegung. Er hatte monatlich einen Beitrag zum gemeinsamen Essen abzuliefern: 73 Liter Mehl, 35 Liter Wein, 1,5 kg getrocknete Feigen und 10 Obolen Bargeld zum Ankauf von Fleisch[25]. Aus diesen Zutaten bereitete der Koch die gemeinsamen Speisen, unter anderem auch die »Schwarze Suppe«.

Die meisten Kenntnisse und Erfahrungen in der Speisenzubereitung wurden von alters her mündlich weitergegeben. Einmal war das Küchenpersonal in der Regel des Lesens und Schreibens unkundig, zum anderen kam hinzu, daß man das Fachwissen ängstlich hütete und nur innerhalb der »Zunft« weitergab, wodurch man sich eine Monopolstellung sicherte. Dennoch sind schon aus der Antike einzelne Kochrezepte, ja sogar eine ganze Sammlung, erhalten geblieben. Das Problem, auf konkrete Ernährungs- und Kochgewohnheiten aus dem Studium von Kochbüchern rückzuschließen, besteht darin, daß diese bis ins 19. Jahrhundert hinein eigentlich nur die Eßgewohnheiten der Oberschichten widerspiegeln. Dennoch eignen sie sich, die Einführung neuer Mahlzeiten und Zubereitungsmethoden nachzuzeichnen[26].

Athenaios (um 200 n. Chr.) hat aus der umfangreichen Literatur griechischer Küchenschriftsteller sechs Rezepte überliefert. Ein sehr traditionelles Rezept, das er von anderen Autoren übernommen hat, ist die nach ihrer kleinasiatischen Heimat benannte »Lydische Brühe« aus einer Mischung von gekochtem Fleisch, geriebenem Brot, phrygischem Käse, Anessos (Dill) und fetter Brühe[27]. Interessant ist hier, daß die Brühe bereits als Zutat und nicht als Endprodukt auftaucht. Ein anderes Rezept für eine Fischsuppe ist im Fragment einer Papyrushandschrift aus dem römischen Ägypten aus dem 3. Jahrhundert n. Chr. überliefert: Der unbekannte Autor dieser Handschrift verwendete »Graupen, Koriander, Lauch, Zwiebeln, feinen Anessos, Wasser. Er besprengt das Ganze mit scharfem Essig, gibt Pfeffer und Feigensaft dazu und läßt nochmals aufkochen«[28].

Bereits im 5. Jahrhundert v. Chr. bemächtigte sich in Griechenland die medizinische Wissenschaft mit Hippokrates von Kos (ca. 460–370 v. Chr.) der Kochkunst. Seine aus gewaschener, geschälter und gestampfter Gerste oder auch aus Weizen hergestellten Suppen, *ptisane* genannt, waren je nach Bedarf Lebensmittel oder Arzneimittel (als spezielle Kranken-

24 Ragna Enking, Puls (in: Paulys Realencyklopädie der classischen Altertumswissenschaft. Bd. 23.: Priscilla bis Pyramiden, 26. Halbbd.: Psamathe bis Pyramiden, Stuttgart 1959), Sp. 1971, und Tannahill (wie Anm. 3), S. 75.

25 Traudl Seifert – Ute Sametschek, Die Kochkunst in zwei Jahrtausenden. Das große Buch der Kochbücher und Meisterköche. Mit Originalrezepten von der Antike bis 1900 (München o. J.), S. 12; vgl. auch die abweichenden Angaben bei Eufema Kudriaffsky, Die historische Küche. Ein Culturbild (Wien, Pest, Leipzig 1880, Ndr. Leipzig 1985).

26 Vgl. hierzu Günter Wiegelmann, Innovationen in Speisen und Mahlzeiten (in: Teuteberg–Wiegelmann [wie Anm. 2], S. 325–334), bes. S. 328 f.

27 Seifert–Sametscheck (wie Anm. 25), S. 12.

28 Ebd. S. 12 f.

diät)[29]. Aus der hochentwickelten Kochkunst der Römer sind uns nur wenige schriftliche Zeugnisse überliefert. Ebenso wie in Griechenland, so war auch hier jahrhundertelang die *puls*, jener stark gewürzte und in Milch gekochte Brei aus Dinkelweizen, Gerste oder Hirse, die Hauptnahrung der einfachen Bevölkerung, ergänzt durch Oliven, rohe Bohnen, Feigen oder Käse. Alle flüssigen Gerichte, die unserer heutigen Bouillon ähneln, wurden mit dem Gattungsnamen *potus* (von *potare* = trinken) bezeichnet; das französische *potée* (Eintopf) und *potage* (Suppe) gehen darauf zurück[30]. In der Zeit des Imperium Romanum überboten sich in Rom die Speisegewohnheiten der Reichen an Extravaganz[31]. Die bei den üblichen vier Mahlzeiten kredenzten Suppenkreationen mit vielen gut aufeinander abgestimmten Kräutern und Gewürzen können sich auch heute noch sehen lassen. Marcus Gavius Apicius (geb. 25 v. Chr.) – er wirkte zur Zeit des Kaisers Tiberius (14–37 n. Chr.) – bereicherte die Kochkunst nicht nur um viele »Erfindungen«, sondern ließ diese auch in eigens dazu von ihm gegründeten Schulen lehren. Unter seinem Namen wurde, wahrscheinlich von einem Koch namens Caelius und frühestens 300 Jahre nach Apicius, die Rezeptsammlung »De re coquinaria« und damit das älteste uns vollständig erhaltene Kochbuch geschrieben, das im Jahre 1498 erstmals gedruckt und später in viele Sprachen übersetzt wurde[32]. Sicher stammen nicht alle Rezepte von Apicius, manche gewiß aus späterer Zeit. Im 5. Buch »ospreon« dieses zehnbändigen Werkes mit 428 Vorschriften der römischen Küche finden sich Brei- und Suppenrezepte, insbesondere für die Verwendung von Hülsenfrüchten. Beispiele sind die *pisam vitellianam sive fabam*, eine Suppe nach Vitellius aus Erbsen (oder Bohnen) mit Pfeffer, Liebstöckel und Ingwer, Dottern von hartgekochten Eiern, Honig, *liquamen* (Speisewürze mit typischem Beigeschmack von Fisch), Wein, Öl, Essig und mit Honig nachgewürzt[33] oder *Lenticulum de castaneis;* diese Linsensuppe mit Kastanien enthält neben Linsen und Kastanien noch Pfeffer, Kümmel, Koriander, Raute, Minze, Laserwurzel und Flohkraut, abgeschmeckt mit Essig, Honig und *liquamen*[*][34]. Erwähnt sind auch Fischsuppen von der Art der französischen Bouillabaisse sowie viele Rezepte für (salzige) Saucen. Dem berühmten Arzt Galen (129–200 n. Chr.), Gladiatorenarzt und Leibarzt von Kaiser Commodus (180–192 n. Chr.), verdanken wir das Rezept einer Eintopfsuppe: Hafer, mit Wasser gekocht und Zusatz von

* Im übrigen dürfte *liquamen* die erste in großen Mengen »industriell« gefertigte Speisewürze gewesen sein, die aus Fischen, vor allem der Sardellenfamilie, durch Abbau (Hydrolyse) des Eiweißes (über mehrere Monate an der Sonne), auch mit Zusatz von typisch italienischen Kräutern, vor allem Origanum, und eingekochtem Most hergestellt wurde. Pompeji und Antipolis (heutiges Antibes) waren berühmt für deren Qualität.

29 Ernstgeorg HANSSEN – Willi WENDT, Geschichte der Lebensmittelwissenschaft (in: Handbuch der Lebensmittelchemie 1. Berlin, Heidelberg, New York 1965, S. 1–75), S. 21.

30 Vgl. Art. »potus« (in: Karl Ernst GEORGES, Ausführliches Lateinisch-Deutsches Handwörterbuch. Bd. 2: I–Z. Hannover, Leipzig [9]o.J., Ndr. Tübingen 1951), S. 452.

31 Vgl. Jean-François REVEL, Erlesene Mahlzeiten. Mitteilungen aus der Geschichte der Kochkunst (o.J.), S. 36 ff.

32 Zur Biographie von Apicius und zu den Editionen vgl.: Das Kochbuch der Römer. Rezepte aus der »Kochkunst« des Apicius. Eingel., übers. und erl. von Elisabeth ALFÖLDI-ROSENBAUM (Stuttgart [2]1971), S. 5 ff.; vgl. auch TANNAHILL (wie Anm. 3), S. 86 f., und SEIFERT–SAMETSCHEK (wie Anm. 25), S. 21 ff.

33 Das Kochbuch der Römer (wie Anm. 32), S. 46.

34 Vgl. ebd. S. 8 f.; TANNAHILL (wie Anm. 3), S. 88 ff. Das Rezept für die Suppe befindet sich in: Das Kochbuch der Römer (wie Anm. 32), S. 44.

Honigwein, eingekochtem Most oder Süßwein. Mit Gerstenschleim gekochte Puffbohnen waren die Hauptmahlzeit der Gladiatoren[35].

Um Christi Geburt war die übliche Nahrung der Germanen das *Mus,* ein aus Getreidemehl, meist Hafermehl, angerührter Brei, den Plinius als das »Nationalgericht der Germanen« bezeichnete[36]. Später bildeten Suppen, vorwiegend aus Hülsenfrüchten und Gemüseabkochungen, wegen des geringen Geschmackswertes oft mit Fleisch verschiedener Tierarten zubereitet, das Mittagessen; abends gab es Mehl-, Milch- oder Biersuppen.

Der Übergang vom Altertum zum Mittelalter vollzog sich in Europa während des 4. und 5. Jahrhunderts n. Chr., verbunden mit vielfältigen geistigen und kulturellen Veränderungen. Die mittelalterliche Küche kannte eine große Auswahl von Lebensmitteln: neben Fleisch und Fisch aller Art, Milch und Eiern vor allem Rüben, Rettiche, Zwiebeln, Porree, Wurzeln, Kohl, Spinat, Kresse, Brennesseln und einige andere Blattpflanzen. Wegen der begrenzten Transport- und Konservierungsmöglichkeiten war der Koch des Mittelalters jedoch noch genauso abhängig von Saison und Region wie der Koch der Antike. Von ausgesprochen dünnflüssigen Suppen ist in mittelalterlichen Kochbüchern nur selten die Rede. Aus dem merowingischen Reich ist bekannt, daß bei vornehmen Gastmählern in der Speisenfolge auch Suppen aufgeführt wurden. Es handelte sich bevorzugt um Geflügel- und Kräutersuppen, aber sie waren offenbar nicht allgemein üblich. Eine dieser Suppen war die *Soupe dorée,* eine Eiersuppe, die ihren Namen durch den färbenden gelben Safran bekam. Insbesondere bei feinen Suppen sollte der Appetit durch die Farbe angeregt werden; die Köche verwendeten deshalb gerne färbende Zutaten, zum Beispiel Kräutersaft für grüne Suppen oder – in Süd- und Südwesteuropa – Mandelmilch für weiße Suppen[37].

In den Ländern nördlich der Alpen bestand die tägliche Kost nach wie vor einfach nur aus »dunklem Brot, Wasser oder Bier« und einem *companaticum* aus dem Kessel. Dieser Kessel, der ursprüngliche *pot-au-feu,* lieferte eine immer wieder aufgekochte, ständig wechselnde Brühe[38], deren Bestandteile davon abhängig waren, was es in der näheren Umgebung des Hauses gab. Ein Huhn, ein Kaninchen oder auch gepökeltes Fleisch verliehen der Brühe ein kräftiges Fleischaroma. Mit Kohl, anderen Gemüsen oder Roggen- oder Erbsmehl war stets eine heiße Suppe im Kessel, der übrigens nur ganz selten geleert und gereinigt wurde. Da das Küchengerät des einfachen Haushaltes zu jener Zeit noch sehr beschränkt war, stand der *pot-au-feu* im Mittelpunkt der warmen Mahlzeiten[39] und bestimmte bis zum 18. Jahrhundert die Zubereitungsart der meisten Speisen.

Im 12. und 13. Jahrhundert wurden Specksuppen, Gemüsesuppen, Suppen aus Getreidemehlen, vor allem aus Gerste, Hirse, Roggen und Buchweizen, aber auch aus Sauerampfer, zubereitet, in Weinbaugebieten auch die schon in der Frühzeit bekannte Weinsuppe. Etwa um die Mitte des 13. Jahrhunderts findet man dann Fleisch-, Wild-, Geflügel- oder Fischsuppen, allerdings verhältnismäßig einfach – besser »dünn« – angerichtet. Die Zahl der »Fleisch- oder

35 HANSSEN–WENDT (wie Anm. 29), S. 30.
36 Vgl. Franz FUHSE, Art. »Mus« (in: Reallexikon der germanischen Altertumskunde, hg. von Johannes HOOPS, Straßburg 1915–16) Bd. 3, S. 284.
37 Hans WISWE, Kulturgeschichte der Kochkunst. Kochbücher und Rezepte aus zwei Jahrtausenden mit einem lexikalischen Anhang zur Fachsprache von Eva HEPP (München 1970), S. 102 ff.
38 TANNAHILL (wie Anm. 3), S. 100.
39 Ebd. S. 101 f.

Fischbrocken« in der Suppe war das Maß für Großzügigkeit oder Knausrigkeit eines Gastgebers. Die Unterschiede zwischen Adel und Bauern waren in dieser Zeit recht groß, da n. a. der Bauer von der Jagd ausgeschlossen war[40]. Zwischen 1373 und 1392 schrieb der damalige Erste Hofkoch Karls V. von Frankreich, Guillaume Tirell, genannt »Taillevent«, eines der ältesten Kochbücher in französischer Sprache[41], das zahlreiche Suppenrezepte enthält[42]. Darin finden wir zum Beispiel eine »Suppe« aus Erbsenpüree mit Speck und Milch mit Einlage von vorgekochten Hühnerstücken, in Speck gebraten, mit Eigelb legiert[43]. Außerdem enthält es das Rezept für eine »Zimtkraftsuppe«, für die man das Huhn in einer Mischung aus Wasser und Wein kocht und mit Zimtsauce abschmeckt[44]. Dieses Buch setzte Maßstäbe für die altfranzösische Küche, in der es Zwiebelsuppe, Bohnensuppe, Senf- und Hanfsamensuppe gab, alles nach mittelalterlicher Manier sehr kräftig gewürzt, zum Teil mit einem Schuß Federweißen, und stets mit großen Mengen Zucker angerichtet. Das galt auch für die »Jacobinersuppe«, eine Bouillon aus einer Rebhuhnart namens Jacobine hergestellt und mit geröstetem Brot und Käse überbacken. Nur bei der »Delphinsuppe« und bei der *Aille*, einer Knoblauchsuppe, verzichtete man auf Zucker[45].

Erst seit der ersten Hälfte des 16. Jahrhunderts begann man sich von den Gewohnheiten der mittelalterlichen Küche zu lösen, vor allem von der des überreichlichen Würzens[46]. Neue Gewürze und Gemüse kamen in Gebrauch, man entdeckte den Wohlgeschmack bisher unbekannter Gemüsearten aus der Neuen Welt, zum Beispiel Mais, Topinambur und Tomaten. Die von den Spaniern aus den Andenhochebenen Boliviens, Chiles, Equadors und Perus erstmals eingeführte Kartoffel wurde bereits Ende des 16. und Anfang des 17. Jahrhunderts in Italien zur »Kartoffelsuppe« – wie sonst Rüben und Karotten – verwendet. In Frankreich machte sich der italienische Einfluß ebenfalls bald bemerkbar. Im Hinblick auf »Suppeneinlagen« sei das zehnbändige Kochbuch »De honesta voluptate et valetudine« (Rom 1475) des Bartolomeo Sacchi di Piadena (1421–1484), genannt Platina, erwähnt, das zum erstenmal, und zwar im sechsten Buch – neben Suppen – hierfür Rezepte enthielt[47]. Mit Katharina von Medici (1519–1589) und Maria von Medici, die 1600 Heinrich IV. von Frankreich (1553–1610) heiratete, setzte sich die italienische Geschmacksrichtung in der französischen Küche durch, wodurch die französische Kochkunst einen großen Aufschwung nahm[48]. Zur Zeit König Heinrichs IV. von Frankreich zollte man der Suppe großes Lob. Bekannt ist die später auch als »Königinsuppe« bezeichnete Geflügelcremesuppe, eine Erinnerung an Königin Margarete, die erste Frau des Königs, bei der diese Suppe jeden Donnerstag serviert wurde[49].

40 Seifert–Sametschek (wie Anm. 25), S. 45.
41 Ebd. S. 42f.
42 Revel (wie Anm. 31), S. 85ff.
43 Seifert–Sametschek (wie Anm. 25), S. 42f.
44 Ebd. S. 42.
45 Kudriaffsky bezeichnet die französischen »potages« und »bouillons« des Taillevent als die Grundsubstanz der späteren Pasteten. Vgl. Kudriaffsky (wie Anm. 25), S. 117.
46 Zum Gebrauch der Gewürze vgl. Revel (wie Anm. 31), S. 86ff.
47 Bartolomeo Platina, Von der eerlichen, zimlichen, auch erlaubten Wollust des Leibs durch Bap. Platinam. Jetzt jüngst grüntlich auss dem Lateinischen verteutscht durch M. Stephanum Vigilium Pacimontanum (Augsburg 1542, Ndr. München 1979), S. 32ff.
48 Zur »Medici-Legende« vgl. Revel (wie Anm. 31), S. 94ff.
49 Ebd. S. 92.

Auf deutschem Boden sind Kochrezepte erst seit dem späten Mittelalter aufgezeichnet worden, wobei der Schreiber keineswegs zugleich der Verfasser war. Die meisten dieser Sammlungen verdienen allerdings den Namen eines »Koch*buches*« noch nicht. Die älteste erhaltene Sammlung mit 96 Rezepten ist »Daz buoch von guoter spîse«, das um 1350 in Würzburg als Pergamenthandschrift von einem Unbekannten (ohne Fachkenntnis) geschrieben wurde und aus dem Nachlaß des fürstbischöflichen Protonotars Michael de Leone stammt[50]. In diesem mittelalterlichen Kochbuch ist von Suppen nicht die Rede, was dem oben angeführten Trend zum Fleisch entspricht. Zwar wurden Fleischbrühen unter der Bezeichnung *fluzzende sultze* erwähnt, sie dienten aber nur zur Bereitung von Tunken oder als Flüssigkeit, in der zum Beispiel gebratener und anschließend gekochter Ochsenspeck serviert wurde[51]. Anders verhält es sich mit dem 1485 erschienenen ersten deutschen und nach Platinas Werk zweiten gedruckten Kochbuch überhaupt, der 32 Blätter umfassenden »Kuchemaistrey« von Peter Wagner, Nürnberg. Dieses Kochbuch wurde häufig nachgedruckt, was auf eine weite Verbreitung und große Akzeptanz der Kochrezepte schließen läßt[52]. Es gliedert sich in fünf Teile, wobei man im ersten Teil bereits lernt, *Auch wie man von gemüss und suppen in mangerley weiß mit gewürtzen und etlich mit farben bereiten und geben sol*[53]. Neben diesen Suppen befinden sich im dritten Teil Eiersuppen, denn dort heißt es: *Im drytten teyl lernt es wie man mancherley speyss von ayren bereyten und machen sol, als müser und suppen* ...[54], verständlich, wenn man berücksichtigt, daß Eier zur damaligen Zeit zu den Deputaten für die Angestellten des Magistrats gehörten.

Von den deutschsprachigen Kochbüchern, die im 16. Jahrhundert gedruckt wurden, übertrifft »Ein new Kochbuch in Druck gegeben Durch M. Marxen Rumpolt Churf. Meintzischen Mundtkoch 1581« und gedruckt *zu Franckfort am Mayn* alle anderen an Umfang und Bilderschmuck[55]. Zugleich ist es das erste deutsche Kochbuch, das sich in seiner Vorrede ausdrücklich an den Nachwuchs der professionellen Küchenmeister richtet[56]. Mustert man die fast 2000 Rezepte, so stößt man beispielsweise auf eine *Hollopotrida,* die *mit aller Zugehörung* aus 90 Zutaten besteht. Gerade an diesem Suppenrezept zeigt sich schon für diese Zeit das Wandern von Rezepten, denn die ursprüngliche *Olla potrida* (der »faule Topf«) kam aus Spanien. Die Speise taucht unter anderen Bezeichnungen wie *Holipotriden* und »En alle Patryden« (De Rontzier), *Alla potrida* oder »Patriepastete« (Eleonora Maria Rosalia von Liechtenstein) auch in weiteren Kochbüchern auf[57]. Im Kapitel *Von allerley Suppen* ... finden sich bei Rumpolt 63 Rezepte, aus denen einerseits die allgemeine Bedeutung der Suppen zur damaligen Zeit hervorgeht und andererseits ersichtlich ist, daß Erbsen-, Gersten- und Hanfsuppen, Fisch- und Milchsuppen, Krautsuppen, Käse- und Eiersuppen üblich waren, außer-

50 Daz buoch von guoter spîse. Aus der Würzburg-Münchener Handschrift neu hg. von Hans HAJEK (Berlin 1958). Zur Handschrift vgl. S. 7 ff.
51 Ebd. S. 42.
52 Vgl. SEIFERT–SAMETSCHEK (wie Anm. 25), S. 53 ff.
53 Zit. nach: SEIFERT–SAMETSCHEK (wie Anm. 25), S. 53.
54 Ebd. S. 54.
55 Ein new Kochbuch in Druck gegeben Durch M. Marxen Rumpolt Churf. Meintzischen Mundtkoch (Franckfort am Mayn 1581, Ndr. Hildesheim ³1980).
56 Ebd. Bl. iij ff.
57 Vgl. WISWE (wie Anm. 37), S. 24 f.

dem Wein-, Bier- und süße Suppen, selbst Kapern-, Mohn- und Dattelsuppen, mit Zucker und Ingwer zubereitet[58]. Daß die verschiedenen Rezeptangebote sich an bestimmte Schichten der Bevölkerung richteten, zeigen die Speisevorschläge, die Rumpolt für das *Keyserliche Bancket* und andere Fürstenhöfe machte, andere waren für Bürger und Bauern vorgesehen. Dem Kaiser wurden etwa Hecht- oder Mandelsuppen[59], dem Bürger *Ein Kaupaunen Suppen*[60], dem Bauern dagegen die weitaus schlichteren Rindfleisch- oder Erbsensuppen empfohlen[61].

Die Verbreitung jener Suppen, wie wir sie heute kennen, fällt erst ins 17. Jahrhundert. Der »Sonnenkönig« Ludwig XIV. (1638–1715) war bekanntlich ein Vielesser[62]. Seiner Völlerei verdankt die kulinarische Kunst eine große Vervollkommnung, insbesondere die Kunst der Zubereitung von Suppen. Seine Leidenschaft für Gemüse und die von ihm initiierte Weiterentwicklung des Gemüseanbaus, zum Beispiel von Blumenkohl, Broccoli, Schwarzwurzel, Artischocken und Spargel, der Import von Zuckererbsen aus Holland und anderem Gemüse aus Italien, beeinflußten die Suppenrezepte. Ein königliches Menü bestand in der Regel aus fünf Gängen, wobei der erste Gang vier Suppen aufwies. In Frankreich war es damals üblich, diese vier Suppen auf die vier Ecken des Tisches zu stellen. Bis dahin wurden, wie im Mittelalter, alle Speisen noch gleichzeitig auf den Tisch aufgetragen. Allmählich schälte sich jedoch die bis heute übliche Speisenfolge aus drei gesonderten Gängen heraus, wobei sich diese wiederum aus drei Stufen von Speisen zusammensetzten: den appetitanregenden Speisen (Suppen, Hors-d'oeuvres, Entrées oder Vorspeisen), den Hauptgerichten (Fleisch mit Beilagen) und den Entremets (kaltes Fleisch, Gemüsegerichte, pikante Speisen und Süßspeisen)[63].

Später wurde der »Service français«, bei dem noch alle Speisen dieser Gänge gleichzeitig auf der Tafel standen und jeder sich in der Regel nur von dem Gericht nahm, das direkt vor ihm stand, abgelöst vom »Service à la russe«, der Bedienung durch reihum gehende Diener, die zu einer weiteren starken Reduktion der Anzahl der Speisen pro Gang führte[64]. Damit einher ging eine Verfeinerung der Kochkunst. Dieser Prozeß führte dazu, daß einzelne Speisen einen mehr oder minder festen Platz in der Speisenfolge bekamen. Dabei stand die Suppe nicht von vornherein zu Beginn des Menüs. So berichtete etwa de Montaigne in seinem Reisetagebuch, in dem er unter anderem die Augsburger und Lindauer Wirtshäuser und ihre Gepflogenheiten in bezug auf die Suppe beschrieb: »Bald kommt der Braten zuerst und die Suppe am Schluß und umgekehrt«[65]. Er nennt in seinen »Essais« die Gastronomie »die Wissenschaft des Maules«.

Die skizzierte Entwicklung der Suppe als einleitende Vorspeise galt jedoch nur für die gehobenen gesellschaftlichen Schichten. Der Stellenwert der Suppe in den einfachen Haushalten war ein wesentlich anderer. Hier blieben Suppen, als nahrhaftes Essen, preiswert, brennstoffsparend und mit einfacher Küchenausstattung herzustellen, die Hauptspeise. Es läßt

58 Ein new Kochbuch (wie Anm. 55), Bl. 162 ff.
59 Ebd. Bl. 15.
60 Ebd. Bl. 38.
61 Ebd. Bl. 40, 41.
62 SEIFERT–SAMETSCHEK (wie Anm. 25), S. 124.
63 TANNAHILL (wie Anm. 3), S. 289 ff.
64 Ebd. S. 295.
65 Michel de MONTAIGNE, Die Essais und das Reisetagebuch. In den Hauptrollen hg. und verdeutscht von Paul SAKMAN (Stuttgart [3]1948), S. 54.

sich somit ein Bezug zwischen dem sozialen Status und dem Suppenkonsum herstellen, den auch die zeitgenössische Hausväterliteratur belegt. Hierin werden Suppen, Breie und Grützen als Speisen des armen Mannes bezeichnet[66]. Darüber hinaus wurde die Morgensuppe aus einer Mehleinbrenne und Wasser, die es zwischen vier und fünf Uhr gab, erst mit der Popularisierung des Kaffeekonsums im 19. Jahrhundert allmählich abgelöst[67].

Wenngleich man auch dem Bürger versicherte, er könne wie die Fürsten speisen, wenn er nur eine gute Bouillon zu machen verstände[68], so mußte dennoch die Suppe oft genug das nackte Überleben sichern, bevor die Entwicklung von Industrie und Landwirtschaft im 19. Jahrhundert in Europa die Hungersnöte, wie sie das vorindustrielle Zeitalter als Folge von Mißernten noch kannte, beseitigte. In solchen Hungersnöten wurden Suppen aus allem gekocht, was nur irgendwie zur menschlichen Ernährung beitragen konnte. In der Literatur zur Hungersnot von 1846/47 findet sich beispielsweise die Beschreibung einer Mittagssuppe von grünen Kartoffelblättern, einigen alten Bohnen und wenigem Braunkohl, mit etwas Salz, ganz ohne Fett bereitet. »Man möge sich den Geschmack dieser elenden kraftlosen Speise denken«[69], heißt es lakonisch von dem zeitgenössischen Berichterstatter, der dieses Rezept der Nachwelt überliefert hat.

Im Bestreben, eine Suppe mit möglichst sparsamen Mitteln zuzubereiten, erfand der Franzose Papin (1647–1712) 1681 den Überdrucktopf. Vor allem die Hospitäler und Armenhäuser beschafften sich nun diesen Papinschen Topf, um damit Bouillon zu kochen, sie gleichzeitig aber auch haltbar zu machen[70]. Die berühmteste Suppe aus jener Zeit ist die »Sparsuppe«, die der britische Naturforscher Benjamin Thompson (1753–1814) – bekannter unter seinem späteren Namen Graf Rumford – erfand, der während seines Dienstes am Münchener Hof (1784–1788) das gesamte Armenwesen der Stadt neu organisierte und im Zuge dieser Reformen die Arbeitshäuser in München einführte. Seine Lösung, Arme möglichst billig zu ernähren, ohne gleichzeitig Unruhen wegen der schlechten Verpflegung heraufzubeschwören, war die mit Kartoffeln und Gerstengraupen dick gekochte Suppe nach folgendem Rezept: *Das Wasser und die Gerstengraupen werden zusammen in einen Kochkessel gethan und zum Kochen gebracht; dann wird die gleiche Menge Erbsen hinzugethan und das Kochen wird über mäßigem Feuer zwei Stunden lang fortgesetzt; dann werden die Kartoffeln (die ungekocht oder gekocht schon geschält sind) hinzugethan, und das Kochen wird noch eine Stunde lang fortgesetzt. Während dieser Zeit wird die Flüssigkeit im Kessel fleißig mit einem großen hölzernen Löffel umgerührt, um die Kartoffel gänzlich zu zerreiben, und die*

66 WISWE (wie Anm. 37), S. 74.
67 Vgl. Hans-Jürgen TEUTEBERG, Die Eingliederung des Kaffees in den täglichen Getränkekonsum (in: TEUTEBERG–WIEGELMANN (wie Anm. 2), S. 185–201) bes. S. 193.
68 Vgl. TANNAHILL (wie Anm. 3), S. 249.
69 Carl Hermann BITTER, Bericht über den Notstand in der Senne zwischen Bielefeld und Paderborn, Regierungsbezirk Minden und Vorschläge zur Beseitigung desselben, aufgrund örtlicher Untersuchungen aufgestellt (in: 64. Jahresbericht des Historischen Vereins für die Grafschaft Ravensberg, 1966), S. 11.
70 Vgl. zu dessen Gebrauch für das Suppe-Kochen: Johann Georg KRÜNITZ, Oekonomisch-technologische Encyklopädie oder allgemeines System der Stats-, Stadt-, Haus- und Land-Wirthschaft, und der Kunst-Geschichte in alphabetischer Ordnung (Berlin 1791), S. 285 ff. Krünitz nennt den Papinschen Dampftopf »Digestor« und weist bereits auf die Möglichkeit der Herstellung von Suppentafeln durch Evaporation hin (vgl. S. 302) sowie auf Probleme bei der Nutzung und mögliche Verbesserungen.

Suppe zu einer gleichförmigen Masse zu machen. Sobald dies geschehen ist, werden Weinessig, Salz und zuletzt, wenn die Suppe aufgetragen werden soll, Brodschnitte hinzugethan[71]. Rumford kam es vor allem auf die Sättigung durch diese Suppe an, die in Anbetracht der langen Kochzeit und der damit verbundenen starken Eindickung der Suppe – sie stand auf dem Löffel[72] – gewährleistet war. Auch später diente die Suppe noch zur Sättigung Armer und Bedürftiger (1800 auch in Berlin). Für die gesamte Anstaltsernährung und besonders der städtischen Suppenküchen war sie lange eine Hauptspeiseform[73].

Ein weiterer Markstein in der Geschichte der Suppe wie der ganzen Ernährung ist das Jahr 1765. In diesem Jahr eröffnete ein gewisser Monsieur Boulanger in Paris ein Lokal, in dem man nur Suppen essen konnte. Eine Inschrift über der Tür verkündete: Boulanger verabreicht *Restaurants divins,* das heißt »göttliche Erquickung«[74]. Die angebotene Suppe war nicht seine Erfindung; es gab sie schon lange unter dem Namen *le consommé restaurant,* was etwa »die wiederherstellende Suppe« heißt. Boulanger war mit seiner Idee sehr erfolgreich; bald nannte man ihn *Restaurateur* und sein Lokal kurz *Restaurant.* So verwundert es nicht, wenn im Almanach Dauphin aus dem Jahre 1777 *Restaurateurs* definiert werden als diejenigen unter den Gastwirten, die die Kunst kennen, echte Kraftbrühe zu bereiten. Das war das Geburtsjahr der Restaurants, die später ihr Speisenangebot erweiterten und verfeinerten, und die Suppe hat dabei Pate gestanden.

Anfang des 18. Jahrhunderts war die Kost für das einfache Volk im nördlichen Europa noch derb und *monoton nach lokalen Kochsitten* ausgerichtet; überall gab es zu fast jeder Mahlzeit eine kräftige, dicke Suppe oder einen Brei. Auch in Österreich mit seiner schon damals bekannten »Wiener Küche« war die Suppe eine Hauptmahlzeit. Als Beispiel sei hier auf ihre Rolle im 1719 erschienenen »Neuen Saltzburgischen Koch-Buch« von Conrad Hagger hingewiesen, das, wie es in der Vorrede heißt, alle anderen Kochbücher, auch jenes des Herrn Rumpolt, ablösen wollte[75]. In dieser Vorrede führt Hagger unter anderem aus, daß er für Sigismund Ignatius von Wolkenstein *auf ein gantzes Jahr täglich die Suppen zu verändern* hatte[76]. Die Einteilung des Werkes *(Erster Theil Handlet von 417 Suppen. 1. Buch beschreibt 281 Fleischsuppen. 2. Buch beschreibt 136 Fasten-Suppen)* hat mehr als ein Jahrhundert später der Mundkoch Maximilians II. von Bayern, Johann Rottenhöfer, in seinem 1866 erschienenen Kochbuch wieder übernommen. Zu den Suppen, *in welchen auch das mehreste Fundament aller anderer erdencklichen warmer/gedämpften/auch gemischten Speisen begriffen* wurde[77], verwendete Hagger in der Regel gebähte (mittelhochdeutsch mit indogermanischer Wurzel: (Brot) leicht rösten) Semmelschnitten als Grundlage, darauf kamen Fleischstücke, Geflügelteile, Innereien und Fischscheiben, dann wurde das Ganze mit Brühe übergossen. Er verwen-

71 Benjamin RUMFORD, Kleine Schriften 1 (Weimar 1800), S. 241 f.

72 Hans-Jürgen TEUTEBERG – Günter WIEGELMANN, Der Wandel der Nahrungsgewohnheiten unter dem Einfluß der Industrialisierung (Göttingen 1972), S. 46.

73 Ebd.

74 Zum Folgenden vgl. REVEL (wie Anm. 31), S. 151 ff.; s. auch SEIFERT–SAMETSCHEK (wie Anm. 25), S. 142.

75 Conrad HAGGER, Neues Saltzburgisches Koch-Buch (Augsburg 1719, Ndr. 1977) Vorrede. Zur Biographie vgl. auch SEIFERT–SAMETSCHEK (wie Anm. 25), S. 153.

76 HAGGER (wie Anm. 75), S. 154.

77 Ebd. S. 155.

dete auch bereits Einlagen wie kleine *Knödlen, welche von Kalbfleisch mit Mark oder Fetten/ geweichter Semmel/Eyern* zubereitet werden[78]. Dadurch wurde aus der Suppe eine vollwertige Mahlzeit. Die heutigen »Schöberl« sind die Nachfahren; auch sie machen aus einer Suppe ein vollwertiges Essen.

Rund zwanzig Jahre vor Rottenhöfer erschien 1845 in Deutschland ein neues Kochbuch für die gewöhnliche und feinere Küche von Henriette Davidis, das ein Schlager der Küchenliteratur werden sollte[79]. Die ersten Auflagen trennen im Gegensatz zu den späten (ab 16. Auflage) Wein- und Bier-, bzw. Milch- und Wassersuppen. Die aufgeführten Fleischsuppen, Suppen von Feldfrüchten und Kräutern, Wein- und Biersuppen, Milch- und Wassersuppen, Obstsuppen und Kaltschalen waren sowohl als Vorspeise wie auch als Hauptmahlzeit gedacht. Das Kochbuch empfahl, wie etwa die *Französische Nationalsuppe als vollständiges Mittagsmahl* zeigt, Rindfleischsuppen mit Fleisch, Gemüse und Kartoffeln[80].

Gouffé (geb. 1807), ein Schüler von Carême, dem Chefkoch des englischen Königs Georg IV., veröffentlichte 1875 »Le livre des soupes et des potages contenent plus de 400 recettes de potages français et étrangers«, die Bibel der Suppenköche, der »Potagisten«. Sie enthielt mehr als 400 Rezepte französischer und ausländischer Suppen. Die Veröffentlichung bewies das Interesse, das Feinschmecker und Berufsköche zu dieser Zeit der Suppe entgegenbrachten, wobei die französische Schule der Kochkunst den Ton angab und Triumphe feierte[81]. Dies wird um so verständlicher, wenn man sich der Erzählungen des deutschen Volkswirtschaftlers List (1789–1846) erinnert, der 1844 schrieb: *Unter den notwendigsten Lebensbedürfnissen versteht man in vielen Gegenden Deutschlands Kartoffeln ohne Salz, eine Suppe mit Schwarzbrot, zur höchsten Not geschmälzt, Haferbrei, hier und da schwarze Klöße. Die, welche sich besser stehen, sehen kaum einmal in der Woche ein Stück frisches geräuchertes Fleisch auf ihrem Tische, und Braten kennen die meisten nur vom Hörensagen*[82].

Bis in die Mitte des 19. Jahrhunderts lag die Kochkunst allein in den Händen herrschaftlicher Köche und Hausfrauen. Dies änderte sich mit der »Industriellen Revolution«. Die mit ihr verbundenen soziologischen und wirtschaftlichen Umwandlungsprozesse begründeten durch Umsetzung und Anwendung neuer naturwissenschaftlicher Erkenntnisse in der Technik auch neue Möglichkeiten der industriellen Verarbeitung von Lebensmitteln und damit die Ernährungsindustrie. Hinzu kam dann im 20. Jahrhundert der Eintritt der Frau in das außerhäusliche Berufsleben, was eine bisher nie gekannte Nachfrage nach vorgefertigten zeit- und arbeitsparenden Lebensmitteln von gleichbleibender optimaler Qualität für eine vollwertige

78 Ebd. S. 157
79 Henriette DAVIDIS, Zuverlässige und selbstgeprüfte Rezepte der gewöhnlichen und feineren Küche. Mit besonderer Berücksichtigung der Anfängerinnen und angehenden Hausfrauen (Bielefeld 1845, 1. Aufl.), und Praktisches Kochbuch für die gewöhnliche und feinere Küche. Zuverlässige und selbstgeprüfte Rezepte zur Bereitung der verschiedenartigsten Speisen, kalter und warmer Getränke, Gelees, von Gefrorenem, Backwerken, sowie zum Einmachen und Trocknen von Früchten. Mit einem Anhange, enthaltend Arrangements zu kleinen und größeren Gesellschaften, zu Frühstücks, Mittag- und Abendessen, Kaffee's und Thee's und einem Küchenzettel, nach den Jahreszeiten geordnet. Mit besonderer Berücksichtigung der Anfängerinnen und angehenden Hausfrauen bearbeitet (Bielefeld 1877, 3. Aufl.).
80 Vgl. SEIFERT–SAMETSCHEK (wie Anm. 25), S. 193.
81 Vgl. ebd. S. 181 f.
82 Zit. nach WISWE (wie Anm. 37), S. 81.

Ernährung mit sich brachte. Die ersten dieser mit »Rezeptleistung« verbundenen »Convenience-Produkte« waren Suppen[83].

Bereits zu Beginn des 18. Jahrhunderts hatten sich Gelehrte, wie Du Boisson in Frankreich und Degner in Preußen mit der Herstellung von »Bouillontafeln« beschäftigt[84], wurden Ansätze entwickelt, die während der napoleonischen Ära durch Proust und Parmentier (an seine großen Verdienste um die Nutzbarmachung der Kartoffel erinnert noch heute die »soupe Parmentier«, eine Kartoffelsuppe), den Engländer Westrumb und den schwedischen Chemiker Berzelius weitergeführt wurden. Die daraus entstandenen Verfahren, bei denen Fleischbrühe durch Verdampfen konzentriert und eingedickt, dann in Tafelform gebracht und getrocknet wurde[85], zielten allerdings vorwiegend auf die Verwendung des Knochenleims, nur theoretisch auf die des Muskelfleisches[86]. Man verwendete diese Produkte eine Zeitlang für die Soldatenverpflegung, aber auch als Schiffsproviant und gar als Kräftigungsmittel für Rekonvaleszenten.

Eine fundierte theoretische Basis für eine Massenproduktion von Fleischextrakt in der uns heute bekannten Form, d. h. eingedickter wässriger Auszug aus Frischfleisch, lieferte erst 1847 Justus Liebig[87]. Seit dieser Zeit suchte der Gießener Chemiker – vor allem wegen der hohen Preise des beispielsweise in der Münchener Hofapotheke in geringen Mengen hergestellten Fleischextraktes – einen Unternehmer, der die Produktion billig und in großem Stile aufziehen wollte und konnte[88]. Erst im Frühjahr 1862 traf er mit dem Hamburger Ingenieur Giebert zusammen, der dann binnen zweier Jahre industrielle Anlagen in der uruguayischen Hafenstadt Independencia, erst später nach der Fleischextraktfabrik Fray Bentos benannt, aufbauen ließ und so das billige Frischfleisch der so häufig beschworenen südamerikanischen Rindermassen direkt verwerten konnte. Das »Präparat« trug den werbeträchtigen Namen Liebigs, der sich dafür allerdings – gemeinsam mit seinem Kollegen Pettenkofer – die Qualitätskontrolle dieses Rindfleischextraktes vorbehielt[89]. Dieser eingedickte albumin-, leim- und fettfreie wässrige Auszug aus frischem Rindfleisch war außerordentlich haltbar und schmackhaft mit vielen praktischen, zeitsparenden Anwendungsmöglichkeiten: Die Produktion stieg insgesamt stark an, auch wenn das neue Produkt nur langsam in die tägliche hauswirtschaftliche Praxis eindrang.

Obwohl die ernährungswissenschaftliche Einordnung des Fleischextraktes noch kontrovers diskutiert wurde – Liebig vertrat die These, der Extrakt habe einen hohen Nährwert, während Pettenkofer und v. a. Carl von Voit ihn nur als, wenngleich auch wichtiges Genußmittel schätzten – wurde er als erstes »convenience food« in die Kost der bürgerlichen

83 Deutsche Gesellschaft für Ernährung e.V., Ernährungsbericht 1969 (Frankfurt/M. 1969), S. 107.

84 Art. Bouillon-tafeln, in: Encyclopädisches Wörterbuch der Wissenschaften, Künste und Gewerbe, hg. v. H. A. Pieper, Bd. 4, Altenburg 1825, S. 183.

85 Vgl. hierzu: Hans-Jürgen Teuteberg: Die Begründung der Ernährungsindustrie (in: Teuteberg–Wiegelmann [wie Anm. 2], S. 291–302), S. 292.

86 Zum Problemkreis s. den historischen Abriß in: Carl Voit, Ueber die Bedeutung des Leimes bei der Ernährung, Zeitschrift für Biologie 8, 1872, S. 297–387, v. a. S. 297–313.

87 Justus Liebig, Ueber die Bestandtheile der Flüssigkeiten des Fleisches, Annalen der Chemie und Pharmacie 62, 1847, S. 257–369, hier S. 359–361.

88 Vgl. die Schilderung in: Justus v. Liebig, Extractum carnis, Annalen der Chemie und Pharmacie 133, 1865, S. 125–130.

89 Hanssen–Wendt (wie Anm. 29), S. 556

Schichten aufgenommen, wegbegleitet von teils enthusiastischen Lobpreisungen in Teilen der zeitgenössischen Publizistik sowie der Kochbuch- und Haushaltliteratur.

So ist bei Rottenhöfer »Vom Fleisch-Extrakt«, den er L'Osmazom nannte, zu lesen:

»Die Entdeckung oder vielmehr die Sicherstellung des Osmazoms ist der größte Dienst, welchen die Chemie in neuerer Zeit geleistet hat. Das Osmazom ist jener wesentliche schmackhafte Theil des Fleisches, der sich in kaltem Wasser löst und von dem Extraktivstoff dadurch unterscheidet, daß letzterer nur in heißem Wasser löslich ist. – Das Oszmazom ist das verdienstliche Element der guten Suppen (...) Die Nichtkenntnis des Osmazoms trägt Schuld an der Unzufriedenheit mit so vielen Köchen, welche die erste Fleischbrühe anderweitig verbrauchen. Den Ruf der Vorsuppen verdankt man ihm (...) – Endlich ist zur Sparung dieser freilich noch sehr unbekannten Substanz der Grundsatz eingeführt worden, daß zur Herstellung einer guten Fleischbrühe der Topf nur lächeln soll« [90].

Und Henriette Davidis schrieb 1870:

»Der unersetzliche Werth des Liebig'schen Fleischextractes beim Hungertyphus, für Krankenhäuser, Hospitäler und Armeen ist längst bekannt ... Neben so wichtigen Zwecken ist der Fleischextract ein großes Hülfsmittel für Hôtels, Bahnhofs- und andere Restaurationen, Gahrküchen, Wohltätigkeitsanstalten, sowie auch für Reisende, besonders auf Schiffen. Für Kranke, Schwache und Genesende aber giebt es in der That kein zweites Stärkungsmittel, welches in rascher und sicherer Wirkung dem Liebig'schen Fleischextract zu vergleichen wäre ... Sicherlich wird so von den Männern dem hohen Namen des Herrn Professors Freiherr von Liebig häufig ein aufrichtig gemeinter Toast gebracht; aber von Frauenherzen, von Kranken und Schwachen wird Liebig ein unvergängliches Denkmal gesetzt, wahrlich das schönste Denkmal der Welt, weil es von dankbaren Herzen still und ohne Prunk aufgebaut ist, ...« [91]

In den Kochbüchern von Rottenhöfer und Davidis werden daher »Fleischsuppen« bereits mit »Liebigs Fleischextrakt« zubereitet.

Mit der in der Fleischbrühe bzw. dem Fleischextrakt enthaltenen Gruppe der Extraktivstoffe, die verschiedener chemischer Genese sind und auf deren Anwesenheit die »physiologischen Wirkungen der Fleischbrühe« zurückgeführt worden sind, beschäftigte sich u. a. O. Flössner und berichtete 1934/35 über »Neue Gesichtspunkte zur Wirkung der Fleischbrühe« auf Blutdruck, Kreislauf, Herztätigkeit und Stoffwechsel [92].

Mit Liebig setzte die industrielle Herstellung und Vermarktung dieser Produkte ein. Anfang der siebziger Jahre des vergangenen Jahrhunderts begann Carl Heinrich Knorr (1800–1875) in Heilbronn »fabrikmäßig« in Paketen abgepackte, präparierte Mehle aus Grünkern, Erbsen, Linsen, Bohnen sowie Sago und Tapioca für die Suppenzubereitung im Haushalt unter der Schutzmarke »Bienenkorb«, dem ersten Warenzeichen der Firma

90 Johann Rottenhöfer, Neue vollständige theoretisch-praktische Anweisung in der feineren Kochkunst mit besonderer Berücksichtigung der herrschaftlichen und bürgerlichen Küche (München 1866, Ndr. Wels o.J.).

91 Henriette Davidis, Kraftküche aus Liebig's Fleischextrakt für höhere und unbemittelte Verhältnisse, Braunschweig 1870, S. 13.

92 Otto Flössner (in: Klinische Wochenschrift 13, 1934), S. 1807; Ders., (in: Medizinische Klinik 19, 1935).

KNORR, in den Handel zu bringen[93]. Seit 1875 gab es dann Hülsenfruchtmehle mit getrockneten, gemahlenen Gemüsen und Gewürzen, und seit 1882 standen – in Beuteln – »gekochte Hülsenfruchtmehle, Erbsen-Linsen-Bohnenmehl sowie Patent-Sparsuppen unter der Marke Victoria ..., dann Grünkern-Extrakt und Tapioca-Julienne«, letztere eine vorpräparierte, industriell vorgefertigte Suppe nach französischem Geschmack, zur Verfügung[94]. 1884 empfahl die »neueste Preisliste« der C. H. KNORR unter anderem »Leguminosen- und Cerealienmehle« zu Suppen, Pürees (auch speziell für Kindernahrung), »KNORR's diastasirte Leguminosen-Mischungen für Magenleidende«, »Suppenkräuter, die Dose von 10 kleinen Tafeln« (unter anderem Majoran, Thymian, Selleriewurzel in Scheiben, Petersilie, Kerbel), verbunden mit dem Hinweis bei der auch »Französische Suppe« genannten Julienne: *Für Militär, Marine oder Arbeiterverpflegungen genügen 20–25 gr. für eine volle Ration per Mann*[95]. Ein reichhaltiger »Preis-Courant« von 1886 empfahl *als wichtigste Neuheit Suppen in Tafelform gepreßt, 100 g für 15 Pfennig*[96].

1882 begann Michael Johannes Julius Maggi (1846–1912) in der Schweiz mit Leguminosenmehlen zu experimentieren, bis ihm 1886 die Herstellung der ersten kochfertigen Suppen aus Erbsen- und Bohnenmehlen gelang[97].

Weltbekannt wurde die 1889 in den Handel gebrachte »Knorr-Erbswurst«. Sie war 1866/67 von dem Koch Grüneberg in Berlin entwickelt und im deutsch-französischen Krieg von 1870/71 zur Truppenverpflegung eingesetzt worden. Diese Erbswurst, die nicht, wie damals schon die Suppentafeln, unter hydraulischem Druck hergestellt, sondern lose durch Fülltrichter aus Blech in einen feuchtgemachten Naturdarm gebracht, mit der Hand abgebunden und anschließend getrocknet wurde, damit sich der Darm stramm um die Masse legte[98], war – nur mit Wasser aufgekocht – somit ein weiteres der ersten »convenience food« der Welt. Wenngleich man auch inzwischen die Herstellung maschinell verbesserte, so ist das ursprüngliche Erbswurstrezept geblieben. Nicht nur bei der Truppenverpflegung (einschließlich der Marine), *Auch auf Forschungsreisen von Nansen (...) am Äquator wie am Nordpol* haben sich diese Knorr-Erzeugnisse gleich bewährt, wie die Knorr-Chronik von 1897 ausweist[99]. Parallel zur Entwicklung dieser industriell vorgefertigten Suppen in pastöser und trockener Form verlief die Herstellung von verzehrfertigen Suppen in Gläsern oder Dosen nach dem 1809 von Appert (1750–1841) vorgestellten und bis heute geltenden Verfahren der Hitzekonservierung (Sterilisation)[100]. Bryan Donkin in England baute 1812 eine Konservenfabrik, in der er sechs Jahre später bereits – wahrscheinlich als erster – Suppen in Dosen herstellte[101].

Die Suppe kann, wie die Betrachtung ihrer Entwicklung in der Geschichte der Ernährung gezeigt hat, als älteste Form der zubereiteten Nahrung aus mehreren Zutaten angesehen werden. Die Suppe hat auch heute noch ihren festen Platz in unserer Ernährung und kommt in vielfältigen Variationen tagtäglich auf den Tisch. Den Charakter der Arme-Leute-Speise hat

93 Vgl. TEUTEBERG (wie Anm. 84), S. 295.
94 Ebd.
95 C. H. KNORR GmbH, Heilbronn, Archiv.
96 Ebd.
97 Maggi Gmbh, Frankfurt/M., Magginalien von A bis Z (1987).
98 C. H. KNORR GmbH, Heilbronn, Archiv.
99 Ebd.
100 Josef SCHORMÜLLER, Die Erhaltung der Lebensmittel (Stuttgart 1966), S. 2ff.
101 TANNAHILL (wie Anm. 3), S. 306, 307.

sie längst verloren. In den Privathaushalten der Bundesrepublik Deutschland werden jährlich insgesamt 3,2 Milliarden Liter Suppe zubereitet, was einem wöchentlichen Pro-Kopf-Verbrauch von durchschnittlich einem Liter Suppe entspricht; etwa 21 v.H. sind industriell vorgefertigte Suppen. Die nachfolgende Tabelle zeigt die Rangfolge der Beliebtheit der unterschiedlichen Suppen und den Anteil an den insgesamt zubereiteten Suppen:

Rangfolge der Suppen	Zubereitete Suppen in v.H. (hausgemachte und vorgefertigte)
Gemüsesuppe	9,9
Rindfleischsuppe	6,7
Hühnersuppe	6,6
Kartoffelsuppe	5,4
Nudelsuppe	5,3
Erbsensuppe	4,9
Linsensuppe	4,7
Bohnensuppe	4,1
(Bei allen anderen Suppen liegt der Anteil jeweils unter 4 v.H.)	

Hieraus ergibt sich, daß Gemüsesuppen einschließlich der Suppen aus Hülsenfrüchten mit knapp einem Viertel in der Verzehrshäufigkeit eindeutig an erster Stelle stehen[102]. Die Marktforschung sieht in diesen Zahlen auch einen Wertewandel beim Suppenverzehr in den letzten zehn Jahren: Die Entwicklung geht von der lange Zeit bevorzugten Vorsuppe heute wieder zur Suppe als Hauptgericht. Diesem Wertewandel folgt die Suppenindustrie, indem sie heute ein Sortiment vorgefertigter »Suppen-Mahlzeiten« anbietet, bei dem verbesserte und neue Technologien auf dem Gebiete der Haltbarmachung von Lebensmitteln – Sterilisieren und Pasteurisieren, Kühl- und Tiefgefrierverfahren, Trocknen (einschließlich Instantisieren) und Gefriertrocknen oder aseptisches Verpacken – Anwendung finden.

Die Betrachtung soll mit einem Zitat[103] des französischen Staatsrates Henry Gisquet (1792–1866) schließen. Er sagte zu seinem Koch Laplanche: »Meister Laplanche, alle, die an meinem Tisch sitzen, nennen Sie einen erstklassigen Suppenkoch. Das ist sehr gut, denn die Suppe ist der erste Trost für den bedürftigen Magen.«

102 Suppenmeßtest 1984/85, Maizena Marktforschung Heilbronn und G & J, Nürnberg.
103 Michel Caron – Ned Rival, Alchimie der Suppe (Frankfurt/M. 1966), S. 110.

Spätmittelalterliche Küche.
Platina Cremonensis: Von der eerlichen zimlichen auch erlaubten Wolust des Leibs, Augsburg 1542

HELMUT GEBELEIN

Das Wasser wird zu Wein, zum Fisch das Schwein

Anmerkungen zur Umwandlung von Materie

Als Chemiker etwas zur Geschichte der Ernährung beizutragen, ist sehr einfach, beginnt doch die Zivilisation nach Levi-Strauß damit, daß statt Rohem Gekochtes gegessen wird. Die erste zubereitete Speise war aber sicher Gegrilltes, am offenen Feuer angefertigt. Die Methode, mit der zunächst Nahrungsmittel gegart wurden, das Grubenkochen, bei dem man erhitzte Steine in eine mit Wasser gefüllte Grube gab, folgt zeitlich ebenfalls sicher erst auf das Grillen. Zu Homers Zeiten noch war das Grillen die bevorzugte Garmethode, so bei einem Gastmahl des Achilles. Ich zitiere aus der »Ilias« in der Übertragung von Voß:

...Selbst dann trug er zum Schimmer der Glut ein gewaltiges Fleischbrett,
Legte den Rücken des Schafes darauf und gemästeter Ziegen.
Legte des Mastschweins Rücken darauf voll blühenden Fettes.
Und Automedon hielt: da schnitt es der edle Achilleus,
Und er zerlegte geschickt und bohrte alles an Spieße.
Mächtige Glut entflammte Menoitios göttlicher Sprößling.
Aber nachdem sich das Feuer verzehrt und die Flamme verlodert,
Breitete jener die Kohlen und hielt darüber die Spieße,
Streuete heiliges Salz und hob's auf Feuergestelle.
Als er gebraten das Fleisch und auf Anrichtbretter geschüttet,
Reichte Menoitios Sohn aus zierlich geflochtenen Körben
Brot ringsher um den Tisch, und Achilleus teilte das Fleisch aus...

Unsere Grillparties und auch die Bevorzugung von Kurzgebratenem sind, unter diesem Gesichtspunkt gesehen, reinste Nostalgie, ein sich Zurücksehnen nach der Urzeit, vielleicht verbunden mit dem Traum, das Zeitalter der Jäger und Sammler sei doch das goldene Zeitalter gewesen, und wahrscheinlich war es das ja auch.

Am Anfang der Entwicklung des Menschen stand die Beherrschung des Feuers. Der Sprache ähnliche Kommunikationsmittel besitzen auch Tiere, Werkzeuge werden ebenfalls von Tieren, zum Beispiel von Affen, benutzt, aber selbst von Ameisen ist bekannt, daß sie kleine Stöckchen als Werkzeug verwenden. Das Feuer jedoch, das nur der Mensch benutzt, bietet Schutz vor wilden und gefährlichen Tieren, liefert Wärme und Licht und ermöglicht die qualitative Veränderung der natürlich vorkommenden Substanzen. Damit steht die Chemie, besser die Alchemie, die auch als die Kunst der Beherrschung des Feuers gilt, am Anfang der Menschwerdung. Diese Tatsache ist auch im Mythos von Prometheus ausgedrückt. Marx nannte ihn den Vornehmsten der Götter, der nicht nur den Göttern das Feuer stahl, sondern auch Menschen nach seinem Bild formte. Die Alchemie kann daher als die Mutter aller Wissenschaften bezeichnet werden.

Wird Fleisch gegrillt oder gekocht, so führt dieser Vorgang, unserer heutigen Auffassung nach, zur Denaturierung des Eiweißes, das damit besser verdaulich wird. Beim Getreide sprechen wir vom Abbau oder Aufschließen der Kohlehydrate. Der Naturstoff wird verändert, dieser Vorgang wird auch heute noch als Entfernung von der natürlichen Form angesehen. Es ist also kein Wunder, wenn man bei Diäten nahelegt, Nahrungsmittel möglichst unverändert zu sich zu nehmen, sei es Getreide oder auch, in Anlehnung an die Ernährungsweise der Eskimos, rohes Fleisch. Es ist die natürliche Form, die man empfiehlt, da sie für uns Menschen als Naturwesen bekömmlicher sei. Hier das rechte Maß zu finden zwischen unveränderten Produkten und solchen, die zubereitet worden sind, ist nicht immer leicht. Sicher hat die Chemie – und in diesem Zusammenhang ist ihr Ansehen nicht mehr so gut – auch viel zu einer Denaturierung beigetragen, die zu einer Verschlechterung der Nahrungsmittelqualität geführt hat.

Die Veränderung der Nahrungsmittel durch das Feuer muß eine Sensation gewesen sein. Hier traten Umwandlungen auf, die durch die Sinne feststellbar waren, das Feuer veränderte die Substanzen, reinigte sie auch. Es ist davon auszugehen, daß man das Abtöten der Krankheitskeime durch das Feuer relativ schnell feststellte; anders ist die Hochachtung des Feuers als Mittel der Reinigung in den verschiedenen Religionen nicht zu erklären. Diese Veränderungen wurden durchaus als Transmutationen betrachtet. Dieser Begriff war nicht auf die Verwandlung der unedlen Metalle in edle, also insbesondere Silber oder Gold, beschränkt. In der »Haliographie« des Johannes Thölde von 1612 steht unter anderem: *So werden auch solche Kreuter/* – gemeint sind Kräuter aus heißen Zonen – *dadurch ein ander Genus transmutirt/und bekom̃en dadurch/wie angezogen/eine newe Eigenschafft/ Gleich wie die Fische/weñ dieselbe in ein ander art Wassers gesatzt werden/dariñen sie irer Geburt noch nit erzogen/noch dessen gewonet sind/verlieren sie iren vorigen geschmack/ vnd nemen eine andern an(Etliche auch/so mit demselben Wasser gar eine gegenwertige Natur haben/sterben wol gar ab)Welchs nur allein nũ die Verwechslung gibt/vnd dadurch eine Transmutatio verursachet wird/.* Der Begriff ›Transmutation‹ konnte demnach jede qualitative Veränderung bezeichnen. Unter diesem Gesichtspunkt ist natürlich auch die Kochkunst, sie heißt auch Kunst, Alchemie. Nicht erst bei den Versuchen, den Speisen einen Geschmack zu geben, insbesondere durch die Verwendung von Gewürzen, der anderen Gerichten zukommt – beispielsweise einen Schweinebraten wie einen Hirsch schmekken zu lassen oder auch vegetarische Gerichte so zuzubereiten, daß sie wie Entenbraten schmecken.

Aristoteles postulierte – das weist ihn als Empiriker aus –, daß Änderungen nur dann tatsächlich stattgefunden haben, wenn sie unabhängig voneinander durch zwei verschiedene Sinne festgestellt worden sind. Für die Veränderung der Stoffe beim Braten oder Kochen trifft dies zu, wie jeder weiß. Aus dieser Erfahrung mußten Theorien über die Möglichkeit von Stoffumwandlungen entstehen und auch Theorien über die Zusammensetzung der Stoffe, die erklären können, warum diese Stoffumwandlungen möglich sind. Damit gelangt man zu der Theorie der vier Elemente des Aristoteles, die das ganze Mittelalter über gültig blieb; erst mit dem 18. Jahrhundert entwickelt sich unsere heutige Auffassung von den Elementen, die die alte Aristotelische Elementenlehre ablöst. Die vier Elemente sind Feuer △, Wasser ▽, Erde 🜃 und Luft 🜁. Über die Eigenschaften trocken, feucht, heiß und kalt sind die vier Elemente miteinander verbunden. Liebig weist in seinen »Chemischen Briefen« darauf hin, daß dies Eigenschaften sind, die alle Körper besitzen; sie sind entweder kalt oder warm, feucht oder trocken.

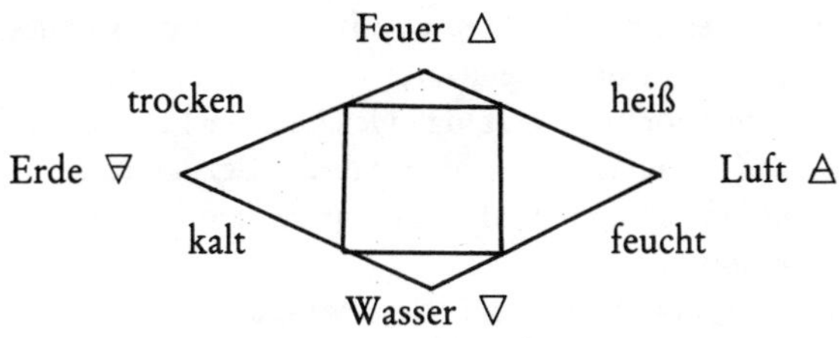

Die vier zu diesem Zeichen zusammengefügten Elemente ergeben das Siegel Salomons, den Davidstern, das Hexagramm, eines der wichtigsten Zeichen der Magie und der Alchemie.

▽ + △ → ✡ ← 🜃 + 🜁

Entzieht man dem Wasser durch Wärme die Feuchtigkeit, so entsteht Luft; in dieser Weise sind Umwandlungen der Elemente ineinander möglich. Deshalb leugneten selbst so bekannte Wissenschaftler wie Newton, Boyle, Spinoza oder Leibnitz die prinzielle Möglichkeit der Elementumwandlung auch nicht. Erst der neue Elementbegriff verbietet eine Elementumwandlung. Nunmehr werden Elemente als Stoffe definiert, die chemisch nicht zu verändern sind. Sind Blei oder Gold als Element erkannt, können sie aufgrund dieser Definition nicht mehr ineinander umgewandelt werden. Dafür eröffnet dieser neue Elementbegriff aber ungezählte neue Stoffumwandlungen, er ist die Grundlage unserer gesamten heutigen Chemie.

Im Mittelalter wurde jede Substanz als aus dem Urstoff und der Form bestehend betrachtet. »Die Alchemie«, schreibt Albertus Magnus, »geht derart vor, daß sie eine Substanz zerstört, indem sie ihre spezifische Form wegnimmt und die spezifische Form einer anderen Substanz hervorbringt.« Albertus Magnus, der auch als großer Zauberer gilt, soll solch eine Formänderung vollbracht haben: Mitten im Winter lud er Gäste zu einem Essen in den Garten ein. Dank seiner Kenntnisse der »Kunst« verwandelte er die Form des Winters in die Form des Frühlings, und also tafelten seine Gäste bei Vogelgezwitscher unter blühenden Bäumen. Nach dem Mahl soll sich wieder der Winter des Gartens bemächtigt haben.

Auch die Verwandlung des Schweins in Fisch läßt sich im Begriffsraster Urstoff – Form verstehen. Dies war von Bedeutung, um in der Fastenzeit Fleisch essen zu können. In den ungeheizten Klöstern war es in winterlichen Fastenzeiten wichtig, genügend Nahrung zu sich zu nehmen. Die Fastennahrung war nicht besonders geeignet, einen Fettansatz, der die Kälte abhält, zu fördern. Das Schweinefleisch wird durch das Kochen zum Urstoff – der Materia Prima der Alchemisten – zurückgeführt. Dabei verändert sich durch die Einwirkung des Feuers die Form, wie die Farbänderung anzeigt; das Fleisch erhält eine weißliche Farbe, die an die des Fleisches gekochter Fische erinnert. Wird dann noch entsprechend gewürzt, hat die »Transmutation« stattgefunden, wie durch die Sinne erfahrbar ist. Das Schwein enthält aber mehr Urstoff, daher sättigt es besser. Statt »Transmutation« gebrauchte man auch den Begriff »Transelementation«, in Anlehnung an die Elemententheorie des Aristoteles, auch der Begriff »Transfiguration« kommt vor. Inwieweit die »Transsubstantiation« mit dieser alchemistischen Auffassung in Verbindung steht, ist meines Wissens noch ungeklärt. Immerhin legten die

Mönche das Schwein auf den Altar und verspeisten es nach der Zeremonie der Wandlung als Fisch. Die »Transsubstantiation« wird damit erklärt, daß die Substanz das Wesen des Leibes annimmt, aber die äußere Gestalt erhalten bleibt. Es gilt zu bedenken, daß der Mensch, der in einem magischen Weltbild lebt, alle diese Umwandlungen nicht als Zauberei ansieht, sondern als Ergebnis eines Prozesses, in dem die Kräfte und Gesetze in der Natur ausgenutzt und dirigiert werden. Dabei wird vorausgesetzt, daß gleiche Ursachen gleiche Wirkungen ergeben, wie auch in den modernen Naturwissenschaften, nur das Bezugssystem ist ein anderes, als wir es gewohnt sind. Vermutlich sind Verbindungen zur Religion möglich, die für uns nur noch schwer nachvollziehbar sind.

Auch die Verwandlung von Wasser zu Wein wurde sicher so verstanden, bis zu jener wissenschaftlichen Sensation, die in das Jahr 1160 fällt: In Italien wird aus Wein zum erstenmal Weinbrand gewonnen. Bei der Gärung des Weins entsteht je nach Hefeart ein Alkoholgehalt von etwa 10–15%. Das Wort »Alkohol« für Weingeist stammt übrigens aus späterer Zeit, ursprünglich bezeichnete es bestimmte Antimonpräparate. Durch die Kunst der Destillation – im Titel der ersten Lehrbücher heißt es immer Destillationskunst – gelingt eine Verbesserung der Natur, es entsteht das *Aqua ardens,* das »brennende Wasser«, das »Feuerwasser«, wie es noch die Indianer bezeichneten, nicht nur, weil der billige Schnaps wie Feuer in der Kehle brannte, sondern weil er aussieht wie Wasser und brennt wie Feuer. Aber das Feuerwasser enthält zunächst noch so viel Wässrigkeit, daß es ein Leinentuch nicht verbrennt, erst der weiter rektifizierte, durch Wasserentzug konzentrierte Alkohol ist dann dazu in der Lage; dies wird als Vorschrift zur Überprüfung des Gehalts an Alkohol in alchemistischen Schriften angegeben. Bei der Destillation benutzte man ein Gerät, das man *Alambic* nannte. Auch heute noch heißt das Verfahren zur Weinbrandherstellung ›Alambicverfahren‹. Wenn man einen Weinbrand oder Cognac trinkt, nimmt man gewissermaßen ein alchemistisches Produkt zu sich.

Aber der Weinbrand ist auch *spiritus vini,* der »Geist des Weines« und damit Teil des *spiritus mundi,* des »Weltgeistes«. Dies ist meines Erachtens der Grund, daß in den Predigten beispielsweise des Nicolaus von Cues der Begriff *spiritus* immer wieder vorkommt. Denn auch Gott ist *Spiritus,* ist Geist. Für heutige Alchemisten ist der Alkohol der Träger des Geistes im Pflanzenreich; er ist, je nach Zubereitung und Pflanze, aus der er entstanden ist, verschieden, er enthält sozusagen den Geist der jeweiligen Pflanze. Auch wenn er unter chemischen Gesichtspunkten absolut rein ist, so trägt er für den Alchemisten noch immer die Signatur der Pflanze, aus der man ihn gewonnen hat. Da der *spiritus vini* das Wesentliche des Weines enthält, müßte er, so sollte man meinen, beim Verdünnen mit Wasser wieder Wein ergeben. Das Ergebnis ist enttäuschend, wie das Experiment leicht ergibt. Es ist jedoch zu bedenken, daß der Wein zu jener Zeit nicht besonders gut gewesen sein dürfte und sehr stark gewürzt war, der Weingeschmack von den Gewürzen also übertüncht wurde. Auch war die Kunst noch nicht so vollkommen, um den wahren *spiritus vini* herzustellen, der dann auch guten Wein hätte ergeben können. Auf jeden Fall betrachtete man dieses Ergebnis, das vielleicht der theoretischen Bedeutung der Arbeiten Einsteins gleichkommt, als Beleg für die Möglichkeit der »Transmutation«. Es ist dies auch gar nicht anders möglich. Wenn die beiden gegensätzlichen Elemente Feuer und Wasser durch die »Kunst« vereinigt werden können, warum sollte sie dann nicht auch Blei in Gold verwandeln können, in das Metall, dem alle Metalle zustreben, da es vollkommen ist? Gold ist das Metall, das zu gleichen Teilen aus Sal, Merkur

Hieronymus Bosch: Die Hochzeit zu Kana, Detail

und Sulfur besteht. Ein unedles Metall muß also in seine drei Bestandteile zerlegt werden, und wenn diese dann im richtigen Verhältnis wieder vereinigt werden, so ist Gold entstanden. Die Analogie zwischen dem Streben nach Vollkommenheit der Metalle und dem der Menschen hin zu Gott bedeutet, daß die Alchemie sowohl materiell im Labor als auch spirituell im einzelnen als Individuationsprozeß, wie ihn Jung für die Alchemisten beschreibt, verwirklicht wird. Der Erfolg im Labor ist der Indikator für die eigene Entwicklung im Erkenntnisprozeß, Erkenntnis in diesem Sinn ist »Gnosis«, und damit ist die Alchemie immer auch in der Nähe häretischer Vorstellungen angesiedelt.

Zur Veranschaulichung dieser Vorstellungen möge das Bild »Die Hochzeit von Kanaa« des Hieronymus Bosch (1450–1516) dienen, das zwischen 1475 und 1480 gemalt worden sein dürfte. Hieronymus Bosch lebte in einer Umbruchzeit: das Mittelalter geht zu Ende, die Renaissance, der Humanismus, die Aufklärung beginnen. Natürlich erfolgte der Wandel nicht über Nacht, insofern sind solche Datierungen immer etwas problematisch, aber die Zeit um 1500 wurde sicher auch im Bewußtsein der Menschen als Umbruchzeit verstanden. Es geschah viel, das Weltbild änderte sich, die Reformation kündigte sich an, diesmal war sie erfolgreicher als ihre Vorläufer. Hieronymus Bosch soll zur »Gesellschaft vom freien Geist« gehört haben, einer adamitischen Sekte, die gnostisches Gedankengut aufnahm. Im Umkreis der Gnosis ist auch die Alchemie in Alexandria ausformuliert worden, bei Hieronymus Bosch sind daher alchemistische Symbole in den Bildern zu erwarten. Wieweit er selbst alchemistische Kenntnisse hatte, habe ich nicht feststellen können. Die Maler stellten aber häufig ihre Farben und Pigmente selbst her, und so ist nicht auszuschließen, daß auch er eine gewisse Erfahrung in der Alchemie besaß*.

Für die Adamiten ist Adam ein Träger der Offenbarung Gottes, also dem späteren Christus ähnlich. Sie sollen unterirdische Kulthöhlen besessen haben, die das Paradies darstellten, und es gab dementsprechend eine rituelle Nacktheit und eine religiös betonte Liebe, die sogenannte »Engelsliebe«. Ihre Zeremonien sollen als Orgien geendet haben, aber es ist nicht auszuschließen, daß diese Vorstellung aus Sexualneid und Mißverständnissen entstanden ist. In gnostischer Tradition waren bei den Adamiten Mann und Frau gleichberechtigt. Dies war natürlich Häresie, galt die Frau in der katholischen Kirche doch als minderwertig, da sie, wie Augustinus feststellte, für die Erbsünde verantwortlich sei. Aus dem Umkreis dieser Sekte kam die Anregung zu diesem Bild, möglicherweise war es auch eine Auftragsarbeit der Sekte.

Auf den ersten Blick handelt es sich um die Darstellung eines Hochzeitsmahles; es ist zu sehen, wie ein solches Mahl am Ende des Mittelalters arrangiert wird. Bei dieser Feststellung könnte man es bewenden lassen, doch fällt bei genauem Hinsehen in diesem Bild eine Unmenge von alchemistischen Symbolen auf. Dies erscheint zunächst als eine Bestätigung der vorangehenden Ausführungen; die Verwandlung von Wasser zu Wein, das Wunder, das Christus bei der Hochzeit von Kanaan vollbrachte, wird als alchemistische Transmutation begriffen. Der Hintergrund stellt dagegen ein wirkliches Bilderrätsel dar. Ganz oben sitzt ein

* Nach neueren Forschungen soll Hieronymus Bosch ein gläubiger Katholik gewesen sein, die hier vorgetragenen Thesen sind, nach Dr. G. Bauer, so nicht aufrechtzuerhalten. Auch das angeführte Bild stammt möglicherweise nicht von Bosch. In der Familie der Frau des Malers hat es Apotheker gegeben; immerhin könnten von daher eventuelle Kenntnisse der Alchemie stammen.

Mann mit einem Dudelsack. Die falschen Alchemisten hießen auch Windmacher, das Motiv könnte darauf anspielen. Bei der Arbeit im Labor war es wichtig, den Blasebalg zu betätigen, damit das Feuer nicht ausgeht. Die Putte zielt auf den Mond, das Symbol des Silbers und des Weiblichen. Unter der Glocke ist ein Igel oder Seeigel zu sehen, dies ist ein Tarnname für den Stein der Weisen. Auf der Anrichte stehen einige Gefäße aus dem alchemistischen Labor, ein Pelikan, ein Doppelpelikan als ein Hinweis auf das Hochzeitspaar; daneben findet sich eine Darstellung des Atlas, der die Welt trägt, dieser wird zu Christopherus, der Jesus, das Symbol der neuen Welt, trägt. Der Orientale, vielleicht ein Hinweis auf die ägyptische Herkunft der Alchemie, deutet auf ein magisches Quadrat. Die Speisen, die hereingetragen werden, sind ein Wildschweinkopf oder ein Bärenkopf, beide stehen für den Beginn des Werks, der sich durch die schwarze Farbe anzeigt; der Schwan dagegen steht für eine spätere Phase, er zeigt schon die weiße Farbe. Der Schwan hat aber nach alter Auffassung schwarzes Fleisch, er verbindet also die beiden wichtigen Farben, die den ersten Teil des großen Werks anzeigen. Unter den Gefäßen fallen auch noch solche auf, die die Form eines Busens haben, dies könnte ein Hinweis sein auf die Jungfernmilch, eine Verschlüsselung der Ausgangssubstanz des Werks, aber auch ein Hinweis auf die Jungfrau Maria. Die Bedeutung des Mannes, der aus der umgekippten Flasche trinkt, ist unklar. Ich möchte folgende Deutung für das Bild wagen: So wie der Wein für die Vereinigung der Gegensätze von Feuer und Wasser steht, so ist die Hochzeit die Vereinigung der Gegensätze männlich und weiblich im Sakrament der Ehe. Die völlige Vereinigung ergäbe das Ziel, nicht nur, aber auch des alchemistischen Suchens, den Hermaphroditen oder Androgyn, als der der Mensch ursprünglich erschaffen wurde in der ersten Schöpfung als Adam Kadmos, vor der Trennung in die Geschlechter.

In der Behandlung des Themas haben wir uns auf Gebiete begeben, die nicht der Chemie zuzurechnen sind. Während des ganzen Mittelalters war die Alchemie das System, in dem Naturerkenntnis betrieben wurde. Die Alchemie war ein ganzheitliches System, das alle Lebensbereiche umfaßte, sie war auch die Wissenschaft vom Leben. Es ist deshalb unumgänglich, andere Gebiete zu betreten, sonst würde man der Alchemie nicht gerecht.

Zum Abschluß sei aus dem Paragranum von Paracelsus zitiert: *Die Natur gibt nichts an Tag, das auff sein stadt vollendet sey, sondern der Mensch muß es vollenden: Diese Vollendung heisset Alchymia. Denn ein Alchemist ist der Beck, so, er Brodt backt, der Rebmann in dem, so er Wein macht, der Weber in dem, so er Tuch macht. Was macht die Byrnen zeitig, was bringt die Trauben? nichts als die natürliche Alchimey. Also lehrne, was Alchymia sey, zu erkennen, daß sie allein das ist, das da bereit durch das Fewer das das unrein und zum reinen macht. Nicht als die sagen, Alchymia mache Gold, mache Silber. Hie ist das fürnemmen, mach Arcana und richt dieselben gegen die Kranckheiten.*

IRMGARD BITSCH

Gesundheitsschädigung und Täuschung im mittelalterlichen Lebensmittelverkehr

Das derzeitig gültige Lebensmittelrecht in der Bundesrepublik umfaßt eine Vielzahl von Gesetzen und Verordnungen sowie Vorschriften der Europäischen Gemeinschaften (EG). Die grundlegenden Bestimmungen finden sich im Lebensmittel- und Bedarfsgegenstände-Gesetz (LMBG), welches am 1. Januar 1975 in Kraft getreten ist (vgl. Zipfel). Der oberste Rechtsgrundsatz ist der Schutz des Verbrauchers vor Gesundheitsschäden und vor Täuschung. Analoge Zielvorstellungen kann man auch in der mittelalterlichen Gesetzgebung erkennen. In dieser Zeit, in der sich das Städtewesen und der Handelsverkehr entwickelten und für größere Bevölkerungsgruppen eine gewerbliche Versorgung an die Stelle einer Selbstversorgung trat, wurden rechtsverbindliche Regelungen erforderlich. Diese leiteten sich aus gewohnheitsrechtlichen Grundsätzen ab, die bei Kauf und Verkauf von Lebensmitteln zu beachten waren und sich sowohl auf Maße und Gewichte als auch auf die Qualität der Waren bezogen.

Die Mißstände im Lebensmittelverkehr scheinen im Mittelalter recht erheblich gewesen zu sein, wie es die zeitgenössische Literatur vielfach belegt. Angeprangert wird der Handel mit gesundheitsschädlichen, verdorbenen und verfälschten Lebensmitteln. Als Beleg seien im Folgenden einige Zitate des Franziskaners Berthold von Regensburg aus dem 13. Jahrhundert angeführt, der in seinen Predigten auf diese Mißstände eingehend hinwies (zit. nach Pfeiffer-Strobl):

- *Sô gît er siuwîn für bergîn fleisch; daz mac ein frouwe in eime kintbette oder einez in eime âderlâzen oder in anderre krankheit ezzen, daz er den tôt dâ von nimet; oder unzîtic kalpfleisch. Dû trügener, dû mörder, dû wirst schuldic an den liuten!*
- *Sô ir niht mêr zuo valscheit müget getuon, sô kêret ir dem apfel unde der birn daz fûle hin under unde daz schoene her ûz.*
- *Dû zapfenzieher, dû tuost dînem amt ouch selten rehte: dû giuzest eteswenne wazzer in den wîn oder fûlen wîn in den guoten, daz ein mensche eteswenne grôzen siechtuom dar an trinken mac.*
- *Sô ist der ein trügener an sînem koufe, der gît wazzer für wîn, der verkouft luft für brôt und machet ez mit gerwen, daz ez innen hol wirt: sô er waenet er habe ein broseme drinne sô ist ez hol und ist ein laeriu rinde.*
- *Sô gît der böckîn fleisch für schaeffenz, der muoterînez für bergînez, der vinnigez für reinez. Dû rehter trügener ungetriuwer! dû beheltest eht dîn fleisch unz ez erfûlet under dem velle, sô blîbet ez gar wîz; di wîle daz vel drobe ist, sô waenet ein bidermann ez sî gar guot unde frisch: so ist ez fûl; er mac den tôt dran gezzen oder grôzen siechtuom. Dû trügener unde dû ungetriuwer mörder!*
- *Dû mit dîner trügenheit mit müeterînem fleische oder an fûlem fleische, daz dû ze lange in*

dînem gewalte beheltest unz ez erfûlet, sô wirdest dû etewenne an einem menschen schuldic oder an zehenen; oder daz es niht gesunt enist, sô dû ez abnimest, oder unzîtic ist an dem alter: swelher leie eht dû dar an weist ûnde gîstû ez den liuten.

– *Dû heltest die vische in dem wazzer gevangen unz daz ein frîtac kumet: sô sint sie fûl und izzet ein mensche den tôt dar an oder grôzen siechtuom. Sô bistû schuldic an allen den.*
– *Sô sint etelîche wirte unde gastgeben in den steten, daz sie ein gesoten spîse als lange behaltent, daz ein gast dran izzet daz er iemer deste krenker ist. Daz ist allez untriuwe unde valschheit.*
– *Sô betriegent etelîche die liute mit fûlem wîne unde mit fûlem biere oder mit ungesotem met, oder gibet der rehten mâze niht, oder mischet wazzer zuo dem wîne.*
– *Sô becket etelîcher fûlez korn ze brôte, dâ mac ein mensche vil schiere den tôt an ezzen; unde versalzen brôt, daz ist gar ungesunt. Wir lesen des niht, daz salz in deheine slahte wîse sî in spîse sô ungesunt und als jaemmerlich als in brôte, unde ie baz gesalzener, ie nâher grôzem siechtuome oder dem tôde.*
– *Dû bist ein rechter trügener. Dû legest ouch schoene Korn oben in den sac unde danne unden daz boese.*

Es handelt sich hier bei kritischer Sichtung um zahlreiche Verstöße gegen den redlichen Handelsbrauch der damaligen Zeit, die größtenteils auch durch andere Quellen belegt werden können und die auch nach heutiger Rechtsprechung zu verurteilen wären. Zu Krankheit, Siechtum und Tod führt nach Berthold von Regensburg insbesondere der Verzehr von *fûlem* Fleisch, Fisch, Wein und Brotgetreide. Was er allerdings konkret unter dem Begriff *fûl* verstanden hat, läßt sich aus derzeitiger Sicht nur schwer beurteilen. *Fûl* im Sinne von verfault, in Fäulnis übergegangen, mit Hinweis auf die Gefährdung der Gesundheit entspricht voll und ganz der Rechtsauffassung von § 8 LMBG, der die Verbote zum Schutze der Gesundheit festlegt. Hiernach reicht bereits die Eignung eines Lebensmittels, die Gesundheit zu schädigen, aus, um es vom Verkehr auszuschließen, auch wenn eine tatsächliche Schädigung nicht eingetreten ist. Sollte *fûl* eher als verdorben zu deuten sein, so wäre § 17 LMBG zur Beurteilung heranzuziehen, der die Verbote zum Schutz vor Täuschung im Lebensmittelverkehr beinhaltet. Hier werden die Lebensmittel unterschieden in solche, die zum Verzehr nicht geeignet sind (Nr. 1), und in solche, die in ihrem Nähr- und Genußwert oder in ihrer Brauchbarkeit nicht unerheblich gemindert sind (Nr. 2 Buchst. b). Die erste Gruppe ist schlechthin verkehrsunfähig, während die zweite bei Kenntlichmachung in den Verkehr gebracht werden darf.

Im Folgenden soll die Frage untersucht werden, wie die von Berthold von Regensburg und anderen Autoren angeführten konkreten Beispiele einer Gesundheitsschädigung und Täuschung im Lebensmittelverkehr nach heutigem Erkenntnisstand wissenschaftlich und rechtlich zu beurteilen sind.

1. Fleisch und Fisch

Diese tierischen Lebensmittel sind außerordentlich verderbsanfällig, weil nach dem Schlachten einsetzende autolytische Reifungsvorgänge aus Fleisch und Fisch hervorragende Nährsubstrate für viele Mikroorganismen machen. Die Zersetzungsprozesse führen zu Fäulnis und Verderb. Die Gefahr für den Menschen beim Verzehr verdorbenen Fleisches und Fisches sind Vergiftungen durch bakterielle Toxine oder Infektionen mit Krankheitserregern (vgl. Sinell). Berthold von Regensburg prangert hier das Schlachten kranker Tiere, die viel zu langen Aufbewahrungszeiten vor dem Verkauf und die Maßnahmen an, wie der bereits angefaulten Ware ein frisches Aussehen zu verschaffen ist. Fisch wurde vermutlich in damaligen Zeiten deshalb häufig zu lange gelagert, um an Feiertagen große Mengen zu überhöhten Preisen verkaufen zu können (vgl. Schmauderer). Insgesamt ist aus heutiger Sicht ein Inverkehrbringen derartiger Ware völlig ausgeschlossen.

Anders zu beurteilen ist jedoch der erwähnte, in betrügerischer Absicht vorgenommene Austausch von Fleisch kastrierter Tiere gegen solches nichtkastrierter:

- *siuwîn für bergîn*
- *müeterin für bergînes*
- *böckin für schaeffenz*

Das Verschneiden von Groß- und Kleinvieh war seit den merowingischen Zeiten eine sehr gebräuchliche Maßnahme zur Erzeugung eines zarteren und fetteren Fleisches *(spec-swîn)* (vgl. Heyne). Wieso sich aus dieser Täuschung des Verbrauchers für Kranke, Frauen im Wochenbett und Patienten mit Aderlaß eine Gesundheitsgefährdung ergeben sollte, ist nach heutigem Wissensstand schwer nachvollziehbar. Möglicherweise hatte man im Mittelalter beobachtet, daß das Fleisch kastrierter und gemästeter Tiere wegen besserer sensorischer Eigenschaften auf größere Akzeptation bei anorektischen Personen stieß und daher in Verbindung mit seinem höheren Fett- und Energiegehalt die Regeneration kachektischer Patienten eher zu stimulieren vermochte.

Ebenso unverständlich aus heutiger Sicht ist die Zuordnung des Fleisches unreifer oder nicht ausreichend entwickelter Kälber *(unzîtic)* in die Kategorie der gesundheitsschädlichen Lebensmittel. Es handelt sich hier um Tiere mit unreifer Muskulatur, die ein sehr feuchtes, schlaffes, graurot gefärbtes Fleisch liefern, welches heute zwar als minderwertig, nicht aber als gesundheitsschädlich angesehen wird. Eine Abgabe an den Verbraucher über die Freibank oder ähnliche zugelassene Stellen ist erlaubt. Eine unreife Muskulatur findet man bei etwa acht Tage alten Ziegen- und Schaflämmern, bei unter drei Wochen alten Ferkeln und bei unter 14 Tage alten Kälbern (vgl. Nüse – Franck – Grossklaus). Über das Schlachtalter von Kälbern schreibt Berthold von Regensburg: *der fleischslahter hât veil etewenne kelberîn fleisch unde giht, ez sî drîer wochen alt; sô ist ez kûme einer wochen alt.* In einer Nürnberger Verordnung des 14. Jahrhunderts wurde folgendes Schlachtalter festgelegt (vgl. Heyne): *man sol auch kain kalp niht slahen, es sei denne vier wochen alt, und auch kaines soll man slahen, das über cehen wochen alt sei.*

2. *Wein*

Wein wurde im Mittelalter in sehr großem Umfang angebaut, wie urkundlich belegbar, und zwar im Unterschied zu heute auch in Gegenden, wo die Ansprüche der Rebsorten an Klima und Boden kaum erfüllbar waren (zum Beispiel Norddeutschland) (vgl. Hartwich; Schultz). Die erzielten Qualitäten waren außerordentlich unterschiedlich, und man setzte zahlreiche Kellerbehandlungsverfahren ein, um die Haltbarkeit zu erhöhen und die als sauer, trübe oder faul bezeichneten Weine zu verbessern. Eine ausführliche Auflistung üblicher Weinzusätze gibt Sebastian Brant in seinem 1494 erschienenen Narrenschiff (vgl. Heyne):

Abb. 1 Christus und die Kirche Wein kelternd.
Aus dem Hortus deliciarum der Herrad von Landsberg

grosz falscheyt dût man mit jm treiben,
salpeter, schwebel, dottenbein,
weydesch, senff, milch, vil krût unrein,
stost man zum puncten in das fasz.

Es handelt sich hier um eine Weinbehandlung zur Klärung (Milch), Entsäuerung (Pottasche, Salpeter, Knochenmehl), Stabilisierung (Schwefel) und Geschmacksverbesserung (Kräuter, Senf). Analoge Maßnahmen, allerdings größtenteils mit anderen Zusatzstoffen, sind auch heute noch gebräuchlich. Sie unterliegen jedoch strengen Regelungen von Weingesetz und Weinverordnung. So ist zum Beispiel eine Schwefelung von Wein erlaubt und auch technologisch erforderlich, die maximal zulässigen Sulfitkonzentrationen im Endprodukt sind jedoch genau limitiert. Im Mittelalter, in der Zeit vor Paracelsus, war eine mengenmäßige Differenzierung in der Beurteilung gesundheitlicher Effekte noch nicht bekannt. Die von Sebastian Brant erwähnten und auch aus anderen Quellen belegten Weinbehandlungsmittel sind vermutlich in großer Menge zugesetzt worden. Selbstverständlich entsprachen sie auch nicht unseren heutigen Reinheitsanforderungen, sondern waren vielfältig kontaminiert, was ihre Toxizität mitbestimmte. Ansonsten dürften nur Salpeter und Schwefel sowie möglicherweise einige Kräuter in höheren Konzentrationen gesundheitlich bedenklich gewesen sein. Weitere unzulässige Weinbehandlungsmittel sind in verschiedenen Nürnberger Polizeiordnungen des 14. und 15. Jahrhunderts aufgeführt (vgl. Heyne): *ez sol auch nieman kainen wein machen mit alûn, mit glas, mit kalcke, mit gebrantem wein, mit flugsinter noch mit kainerlay sachen, daz ieman an dem leibe geschaden müge.*

Berthold von Regensburg prangert beim Wein die Verwässerung und das Verschneiden guter mit *fûlen* Weinen an. Er definiert dies zu Recht als Täuschung *(sô betriegent etelîche die liute).* Wieweit auch die von ihm postulierte Gesundheitsschädigung *(grôzen siechtuom)* zutrifft, ist ohne nähere Erläuterungen zunächst schwer abschätzbar. Allerdings war Wasser im Mittelalter oft bakteriell stark verunreinigt, und gleiches mag für *fûlen* Wein gegolten haben. Eine Gefährdung resultierte daher vermutlich aus der Zumischung von Substraten (Wasser, *fûler* Wein), die menschenpathogene Keime enthielten, zu hygienisch einwandfreiem Wein, dessen Verzehr dann zu Infektionskrankheiten oder Intoxikationen führen konnte. Weinkrankheiten im heutigen Sinne sind nicht gesundheitsschädlich und können durch gezielte Kellerbehandlung verhütet werden.

Die Bedeutung, die einer besonderen Sorgfalt in hygienischer Hinsicht bei der Lebensmittelverarbeitung zukommt, wurde schon früh erkannt: Im »Capitulare de villis« Karls des Großen wird eine besondere Reinlichkeit bei der Lebensmittelherstellung angeordnet, insbesondere dann, wenn die Lebensmittel bei der Bearbeitung mit den Händen in Berührung kommen (§ 34) (vgl. Lippmann). Das weit verbreitete Austreten der Trauben mit den Füßen wurde verboten (§ 48). Wie wenig dies jedoch beachtet wurde, kann aus einer Vielzahl mittelalterlicher Darstellungen zu diesem Thema abgelesen werden (Abb. 1). Aus dem Jahre 1358 wird sogar berichtet, daß der Herbst so kalt war, daß man die Trauben mit Schuhen austreten mußte (vgl. Heyne). Bei Kenntnis der Infektionsketten und bakterieller Wachstumsraten läßt sich bei der Beurteilung solcher Bearbeitungsverfahren die gesundheitliche Gefährdung, die vom Endprodukt ausgeht, leicht abschätzen. Wie schwerwiegend die Vermischung von gutem mit *fûlem* Wein geahndet wurde, kann im Soester Stadtrecht von 1120 nachgelesen werden (vgl. Holthöfer – Juckenack – Nüse): Danach hatte derjenige, der überführt wurde, sein Leben verwirkt.

3. *Gewürze (speziell Safran)*

In der mittelalterlichen vornehmen Küche spielten Gewürze eine große Rolle. Da insbesondere die fremden, auf dem Handelswege eingeführten Drogen (Zimt, Nelken, Muskat, Pfeffer, Ingwer) außerordentlich teuer (vgl. Göpfert) waren, waren Verfälschungen an der Tagesordnung. Hierüber berichtet zum Beispiel ein »hübsch Vasnachtspil« aus dem 15. Jahrhundert (vgl. Schmauderer):

Ich red, wer mir das maul verschoben,
Das du dein dreck als wol kanst loben.
Dein saffran hast zu Fenedig gesackt
Und hast rintfleisch dar unter gehackt
Und melst unter negelein gepets prot
Und gibst für lorper hin geißkot.
Und fichtenspen für zimtentrinten
Und nimst das laup von einer linten,
Dar mit tust du den pfeffer meren,
Tust unter mandel pfirsing keren
Und unter Weinper muckenkopf,
Für muskat eichenlaubes knopf
Und muckenschwamen fur rusin
Und gibst hutzeln fur feigen hin,
Gibst weißen huntsdreck hin fur zucker.

Es handelt sich bei dieser Darstellung um eindeutige Täuschungen des Verbrauchers im Sinne der heutigen Lebensmittelgesetzgebung. Zum Teil liegt sogar eine erkennbare ekelerregende Beschaffenheit der Ware vor, so daß sich der Verzehr nach allgemeiner Auffassung oder dem allgemeinen Empfinden eines durchschnittlich veranlagten Verbrauchers verbietet (vgl. Zipfel). Die am meisten gefälschte aller Drogen ist nach Plinius d. Ä. der Safran, eine alte Kulturpflanze, deren Narbenschenkel schon vor etwa 4000 Jahren als Gewürz, Heilmittel und Färbemittel verwandt wurden. Vermutlich hatten ihn zurückkehrende Kreuzfahrer im 12. Jahrhundert in die Küchen der nördlich der Alpen gelegenen Länder eingeführt. Er wird in den Kochbüchern des ausgehenden Mittelalters, zum Beispiel im »buoch von guoter spîse«, häufig erwähnt und in den damaligen Kräuterbüchern dargestellt (Abb. 2). Man benötigt etwa 100 000 Blüten, um daraus 1 kg Safran zu gewinnen. Daher erklärt sich der hohe Preis und die häufigen Verfälschungen und Zusätze. Hierfür verwendet wurden und werden noch gelbe Blüten anderer Pflanzen (Saflor, Tagetes, Calendula), Gelbwurz-, Rotholz-, Paprikapulver, Ziegelmehl und anderes. Auch heute ist der überwiegende Anteil der Safranproben durch nichterlaubte Beimengungen verfälscht (vgl. Czygan).

Ein bedeutendes Gewürzhandelszentrum im Mittelalter war Nürnberg. Die Gewürze unterlagen hier der Schau, und Fälschungen wurden hart bestraft. 1444 wurden Jobst Finkener, 1456 Hans Kölbele, Lienhart Frey und eine mitschuldige Frau samt ihren gefälsch-

Abb. 2 Saffranblümen.
Aus: Leonhart FUCHS,
New Kreüterbuch, Basell, 1543

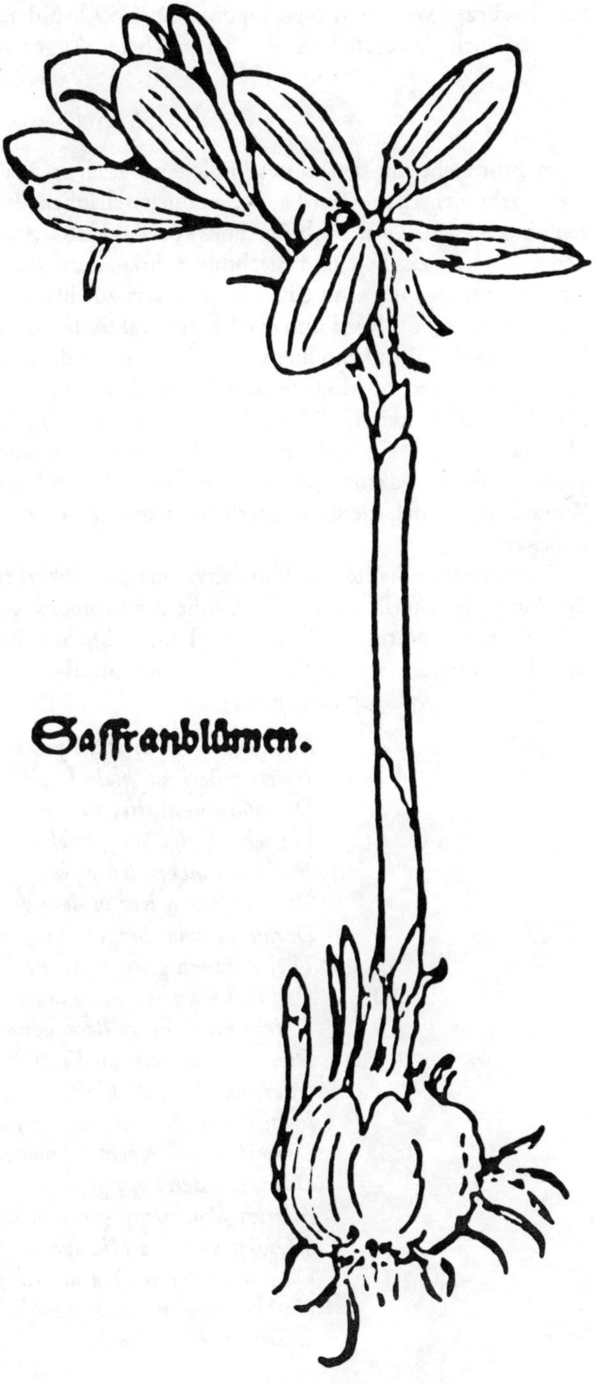

ten Gewürzen verbrannt (vgl. Lippmann). 1499 ließ der Nürnberger Rat dem Safranfälscher Hannes Bock als abschreckendes Beispiel beide Augen ausstechen (vgl. dazu Czygan).

4. Brot

Beim Brot stehen in den mittelalterlichen Berichten Maß- und Gewichtsbetrug an vorderer Stelle. Sehr viel seltener wird auf gesundheitsschädliche Inhaltsstoffe oder Behandlungsverfahren hingewiesen. Zwar zählt Berthold von Regensburg auch *fûles* Brot zu den Lebensmitteln, deren Verzehr zu Tod und Siechtum führen kann. Er macht aber auch auf ein Verfahren aufmerksam, wie man mit Sauerteig Brotteig zur übermäßigen Gärung bringen kann, so daß das Brot innen hohl wird und der Käufer praktisch nur die Rinde erwirbt. Die Bedeutung des Begriffes *fûl* bei Brot kann hier wie auch bei den anderen Lebensmitteln nur annäherungsweise interpretiert werden: Möglich ist Schimmelbefall bei Getreide und Brot, denkbar aber auch eine Kontamination mit Mutterkorn. Besonders auffallend ist Bertholds von Regensburg Hinweis auf eine Gesundheitsgefährdung durch zu stark gesalzenes Brot. Zwar gilt heute Natrium als ein Faktor von mehreren beim Zustandekommen der essentiellen Hypertonie. Worauf sich jedoch die mittelalterliche Warnung vor zu viel Salz begründet, ist derzeit völlig unbekannt.

Verschiedene Städte des Mittelalters hatten Bäckerordnungen, welche die Beschaffenheit der Ausgangsmaterialien und die Größe der Brote festlegten, Brotschauen waren üblich. Die Bestrafung von betrügerischem Handel mit zu kleinem Brot war drastisch, wie aus Abb. 3 und dem 1. Kapitel des Schwanks von »dreyerlei Straff« von Hans Sachs aus dem Jahre 1578 zu entnehmen ist (vgl. Schmauderer).

Erstlich ein Erbar Rath gebot
Welcher Beck zu klein bûch sein brodt
Der wurd gestraffet solcher maß
Ein schnelgalgn auffgerichtet was
In einer stinckenden grossen Hül
Doch tieff von Kot in dem gewül
Daran an einer langen stangen
Thet man ein grossen Korbe hangen
Den ließ man rab mit klugen witzen
Darein must dieser Beck denn sitzen
Den man darnach im Korb auffzoch
Über die Hül vier klaffter hoch
Jedoch man ihm ein Messer gab
Darmit er sich möcht schneiden ab
Dar ward denn ein grosses zulauffen
Allerley Volcks/mit grossem hauffen
Stunden umb die Hül spotten sein
Da prangt der Beck/und sach gar klein
Und vrbring in eim augenblick
So schnitt er ab am Korb den strick

Abb. 3 Die Bäckertaufe wegen zu kleinen Brodes

Denn thet er herab einen plumpff
Int Hülen indes Kottes sumpff
Mit Korb und all/da thet er zabeln
In der Hülen zu Lande krabeln
Und kroch schleunig und kottig rauß
Eben wie ein getaufſte Mauß
Seubert sich ab/und schlich darvon
Da lachet sein denn jedermon
Und solt sollichs Gebot hie gelten
So fünd man einen Becken selten
Der anderst das Beckenwerck trieb
Der im Sewbad ungebad blieb.

Die in diesem Artikel zusammengestellten Berichte über Gesundheitsschädigung und Täuschung im mittelalterlichen Lebensmittelverkehr, über rechtliche Regelungen und Bestrafungen sind nur ein kleiner Ausschnitt aus dem umfangreichen Quellenmaterial. Eine Fülle weiterer Berichte wartet auf eine Aufarbeitung, Sichtung und Interpretation als Beitrag zu einer umfassenden ethnohistorischen Ernährungsforschung. Beim Vergleich der Beurteilung von Lebensmitteln und Verarbeitungsverfahren in Mittelalter und Neuzeit zeigt sich oftmals eine überraschende Konsistenz: Die Wurzeln unseres heutigen Lebensmittelrechts reichen somit weit ins Mittelalter zurück.

LITERATURVERZEICHNIS

CZYGAN, Franz-C.: Crocus sativus – Safran (in: Zeitschrift für Phytotherapie 7, 1986), S. 180–184.

GÖPFERT, Walter: Drogen auf alten Landkarten und das zeitgenössische Wissen über ihre Herkunft (Diss. Düsseldorf 1985).

HARTWICH, Carl: Die menschlichen Genußmittel (1911).

HEYNE, Moritz: Das deutsche Nahrungswesen (1901).

HINTZE, Kurt: Geographie und Geschichte der Ernährung (1934).

HOLTHÖFER, Hugo – JUCKENACK, Adolf – NÜSE, Karl-Heinz: Deutsches Lebensmittelrecht 1 (^{4}1961).

LIPPMANN, Edmund O. von: Geschichte des Zuckers (^{2}1929).

NÜSE, Karl-Heinz – FRANCK, Rudi – GROSSKLAUS, Dieter: Deutsches Fleischhygienerecht (1979).

PFEIFFER, Franz – STROBL, Josef (Hg.): Berthold von Regensburg (1862–1880).

SCHMAUDERER, Eberhard: Studien zur Geschichte der Lebensmittelwissenschaft (1975).

SCHULTZ, Alwin: Das höfische Leben zur Zeit der Minnesinger 1–2 (^{2}1889).

SINELL, Hans-Jürgen: Einführung in die Lebensmittelhygiene (1980).

ZIPFEL, Walter: Lebensmittelrecht 2 (1986).

HELMUT MEINHARDT

Nikolaus von Kues über das Weintrinken

Der Titel dieses Beitrages trägt noch deutliche Spuren seiner Entstehung: Er war als Arbeitstitel notiert worden und dann versehentlich in dieser Formulierung in das Programm des Symposions geraten. Dem Autor soll das nur recht sein: Der provisorisch lockere Titel erlaubt ihm eine entsprechende lockere Behandlung des Themas. Eine quantitative Vollständigkeit der Fundstellen und eine qualitative der Interpretation werden weder behauptet noch angestrebt. Ich werde lediglich einige Fakten und Texte zum Thema Wein, Weinbau und Weintrinken vorlegen, auf die ich eher beiläufig gestoßen bin, die aber von ihrem Inhalt her eine Bereicherung der Diskussionen des Symposions darstellen könnten. Beginnen wir mit den Quellen: Wo spielt der Wein bei Nikolaus von Kues eine Rolle? Die Breite der Antwort auf diese Frage überraschte sogar den Autor: Schon die kusanische Vita ist intensiv »weinbezogen« – die soziale Hinterlassenschaft, das Hospital in Kues ist »weinbegründet«–, in seiner Metaphysik und Erkenntnistheorie kennt Nikolaus das wohlgefällige Verkosten, sinnlich und geistig, und sieht es zueinander in Beziehung, die hinterlassenen Predigtkonzepte schließlich sind Hauptquellen für Bilder, Vergleiche, Beispiele aus Weinbau und Weinkonsum.

I.

Zur Vita[1]: Nikolaus von Kues ist in den Wein hineingeboren worden, das Dorf Kues (heute Stadtteil von Bernkastel-Kues) besaß und besitzt beste Weinlagen der Mittelmosel, der Strom war damals, im frühen 15. Jahrhundert, sehr viel mehr als heute primäres Transportmittel der Weinhändler. Weinbau und Weinhandel waren auch Haupteinnahmequellen der Familie Cryftz (nhd. Krebs, der bürgerliche Name des Cusanus, deshalb der Krebs im Wappen des späteren Kardinals); in seinem Bemühen und Pfründen, damals ja legitime Einnahmequellen der Geistlichen und Gelehrten, bevorzugt Nikolaus scheinbar Orte in guter Weinlage, bis hin zu seinem Bischofssitz Brixen in Südtirol. Fast möchte man sagen, daß auch die Legationsreisen, deren Mühe er sich der Kirchenreform wegen (die er – um nicht mißverstanden zu werden – durchaus mit großem Eifer betrieb) mehrere Jahre unterzog, sich in den Grenzen der Weinbaugebiete hielten, wenn man nicht wüßte, daß der Weinbau damals sehr viel weiter nach Norden und Osten verbreitet war als heute. Daß Nikolaus verfügt hatte, daß sein Körper zwar in Rom, sein Herz aber in der Kapelle des Hospitals seines heimatlichen Weindorfes Kues beigesetzt werden sollte, ist nicht etwa eine werbewirksame Erfindung mittelmoselanischer Fremdenverkehrswerbung, sondern entspricht der mehrfach geäußerten, erstaunlich neuzeit-

1 Eine zugleich in das Denken des Nikolaus von Kues einführende, auch für den Nicht-Fachmann gut lesbare Biographie bietet: Erich MEUTHEN, Nikolaus von Kues (1401–1464). Skizze einer Biographie (^{5}1982).

lich anmutenden emotionalen Heimatverbundenheit des weltmännischen Kardinals. Man vergleiche die bemerkenswerte Äußerung im 3. Buch von »De docta ignorantia«[2]: Es ist der Wille Gottes, »daß jeder, mag er auch die anderen bewundern, in sich selbst sein Genüge finde und in seinem Vaterlande, so daß ihm in den Landessitten, in der Sprache und in den übrigen Gegebenheiten seine Heimat möglichst anziehend erscheint« – *ut quisque in se ipso contentetur – licet alios admiretur – et in propria patria, ut sibi videatur natale solum dulcius et in moribus regni et lingua ac ceteris.* Der Blick aus der Bibliothek des Hospitals, als Arbeitszimmer für den Ruhestand geplant, geht zur Rechten in die Kapelle, zur Linken über die Mosel hinweg zu den Lagen des »Bernkasteler Doktors«, kostbaren Hospitalweinlagen schon damals.

II.

Zum »weinbegründeten« St. Nikolaus-Hospital: Nikolaus von Kues hat bekanntlich das gesamte Vermögen seiner Familie – er selbst und sein Bruder waren Geistliche, die zwei Schwestern blieben kinderlos – in eine Stiftung zugunsten »mittelloser Pflegefälle« – so würde die Sozialbürokratie heute sagen – eingebracht. Weinbergbesitz sichert bis heute die wirtschaftliche Existenz dieses Pflegeheimes, einen Mangel an Pflegebedürftigen braucht es auch in Zeiten des Sozialstaates nicht zu fürchten. Nikolaus setzte bei seinen Überlegungen zur Sicherung der Dotierung des Hospitals auf die Beständigkeit der menschlichen Freude am Weingenuß – ein sicheres Fundament, wie die fast 530 Jahre des Bestehens dieser Stiftung beweisen. Bis zum heutigen Tage kann man in den »Cusanus-Stuben« im gegenüberliegenden Bernkastel Weine aus dem Weinbergbesitz des Hospitals trinken und dabei das Glas nicht nur symbolisch, sondern auch real wirtschaftlich zum Wohle der Pflegebedürftigen und zum Gedenken des Gründers leeren. Man sollte Verständnis dafür haben, daß die Hospitalsleitung auch heute die Pflege der Senioren als ihre Hauptaufgabe ansieht und den störenden Scharen der Touristen im Hospital, seien sie nun kunstgeschichtlich, wissenschaftlich oder »weinwissenschaftlich« interessiert, zu wehren sucht. Die Freude am Wein sollte aber, nach dem Willen des Kardinals, nicht nur denen gegönnt sein, die ihn sich leisten konnten – mochten sie auch dadurch zum Wohle des Hospitals beitragen –, sondern ebenfalls, durch die Gründungsstatuten abgesichert, seinen pflegebedürftigen Bewohnern. Helmut Gestrich, verdienter Wein- und Cusanus-beflissener Landrat des Kreises Bernkastel-Wittlich, hat jüngst die Rolle des Weins als »wirtschaftliche Grundlage des St. Nikolaus-Hospitals« von der Gründung bis zur Gegenwart dargestellt[3]. Sein Aufsatz enthält einen Abschnitt über den »Wein im Leben der Hospitalsbewohner«. Nikolaus hatte in der Stiftungsurkunde von 1458 – die man übrigens in der Hospitalsbibliothek im Original einsehen kann[4] – angeordnet, daß alle Hospitalsbewohner beim gemeinsamen Mahl in landesüblicher Weise bewirtet werden sollten, selbstverständ-

2 Nikolaus von Kues, De docta ignorantia III, 1, N. 189. Zweisprachige Ausgabe von Klibansky-Senger (1977), S. 13.

3 Helmut Gestrich, 500 Jahre Weinkultur im St. Nikolaus-Hospital zu Kues (in: Zugänge zu Nikolaus von Kues, hg. von Helmut Gestrich, Cusanus-Gesellschaft Bernkastel-Kues 1986), S. 45–53. Eine ausführliche Hospitalgeschichte bietet Jakob Marx, Geschichte des Armen-Hospitals zum h. Nikolaus zu Cues (1907, Nachdruck Cusanus-Gesellschaft Bernkastel-Kues 1976).

4 Zweisprachig veröffentlicht bei Marx (wie Anm. 3), S. 52–63.

lich auch mit Wein als dem Haupt- und Grundgetränk. Nur Wein und Brot zu verzehren, gilt in der Stiftungsurkunde als eine Form strengen Fastens! In späteren Jahrhunderten gibt es dann Klagen über Mißbräuche, heute ist die Weindotation auf Sonn- und Feiertage beschränkt. Zwei Fakten scheinen hier schon bemerkens- und erwähnenswert: Hinsichtlich der Verpflegung seiner Bewohner sollte nach dem Willen des Stifters das Hospital keineswegs knauserig verfahren; die einschlägigen Bestimmungen sind – im Rahmen damaliger Anschauungen – auffällig »unasketisch«.

Das zweite braucht in diesem Symposion nicht eigens betont zu werden: Wieder einmal erscheint das Mittelalter keineswegs so finster, weltabgewandt und sinnenfeindlich, wie es gemäß immer noch gängiger Meinung und Redeweise zu sein hat. Daß man nur Gott genießen dürfe *(frui),* alles Weltliche, vor allem Essen, Trinken, Leiblichkeit, nur zu gebrauchen, zu nutzen habe *(uti),* steht zwar so bei Augustinus und ist bei ihm auch recht radikal verstanden worden, bei aller Autorität des großen Kirchenvaters aber ist diese Unterscheidung nicht als allgemeine, für jeden verbindliche Forderung vom Mittelalter übernommen worden. Essen und Trinken nur zum Gebrauch, nicht zum Genuß, scheint eher die Maxime heutiger Gesundheits- und Normalgewichtsfanatiker zu sein, die mit ihrem mitunter fast pseudoreligiösen Eifer nur noch Cholesterinspiegel, Kalorien, Kohlehydrate und Vitamine kennen, die deren Mischung mit menschlichem Essen und Trinken verwechseln und Gesundheit für die Summe rein medizinischer Daten halten.

III.

Nikolaus von Kues jedenfalls hat seine Metapher der *ruminatio,* des *ruminare*[5], des genüßlichen wiederkauenden Verkostens der Wahrheit, gewiß nicht irgendwelchen Erfahrungen mit fadem Mineralwasser und ungesalzenem Salat entnommen. Wie man einen guten Wein nicht einfach interesselos hinunterschluckt, sondern ihn intensiv schmeckt, sich dankbar dieser Gabe erfreut, ihn liebevoll genießt, so ist es mit der Erkenntnis. Wahrheitsfindung ist beglückend wie die Liebe: zum Bild der *ruminatio* paßt die Formulierung vom »liebenden Umfassen« – *amorosus amplexus* der Wahrheit, die der Mensch in unersättlichem Streben sucht, *insatiabiliter*[6] – wieder ein Bild vom Essen und Trinken.

Doch muß man zur Vorsicht mahnen: Hier ist von Metaphern, Bildern, Vergleichen die Rede. Im heutigen Verständnis und auch Gebrauch sind das Versinnbildlichungen zu rein didaktischen Zwecken. »Wie die Rosenblüte den Mist, so braucht die Mädchenblüte die erzieherische Zurechtweisung« (für diese ungewollte Komik ist übrigens der Pädagoge Friedrich Wilhelm Foerster verantwortlich) – um Vergleiche dieser Art handelt es sich bei Nikolaus von Kues natürlich nicht, für ihn stehen die beiden Seiten eines Vergleichs in einem inneren wirklichen Seinzusammenhang (was man von Mist und Erziehung ja nicht sagen kann). Der Wein ist deshalb eine zu genießende Köstlichkeit, weil er an der Köstlichkeit Gottes teilhat, so, wie die Welt überhaupt eine Manifestation der göttlichen Herrlichkeit ist. Bevor dazu einige Cusanus-Texte aus seinen Predigten herangezogen werden, sei noch einiges zum allgemeinen philosophischen Hintergrund gesagt, damit die Interpretationsthesen eher

5 Vgl. etwa Sermo III, Gesamtausgabe XVI,1 (1970), n. 23,2.
6 Etwa De docta ignorantia I, 1, N. 2.

verstehbar werden. Unter all den vielfältigen philosophiehistorischen Traditionsströmen, die in Nikolaus eine Synthese eingehen, ist der stärkste der Platonismus, und zwar in seiner Einfärbung durch den Neuplatonismus – wie ja insgesamt der mittelalterliche Platonismus. Gerade diese neuplatonische Einfärbung sei die Hauptursache für mittelalterliche Welt-, Leib- und Sinnenfeindlichkeit, so die immer noch gängige Meinung. Daran ist, berücksichtigt man die Ergebnisse der intensiven Neuplatonismusstudien der letzten zwanzig Jahre, viel zu korrigieren. Nicht Plotin ist schuld, er sieht die vielheitliche Welt sogar eher positiver als Platon, sondern die Kirchenväter, darunter besonders Augustinus, der Plotin zwar las und dem Mittelalter vermittelte, aber leider aus immer noch starker manichäischer Perspektive. So recht ausgesöhnt hat sich Augustinus mit der Materialität der Welt niemals. Für Plotin dagegen ist die Schönheit der Welt positiv zu werten, als Manifestation des absoluten Einen, wobei freilich die Materialität nur bedingt von ihm bejaht wird, aber doch mehr als bei den Manichäern: die Materie ist der Übergang zum Nichtseienden. Für Plotin entsteht die Materie sozusagen aus einem Versiegen der Begründungskraft des Einen. Das muß so sein, denn dem außerchristlichen Neuplatonismus fehlt der personale Weltschöpfer, der aus freiem Willensentschluß sagt: Es werde die Materie und die sich in ihr formende Welt. Für den neuplatonischen Christen Nikolaus ist der eine Gott in drei Personen letzter Weltgrund, die Welt mitsamt der Materie ist ohne Einschränkung direkt gewollt und somit gut. In der Form neuplatonischen Hypostasen-Denkens wird das deutlich in der cusanischen Schrift »De coniecturis«[7]: Schöpfung heißt Abstieg der absoluten Einheit in die Vernunft, Abstieg der Vernunft in den Verstand, des Verstandes in die materielle Sinnlichkeit. Mit dieser Sinnfälligkeit aber, also mit dem materiell Seienden, beginnt die Rückkehr über Verstand und Vernunft zu Gott. Vernunft, Verstand, Sinnlichkeit entsprechen neuplatonischen Hypostasen, es handelt sich primär also um Seinsstufen, erst sekundär um Erkenntnisstufen. Erhellend für den weltbejahenden christlichen Akzent im neuplatonischen Denken des Cusanus ist, daß die Materie voll in die Rückkehr einbegriffen ist: nicht ein Endpunkt des Abstiegs, ein Entschwinden in das Nichts, sondern der Beginn der Rückbindung an das Göttliche. Nikolaus denkt das Exitus-Reditus-Schema nicht linear wie die außerchristlichen Neuplatoniker (Ausgang bis zur Materie, Rückkehr von der Materie), sondern als einen kreisförmigen Prozeß, in den die Materie eingebunden ist, zwar am weitesten von Gott entfernt, aber unverzichtbarer Teil der Gesamtschöpfung, über Herkunft und Ziel am Göttlichen partizipierend. Alles Geschaffene, auch in seiner letzten Verästelung in die materielle Vielheit hinein, ist seinsmäßig rückgebunden an seinen göttlichen Ursprung, ist durchwaltet von diesem Ursprung.

IV.

Kommen wir nun zu einigen eigentlichen »Wein-Texten«. Sie finden sich – wie gesagt – hauptsächlich in den Predigten des Kardinals, die er als sorgfältig ausgeführte lateinische Konzepte hinterlassen hat. Gehalten hat er sie natürlich in deutscher Sprache, es waren ja vorwiegend öffentliche Volkspredigten. *Cognoscitur aliquando Deus sicut vinum, quod auditu, quod visu et gusto cognoscitur* – »Gott wird irgendwie wie Wein erkannt: durch Hören, durch Sehen und durch Schmecken.« Der Text stammt aus einer 1431 am Dreifaltig-

7 Vgl. auch De coniecturis II, 7.

keitssonntag (27. Mai) in Koblenz gehaltenen Predigt[8]. Die ganze Sinnenfreudigkeit des jungen weinerfahrenen Moselaners – er stand damals im 30. Lebensjahr – wird hier präsent und in den Dienst der Gottbegegnung gestellt. Wer sonst denkt schon daran, daß man einen Wein auch hört, beim Eingießen etwa in den Becher oder beim »Kauen«, daß man ihn sieht in seiner sonnenähnlichen Farbigkeit, bevor man ihn mit dem Geschmackssinn verkostet. Und nun die Übertragung dieses »Vergleiches« auf Gott: Für Nikolaus von Kues ist es mehr als ein Vergleich, vielmehr ist schon in der Köstlichkeit des Weines Gott manifest, nur deshalb lassen sich solche Aussagen auch auf ihn beziehen. »Ihr hört von ihm durch den Prediger, durch Sehen lesen von ihm die Theologen, durch Verkosten erfahren ihn gute Menschen in der Liebe« – *Auditu vos cognocitis a praedicatore, visu theologi legentes, gustu boni homines diligentes.* Gotteserkenntnis ist mehr als rein theoretisches Vernehmen, es ist ein Verkosten, möglich nur den guten, den liebenden Menschen. Man wird auf den Wein als Ausgangspunkt der Übertragung zurückbeziehen dürfen: Auch das volle Verkosten des Weines setzt einen guten, einen liebenden Menschen voraus. Das entspricht eigentlich unserer Erfahrung: so ein rechter weltverachtender Miesepeter ist kaum als dankbar genießender Weintrinker vorstellbar.

Auffällig breiten Raum widmet Nikolaus dem Thema Wein in der Predigt 98[9], die er zum Fest Mariae Himmelfahrt in Deventer 1451 gehalten hat. Philosophischer Hintergrund ist die Einheit und die Teilhabe des Vielheitlichen an ihr. Das Eine strahlt in den je anderen teilhabenden Seienden in je verschiedener Weise wider, in einem mehr, im anderen weniger, in keinem gar nicht. Das gilt auch für den Wein: »Bedenke, wie die eine Sonneneinwirkung an allen Weinstöcken Trauben derart bewirkt, daß aus allen Wein ausgepreßt werden kann. Doch ein Wein ist edler als der andere, und keiner wie der andere; denn derselbe Sonnenstrahl wird je anders aufgenommen« – *Attende, quo modo una influentia solis efficit in omnibus vitibus uvas, ita ut ex omnibus possit vinum exprimi. Sed aliud est nobilius alio et nullum uti aliud, quia aliter et aliter idem radius recipitur*[10]. Dieselbe Struktur, die Seinsvermittlung von oben in je verschiedene Rezipienten, findet sich auch beim Menschen und seinem geistlichen Leben: »In unserem Geist empfangen wir den Geist Gottes, wie die Traube in ihrem Geist den Sonnen-Geist empfängt; und unter der Einwirkung des Geistes Gottes bringen wir in unserem Geist vielfache göttliche Frucht« – *Et in spiritu nostro recipimus spiritum Dei uti uva in spiritu suo recipit spiritum solarem. Et secundum operationem Spiritus Dei in nostro spiritu facimus fructum multum et divinum*[11].

Der *spiritus solaris,* der Sonnen-Geist, bewirkt in allen Weinstöcken die Umwandlung von Wasser in Wein. Man darf hier nicht mit heutigen naturwissenschaftlichen, rein quantitativen Fragen an den Text herangehen. Der *spiritus solaris* gehört zu all jenen *spiritus,* wie sie die Alchemie kannte, Prinzipien, die in die Dualität »materiell – geistig« nicht recht hineinpassen,

8 Die Predigten werden im Rahmen der Gesamtausgabe der Heidelberger Akademie der Wissenschaften vom Institut für Cusanus-Forschung an der Universität Trier textkritisch und mit Quellenanalysen herausgegeben. Der obige Text ist bereits ediert: Gesamtausgabe XVI, 1 (1970), Sermo IV, N. 33.

9 Nach der neuen Zählung. Die Predigt ist noch nicht ediert, ist aber enthalten im zweiten der von Nikolaus selbst besorgten beiden handschriftlichen Sammelbände, heute in der Biblioteca Vaticana, Codex latinus 1245.

10 Ebd. 13 ^{vb}, Zeile 5 ff.

11 Ebd. 13 ^{va}, Zeile 47 ff.

sie begründen die Vielheit der Welt und ihre Transmutationen. Nikolaus verbindet alchemistisches Denken mit neuplatonischer Teilhabelehre[12], und so sind alle *spiritus,* auch der menschliche *spiritus,* letztlich, vielfach vermittelt, Teilhabe am höchsten, am göttlichen Heiligen Geiste. Die Verschiedenheit entsteht durch die je verschiedene Aufnahme des über die Teilhabe am jeweils Höheren zufließenden Seins. Ganz konkret wird das wieder beim Wein. In derselben Deventer-Predigt heißt es[13]: »Daher kann der eine Wein schwach, der andere stark sein. Der eine kann ein Drittel Wasser in sich umwandeln, anderer noch mehr« – *unde unum debile aliud forte. Et unum potest convertere tertiam partem aquae ad se, aliud plus,* je nachdem, wie der jeweilige Weinstock die eine Kraft der Sonne, den *spiritus solaris,* aufnimmt.

Es zeigt sich bei Nikolaus von Kues ein physisch-metaphysisch-theologisches Weltbild von einzigartiger faszinierender Geschlossenheit – ähnlich wird es später wieder bei Leibniz sein –, ein Höhepunkt mittelalterlichen anagogischen Denkens. Alles in der Welt spiegelt die Größe Gottes wider, selbstverständlich und in besonderer Weise auch eine solche Köstlichkeit wie der Wein. Ein Verbund von Frömmigkeit und Sinnenfreude – ein sympathisches Motiv zum Weintrinken!

Weinlese und -kelter. Illustration zu Gregor des Großen »Dialogi«, 2. Hälfte 12. Jahrhundert. Brüssel, Königliche Bibliothek Ms. 9916–17, fol. 19

12 Vgl. Gerda von BREDOW, Nikolaus von Kues und die Alchemie (in: MFCG 17, 1986), S. 177–187, ferner den Beitrag von Helmut GEBELEIN, »Das Wasser wird zu Wein, zum Fisch das Schwein« in diesem Band, S. 183.

13 (Wie Anm. 9), 13 ^{vb}, Zeile 9 ff.

ROLAND BITSCH

Trinken, Getränke, Trunkenheit

Aus ernährungswissenschaftlicher Sicht beinhaltet dieses Thema zuerst einmal die Frage nach dem Warum. Warum muß der Mensch trinken, welche Bedeutung haben Trinken und Flüssigkeitsaufnahme im Gesamtzusammenhang der Nahrungsaufnahme? Getränke sind nicht nur lebensmittelrechtlich als Bestandteil der Nahrung des Menschen, also als Lebensmittel, anzusehen, sondern auch stoffwechselphysiologisch im besten Wortsinne Mittel zum Leben, da die Umsetzung aller Nährstoffe und alle Stoffwechselvorgänge nur im wäßrigen Milieu ablaufen können; der menschliche Körper besteht zum großen Teil (50–70%) aus Wasser. Die notwendige Flüssigkeitsmenge, die täglich in Abhängigkeit von der jeweiligen physiologischen Situation und den Umgebungsbedingungen aufgenommen werden muß, läßt sich ziemlich genau ermitteln. Sie beträgt im Durchschnitt für den erwachsenen Menschen 1,5–2,5 l, in extremen Situationen können bis zu 10 l Wasser pro Tag umgesetzt werden. Die Deckung dieses Flüssigkeitsbedarfs ist vordringlich und rangiert in ihrer Bedeutung noch vor der Deckung des Nährstoff- und Energiebedarfs beziehungsweise der Befriedigung des Hungergefühls.

Auch ohne Kenntnis ernährungsphysiologischer Zusammenhänge hat der Mensch diese Bedeutung längst instinktiv erfaßt, und es ist eine Alltagserfahrung, daß Durst weit weniger lange ertragen werden kann als Hunger. Es gibt zwar Hungerkünstler, aber keine Durstkünstler. Ebenso ist bei schweren, traumatischen Verletzungen, Fieberzuständen oder auch beim Aufenthalt in ungewohnter warmer Umgebung das Stillen des Durstes ein vordringliches Bedürfnis, wogegen der Drang nach Nahrungsaufnahme einen untergeordneten Stellenwert hat. Die Bedeutung des Trinkens läßt sich bis in den kultisch-religiösen Bereich hinein verfolgen, nicht zuletzt drücken auch die letzten Worte Christi am Kreuz, in denen leibliche Bedürfnisse ausgesprochen werden, den Wunsch nach Flüssigkeitsaufnahme aus, wenn er klagt: »Mich dürstet« – übrigens ein markantes Beispiel dafür, daß quälender Durst sogar körperlichen Schmerz verdrängen kann, denn über Schmerzempfindung im Zusammenhang mit der Kreuzigung wird im Evangelium nichts berichtet.

Nun geht ja die Bedeutung des Trinkens und natürlich auch des Essens weit über den bloßen Akt der Nahrungsaufnahme und Nährstoffanlieferung hinaus und ist ein nicht unwesentlicher Bestandteil der Lebensfreude. Die Erzeugung von Lustgefühlen und Vermeidung von Unlustgefühlen ist ein Grundprinzip menschlicher Verhaltensweisen. Daß der Genuß stark zuckerhaltiger Obstarten nach der Vergärung in besonderem Maße Lustgewinn bereitet, ist der Menschheit sicher schon seit frühester Zeit bekannt. Sehr bald hat der Mensch gelernt, in den Prozeß der alkoholischen Gärung gezielt einzugreifen im Sinne einer einheitlichen Herstellung, wobei auch andere pflanzliche Kohlenhydratlieferanten zu diesem Zwecke verwendet wurden, die sich leichter und in größerem Umfang anbauen ließen, wie zum

Beispiel die stärkehaltigen Getreidearten für die Bierherstellung. Alkoholhaltige Getränke sind also so alt wie die Menschheit, sicherlich älter als den allerersten schriftlichen Aufzeichnungen zu entnehmen ist, ebenso sind sie in allen Kulturregionen der Erde aufzufinden.

Wenn als Folge der exzessiven Aufnahme vergorener Produkte die so Berauschten als »ziemlich angeheitert« beschrieben werden, »umhertaumeln, riesige Sprünge machen und so laut trompeten, daß sie meilenweit zu hören sind und nicht selten furchtbare Kämpfe ausfechten«, so handelt es sich hierbei nicht etwa um die Schilderung der feuchtfröhlichen Feier eines Fanfarenzugs oder einer Feuerwehrkapelle, sondern um afrikanische Elefanten, bei denen der Genuß überreifer, tropischer Marulafrüchte oder vergorener Früchte des südostafrikanischen Mgongobaums diese Verhaltensänderungen verursacht hat. Überhaupt scheinen Elefanten in dieser Hinsicht eine besondere Schwäche zu haben und sollen gelegentlich sogar Dörfer und städtische Destillerien auf der Suche nach alkoholhaltigen und vergorenen Produkten überfallen haben (vgl. Siegel). Die Gründe für diese Eigenart sind unbekannt, man vermutet, daß – ähnlich wie beim Menschen – streßähnliche Situationen, wie zum Beispiel verringerte Weidefläche bei gleichzeitig vergrößertem Herdenbestand, den Elefanten quasi in den »Suff« treiben.

Diese quasi menschliche Eigenart aus dem Tierreich – auch bei anderen Tieren sind analoge Fälle beobachtet worden – macht zweierlei deutlich: Zum einen scheint das Phänomen der Berauschung keineswegs eine spezifische Eigenart des Menschen zu sein, andererseits keimt aber auch der Verdacht auf, daß nämlich der Mensch in der Frühzeit die berauschende Wirkung vergorener Nahrungsmittel in Wahrheit den Tieren abgeschaut habe, bevor er selbst probierte. Diese Hypothese wird zum Teil ernsthaft vertreten. Inwieweit das Rauschverlangen bei Mensch und Tier als weiterer Beweis der Abstammungslehre darwinscher Prägung gewertet werden kann, soll an dieser Stelle nicht weiter vertieft werden. Tatsächlich ist das Suchtphänomen auch im Zusammenhang mit anderen Rauschdrogen oder auch Halluzinogenen im Tierreich bereits ausgeprägt (vgl. Siegel). Einer alten Legende zufolge soll ja auch Noah dazu angeregt worden sein, Weinbau zu betreiben, nachdem er einen Ziegenbock beobachtet hatte, der offenbar überreife Trauben gefressen hatte und davon betrunken und lustig wurde. Noah ist zumindest der erste Mensch, bei dem Folgen der Trunkenheit in der Bibel mitgeteilt werden. Nach einer anderen alten Legende beobachtete bereits Adam, und zwar noch im Paradies, Affen, die vergorene Früchte verzehrten, und ahmte deren Verhalten nach (vgl. Siegel). Ebenso waren es angeblich wiederum Ziegen, die um 900 n. Chr. einen abessinischen Hirten auf die leuchtend roten Früchte eines Strauchs aufmerksam machten, von deren Genuß die Tiere ungewöhnlich munter und aktiv wurden und den man später als *Coffea arabica* bezeichnete, womit ein weiteres Genußmittel in die Menschheitsgeschichte eingeführt war.

Doch verweilen wir zunächst beim Alkohol und seinen Zubereitungen, dem wohl ältesten Genußmittel der Menschheit. Man kann sich unschwer vorstellen und muß es nicht erst der Bibel entnehmen, daß die Erfahrung gelegentlicher Trunkenheit als Folge übermäßigen Genusses alkoholischer Getränke so alt ist wie die Kenntnis der Herstellung dieser Getränke und damit so alt wie die Menschheitsgeschichte. Ebenso läßt sich zeigen, daß auch schon in früheren Jahrhunderten ausgesprochene Trunksucht im Sinne eines Alkoholismus, wie wir das heute ausdrücken würden, in weiten Bevölkerungskreisen verbreitet war. Alkoholabhängigkeit und Alkoholprobleme sind nicht etwa erst ein Phänomen unserer Zeit oder des 19. Jahrhunderts, wie man häufig geneigt ist anzunehmen. Natürlich sind zu allen Zeiten und in allen

Kulturen, von denen wir schriftliche Zeugnisse besitzen, sofort auch Gegenströmungen aufgetreten, die vor übermäßigem Genuß gewarnt haben.

Die Einstellung gegenüber alkoholischen Getränken und der Umgang mit diesen haben sich allerdings im Verlauf der Geschichte verschiedentlich gewandelt, wobei sozio-kulturelle Umschichtungen, technische Entwicklungen und natürlich auch religiöse Tabus und Vorschriften eine große Rolle gespielt haben. Dies muß man vor dem Hintergrund sehen, daß alkoholische Getränke in früheren Jahrhunderten und Jahrtausenden einen anderen Stellenwert gehabt haben müssen als heute, was allein daraus resultiert, daß die Getränkepalette in früheren Zeiträumen sehr viel kleiner und eintöniger war: außer Wasser und Milch kannte man nur Wein und Bier, wobei im europäischen Bereich der Weinanbau bis zur Zeitenwende um Christi Geburt auf den Mittelmeerraum beschränkt blieb, nicht zuletzt aus klimatischen Gründen. Bis dato war im mitteleuropäischen, germanischen Gebiet das Honigbier Met gewissermaßen das Standardgetränk. Um den Durst zu stillen, hatte man früher also keine große Auswahl.

Für das niedere Volk (Bauern, Fahrende, Mönche) waren im 12. und 13. Jahrhundert Schwachbier oder Wasser die üblichen Getränke. Noch drei Jahrhunderte später heißt es in der Weltbeschreibung des Sebastian Münster über den Speisezettel des einfachen Bauern zur Zeit der Reformation um 1545: *... diese führen ein gar schlecht und niederträchtig Leben ... ihre Speis ist schwarz rucken Brot, Haberbrey und gekochte Erbsen und Linsen, Wasser und Molken ihr fast einzig Trank* (zit. nach Teuteberg-Wiegelmann, S. 135). Vornehme tranken dagegen Met oder Wein, wobei die Qualität des Weins stark schwankte und dieser häufig erst durch Zusatz von Honig und eine Vielzahl von Gewürzen schmackhaft und ebenso auch haltbar gemacht werden mußte (vgl. Pieth; Schultz).

Tatsächlich war Weinbau im alten Frankreich des 13.–15. Jahrhunderts bereits ein wichtiger Erwerbszweig und Exportartikel und eine Quelle des Reichtums für das ganze Land. Witterungsbedingter Ausfall der Ernte hatte bei dieser Bedeutung der Weinkultur für das ganze Land schwerwiegende Konsequenzen. Wein wird in dieser Zeit als etwas Hochedles, Kostbares geschätzt. Die soziale Hierarchie der damaligen Zeit spiegelt sich auch in den Qualitätsabstufungen bei Wein wider. Der Bauer mußte sich meist mit dem sauren, minderwertigen Trestertrunk begnügen.

Im allgemeinen wird die Trinkfestigkeit gerühmt und Trunksucht als unwürdig und schlimme Sünde herausgestellt, sie scheint aber zu dieser Zeit dennoch in Frankreich weit verbreitet gewesen zu sein. Besonders wird die Trinklust des Klerus verspottet. Von den benachbarten Ländern werden die Engländer der damaligen Zeit als besonders trinklustig herausgestellt, nicht jedoch die Deutschen. König Edgar von England bemühte sich im 10. Jahrhundert erfolglos, die Trinklust seiner Landsleute zu zügeln, indem er an der Innenseite der Trinkgefäße sogenannte *pegs* (Markierungen) anbringen ließ, die bei einem Schluck nicht überschritten werden sollten. Erst mit dem Auftreten der Landsknechte im 15. und 16. Jahrhundert werden auch die Deutschen als Trunkenbolde bezeichnet (vgl. Klauenberg). Etwas anderer Meinung in diesem Punkt ist Johann Wilhelm Petersen, ein Zeitgenosse und Jugendfreund Schillers, der als belesener Bibliothekar mit einer Fülle zum Teil sehr humorvoller Zitate in einem 1782 erschienenen Büchlein, »Die Geschichte der deutschen Nationalneigung zum Trunke«, nachzuweisen sucht, daß die Trunksucht schon seit Germanenzeiten im deutschen Charakter verankert sei. So habe Tacitus bereits Beispiele angeführt, »daß ganze deutsche Heere an ihren Tischen, im Rausche eingeschläfert, sich überfallen und besiegen ließen« (s. Petersen). Prägnantes Merkmal unserer germanischen Vorfahren sei, daß sie »den Durst ganz und gar nicht ertragen könnten« (s. Petersen). Überhaupt scheint Tacitus eine sehr schlechte Meinung von den nördlichen Nachbarn Roms gehabt zu haben, wenn er in seiner Germania schreibt (zit. n. Petersen): »Als Getränk dient den Germanen ein Gebräu aus Gerste oder Weizen, das durch Gärung in eine Art Wein verwandelt wird. Außerdem kaufen die Anwohner des Rheins und der Donau echte Weine (...) würde man ihrer Trunkenheit Vorschub leisten und ihnen die Möglichkeit bieten, zu trinken, soviel ihr Herz begehrt, könnte man sie durch diese Charakterschwäche wohl leichter zu Grunde richten als durch Kriege«. Nun hat ja die Geschichte gezeigt, daß dies den Römern mitnichten gelungen ist, und wenn die den Germanen nachgesagte Charakterschwäche tatsächlich zugetroffen haben sollte, so müssen sie im Jahre 9 n. Chr. einen außergewöhnlich nüchternen Moment gehabt haben, der sich dann auch prompt für die Römer verhängnisvoll auswirkte.

Die ausgeprägte Trinklust der Germanen sieht Johann Wilhelm Petersen auch darin bestätigt, daß sie mit dem Götterhimmel Walhalla ein ewiges Schwelgen in Trinkgelagen verbanden, an dem sie nach dem Tode teilzuhaben glaubten. Bereits Karl der Große soll bemüht gewesen sein, der Trunkenheit Einhalt zu gebieten, und er verhielt sich selbst vorbildlich. Ein Gesetz aus dieser Zeit besagt zum Beispiel, daß »kein Trunkener vor Gericht klagen oder Zeugnis ablegen soll, und kein Graf soll zu Gericht sitzen außer nüchtern« (hierbei ist zu beachten, daß damals die Gerichte morgens abgehalten wurden). Welche Mengen man zur damaligen Zeit vertrug, führt Petersen am Beispiel der Mönche von St. Gallen im 10. Jahrhundert an, von denen »jeder täglich 5 Maß Bier bekam, bisweilen Obst- und andern Wein dazwischen, welche er über dem Frühstück, Mittag und Abendessen genoß« (s. Petersen).

Einig sind sich die Gelehrten, daß im 16. und 17. Jahrhundert, also im Zeitalter der Renaissance, in Europa – insbesondere Mitteleuropa – die Trunksucht in breiten Bevölkerungsschichten ganz erheblich zugenommen hat. Diese Epoche wird gelegentlich auch als das Jahrhundert der Trinkerei und Völlerei, zumindest in den germanischen Ländern, bezeichnet. Eine Fülle von Schriften und Traktaten der damaligen Zeit befaßt sich mit dem Thema des Trinkens und dem Alkoholproblem. Die Trunksucht war in allen Klassen und Ländern, bei Männern und Frauen, Protestanten und Katholiken verbreitet. Martin Luther wettert gegen die »betrunkenen Schweine«, die das Reich Gottes nicht zu sehen bekämen, und gelangt schließlich zu der mehr resignierenden Erkenntnis: »Es muß ein jeglich Land seinen Teufel haben, Welschland seinen, Frankreich seinen; unser deutscher Teufel wird ein guter Weinschlauch sein und muß Sauff heißen, daß er so durstig und hellich ist, der mit so großen sauffen Weins und Biers nicht kann gekühlet werden, und wird solcher ewig Deutschlands Plage bleiben (habe ich Sorge) bis an den jüngsten Tag« (vgl. Petersen; Austin).

Die Ursachen für diesen krisenhaften Einschnitt sind nicht vollständig geklärt. Vielfach werden der soziale, kulturelle und religiöse, aber auch politischer Wertewandel für die Veränderung des Trinkverhaltens verantwortlich gemacht. Viele Autoren sprechen von einem Rationalisierungsschub oder -druck, den die anbrechende Neuzeit mit sich brachte. Der Mensch des Mittelalters wird aus der kollektiven Geborgenheit in die individuelle Freiheit mit all ihren Risiken und Gefährdungen entlassen. Affektverhalten und Persönlichkeit waren im Mittelalter noch nicht individuiert (vgl. Austin; Legnaro). Die Renaissance erlebt die Soziogenese des Ich, dem im mittelalterlichen Universalismus noch kaum ein Platz zukam. Trunksucht also als Angst- und Abwehrreaktion auf das politische, soziale, ökonomische und nicht zuletzt religiöse Chaos, das dieser Umbruch der Wertstrukturen zunächst einmal mit sich brachte und das in den Ländern der Reformation besonders deutlich wurde (vgl. Austin)? Allerdings fehlen verläßliche Vergleichsdaten über die Zunahme des Alkoholkonsums und die Verbreitung des Alkoholismus in dieser Zeit.

Nicht übersehen werden darf in diesem Zusammenhang aber auch die leichtere Verfügbarkeit von Branntwein, die ebenfalls in diesen Zeitraum fällt. Die Kenntnis der Alkoholdestillation verbreitete sich seit dem 13. Jahrhundert von der islamischen Welt nach Westeuropa. Bis zum Ende des 15. Jahrhunderts wurden alkoholische Destillate jedoch nur von Klöstern und Apotheken hergestellt. Die Destillate aus Wein wurden fünffach rektifiziert bis zur *quinta essentia.* Sie waren daher sehr teuer und fanden nahezu ausschließlich medizinische Verwendung. Branntwein galt bald als universelles Therapeutikum, als *Aqua vitae.* Ein Traktat aus der zweiten Hälfte des 15. Jahrhunderts empfiehlt ihn beispielsweise gegen ein *sichtum, der heysit cancer, das in deutsche heyst der crebs ... auch sey er gut gegen Fisteln ..., so man en trinket und sich domethe bestreichet. Wer ihn alle Morgen nüchtern trinket, gemischt mit einem klaren Trunk Weins, der wird nicht siech* (vgl. Legnaro). Allmählich verliert der Branntwein jedoch seine medizinisch-therapeutische Bedeutung. Dies steht in engem Zusammenhang mit dem Aufkommen der kommerziellen, quasi industriellen Spirituosenherstellung während des 16. Jahrhunderts, und der Branntweinkonsum verbreitete sich rasch, besonders in Mittel- und Nordeuropa. Zahlreiche Gesetze wurden speziell gegen den Branntwein erlassen, allein in Hessen drei innerhalb von nur 50 Jahren. Die Kommerzialisierung betraf aber auch andere Betriebe, die sich mit der Herstellung von Alkoholika befaßten, wie zum Beispiel die Bierbrauerei, auch die erste Schaumweinherstellung fällt in diese Zeit. Begünstigt wurde diese Entwicklung sicherlich durch Obrigkeit und Adel, die in der Vergabe von Schanklizenzen, Steuern und Abgaben in diesem Bereich sehr bald eine wichtige Einnahmequelle entdeckten (vgl. Austin).

Das Kaleidoskop der Getränke erweiterte sich im 17. Jahrhundert, als Kaffee, Tee und Kakao in Mitteleuropa heimisch wurden. Auch die Limonadenherstellung kennt man seit dieser Zeit. Durch handelspolitische Verflechtungen – England trieb Handel mit den Tee-Exporteuren Indien und China, während Kaffee in spanischen und französischen Kolonien produziert wurde – hat sich vor allem der Kaffee als neue Genußdroge auf dem Kontinent durchgesetzt. Hier zeichnete sich eine ähnliche Entwicklung ab wie bei der Popularisierung des Branntweins ein Jahrhundert zuvor. Zuerst als Allheilmittel gepriesen – die Indikationsliste reichte von Gicht über Husten, Hysterie, Asthma bis hin zur Trunkenheit, zu Koliken, Krämpfen und Verdauungsstörungen –, breitete sich Kaffeegenuß sehr rasch aus, wobei ja die Einrichtung von Kaffeehäusern eine wichtige Rolle gespielt hat (vgl. Müller). Auch der Kaffeekonsum unterlag anfangs der allgemeinen Regel kulturellen Wandels, die hauptsächlich für Genußmittel gilt, wonach Neuerungen kurz nach der Übernahme in übertriebenem Maße angewendet werden, bis sie sich dann auf Normalmaß einpendeln. So war es kurz nach der Einführung des Kaffees in Norddeutschland üblich, sechs bis zehn Tassen hintereinander zu trinken (s. Teuteberg – Wiegelmann, S. 249). Es ist daher nicht verwunderlich, daß auch hier bald Gegenströmungen auftraten, die vor übertriebenem Genuß warnten und als Folge des Kaffeegenusses Verweichlichung, Empfindelei und Unfruchtbarkeit bei Frauen prophezeiten (vgl. Müller). Erst als Kaffeesurrogate, wie die Zichorie, im 19. Jahrhundert eingeführt wurden, den Kaffee damit von Weltmarktpreisschwankungen weitgehend unabhängig machten und gleichzeitig wesentlich verbilligten, konnte sich der Kaffee als Volksgetränk endgültig durchsetzen.

Die Vorliebe für alkoholische Getränke hatte aber nur für kurze Zeit nachgelassen. Einen neuen Schub erhielt der Alkoholismus in Mitteleuropa mit der beginnenden Industrialisierung, die zu neuen sozialen Umschichtungen und der Bildung eines Proletariats führte. In England kam es bereits im 18. Jahrhundert, als dort der Handel expandierte und sich ein prosperierender Mittelstand herausbildete, zu einer Verelendung breiter Massen. Zu dieser Zeit war bei einem Großteil der Londoner Bevölkerung der Gin das am weitesten verbreitete alkoholische Getränk, wobei der Name Gin häufig aber auch synonym für Branntwein gebraucht wird. Die Verelendung und Massenkriminalität erreichte um 1750 ihren Höhepunkt. 1751 erschienen die Arbeiten zweier bekannter Engländer, Henry Fieldings »Untersuchung der Gründe für den kürzlichen Zuwachs von Raub« und William Hogarths berühmt gewordene Stiche über die »Beer street« und die »Gin lane«. Fielding schätzte, daß Gin die vornehmliche Ernährung von mehr als 100000 Londonern sei. Die Schrecken der Zeit in den finsteren Gassen Londons, in zahlreichen Eingaben an das Parlament beschrieben, hielt Hogarth bildlich in der »Gin lane« fest. Den dargestellten Details wird historische Genauigkeit bescheinigt, wie sich auch Sitzungsprotokollen des Old Bailey entnehmen läßt (vgl. Coffey): »Beer street« und »Gin lane« als Himmel und Hölle des kleinen Mannes. Nicht zuletzt die drastische Darstellung Hogarths bewog das Parlament zur Besteuerung und Kontrolle des Ginverbrauchs, der dann auch prompt zurückging.

Mit einer Verzögerung von knapp 100 Jahren schwappte die Alkoholwelle wieder auf den Kontinent über, wobei man im Unterschied zu London und England nicht den Gin, sondern die *Branntweinpest* als weiteres Signum des 19. Jahrhunderts bezeichnete. Durch den verbreiteten Kartoffelanbau hatte sich eine neue, billige Herstellungsquelle aufgetan, und Kartoffelbrennerei wurde vor allem für Gutsbetriebe zu einem einträglichen Nebengewerbe (s. Teuteberg – Wiegelmann, S. 237 ff.). Die wichtigsten in Berichten immer wieder auftauchenden Merkmale der einfachen Kost des 19. Jahrhunderts sind Kaffee, Kartoffeln und Branntwein. Letzterer wurde wie auch andere Alkoholika, zum Beispiel Bier, damals weniger als Genußmittel, sondern vielmehr als Nahrungsmittel und damit als Bestandteil des normalen Kostplans angesehen. So heißt es in einem Bericht über die sogenannten *niedrigen Volksklassen* Bremens aus dem Jahr 1836, beispielhaft für die meisten norddeutschen Hafenstädte: »...vor allem aber ist es der übermäßige Branntweingenuß, der sie moralisch und physisch dem Untergange zuführt (...) Beispiele von Leuten, die täglich 1–2 Quart Branntwein« (1 Quart = 0,9 l), »ja noch mehr, trinken, und daneben noch einige Flaschen Bier, gehören keineswegs zu den Seltenheiten (...) bei ihren Frauen herrscht die Vorliebe für den Kaffee vor, sie verschmähen oft ihre bessere Kost, um morgens, mittags und abends sich seinem Genuß hingeben zu können« (s. Teuteberg – Wiegelmann, S. 237 ff.)

In diesen Rahmen passen vielleicht auch die Worte, die der Fastenpredigt eines Weihbischofs im Jahre 1814 entnommen sein sollen. Dort heißt es, daß »derjenige die größte Sünde begehe, der die herrlichen Gaben Gottes mißbraucht. Der Mißbrauch schließt aber den Gebrauch nicht aus. Stehet doch geschrieben: Der Wein erfreut des Menschen Herz! Daraus erhellet, daß wir des Weines wohl genießen können und sollen. Nun ist unter meinen

William Hogarth, 1697–1764: Beer Street

William Hogarth, 1697–1764: Gin Lane

männlichen Zuhörern keiner, der nicht 2 Maß Wein« (1 rheinisches Maß = 1,5 l) »zu sich nähme, ohne deshalb gerade einige Verwirrungen seiner Sinne zu spüren. Wer jedoch bei dem 3. oder 4. Maß schon so arg in Vergessenheit seiner selbst gerät, daß er Frau und Kinder verkennt, sie mit Schelten, Schlägen und Fußtritten verletzt, (...) der gehe sogleich in sich und unterlasse ein solches Übermaß (...) Wer aber nach Genuß von 4 Maß, ja von fünfen und sechsen noch dergestalt sich selbst gleich bleibt, daß er einem Nebenchristen hilfreich unter die Arme greifen mag, dem Hauswesen vorzustehen und die Befehle geistlicher und weltlicher Oberen auszurichten vermag, auch der genieße sein bescheiden Teil und nehme es mit Dank dahin. Er hüte sich aber, ohne besondere Prüfung weiterzugehen, weil hier gewöhnlich dem schwachen Menschen ein Ziel gesetzt wird. Denn der Fall ist äußerst selten, daß Gott jemandem die besondere Gnade verleiht, 8 Maß trinken zu dürfen, wie er mich, seinen Knecht, gewürdigt hat. Da mir aber nun nicht nachgesagt werden kann, daß ich in ungerechtem Zorn auf jemanden losgefahren sei, Hausgenossen und Anverwandte mißkannt oder meine geistlichen Pflichten und Geschäfte verabsäumt hätte, vielmehr immer bereit bin, zu Lob und Ehre Gottes (...) tätig finden zu lassen, so darf ich wohl mit gutem Gewissen und Dank dieser anvertrauten Gabe mich auch fernerhin erfreuen« (vgl. Goethe). Wir sehen, daß in Mitteleuropa alkoholische Getränke – auch nach Ausweitung der Getränkepalette im 17. und 18. Jahrhundert – schon immer gewissermaßen eine Basis bildeten für die Stillung des Durstes, wobei Alkohol ebenfalls schon immer auch seinen janusköpfigen Charakter zeigte, Genußmittel und Droge zugleich. In besonderem Maße trifft für ihn das Wort des Paracelsus zu: »Alle Dinge sind Gift und nichts ohn Gift; allein die Dosis macht, daß ein Ding kein Gift ist.«

Besondere Beachtung verdienen jedoch einige speziell deutsche Besonderheiten. Ob die Charakterisierung der Germanen durch Tacitus (s. S. 210) zutrifft und auch auf die deutschen Nachfahren übertragen werden kann, bedarf sicherlich noch eingehender Studien. Tatsächlich haben sich aber im deutschen Sprachgebrauch die Pein des Durstes und der Stellenwert alkoholischer Getränke in zahlreichen Redewendungen und Sinnsprüchen niedergeschlagen: Finanzielle Belohnungen nennen wir »Trinkgelder«, an einem Taugenichts ist »Hopfen und Malz verloren«, dagegen sollte man seinen Freunden »reinen Wein einschenken«, und schließlich ist »Durst schlimmer als Heimweh«. Starke Begierden und glückvolle Empfindungen entlehnen wir ebenfalls gerne diesem befriedigten oder unbefriedigten physiologischen Bedürfnis: Wir sprechen von »Tatendurst, Rachedurst, Golddurst« und anderem und sind gegebenenfalls »freudetrunken, wonnetrunken oder liebestrunken«. Der »Mundschenk« war in alten Zeiten ein hoher Beamter bei Hofe, und der Name Schenk findet sich noch in vielen Adelsgeschlechtern. Schließlich war auch der Apotheker ursprünglich der Verwalter der klösterlichen Alkoholika. In seltsamem Gegensatz hierzu steht, daß der deutschen Zunge offenbar schon immer fast nur ausländische Produkte gemundet haben, wie sich aus den Getränkenamen ableiten läßt: Bier und Wein sind lateinischen Ursprungs, die Namen Alkohol, Arrak und Kaffee kommen aus dem Arabischen, die Schokolade und der Kakao sind mexikanisch – aztekische Bezeichnungen, der Punsch kommt aus dem Indischen, der Whisky aus dem Irischen, Grog, Gin und Rum aus dem Englischen und schließlich die Bezeichnungen Limonade und Likör aus dem Französischen. Lediglich die Begriffe Schnaps, Met und Rotspon, also Getränke, die fast niemand mehr trinkt, sind urgermanische Wortprägungen.

LITERATURVERZEICHNIS

AUSTIN, Gregory: Die europäische Drogenkrise des 16. und 17. Jahrhunderts (in: Rausch und Realität. Drogen im Kulturvergleich 1, Ethnologica 9, hg. von Gisela VÖLGER, Rautenstrauch-Joest Museum Köln 1981), S. 64–72.

COFFEY, Timothy G.: Beer Street – Gin Lane. Aspekte des Trinkens im 18. Jahrhundert (in: Rausch und Realität [wie AUSTIN]), S. 106–111.

GOETHE, Johann Wolfgang von (in: St. Rochus-Fest zu Bingen 16. August 1814).

KLAUENBERG, Otto: Getränke und Trinken in altfranzösischer Zeit (Diss. Göttingen 1904). Hannover, Druck von Wilhelm HARZIG nach poetischen Quellen dargestellt.

LEGNARO, Aldo: Alkoholkonsum und Verhaltenskontrolle – Bedeutungswandlungen zwischen Mittelalter und Neuzeit in Europa (in: Rausch und Realität [wie AUSTIN]), S. 86–97.

MÜLLER, Irmgard: Einführung des Kaffees in Europa (in: Rausch und Realität [wie AUSTIN]), S. 390–397.

PETERSEN, Johann Wilhelm: Geschichte der deutschen Nationalneigung zum Trunke (verl. bei Johann Philipp HAUG 1782, Nachdruck hg. von K. HITZEGRAD, Dortmund 1979).

PIETH, Willy: Essen und Trinken im mhd. Epos des 12. und 13. Jh. (Diss. Greifswald 1909).

SCHULTZ, Alwin: Das Höfische Leben zur Zeit der Minnesinger 1–2 (^{2}1889).

SIEGEL, Ronald K.: Suchterscheinungen bei Tieren (in: Rausch und Realität [wie AUSTIN]), S. 42–47.

TEUTEBERG, Hans-Jürgen, – WIEGELMANN, Günter: Der Wandel der Nahrungsgewohnheiten unter dem Einfluß der Industrialisierung (Göttingen 1972).

Weinherstellung aus »Von dem nutz der Ding«, 1518

ANGELIKA RUGE-SCHATZ

Von der Rezeptsammlung zum Kochbuch – einige sozialhistorische Überlegungen über Autoren und Benutzer

Rezepte sind Vorschriften zur Herstellung irgendeiner Sache. Sie vermitteln Wissen zwischen Experten oder Experten und Laien. »Verständlich sind Rezepte – selbst wenn sie in weitgehend fremden Sprachen geschrieben sind – nicht wegen ihrer universellen syntaktischen Strukturen, sondern weil sie relativ unmittelbar die Struktur praktischer Handlungsanweisungen widerspiegeln, die in den Kulturen über Jahrhunderte hinweg in ›Brauch‹ blieben«[1].

Kochrezepte sind uns aus einer Zeit überliefert, in der Lesen und Schreiben keineswegs zu den allgemein verbreiteten Fertigkeiten gehörten. Sie behandeln die Herstellung von Speisen und Getränken, die den Menschen unmittelbar zur Ernährung und zum Genuß dienen[2]. Die schriftliche Fixierung dient der Gedächtnisentlastung. Diese funktionale Bedeutung wird besonders in einer Rezeptsammlung durch eine soziale erweitert. Wer Wissen über die Zubereitung von Speisen überliefert, berichtet auch über den Zeitgeschmack und verweist auf den eigenen Bildungs- und Erfahrungshorizont. »So spiegeln sich Beharrung und Veränderung, Brauchtum und Mode sowohl im einzelnen Kochrezept wie auch im Aufbau des Kochbuchs wider«[3].

Sammlungen von Kochrezepten wurden im Mittelalter in Klöstern, adligen Häusern und später auch von bürgerlichen Familien angelegt. Die handschriftlichen Aufzeichnungen wurden durch gewerbemäßig arbeitende Schreiber verbreitet und fanden dadurch Eingang in die frühen Drucke der Neuzeit. Daraus entsteht eine Kette von gleichlautenden Überlieferungen, die bis ins 18. Jahrhundert hineinreicht[4]. Die meisten handschriftlichen Sammlungen des 14. und 15. Jahrhunderts sind anonym erschienen. Nur vereinzelt sind Auftraggeber und Besitzer bekannt. Die handschriftlichen wie auch die gedruckten Sammlungen von Kochrezepten gehören in die Tradition der »De-re-rustica«-Literatur, die von der Antike bis in die Hausväterliteratur der Neuzeit reicht. Sie sind ein Teilgebiet jenes Schrifttums, das sich mit der Lehre vom »ganzen Haus«, mit der Ökonomik, beschäftigt. Dazu zählen Fragen der Ethik, der Soziologie, der Land- und Hauswirtschaft, der Schädlingsbekämpfung, Technologisches und mancherlei anderes bezüglich der Aufgaben, die das »Haus« als die Gemeinschaft der unter einem Hausvater wirtschaftenden und konsumierenden Menschen stellt[5]. Mit der

1 Michael GIESEKE, Überlegungen zur sozialen Funktion und zur Struktur handschriftlicher Rezepte im Mittelalter (in: Zeitschrift für Literaturwissenschaft und Linguistik 51/52, 1983, S. 167–184), S. 175.

2 Hans WISWE, Kulturgeschichte der Kochkunst. Kochbücher und Rezepte aus zwei Jahrtausenden mit einem lexikalischen Anhang zur Fachsprache von Eva HEPP (1970), S. 11.

3 Ebd. S. 12.

4 Anita FEYL, Das Kochbuch Meister Eberhards. Ein Beitrag zur altdeutschen Fachliteratur (1963), S. 35ff.

5 WISWE (wie Anm. 2), S. 31.

Veränderung der Marktbedingungen, der Produktionsformen und der Produktivkräfte nimmt die Bedeutung dieser Sachbuchgattung ab. Trotz der technologischen und sozialen Umwälzungen seit der Mitte des 18. Jahrhunderts findet die Lehre von der Ökonomie des Hauses weitere Verbreitung in der Hausmütterliteratur des 19. Jahrhunderts. In allen Ländern Europas lassen sich Spuren der antiken Scriptores rei rusticae in den durch das christliche Mittelalter erweiterten Anschauungen wiederfinden[6]. Dieser Beitrag beschränkt sich auf deutschsprachige Kochrezeptsammlungen aus der Mitte des 14. Jahrhunderts bis in die Mitte des 19. Jahrhunderts.

Kochbücher lassen sich nur vereinzelt in den Sammlungen deutscher Bibliotheken finden[7]. Der Zugang zu Privatsammlungen ist schwierig. Aus diesem Grund waren die in den letzten Jahren so zahlreich erschienenen Reprints alter Kochrezepte fast ausschließlich die Quellen für diesen Beitrag. Aus diesen Gründen soll keineswegs der Anspruch erhoben werden, alle Aspekte einer sozialhistorischen Betrachtung von Rezeptüberlieferungen zu berücksichtigen. Vielmehr sollen exemplarisch Aussagen über das soziale Umfeld der Entstehung und Überlieferung von Kochrezeptsammlungen gemacht werden. Ziel der Untersuchung ist, den Wandel der sozialen Funktion von Kochbüchern nachzuzeichnen. Mit der Frage nach den Personen hinter diesen handschriftlichen und gedruckten Sammlungen werden diese zu einem sozialhistorischen interessanten Objekt.

Eine der bedeutendsten Kochbuchhandschriften befindet sich im »Hausbuch« Michaels de Leone, das in den Jahren 1345–1354 entstanden ist. Seit dem Beginn des 19. Jahrhunderts summarisch bekannt, war es fortwährend eine reiche Fundgrube germanistischer Forschung. Zwei vor einigen Jahren erschienene Teileditionen aus dem berühmten Hausbuch mit sorgfältig erarbeiteten Einleitungen zur Entstehungsgeschichte[8] erlauben an dieser Stelle eine knappe Zusammenfassung der Tatbestände. Michael de Leone war bischöflicher Protonotar, Kanonikus und Scholaster am Stift Neumünster in Würzburg. Er studierte in Bologna die Rechte und erwarb einige Jahre nach seiner Rückkehr aus Italien 1332 in Würzburg den Löwenhof. Als Michael 1355 starb, vererbte er diesen und das von ihm konzipierte »Hausbuch« seinem Neffen Jakob de Leone. Der Familienbesitz wurde nach 1400 verkauft. Das »Hausbuch« taucht als Teil einer kostbaren Büchersammlung 1573 in der Universität Ingolstadt wieder auf, von wo es über Landshut in die Universitätsbibliothek München gelangt. »Bei der Anlage der umfangreichen Sammlung hat der Protonotar offenkundig großes Gewicht auf Übersichtlichkeit gelegt; daneben läßt sich bei aller Bescheidenheit der Ausstattung ein deutlicher Zug zur Repräsentation nicht verkennen. An der Würzburger Handschrift haben, kleinere Zusätze, Marginalien und Korrekturen ausgenommen, sieben Schreiber gearbeitet, von denen mehrere auch an anderen Codices nachzuweisen sind. Keiner gibt seinen Namen an. Michael de Leone selbst wird unter ihnen vermutet, aber so regen Anteil er an der

6 S. u.a. den Beitrag von Margarete ZIMMERMANN in diesem Band.

7 Dazu die Erfahrungen aus den USA in: Angelika RUGE-SCHATZ, Using Cookbooks as a Source for German Social History (in: Current Research in Culinary History: Sources, Topics, and Methods. Proceedings. Hg. von Jillian STRANG, Bonnie BROWN und Patricia KELLY, 1986), S. 61–70.

8 Die Lieder Reinmars und Walthers von der Vogelweide. Aus der Würzburger Handschrift der Universitätsbibliothek München. Einführung von Gisela KORNRUMPF (1972). – Daz buoch von guoter spîse. Abbildungen zur Überlieferung des ältesten deutschen Kochbuches. Eingel. und hg. von Gerold HAYER (1976).

Herstellung des »Hausbuchs« genommen haben muß, seine direkte Mitarbeit scheint sich auf Randnotizen beschränkt zu haben«[9]. Der Codex im Folioformat zählt nach heute maßgeblicher Zählung 286 Blätter. Die Handschrift enthält lateinische und deutsche Texte in Prosa und gebundener Form, darunter eine Sammlung von Liedern Reimars und Walthers von der Vogelweide, und stellt damit »eine Art allgemeiner Wissens- und Weisheitssumme für Laien«[10] dar. Auf den Blättern 156r–165v steht als 21. Abteilung das »Würzburger Kochbuch«, bekannt unter dem Titel »daz buoch von guoter spîse«. Es leitet mit den Gesundheitslehren zu den praktischen Anweisungen in dem »Hausbuch« über.

Das »Würzburger Kochbuch« enthält 101 Rezepte und eine gereimte Vorrede. Obwohl handgeschriebene Rezeptsammlungen im allgemeinen keine durchgehende systematische Gliederung erkennen lassen, glaubt Gerold Hayer, zwei nach Inhalt, Stil und Wortschatz sich unterscheidende Teile abgrenzen zu können. Der erste umfaßt Rezepte mit ähnlichen Zutaten in lockerer Folge aneinandergereiht. Einem Rezept für eine Süßspeise folgt eines für eine Hirschleber, dem wiederum zwei Hühnergerichte, hierauf eine süße Reisspeise usw. Der zweite Teil läßt die für das Mittelalter bedeutsame Unterscheidung in Fasten- und Fleischspeisen erkennen[11]. Weitere Textuntersuchungen lassen vermuten, daß es sich bei dieser Rezeptsammlung nicht nur um verschiedene Abschriften einer Vorlage, sondern um Abschriften verschiedener Vorlagen handeln kann. Die vagen Angaben bei den Zutaten und über die Garzeiten erfordern die Kenntnisse eines berufserfahrenen Kochs. Die Nahrungsmittel sind kostbar und, wie das Wildbret, nur dem Adel vorbehalten. Die Gewürze kommen meistens aus dem vorderen Orient, wie zum Beispiel Pfeffer und Safran, aber auch der weiße Zucker. Parfümierungen und Färbung, die die natürliche Konsistenz der Speisen stark verändern, zeichnen die Gerichte als Leckerbissen ihrer Zeit aus. Schaugerichte kopieren höfische Lebensart. Das »Hausbuch« als Familienschatz demonstriert auch in seinem praktischen Teil den gesellschaftlichen Anspruch der Besitzer des Löwenhofs zu Würzburg.

Rezepte aus dem »buoch von guoter spîse« finden sich wieder in der Kochbuchsammlung, die Meister Eberhard, einem Koch Herzog Heinrichs zu Landshut, zugeschrieben wird. Sie ist Teil eines Codex, der 1813 von Fürst Ludwig zu Öttingen-Wallerstein erworben wurde und der als Harburger Handschrift bekannt ist[12]. Dem Kochbuch geht ein Arzneibuch mit vielen lateinisch geschriebenen Rezepten voran, und es folgt ihm Meister Albrants Roßarzneibuch und ein Salbenbuch. Der Codex wurde von einer Hand niedergeschrieben und zeigt in der Art seiner Anlage viel Ähnlichkeit mit dem in jener Zeit sehr beliebten Typ des »Buches vom Menschen, Tier und Garten«, einer Art fachlichem Volksbuch[13]. Anstelle des sonst weitverbreiteten Pelzbuches Gottfrieds von Franken wurde das Kochbuch Meister Eberhards eingefügt, das Kochkunst und diätische Abhandlungen vereint. Auch diese Art der Zusammenstellung ist kein Einzelfall. Vielmehr läßt sich in ihr eine Vorstufe zu der im 17. Jahrhundert sehr verbreiteten deutschen Hausväterliteratur erkennen. Diese und ähnliche Handschriften sind die Bindeglieder zwischen den lateinischen Autoren der »De re rustica«-Literatur und Johann

9 Kornrumpf (wie Anm. 8), S. 10f.
10 Ebd. S. 11.
11 Hayer (wie Anm. 8), S. 7f.
12 Feyl (wie Anm. 4), S. 4.
13 Ebd. S. 9.

Colers »Oeconomia ruralis et domestica« und Wolf Helmhards von Hohberg »Georgica curiosa aucta«, um nur die bedeutendsten Autoren zu nennen[14].

Das Kochbuch Meister Eberhards gliedert sich in 24 Kochrezepte mit eingestreuten diätischen Angaben, in Kapitel, die den diätischen Wert einzelner Nahrungs- und Genußmittel beschreiben, und in Rezepte zur Herstellung medizinischer Öle. Während Anita Feyl für die Kochrezepte verschiedene Vorlagen ausfindig machen konnte, weisen neuere Forschungen darauf hin, daß es sich bei der Abfassung der Diätik um eine selbständige Bearbeitung des herzoglichen Koches von Arnolds von Villanova »Gesundheitsregimen« handelt[15]. Ob Meister Eberhard selbst Lateinkenntnisse besaß, wie Passagen in lateinischer Sprache verraten mögen, bleibt dahingestellt. Fest steht, daß er ein gelehrter Autor ist, der die diätische Literatur seiner Zeit kennt. Die Lebenszeit des Autors fällt in die Regierungszeit Heinrichs des Reichen, Herzog von Bayern–Landshut, der, von 1404 bis 1450 für Ruhe und Ordnung nach innen sorgend und in ständiger Fehde nach außen lebend, sein Land beherrschte[16]. Er heiratete 1412 in Landshut die Tochter des Herzogs von Österreich. Es darf vermutet werden, daß bei dieser Gelegenheit Meister Eberhard Speisen nach den Vorlagen seiner Rezeptsammlung zubereitete.

Die geringe Kenntnis über die Person des Kochbuchautors führt zu Fragen nach dem Entstehungsort oder nach den vorgesehenen Besitzern. Sprachwissenschaftliche Vergleiche haben gezeigt, daß »das Harburger Kochbuch mehr mit manchen Schriftsprachen aus dem oberfränkischen Gebiet gemeinsam hat als mit dem Schreibgebrauch der Landshuter Kanzleien«. Es ist sehr leicht möglich, daß die Rezeptsammlung eines Landshuter Kochs über dessen Wirkungskreis hinausgedrungen und an einem anderen Ort in ein Handbuch eingetragen worden ist, wie Anita Feyl zusammenfassend bemerkt. Es war durchaus üblich, daß miteinander verwandte und befreundete Fürstenhäuser ihre Gebrauchsschriften untereinander austauschten[17]. Und auch ein gerne Fehden austragender Herzog wird Gesten solcher Art zu verteilen wie zu empfangen gewußt haben.

Die Gruppe der handgeschriebenen Kochrezeptsammlungen soll mit dem Hinweis auf das Kochbuch der Philippine Welser abgeschlossen werden. Die Besitzerin und auch Benutzerin war durch Herkunft und Heirat ausgezeichnet und wurde wegen ihrer Schönheit und Häuslichkeit gerühmt. Es entstand, als die Buchdruckkunst bereits ihren Siegeszug angetreten hatte. Handschriftliche Aufzeichnungen nehmen von dieser Zeit an Bedeutung ab, bleiben jedoch bis in die Tage unserer Großeltern als private Aufzeichnungen weiter in Gebrauch. Eine neuere Handschriftenanalyse, die der Editor des Kochbuch vorgenommen hat[18], ergab, daß das Kochbuch von einem unbekannten Autor um 1545 in Augsburg aufgezeichnet wurde. Es spiegelt die Eßgewohnheiten einer Augsburgischen Patrizierfamilie wider, und die damals 18jährige Philippine hat es wahrscheinlich zu ihrem Aussteuergut gelegt. Philippine Welser wurde 1527 in Augsburg, zu dieser Zeit süddeutsche Metropole von Handel und Wirtschaft,

14 Otto BRUNNER, Adliges Landleben und europäischer Geist. Leben und Werk Wolf Helmhards von Hohberg 1612–1688 (1949), bes. Kap. IV.
15 HAYER (wie Anm. 8), S. 5.
16 Vgl. dazu Allgemeine Deutsche Biographie 11 (1880), S. 474 ff.
17 FEYL (wie Anm. 4), S. 75.
18 Das Kochbuch der Philippine Welser. Hg. von Manfred LEMMER. Kommentar, Transkription und Glossar von Gerold HAYER (1983), S. 10 f.

geboren. Die Familie gehörte zu den angesehensten und mächtigsten Patriziergeschlechtern der Stadt. Ihr Vater, Franz Welser, hatte nur in geringem Maß an den ausgedehnten Handelsunternehmungen seines Bruders, Bartholomäus V., teilgenommen. Er zog ein ansehnliches Vermögen aus der Leinenweberei. 1557 wurde Philippine mit Erzherzog Ferdinand von Tirol, zu dieser Zeit noch Statthalter in Böhmen, auf Schloß Brzesnic getraut. Diese Liebesheirat mußte aus Gründen der Staatsräson geheimgehalten werden. 1567 verlegte Ferdinand als Landesherr von Tirol seine Residenz nach Innsbruck, wo er Schloß Ambras als fürstlichen Wohnsitz umbauen ließ und seiner Frau zum Geschenk machte. Es wurde das private Refugium der Familie und gleichzeitig der Ort glänzender Festlichkeiten. Zusätzliche Eintragungen in der Handschrift lassen vermuten, daß Philippine das Kochbuch in den Jahren ihres Aufenthaltes auf Schloß Ambras benutzte. Ihre eigene Handschrift zeigen Rezepte zur Konservierung von Ingwer und Granatäpfeln und ein weiteres für einen Quittensaft, sowie medizinische Rezepte gegen geschwollenes Zahnfleisch, für ein Gurgelwasser und gegen Zahnschmerzen[19]. Möglicherweise auf ihre Veranlassung wurden Vorschriften für eine Krankendiät der ursprünglichen Handschrift hinzugefügt. Es gibt genügend Belege, daß Krankheiten die erzherzogliche Familie häufig heimsuchten. Ob Philippine wirklich das Urbild einer pflegenden und hegenden Hausmutter war, wie es Wendelin Boeheim[20] von ihr entwirft, muß dahingestellt bleiben.

Das Kochbuch, das, wie bereits gesagt, Augsburger Lebensgewohnheiten widerspiegelt, steht, was die Detailangaben in den Rezepten betrifft, ganz in der Tradition spätmittelalterlicher Rezeptsammlungen. Als Benutzer ist immer der erfahrene Koch gedacht. Die Rezepte selbst werden vornehmlich unter dem Aspekt ihrer Herstellungsart zusammengestellt: Torten Pasteten, gebackene Speisen, breiartige Speisen, Fische, Sülze, Suppen, gesottenes und eingemachtes Fleisch, Marzipan. Unter den 245 Rezepten werden nur 41 für Fleischgerichte genannt. Auch fehlen die zu dieser Zeit noch immer beliebten Schaugerichte, und Wildpret wird nur zur Herstellung von Farcen erwähnt. Der Herausgeber hat deshalb das Kochbuch mit Recht »eine Spezialsammlung für Fastenspeisen«[21] genannt. Die große Anzahl von Fischgerichten und die von süßen Speisen belegt diese Annahme. Könnte diese Zusammenstellung nicht auch auf zwei weitere Aspekte aus der Lebenswelt der Welserin aufmerksam machen, die dem ersten Schreiber der Kochbuchhandschrift durchaus bekannt waren? In Augsburg hatte sich um 1545 die Reformation ausgebreitet. Gerade in Zeiten religiöser Veränderungen wird von den Frauen besonders das Festhalten an kirchlichen Vorschriften verlangt, und eine solche ist das Fastenessen an bestimmten Tagen und Wochen des Jahres. Spiegelt die reichhaltige Verwendung von Zucker selbst bei der Zubereitung einer Fischtorte nicht etwas von dem großen Reichtum wider, den die Familie Welser durch ihren weltlichen Handel erwarb?

Buchdrucker und Verleger müssen sehr früh erkannt haben, welchen Gewinn sie aus der Herausgabe von Kochbüchern ziehen können. Die hohen Auflagen, die die »Küchenmeisterei« nach der Erstausgabe von 1485 und Marx Rumpolts »Ein new Kochbuch« erzielen, sind auch Gradmesser für ihre Beliebtheit. Hier wird nicht nur traditionsreiches Wissen vermittelt. Die Ausstattung der Bücher belegt die hohe Kunst des Buchdrucks. Diese Werke gehören

19 HAYER (wie Anm. 8), S. 23.
20 Wendelin BOEHEIM, Philippine Welser. Eine Schilderung ihres Lebens und ihres Charakters (1894).
21 HAYER (wie Anm. 8), S. 27.

heute zu den wertvollsten Schätzen alter Bibliotheken und Sammlungen, wie das Beispiel der Bibliothek in Wolfenbüttel belegt, wo sich seit 1567 ein Exemplar der »Küchenmeisterei« in einer Ausgabe von 1494 befindet[22]. Inhalt und Systematik der ersten Kochbuchdrucke unterscheiden sich kaum von ihren handschriftlichen Vorgängern. Die Autoren und ihre Anliegen treten jedoch deutlicher hervor. Es wurde bereits darauf hingewiesen, daß Kochen und Heilen eng miteinander verbunden sind. Ein guter Koch wußte von der heilenden Wirkung der Speisen, und ein erfahrener Heilkundiger konnte auch ein guter Koch sein. Die Gründe dafür sind der Stand des medizinischen Wissens und der Ausbildung der Ärzte. Rezepte zur Herstellung von Krankennahrung sind für uns heute kaum noch als solche erkennbar. Auch schätzen wir ihre heilende Wirkung heute weitgehend anders ein.

Zwei heilkundige Kochbuchautoren sollen nun vorgestellt werden und gleichzeitig Beispiele für ihr unterschiedliches Selbstverständnis als Folge ihrer sozialen Stellung gegeben werden. Ein Vielschreiber und fleißiger Editor war der Nürnberger Medikus und Mathematiker Walther Hermann Ryff[23]. Neben Werken über Architektur ließ er in den vierziger Jahren des 16. Jahrhunderts vor allem in Frankfurt solche über die Heilkunst, die Apotheke und Kräuter, über das Baden und solche unter dem Titel »Der Schwangerer Frauen Rosen=Garten« erscheinen. Sein »Lustgarten der Gesundheit« von 1556 gehört mit den Belehrungen über den Umgang mit Arbeitern und Gesinde zur Gattung der Hausväterliteratur. Dem gemeinen Mann und jedem fleißigen Haushälter widmet er seine »Confect- und Haus=Apoteck«, einen *genugsamen Bericht doch in kurzem Schema,* der enthält *alles das so ich in vil anderen Tractätlein in sonderheit aufgehen lassen* und auf das *verständlichste erklärt und beschrieben* habe[24]. Das Buch ist reich bebildert, ordnet die einzelnen Gruppen, Stoffe und Mittel übersichtlich und gibt umfangreiche Erklärungen über ihre Zusammensetzung, Herstellung und Verwendung. Es handelt von Latwerge, Confecten, Einbeizungen, Konserven, heilsamen Getränken, Zucker, gestoßenem Pulver, von Trochisan, ausgebranntem Wasser, Arzneien, Salben, Ölen etc. Dem Zucker wird in der Küche eine hervorragende Rolle zugewiesen, denn er *verderbt kein Speis.* Zucker *ist nit als hitzig und truncken, als der honig, auch vil kräftiger, anmutiger und aller Artzney bequemer*[25]. Die Verbreitung, die Ryffs Büchlein gefunden hat, läßt sich auch mit seiner Aufgeschlossenheit gegenüber neuen Entwicklungen erklären. Dafür ist sein »New Kochbuch für die Krancken« von 1545, das den Einfluß von Paracelsus nicht verleugnen kann, ein Beispiel. Wenn jemand auf *Schlössern, in Dörffern und Flecken, unnd kleinen stetlin* wohnt oder auf Reisen ist und krank wird, muß er sich zuerst einmal selbst helfen können. Zuerst, rät der Autor und Arzt, soll der Kranke der Wirkung der Natur vertrauen und keine Arznei nehmen. Essen und Trinken soll er nur, wenn er Lust dazu hat. *Solche zeit sol er jm auch die leichtesten und geringsten speißlein bereydten lassen, deren er doch gewohnet ist inn seiner gesundtheit*[26]. Aderlaß, Klistieren und Schröpfen möchte er durch *sanfte, unschädliche Artzney* zuerst einmal ersetzt sehen. Wohltemperiert und feucht soll die Nahrung sein, und das Kochbüchlein zählt unter diesem Gesichtspunkt Fleisch, Innereien, Geflügel, Gemüse und Kräuter auf, erläutert die Wirkung und die Zubereitungsart.

22 Wiswe (wie Anm. 2), S. 45.
23 Josef Benzing, Walther H. Ryff und sein literarisches Werk. Eine Bibliographie (1959).
24 Walther Hermann Ryff, Confectbuch und Hauß=Apoteck (Franckfurt 1544), Zueignung.
25 Ebd. S. 8v.
26 Gualtherum Ryff, New Kochbuch für die Krancken (1545, Ndr. 1979), Vorrede.

Ryff zeigt sich in seinen Arbeiten als ein selbstbewußter Arzt und Naturwissenschaftler, der sich für seine Veröffentlichung mit der knappen Formel *mit keyserlichen Gnaden und Privilegien gedruckt* begnügen kann. Ganz anders verhält sich Anna Wecker, deren »köstlich new Kochbuch« ein Jahr nach ihrem Tode 1598 in Amberg von Michael Forster gedruckt wird. Ihre Tochter Katharina, die mit dem Altdorfer Medizinprofessor Taurellius verheiratet ist, hat damit den letzten Willen der Mutter erfüllt. Das Kochbuch besteht aus vier Teilen. Es fehlt weiterhin eine strenge Systematik, jedoch lassen sich Schwerpunkte bei der Zusammenstellung der Lebensmittel und der Zubereitungsarten erkennen. Im ersten Teil werden Rezepte für Kinderessen aufgezeichnet, wozu sicher auch die liebevollen Zubereitungen eines Igels einmal aus Reisbrei und zum anderen Mal aus Mandelbrei[27] zu zählen sind.

Anna Wecker wuchs in Basel auf und heiratete den Schweizer Arzt Johann Jacob Wecker. Dieser war Professor für Dialektik in Basel und Kreisphysikus in Colmar. Nach dem Tode ihres Mannes 1586 zog Anna Wecker zu ihrer Tochter nach Altdorf. Sie war ihrem Mann, der lieber aus der Küche als aus der Apotheke kurierte, eine große Stütze in der Arztpraxis und bei der Krankenpflege[28]. Er hatte sie des *öfteren vermanet, das jenige, was ich also by den krancken observirt, gebraucht und nutzlich befunden, zu beschreiben und aufzuzeichnen.* Als sie begann, ihre Aufzeichnungen aus der Erinnerung zu machen, starb ihr Mann. Es bedurfte der Ermunterung durch *etliche fürnemen und verständigen Weibspersonen, auch etliche berühmte Doctores und Ertzte,* das Begonnene zu vollenden. Sie läßt die Niederschrift durch »verständige und erfahrene Leute nochmals überprüfen«. Ihr Tun versteht sie in der Tradition der »heiligen, gottseligen und häuslichen Weiber«, in der Nachfolge von Sara, Rebecca, Lea und Rahel, die Frauen der »alten, heiligen Väter«, die *iren lust, unterhaltung und Gesundheit auß der Kuchen gesucht unnd gepflogen.* Anna Wecker widmet ihr Kochbuch Louise Juliane Pfalzgräfin bei Rhein, geborene Prinzessin von Oranien, Gräfin zu Nassau-Catzenelnbogen. Diese lebte in Amberg, wo 1596 ihr Sohn, der spätere Winterkönig, geboren wurde. Von ihr weiß die Weckerin, daß sie eine besondere *Lust und Liebe zu der Artzney* hat. Sie erhofft sich durch sie eine günstige Weiterverbreitung des Buches und fühlt sich mit ihr im rechten Gottesdienst verbunden. Solche Widmungen sind in der Neuzeit nichts Außergewöhnliches. Im Gegenteil, dies war die Werbung der Zeit. Bemerkenswert ist, daß die Autorin sich sowohl in der Widmung wie auch mit dem Verweis auf die alttestamentarische Tradition als gute Protestantin zu erkennen gibt. Wie die Entwicklung und Verbreitung der Hausväterliteratur zeigt, bestand in dieser neuen Religionsgemeinschaft eine große Nachfrage an Sachwissen auf dem Gebiet der häuslichen Lebensführung[29]. Warum Anna Wecker so betont auf die erfahrenen Doktoren verweist, die ihr Werk kennen, läßt sich nicht ohne weiteres ergründen. War eine Frau, die sich auf das Heilen verstand, ohne diesen Schutz in Zeiten wachsenden Aberglaubens sonst zu sehr gefährdet?

Verleger suchen neue Märkte. Lesen wird zu einer sich ausbreitenden Beschäftigung der städtischen Kultur. Die Arbeiten innerhalb und außerhalb des Hauses spezialisieren sich. Frauen wird eine neue Rolle angetragen. Sie übernehmen neue Aufgaben. Die Zeit scheint reif,

27 Anna Wecker, Ein köstlich new Kochbuch von allerhand Speisen, an Gemüsen, Obst, Fleisch, Geflügel, Wildpret, Fischen und Gebachenes (Amberg 1598), Vorrede.
28 Ebd. S. 24 und S. 83.
29 Wiswe (wie Anm. 2), S. 33 ff.

auch den Frauenzimmern ein Lexikon anzubieten[30]. Die Idee kam aus Frankreich und wurde von Johann Friedrich Gelditsch, einem der bedeutendsten Verleger seiner Zeit, in Leipzig um 1715 aufgenommen. Er war auch der geistige Urheber weiterer enzyklopädischer Werke und Lexika[31]. Als Autor hat er einen der *fruchtbaresten Gelegenheitsdichter Leipzigs aus der ersten Hälfte des 18. Jahrhunderts,* Gottlieb Siegmund Corvinus, gewonnen[32], der sich den nom de plume Amaranthes (»der Unverwelkliche«) gab. Leipzig war zu dieser Zeit wieder Marktplatz Europas geworden, mit aufblühendem Manufakturwesen und großbürgerlicher Weltläufigkeit. Unter diesen Umständen war Bildung auch für Frauen angesagt. Nach weitverbreiteter Meinung sollte die Gelehrsamkeit eines Frauenzimmers mehr weitläufig als gründlich sein[33]. Bei der Abfassung seines Werkes hat Corvinus sich *dreyerley Classen Frauenzimmer* vorgestellt, *als nehmlich das haushältige und sorgfältige, das curiöse und galante, und endlich das gelehrte Frauenzimmer.* Für die erste Gruppe hat der Verleger keine Kosten gespart und ein *noch nie durch Druck bekanntes Koch- Torten und Gebackens- Buch* bei einem erfahrenen Koch in Auftrag gegeben, das in das Lexikon eingearbeitet wurde. Dazu gibt es Nachrichten über alle Bereiche des häuslichen Lebens und Wirkens. Das curiöse und galante Frauenzimmer wird das Nachschlagewerk verwenden, um in Gesellschaft interessant zu erscheinen: die Mode nach dem neuesten Stand, pikante Histörchen und Anekdötchen, Namen von Künstlerinnen, Göttinnen, Nachrichten aus dem Ausland, Frauengeschichte im wahrsten Sinne des Wortes. Die gelehrten Frauenzimmer erfahren von Heroinen des Geistes, Heldinnen der Waffe und *virtuosen Dames*[34]. *Inbegriff alles desjenigen, was zum weiblichen Geschlecht gehöret,* wollte Corvinus zusammentragen, wobei er sich offensichtlich auch der Hilfe seiner Frau bediente[35]. So wie keinem männlichen Wesen ein einziger Artikel gewidmet ist, so fehlen auch Nachrichten von mathematisch-naturwissenschaftlichem Wissen. »Die Bildung sollte die Frau auch nie von ihrem eigentlichen »Beruf«, Gattin, Hausfrau und Mutter zu sein, ernstlich abziehen, sie sollte sie aber aufgeklärter machen, ihr manch oberflächliches Weibergetue als abgeschmackt erscheinen lassen, sie als Gesprächspartnerin ihres Gatten oder der Gesellschaft angenehmer machen, ja, der Optimismus ging so weit, daß man Bildung bei einer Frau für geeignet hielt, Mangel an körperlicher Schönheit oder Besitz aufzuwiegen, so daß sich durch ihr Vorhandensein sogar die Heiratschancen verbesserten«[36].

Für das Kochbuch in Lexikonform gab es italienische und französische Vorbilder, und bereits 1716 ließ Paul Jacob Marperger ein weiteres »Vollständiges Küch- und Keller-Dictionarium« in Hamburg erscheinen[37]. Dem französischen Einfluß auch auf die Küche wird bei der Zusammenstellung der Rezepte Rechnung getragen. Dazu kommen Hinweise auf regionale und exotische Zubereitungsarten. Der internationale Anspruch kann jedoch nicht darüber hinwegtäuschen, daß die hier vermittelte Kochkunst noch ganz in der antiken-mittelalterlichen Tradition steckt. So werden oft die »Kräfte« der Lebensmittel genannt, worin

30 Nutzbares, galantes und curiöses Frauenzimmer-Lexicon, hg. und mit einem Nachwort versehen von Manfred Lemmer (1980, Reprint der Ausgabe 1715), Vorrede, S. 2vf.

31 Ebd. S. 7.

32 Ebd. S. 8.

33 Ebd. S. 6.

34 Ebd. Vorrede, S. 4vff.

35 Ebd. S. 11.

36 Ebd. S. 6.

37 Ebd. S. 17.

sich der enge Zusammenhang zwischen Kochkunst und Heilkunst widerspiegelt. Vereinzelt wird auch Zweifel am Überlieferten geäußert und weder an den melancholischen Charakter des Hasenfleisches noch an die schädliche Wirkung des Spargels geglaubt[38]. Vier Rezepte für die Zubereitung von Kartoffeln werden genannt, und die neuen Genußmittel Kaffee, Tee und Schokolade in allen Einzelheiten ihrer Anwendung vorgestellt. Das Frauenzimmer-Lexikon steht auch mit seinem Kochbuchtitel an der Schwelle einer neuen Zeit, deren tiefgreifende Veränderungen sich erst in der zweiten Hälfte des 19. Jahrhunderts voll auswirken.

Spätestens im 19. Jahrhundert gehört in jede Familie ein handgeschriebenes oder gedrucktes Kochbuch. Mit Nachrichten und Notizen zur Haushaltsführung, zur Kindererziehung, zu Fragen der Ethik, Moral und Religion stehen solche Werke in der Tradition der Hausväterliteratur. Doch auch hier gilt, was bereits erwähnt wurde: zuviel Wissen könnte die Frauen von ihren eigentlichen Aufgaben als Hausfrau und Mutter abhalten. Ein systematischer Vergleich zwischen der Hausväter- und der Hausmütterliteratur könnte darüber genauer Auskunft geben.

Das Kochbuch als Sachbuch für die Mädchenerziehung und neben Bibel und Gesangbuch ein lebenslanger Begleiter – dieser Gedanke wird von zwei bedeutenden Erzieherinnen und Schriftstellerinnen umgesetzt. Betty Gleim, 1781 in Bremen geboren und dort 1827 gestorben, gilt als angesehene Erzieherin, die im Geiste Kants und Pestalozzis theoretisch und praktisch für die Mädchenbildung gearbeitet hat[39]. Aus einer Sammlung Kochrezepte ihrer Großmutter stellte sie 1808 ein »Bremisches Koch- und Wirtschaftsbuch für junge Frauenzimmer« zusammen. Von all ihren Büchern war dies 1904 das noch bekannteste. Beweisen wollte sie damit, »wie gut hauswirtschaftliche Tätigkeit einer Frau sich mit höheren geistigen Interessen verträgt«[40]. Auch die zwanzig Jahre jüngere Henriette Davidis, 1801 in Wengern an der Ruhr geboren und in Dortmund 1876 gestorben, blieb der Nachwelt als Kochbuchautorin bekannt. Wer weiß schon, daß sie den Beruf einer Erzieherin ausübte und Gedichte veröffentlichte[41]? Noch ganz in der Tradition alter Kochbuchtitel erschien 1844 die erste Auflage als »Zuverlässige und selbstgeprüfte Recepte der gewöhnlichen und feineren Küche. Practische Anweisung zur Bereitung von verschiedenartigen Speisen, kalten und warmen Getränken, Gelees, Gefrorenem, Backwaren, sowie zum Einmachen und Trocknen von Früchten, mit besonderer Berücksichtigung der Anfängerinnen und angehenden Hausfrauen«. 1847 wurde dieses Buch bereits kurz und knapp »Praktisches Kochbuch für die gewöhnliche und feinere Küche« genannt. Und von da an trat es seinen Siegeszug in den deutschen Haushalten an, erlebte vielfältige Auflagen und Bearbeitungen. Der Name der Pfarrerstochter Henriette Davidis, die bis 1875 in Untermiete wohnte[42], wurde zum Markenzeichen in allen Fragen der Küche und Haushaltsführung. Sie gab Spezialkochbücher von der Zubereitung von Roßfleisch bis zum Kochbuch für die Puppenköchin Anna heraus. Und 1870 schrieb sie eine Werbeschrift über die »Kraftküche von Liebigs Fleischextrakt«[43]. Ein neues Zeitalter des Kochbuchs und des Kochens war angebrochen.

38 Ebd. S. 21.
39 Anton Kippenberg, Betty Gleim. Ein Lebens- und Charakterbild (1882), S. 1f.
40 Vgl. dazu Allgemeine Deutsche Biographie 49 (1904), S. 393.
41 Willy Timm, Henriette Davidis (= Westfälische Lebensbilder XII, 1979, S. 88–103), S. 96f.
42 Ebd. S. 93.
43 Ebd. S. 100.

ERGÄNZENDE LITERATUR

REIFF, Waltherum: Lustgarten der Gesundheit. Franckfurt 1556.

ZEDLER, Johann Heinrich: Großes vollständiges Universal-Lexicon aller Wissenschaften und Künste. 1961ff. (Ndr. der Ausgabe 1732–1754).

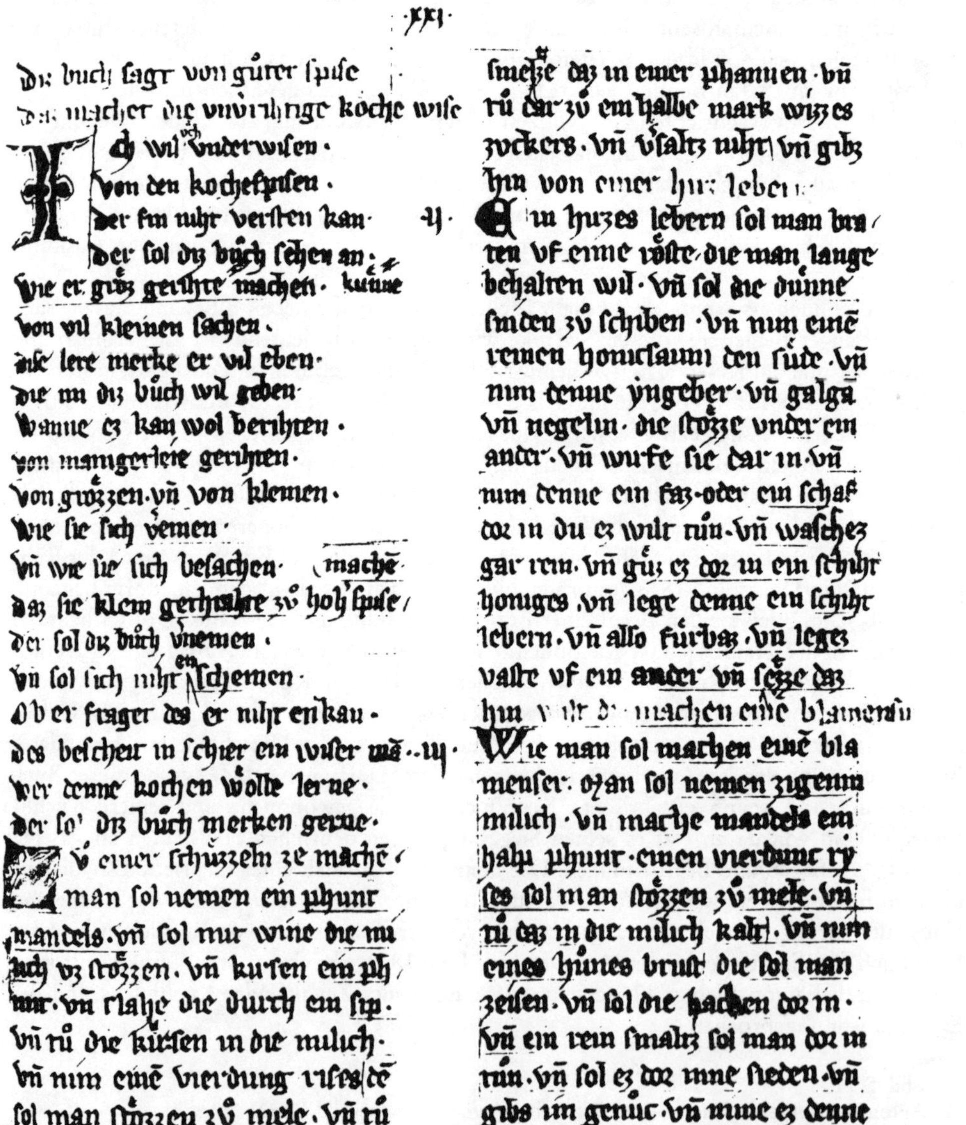

·xxi·

Diz buch sagt von guter spise
daz machet die unverrihtige koche wise
Ich wil underwisen
von den kochespisen
der sin niht versten kan
der sol diz buch sehen an
wie er gutz gerihte machen kunne
von vil kleinen sachen.
aller lere merke er vil eben
die im diz buch wil geben
wanne ez kan wol berihten
von mangerleie gerihten
von grozzen vn von kleinen
wie sie sich vereinen
vn wie sie sich besachen. mache
daz sie klein gerihte zu hohspise
der sol diz buch vernemen
vn sol sich niht enschemen
ob er fraget des er niht enkan
des bescheit in schier ein wiser man ·ij·
wer denne kochen wolte lerne
der sol diz buch merken gerne
Von einer schuzzeln ze machen
man sol nemen ein phunt
mandels vn sol mit wine die mi
lich vz stozzen vn kursen ein ph
unt vn slahe die durch ein sip
vn tu die kursen in die milich
vn nim einen vierdung rises
sol man stozzen zu mele vn tu
daz in die milich vn nim denne
ein rein smaltz oder spec unde
smelze daz in einer phannen vn
tu dar zu ein halbe mark wizzes
zuckers vn versaltz niht vn gibz
hin von einer hirz lebern
Von huzes lebern sol man bra
ten uf einem roste die man lange
behalten wil vn sol die dunne
sniden zu schiben vn nim einen
reinen honicsaum den sude vn
nim denne yngeber vn galgan
vn negelin die stozze under ein
ander vn wurfe sie dar in vn
nim denne ein faz oder ein schaf
daz in du ez wilt tun vn wasche ez
gar rein vn guz ez daz in ein schiht
honiges vn lege denne ein schiht
lebern vn allso furbaz vn lege ez
vaste uf ein ander vn setze daz
hin wilt du machen einen blamensir
Wie man sol machen einen bla
mensier man sol nemen zigenin
milich vn mache mandels ein
halp phunt einen vierdunc ri
ses sol man stozzen zu mele vn
tu daz in die milich kalt vn nim
eines hunes brust die sol man
zeisen vn sol die hacken dar in
vn ein rein smaltz sol man dar in
tun vn sol ez dar inne sieden vn
gibs im genuc vn nime ez denne
wider vn nim gestozzen violn vn
wirfe den dar in vn einen vierdunc zuckers

Bůch von gůter spîse, um 1345

DORIS RUMM-KREUTER

Heizquellen, Kochgeschirre, Zubereitungstechniken und Garergebnisse mittelalterlicher Köche

Die Anfänge der Kochkunst liegen weit zurück. Bereits die Menschen der Altsteinzeit (ca. 600000–5000 v. Chr.) nutzten das Feuer, eine offene Kochgrube, zur Nahrungszubereitung. Mit Beginn der Seßhaftigkeit in der Jungsteinzeit (ca. 5000–2500 v. Chr.) wurden die ersten feuerfesten Ton-Gefäße gefertigt. Im 3. und 2. Jahrhundert v. Chr. aßen orientalisch-ägäische Herrscher raffiniert zubereitete Speisen. Die Griechen verfügten über eigene Küchenräume, fest installierte Herde und metallene Küchengeräte. Auf griechischer Eßkultur basierte die Kochkunst der Römer (ca. 50 v. Chr.–300 n. Chr.). Gemauerte Herde, Küchengeräte aus Metall oder gebranntem Ton waren üblich. Feinschmeckerischer Aufwand und Raffinement waren beachtlich, dies zeigen zum Beispiel die Aufzeichnungen von Marcus Gavius Apicius (42 v. Chr.–37 n. Chr.). Im 4. und 5. Jahrhundert n. Chr. bewirkte die Völkerwanderung große kulturelle und geistige Umwälzungen. Die Kochkunst fiel deutlich hinter das Niveau der römischen Zeit zurück.

Im Frühmittelalter (bis ca. 800) definierte und kontrollierte die christliche Kirche Ernährungsformen und -muster. Die Prämisse lautete: Je weniger der Mensch seinen Magen füllt, desto mehr wird seine Seele bereichert[1]. Konsequent schuf die Kirche zahllose Fastentage, in denen die ohnehin karge Kost nochmals eingeschränkt wurde. Eindeutig zeigen dies die Regeln des Benedikt von Nursia[2]. Er gründete im Jahre 529 das Kloster Monte Cassino und verlagerte letztendlich das intellektuelle Denken aus weltlichen Lehrinstituten in die religiöse Abgeschiedenheit des Klosters. Sämtliche Aspekte des Klosterlebens wurden von seiner Ordnung erfaßt. Er ermahnte den Mönch unter anderem[3]

- seinen Leib in Zucht zu halten,
- nicht zu suchen, was den Sinnen schmeichelt,
- nicht zu trinken und zu faulenzen,
- kein großer Esser zu sein,
- auf den Genuß des Fleisches vierfüßiger Tiere vollständig zu verzichten.

Dieses Verbot beeinflußte die Klosterküche bis in das Hochmittelalter. Der Streit entbrannte, ob Hühner als Kompromiß auf der Tafel von Nonnen und Mönchen geduldet werden dürfen. Schlichterin war die Äbtissin Hildegardis von Bingen (1098–1179), zugunsten des Huhnes – »weil es die Leidenschaften nicht anstachele«[4]! Trotz dieser Askese wurden die Klöster Träger einer neuen Kochkultur. Gegen 800 n. Chr. belebten sie die in Vergessenheit geratenen, römischen Kochkünste neu und schufen so die Grundlage für eine europäische Küche.

1 Norman Foster, Schlemmen hinter Klostermauern (1980), S. 12–22.
2 Ebd.
3 Ebd.
4 Foster (wie Anm. 1), S. 93 f.; Ellen Breindl, Das große Gesundheitsbuch der Hl. Hildegard von Bingen (1983), S. 102 ff.

Ausstattung der Küche seit dem Jahr 800

Die mittelalterliche Küche war ein ungemütlicher Arbeitsplatz. Die Beschaffung der täglichen Nahrung, ihre Zubereitung, das Heranschleppen des Holzes, das Anfachen und Erhalten des Feuers, das Holen des Wassers aus Brunnen, Zisternen oder Bächen und Quellen nahm viel Zeit in Anspruch. Die technische Ausstattung war dürftig. Das Feuer brannte offen auf meist kniehoch aufgemauerten Feuerplatten[5]. Ein Großteil des Kochens mußte vor der Tür stattfinden, um nicht in Ruß und Rauch zu ersticken. Nur ein kleiner Rauchabzug befand sich in der Decke des dunklen Gewölbes. Feuchtigkeit, Hitze, Dampf, Dunst und Rauch erschwerten die Arbeit. Über dem Feuer hingen an Ketten Kessel aus Bronze, Messing oder Kupfer. Weitere Töpfe, Bratspieß und Bratrost waren vorhanden. Alle Arbeitsgeräte und -gefäße waren vermutlich groß, schwer, voll Ruß, Fett und Rost oder Grünspan.

Küchengeräte und Geschirrformen lassen sich nach Zeit und Gebrauchsort nur schwer einordnen[6]. Die Objekte blieben nur zufällig erhalten, viele relevante Gegenstände für den täglichen Gebrauch waren wohl aus wenig beständigem Material wie zum Beispiel Holz, sie waren dem Verschleiß unterworfen und vom Besitzer selten für wert erachtet, dargestellt oder schriftlich erläutert zu werden. Bis ca. 1100 läßt sich nur eine Form nachweisen: der Topf[7]. Als Material ist Keramik belegt, vermutlich existierten auch Bronzeausführungen. Selten war der Topf mit einer Ausgußtülle versehen. Die handgeformten Geschirre hatten einen bauchigen, gedrungenen Körper und einen leicht nach außen gebogenen Rand. Ihr Farbspektrum reichte von hellrot bis schwarz. Dunkle graue und braune Töne herrschten vor. Die Verzierungen waren einfach: Wellenlinien auf der Schulter oder/und horizontale Kammstriche[8]. Diese Universalgefäße wurden als Kochtopf, Wasserbehälter, Vorrats- und Einmachgefäß verwendet.

Erstmals im Jahre 820 wurde im Kloster St. Gallen[9] der Schornstein belegt und ein weiterer heute selbstverständlicher Teil der Kücheneinrichtung. Der Durchbruch des Kachelofens[10] mit zum Teil mehreren Feuerlöchern war eine wesentliche Erleichterung. Seit 1100 nutzte man ihn vereinzelt auf Burgen. Seit ca. 1250, mit dem Aufstieg der Herrscherhöfe, gehörte er zur Ausrüstung jedes Klosters, jeder Burg und vieler städtischer Häuser der Oberschicht[11]. Erst jetzt konnte sich Kochkultur entwickeln. Mit Geschick konnte jedoch bereits im einfachen Kessel eine komplette Mahlzeit bereitet werden: Im siedenden Wasser liegt Fleisch, darüber kommt zum Beschweren ein Brett, darauf ein Gemüsetopf, und am Griff des Kessels wird ein in ein Tuch gehüllter Pudding befestigt[12].

5 Gertrud BENKER, In alten Küchen (1987), S. 97; FOSTER (wie Anm. 1), S. 137–144.
6 BENKER (wie Anm. 5), S. 8.
7 Jürg TAUBER, Küche, Geschirr und Eßmanieren im Mittelalter (in Archäologie der Schweiz 8, 1985), S. 197–203.
8 Ebd.; Thomas DEXEL, Die Formen des Gebrauchsgeräts. Ein Typenkatalog der Gefäße aus Keramik, Metall und Glas in Mitteleuropa (1986).
9 FOSTER (wie Anm. 1), S. 45–49.
10 Jürg TAUBER, Herd und Ofen im Mittelalter (= Schweizer Beiträge zur Kulturgeschichte und Archäologie des Mittelalters 7, 1980).
11 Ebd.
12 Anne WILLAN, Kochkunst aus 7 Jahrhunderten (1979), S. 11.

Abb. 1 Feuer brennt offen auf einer kniehoch aufgemauerten Platte. Albrecht Dürer (?), 1471–1528, Küchenszene zu Sebastian Brant: Das Narren schyff. Basel 1494

Abb. 2 Küche mit Kachelofen. Kuchenmaistrey. Erstmals erschienen 1485 bei Peter Wagner. Die Abbildung stammt aus der Ausgabe von Johannes Fischauer, Augsburg 1505

Küchenausstattung seit dem 12. Jahrhundert

Im 12. und 13. Jahrhundert verfügte eine repräsentative Klosterküche bereits über folgende Ausstattung: mehrere gemauerte Kaminfeuerstellen, darüber drehten sich Bratspieße und hingen Kessel aus Buntmetall, in wohlhabenden Häusern aus Kupfer. Zum Aufhängen dienten in der Höhe verstellbare Ketten[13]. Die Bratspieße wurden von Küchenjungen gedreht. Als Material verwendete man Eisen. Besondere Effekte erzielten Spieße aus Wacholder, Hasel- oder Erlenholz. Auch der erste Berufskoch, dessen Name bekannt ist, begann seine Karriere als Bratspießdreher. Es war Taillevant (ca. 1312–1395), Chefkoch verschiedener französischer Königshöfe[14]. Nicht nur Handkurbeln dienten zum Bewegen der Bratspieße; auch Windflügel oder grobe Federwerke sollten die Spieße drehen. Sogar Leonardo da Vinci (1452–1519) beschäftigte sich mit der Konstruktion von selbsttätigen Bratspießen[15]. Feuerblöcke, ein Rost, dreifüßige Bratspießhalter, Pfannenhalter, Kesselhalter und Kettengewinde vervollständigten die Einrichtung der Kaminfeuerstellen.

Die bereits erwähnten, gemauerten Kachelöfen mit bis zu 15 Feuerlöchern ergänzten die Küchenausstattung[16]. Hier fanden die Töpfe ihren Platz. Der Keramiktopf[17] war jetzt etwas gestreckter, wies eine andere Randprofilierung auf, war härter gebrannt und meist grau oder hellrot. Die häufigste Verzierung waren Riefeln auf der Schulter. Eine andere Form waren die Dreifußtöpfe, die sogenannten *Grapen*[18]. Die Gefäße hatten einen kugeligen Körper, einen Trichterrand, drei Beine und zwei randständige, abgewinkelte Henkel. Als Materialien dienten wohl Bronze, Messing und Keramik. Auch napfförmige Pfannen[19] existierten, ebenfalls mit drei Beinen und mit Ösengriff oder Stiel. Die Pfannen waren meist aus Messing oder Keramik. Daneben gab es flache Pfannkuchenpfannen[20]. Zu den Töpfen gehörten Deckel[21], in keramischer Ausführung erst seit ca. 1250. Vorher waren die Deckel vermutlich aus Holz gefertigt. Die Deckel besaßen entweder einen Griffknauf oder Ösenhenkel, mitunter auch einen zentralen Deckelknauf, von dem zusätzlich ein Griff zum Rand führte.

Weitere Geschirrtypen waren Schüsseln[22], entweder groß und doppelhenkelig oder kleiner und napfartig. Als Flüssigkeitsbehälter dienten Bügelkannen, Flaschen mit und ohne Henkel für Wein, Saucen, gewürzte Extrakte usw. Das universelle Küchengerät war der Mörser mit Stößel[23]. Er war in jeder Küche mehrfach vorhanden und diente zum Zerstoßen der verschiedensten Lebensmittel, zum Beispiel für Salz, das in Blockform gehandelt wurde. Ein spezieller Mörser fand ausschließlich zur Herstellung von Mandelmilch Verwendung, ein weiterer für Gewürze, der nächste für Reis und andere Mehle, zum Beispiel Weizenmehl. Ein Fleischmör-

13 Foster (wie Anm. 1), S. 137–144.

14 Willan (wie Anm. 12), S. 8 ff.; Traudl Seifert–Ute Sametschek, Die Kochkunst in zwei Jahrtausenden, S. 40–43.

15 Hans J. Fahrenkamp, Wie man eyn teutsches Mannsbild bey Kräften hält (1977), S. 11.

16 Tauber (wie Anm. 10).

17 Tauber (wie Anm. 7).

18 Ebd.; Dexel (wie Anm. 8).

19 Tauber (wie Anm. 7); Dexel (wie Anm. 8).

20 Benker (wie Anm. 5).

21 Tauber (wie Anm. 7).

22 Benker (wie Anm. 5).

23 Foster (wie Anm. 1), S. 137–144; Manfred Lemmer (Hg.), Frauenzimmer-Lexicon, Ausgabe Leipzig 1715, Universitätsbibliothek Sachsen-Anhalt (1980).

ser[24] besaß beachtliche Maße: 20–30 cm Innenranddurchmesser, 20–30 cm Tiefe, aus Bronze wog er bis zu 50 kg. Ein Pfund Fleisch konnte von einem kräftigen Mönch in 10 Minuten zerstoßen werden. Die Herstellung einer Pastete aus ca. 50 Pfund Fleisch und Fett dauerte etwa 9 Stunden, denn die Rezeptur forderte: »Fein genug, um es durch ein Leinentuch zu passieren«[25].

Weiter gab es Schemel, Beile, Backformen, Fleischerhaken, Waffeleisen, Fleisch-, Fisch- und Geflügelmesser, langstielige Kochlöffel, Raspeln, Siebe, Platten, Maße und Gewichte, Holzkörbe und lederne Taschen[26]. Die bessere Küche verfügte über ein Vivarium für lebende Fische, ergänzt durch Netze, Gabeln und Speere für den Fang[27]. Dann gehörte ein Faß für gepökeltes und gesalzenes Fleisch und Fisch in die Küche. Ein abschließbarer Schrank für Gewürze, Weißbrot und Mehl war ebenfalls meist vorhanden[28]. Ferner existierte eine Grube für Lebensmittelabfälle, *Garde-Robe*[29] genannt. Mitunter war sie mit einem Rost versehen, um Knochen zurückzuhalten, die nochmals ausgekocht werden konnten.

Fleisch wurde in der Speisekammer aufbewahrt, in sicheren, eisernen und gleichzeitig luftigen Behältern, umgeben von einem Fliegennetz[30]. Auch andere Lebensmittel wurden hier gelagert. Zum Schutz vor Ratten und Mäusen mußten alle Speisen hoch auf Stangen gelegt werden. Getränke sowie zugehörige Gerätschaften, also Weinfässer, Weinschläuche, Bottiche, Trinkbecher, Behälter, Bier-, Apfelweinfässer und Weinmixturen, befanden sich in Keller und Lagerraum. Infolge der Kreuzzüge (11.–13. Jahrhundert) gelangten nicht nur neue Lebensmittel und Gewürze in die Küchen, sondern auch neue Geräte wie zum Beispiel *Kosko* – der arabische Wasserbadkochtopf – oder Kühlflaschen. Auch die Qualität der Metall- und Glasgefäße verbesserte sich, Holzbackformen und Metallsiebe kamen hinzu[31].

Tischsitten

Neben den Heizquellen und Küchengefäßen sind auch die Möglichkeiten bei Tisch wichtig für die Art der Speisenzubereitung, denn Küchentechnik, Essenswerkzeuge und Tischsitten zusammen bestimmen die Kochtechniken. In Deutschland, Frankreich und Italien kannte man im Mittelalter keine Teller[32]. Fleisch wurde auf Brotscheiben angerichtet.

Das Messer war das wichtigste Tischwerkzeug[33]. Der Gast brachte es in der Regel selbst mit. Nur äußerst versnobte Gastgeber deckten den Tisch mit Messern – ein Messer mußte

24 Foster (wie Anm. 1), S. 137–144.
25 Ebd.
26 Lemmer (wie Anm. 23).
27 Hans Wiswe, Kulturgeschichte der Kochkunst (1970).
28 Ebd.
29 Foster (wie Anm. 1), S. 137–144.
30 Ebd.
31 Ebd.
32 Andreas Morel, Zu Quellen für Speise und Trank um die Wende des Mittelalters (in: Archäologie der Schweiz 8, 1985), S. 204–222; Seifert-Sametschek (wie Anm. 14), S. 45; Willan (wie Anm. 12), S. 13.
33 Foster (wie Anm. 1), S. 150–155; Eveline Jourdan, Laßt uns haben gute Speis: 66 der ältesten deutschen Kochrezepte aus dem Mittelalter (1984), S. 13–15.

Abb. 3 Kessel, an in der Höhe verstellbarer Kette hängend; Spieß; Männer und Frauen bei der Arbeit am Anrichtetisch.
Titelbild aus dem Kochbuch des ältesten italienischen Kochbuchs von Roselli, um 1500

Abb. 4 Spieß mit Windantrieb.
Titelbild zu Anna Weckers Ein köstlich new Kochbuch. Jost Ammand, 1539–1591?

Abb. 5 Kachelofen, Regale mit verschiedenen Topfformen. Platina Cremonensis: Von der eerlichen zimlichen auch erlaubten Wolust des Leibs, Augsburg 1542

dann aber für zwei Personen reichen. Die Benutzung des Messers war dem Schneiden des Fleisches vorbehalten. Mit dem Messer in den Zähnen herumzustochern oder gar Essen mit der Messerspitze in den Mund zu befördern, war untersagt. Schließlich waren die Finger zum Essen da, zudem galt der Gebrauch des Messers als lebensgefährlich[34]. Dieser Umstand führte dazu, daß sich schon früh die Kunst des Tranchierens[35] entwickelte. Die *Fürschneyder* – also die Tranchiermeister – waren als Künstler akzeptiert. Zur Ausübung ihres Handwerkes standen ihnen mehrere Messer zur Verfügung. Das *Presentoire*[36] zum Beispiel war lang, breit, gezahnt und hatte eine abgerundete Spitze. Auf der Spitze wurde den Gästen das Fleisch gereicht. Der Löffel[37] fehlte, ebenso tiefe Teller oder Schalen. Zwar gab es bereits in der Bronzezeit einfache Löffel, auch die Römer kannten dieses Werkzeug. Im Mittelalter jedoch dienten löffelartige Formen offensichtlich nur als liturgische Geräte.

Die Gabel war zwar seit den Römern wohlbekannt, im Mittelalter aber vom Kirchenbann belegt[38]. So hatten die Römer zum Beispiel zweizackige Geräte mit teilweise kostbaren Griffen aus Elfenbein und Onyx. Eine illustrierte Ausgabe einer Enzyklopädie des Jahres 1022, geschrieben in den Jahren 842–847 von Hrabanus Maurus, Bischof und Abt zu Mainz, enthält eine Abbildung (Nr. 40), in der zwei Mönche am Tisch sitzen und mit Hilfe von Messer und Gabel Fleisch verzehren. In neueren Ausgaben sind auf diesem Bild die Gabeln Opfer der Zensur geworden. Der Grund: Die römische Kirche hatte einen Bann über die Gabel verhängt. Zum Beispiel ist von der Äbtissin Hildegardis von Bingen bekannt, daß sie das Essen mit der Gabel scharf verurteilte »als Verhöhnung und Verärgerung Gottes durch die Benutzung des teuflischen Instrumentes statt der Finger, um die Mäuler zu stopfen«[39]. Die Auswirkungen dieser kirchlichen Ächtung der Gabel ließen sich bis ins 17. Jahrhundert nachweisen. Ohne Zuhilfenahme der Hände ging also nichts. Dementsprechend legte man auf das Waschen der Hände vor und nach den Mahlzeiten großen Wert[40]. In gehobenen Kreisen wurde sogar jedem Gast mehrmals Wasser zum Händewaschen und Handtücher gereicht.

Gartechniken

Aufgrund dieser Gegebenheiten waren die Zubereitungsmöglichkeiten eingegrenzt. Dünnflüssige Suppen entfielen, ebenso alle Fleisch- und Fischspeisen, die nicht mit den Fingern verzehrt werden konnten. Die Verwendung des offenen Feuers schränkte die Gartechniken ein. Für Fleisch und Fisch blieb der Spieß oder das Verarbeiten »gemuster« Stücke zu Pasteten, die man mit dem wichtigen Küchenutensil Mörser zubereitete. Wahrscheinlich wurden auch nur so die zähen Stücke und diversen Innereien verzehrbar. Gemüse zerkochte man meist zu Brei.

34 Foster (wie Anm. 1), S. 150–155.
35 M. Vincenzo Cervio, Il trinciante (Der Tranchierbeauftragte) (Rom 1593).
36 Foster (wie Anm. 1), S. 150–155.
37 Ebd.; Jourdan (wie Anm. 33), S. 13–15.
38 Foster (wie Anm. 1), S. 156–159.
39 Breindl (wie Anm. 4).
40 Jourdan (wie Anm. 33), S. 13–15.

Lebensmittelangebot

Das Lebensmittelangebot bot grundsätzlich viele Möglichkeiten. Grundnahrungsmittel waren Brei und Brot aus Hafer, Gerste, Hirse, seit dem 15. Jahrhundert Buchweizen, zubereitet mit Milch oder Wasser. Feingebäck enthielt Butter, Honig und Gewürze[41]. Reis, eine Importware, war teuer. Pasta, erstmals erwähnt von Martino (1450–1475)[42], galten als Luxusspeise. Gängige Gemüse[43] waren zum Beispiel Bohnen, Erbsen, Kohl, Gurken, Kohlrabi, Kürbis, Lauch, Fenchel, Zwiebeln. Salate und zahlreiche Kräuter wie Borretsch, Petersilie, Rosmarin, Kerbel, Anis, Lavendel, Estragon, Beifuß und Knoblauch waren wohlbekannt. Insbesondere in Deutschland wurde lange auf den Genuß von Pilzen verzichtet, wohl aus Angst vor Vergiftungen.

Man verzehrte auch das Fleisch von Haustieren wie Schwein, Rind, Schaf und Ziege. (Nach Funden im Reischacherhof, Basel, Grabungen 1977, in folgenden prozentualen Verhältnissen: Schwein im 7. und 8. Jahrhundert ca. 43 %, 9.–12. Jahrhundert ca. 41 %; Rind im 7. und 8. Jahrhundert ca. 48 %, 9.–12. Jahrhundert ca. 42 %; Schaf und Ziege im 7. und 8. Jahrhundert ca. 9 %, 9.–12. Jahrhundert ca. 18 %[44].) Hauptschlachtzeiten waren Herbst und Winter. Erstens wurde so der Viehbestand dezimiert, was den Bedarf an Winterfutter einschränkte, zweitens war das Konservieren in der kalten Jahreszeit einfacher. Die Fleischwaren wurden getrocknet, geräuchert, eingesalzen oder auch zu Würsten verarbeitet[45]. Der Wildtieranteil wie zum Beispiel Hirsch, Reh, Hase und Wildschwein war niedrig[46]. Das Jagdrecht war den Vornehmen vorbehalten. Viele verschiedene Vogelarten wurden verzehrt, neben Hühnern, Enten und Gänsen auch Singvögel, Reiher, Schwäne, Störche, Adler und Pfauen[47]. An die Zartheit des Fleisches stellte man offensichtlich keine großen Ansprüche.

Die strengen und häufigen Fastentage, insgesamt fast die Hälfte aller Tage eines Jahres, zogen ein reiches Fischangebot nach sich[48]. Taillevant zählte zum Beispiel über 50 verschiedene Fischarten auf[49]. Lachs und Süßwasserkrebse waren besonders häufig. Selbst den Dienstboten durften diese Arten nicht häufiger als einmal wöchentlich vorgesetzt werden, denn sie galten als Armeleuteessen[50]. Daneben wurden Milchprodukte wie zum Beispiel Käse erzeugt. Angeblich kannte Karl der Große (742–814) schon den Roquefort[51]. Eier waren eine wichtige Speise der Bürgerschaft[52].

41 Otto Borst, Alltagsleben im Mittelalter (1983); Henry W. Anderson, The Modern Food Service Industry: The Role of Food during the Middle Ages, S. 21 ff.; Peter Hüttenberger, Der Mensch und seine Nahrung – Zur Geschichte der Ernährung (in: Ernährungs-Umschau 31, 1984, 3), S. 71–75.
42 Willan (wie Anm. 12), S. 25.
43 Hans Hajek (Hg.), Daz buch von guter spise (= Texte des späten Mittelalters 8, 1958); O. Borst (wie Anm. 41); Willan (wie Anm. 12), S. 14.
44 Philippe Morel, Der Reischacherhof in Basel – mittelalterliche Speiseabfälle aus fünf Jahrhunderten (in: Archäologie der Schweiz 8, 1985, 3), S. 188–196.
45 Erna Horn, Köstliches und Curieuses aus alten Kloster- und Pfarrküchen (1983), S. 39 f.; Wiswe (wie Anm. 27).
46 P. Morel (wie Anm. 44); Willan (wie Anm. 12), S. 45.
47 Willan (wie Anm. 12), S. 13 f.
48 Seifert–Sametschek (wie Anm. 14), S. 35 f.
49 Ebd.
50 Ebd. S. 57.
51 Ebd. S. 34.
52 Ebd. S. 37.

Obstsorten[53] wie Äpfel, Birnen, Kirschen, Maulbeeren, Quitten und Feigen waren weit verbreitet. Auch Nüsse und Mandeln waren wohlbekannt[54]. Zum Süßen diente Honig[55]. Besonderes Gewicht legte man auf Gewürze. Das heimische Gewürzangebot ergänzten Importgewürze wie Pfeffer, Ingwer, Zimt, Nelken, Safran, Muskat. Gewürze waren in der Regel sehr teuer. Zum Beispiel war ein Pfund Muskatnuß sieben fette Ochsen wert[56]. Salz kostete so viel, daß es zu den Gewürzen zählte.

Vorratswirtschaft

Die begrenzten Konservierungsmöglichkeiten führten zu starken Einschränkungen, vor allem beim winterlichen Nahrungsangebot. Neben dem Trocknen, Räuchern und Salzen von Fleisch und Fisch war die Bereitung von Würsten bekannt[57]. Gemüse wurden sauer eingelegt, Obst gedörrt, auch Honig diente als Konservierungsmittel[58]. Zur kurzfristigen Aufbewahrung übergoß man Fleisch und Fisch mit heißem Öl, Fett oder Talg[59]. Oft wurde Fleisch vor dem Braten abgebrüht oder vor dem Anbraten in siedendes Wasser gegeben[60]. Milch verarbeitete man zu Topfen und Käse, Eier legte man in Kalkmilch ein[61].

Garergebnisse

Die gravierendsten Unterschiede zu den heutigen Kochgewohnheiten bestehen vermutlich bei den sensorischen Vorstellungen. Bis in das 16. Jahrhundert bestand der Ehrgeiz der Köche nicht darin, den Eigengeschmack der Speisen zu fördern und herauszuheben. Ganz im Gegenteil! Das Bemühen war, den Eigengeschmack möglichst zu verändern, je stärker, desto vornehmer[62]. Entsprechend wurden die Ingredenzien bis zur Unkenntlichkeit zerstoßen und püriert und dann überwürzt oder sogar parfümiert. Süße und saure Zutaten dienten zur Geschmacksmodifikation, zum Beispiel wurden Honig und *vin aigre* (saurer Wein) oder *verjus* (Saft saurer Trauben) verwendet[63]. Dabei setzte man süße und salzige Gewürze willkürlich ein. Süße und salzige Speisen kamen auch, völlig ungeachtet der Geschmacksrichtung, gleichzeitig auf den Tisch[64]. Erklären läßt sich das Überwürzen zum Beispiel dadurch, daß altes oder durch Pökeln und Räuchern nur noch hart und salzig schmeckendes Fleisch so wenigstens noch nach Gewürzen schmeckte. Auch medizinische Gründe, wie Verbesserung der Verdauung, sind anzunehmen.

Die verwendeten Lebensmittel wurden jedoch nicht nur in Geschmack und Geruch

53 Ebd. S. 32f.
54 Ebd.
55 Ebd. S. 35f.
56 WILLAN (wie Anm. 12), S. 10.
57 HORN (wie Anm. 45), S. 39f.
58 Ebd.
59 SEIFERT–SAMETSCHEK (wie Anm. 14), S. 36.
60 WILLAN (wie Anm. 12), S. 19.
61 HORN (wie Anm. 45), S. 39f.
62 JOURDAN (wie Anm. 33), S. 11; WILLAN (wie Anm. 12), S. 9f., S. 19.
63 WILLAN (wie Anm. 12), S. 13.
64 Ebd.

umgewandelt, auch Farbe und Form wurden aufgefrischt und verändert[65]. Vergoldete Gerichte waren keine Seltenheit[66]. Zum Färben dienten zum Beispiel Safran, Sandelholz, Kräuter und Maulbeeren. Mitunter benutzte man in Unkenntnis auch gefährlichere Färbemittel, etwa Grünspan, weißes Blei und Zinnober[67]. Die Veränderung der Form war insbesondere während der zahllosen Fastentagen wichtig. Anstelle des verbotenen Fleisches wurde eine wenigstens in der Form ähnliche Ersatzspeise serviert, zum Beispiel Fischsülze in Form eines Schweinekopfes[68]. Oft ging es dem Koch auch nur darum, die Gäste zu verblüffen, so wenn er zum Beispiel Hasenfleisch als Löwe anrichtete[69]. Dies demonstriert auch die Beliebtheit der opulenten und oft bizarren Schaugerichte. Begehrt war der Pfau: Er wurde mit intakten Federn enthäutet, gekocht, in die Haut zurückgefüllt und im vollen Federschmuck mit aufgeschlagenem Schwanz aufgetragen[70]. Ein anderer Gag waren mit lebenden Vögeln gefüllte Pasteten[71].

Garzeiten und Arbeitstechniken

Über die Garzeiten und Arbeitsabläufe existieren nur wenig Aussagen. Zum Beispiel wurden Nüsse ein »Miserere« lang geröstet; ein Porridge köchelte so lange, »wie es braucht, um in die Kapelle zu gehen und vier Ave Maria zu beten«, Schmalzgebackenes in der »Dicke von Oblaten« sollte die »Dauer von zwei Paternostern backen«[72]. Vermutlich waren die Garzeiten sehr lang, und die Produkte wurden sehr weich gekocht. Gründe dafür waren einerseits hygienische Befürchtungen und andererseits die Tatsache, daß die Zähne des mittelalterlichen Menschen in einem recht schlechten Zustand waren[73].

Angesichts dieser Eßgewohnheiten bleibt anzunehmen, daß von all dem, was uns heute wichtig ist – Eiweißzusammensetzung, Vitamine, Mineralstoffe, Spurenelemente usw. – nicht mehr viel übrig blieb. Statt dessen kamen wohl neue Schadstoffe dazu. Man muß zum Beispiel bedenken, daß die Trinkgefäße oft aus Bronze und Kupfer bestanden und besonders in Verbindung mit Säuren nicht nur für schlechten Geschmack und Geruch, sondern auch für das Herauslösen gesundheitsschädlicher Stoffe verantwortlich waren. Alles in allem war der Ernährungszustand der Bauern und Stadthandwerker wohl eher durch »zu wenig« charakterisiert[74], »zu wenig« an Energie und essentiellen Inhaltsstoffen der Nahrung. Nur die höheren Stände und die Klosterbewohner lebten gewöhnlich im Überfluß.

Verknüpfungen zwischen Ernährung und Gesundheit stellte man bereits her. Zum Beispiel konnte, so sagte man, die Käsesuppe mit Zwiebeln *craffitudu cerebri* (Gehirnkongestionen) und gekochtes Rindfleisch *stomachi fastidium* (Magenverstimmungen) hervorrufen[75]. Hilde-

65 Ebd., S. 10.
66 Seifert–Sametschek (wie Anm. 14), S. 46.
67 Willan (wie Anm. 12), S. 25–28.
68 Jourdan (wie Anm. 33), S. 11.
69 Seifert–Sametschek (wie Anm. 14), S. 46.
70 Willan (wie Anm. 12), S. 13.
71 Jourdan (wie Anm. 33), S. 84.
72 Foster (wie Anm. 1), S. 137f.
73 Willan (wie Anm. 12), S. 13.
74 O. Borst (wie Anm. 41).
75 Ebd.

gardis von Bingen gab eine Reihe praktischer Anweisungen für Heilkunde, Diät und Küchenpraxis. Zum Beispiel verlangte sie, daß die »starke Kälte« des grünen Salates (Lattich) mit *vin aigre*, Dill oder Lauch zu temperieren sei[76]. Wintermilch hielt sie für gesünder als Sommermilch, weil diese mehr Säfte aufgenommen habe, und das Fleisch von Eseln schien ihr unverträglich, weil es nach dieses Tieres Dummheit rieche[77]. Zwar entsprechen die Aussagen nicht unbedingt dem heutigen Wissensstand. Doch wenigstens ging in diesen Zeiten das Wissen um Zusammenhänge von Nahrungsauswahl und Zubereitungstechnik auf das Wohlbefinden nicht ganz in religiösen Regeln und Aberglauben verloren.

Mit der Renaissance, die von Italien ausging, verlor sich die Gewohnheit, Speisen durch übermäßiges Würzen oder wahlloses Mischen zu verfälschen. Bereits Martino[78] (1450–1475; seine Rezepte erschienen unter dem Titel »von der eerlichen, zimlichen auch erlaubten Wollust des Leibs«, Rom 1474) kam von Pürees und Breien ab. Er bevorzugte kräftigere Gerichte mit richtigen Fleischstücken oder ganzen Vögeln in Sauce. Natürlich war die italienische Küche dieser Zeit auch durch Arabien beeinflußt, dessen Kochkunst bereits in Blüte stand. Italienische Hafenstädte wie Venedig waren das Tor zum Osten, durch das die arabische Kochkunst nach Europa kam. Durch Katharina von Medici, die 1533 Heinrich II. von Frankreich ehelichte und für ihren Sohn Karl IX. die Regentschaft führte, gelangte schließlich die kulinarische Führung von Italien nach Frankreich.

Abb. 6 Napfförmige, dreibeinige Pfanne; zwei Töpfe mit Deckel; Bratrost, Spieß.
Schachtaffeln der Gesundheit, verteutscht durch Mich(ael) Hero, 1533

76 Horn (wie Anm. 45), S. 83–86.
77 Ebd.
78 Willan (wie Anm. 12), S. 20–31.

Abb. 7 Grapen (Dreifußtöpfe), teilweise mit Deckel; Spießbraten; Koch, mit der Pfanne hantierend; Wandbrett; Schrank zum Anrichten. Koch- und Kellermeisterey 1577

Abb. 8 Auf dem erhöhten Kachelofen stehen keramische Töpfe mit Deckeln; ein Kupferkessel hängt über dem Feuer; eine Pfanne aus Kupfer liegt umgedreht auf dem Ofen. Vor dem Kachelofen stehen Grapen (Dreifußtöpfe) und ein großer Mörser, vermutlich aus Messing oder Bronze. Platina Cremonensis: Von der eerlichen zimlichen auch erlaubten Wolust des Leibs, Augsburg 1542

Abb. 9 Küche Ende des 16./Anfang des 17. Jahrhunderts

Abb. 10 Kücheneinrichtung.
Balthasar Staindl von Dillingen: Ein sehr künstlichs und nutzlichs Kochbuch, 1582

Abb. 11 Ein Bäcker rollt Teig, nachdem er ihn auf einer Waage gewogen hat. Ein anderer gibt Brote auf einem langstieligen Schieber in den mit Holzfeuer geheizten Ofen.
Calendrier des Bergères. Pierre le Rouge. Paris 1499

Abb. 12 Vorbereitung eines Hasen in der Küche. Hans Baldung Grien, 1484/85–1545. Nach Johannes Geiler von Kaysersberg. Das buch Granatapfel. Straßburg 1511

Tonne mit gesalzenen Fischen. Hortus Sanitatis. Straßburg (Joh. Prüss d. Ä.), 1499

EUGEN DROSTE

Speise(n)folgen und Speise(n)karten im historischen Kontext

In Anlehnung an den Untertitel der berühmt gewordenen »Physiologie du goût« des Brillat-Savarin »...oder »Betrachtungen über das höhere Tafelvergnügen« sei es ganz dem Leser überlassen zu beurteilen, wann und wo die eher deskriptiv-immanente Darstellung der Geschichte von Speisefolgen und -karten notgedrungen auch zu einer »Betrachtung des höheren Blödsinns« gerät. Im 27. Kapitel seiner »Physiologie des Geschmacks« (Die Entbehrungen – Historische Elegie) bemerkt Anthelme Brillat-Savarin 1825 pathetisch: *Ihr, Urahnen des menschlichen Geschlechtes! Deren Gourmandise berühmt geworden, da ihr für einen Apfel euch ins Verderben stürztet: was würdet ihr erst für einen getrüffelten Truthahn getan haben! Aber in eurem höchst irdischen Paradiese gab es leider weder Koch noch Konditor. Wehe euch! Mächtige Könige, die ihr das herrliche Troja zerstörtet! Euer Ruhm wächst von Geschlecht zu Geschlecht, doch eure Tafel war jammervoll. Rindsschlegel und Schweinerücken! Aber ewig verborgen blieb euch der Reiz einer Matelote und die Erleuchtungen eines Frikassees von Huhn. Wehe euch! ... Und ihr endlich, Gastronomen von 1825! Die ihr am Busen der Abundancia schon Sättigung findet und neue Kombinationen träumt! Ihr werdet sie nicht genießen, die Entdeckungen der Wissenschaften um 1900, weder die mineralische Nahrung noch auch die Liköre, die unter hundert Druck Atmosphären erzeugt werden! Ihr werdet sie nicht sehen, die großen Importe, die heut noch ungeborene Reisende aus jener Hälfte des Erdballs bringen werden, der noch unentdeckt ist und dunkel. Wehe euch!*[1]

Kein Zweifel – Kochen und Kochkunst, Begriffe, zwischen denen sich ein jahrtausendealter Bogen zwischen dem einfachen Genießbarmachen der von der Natur bereitgestellten Produkte und der heute so benannten »feinen« oder »neuen« Küche spannt, haben sich immer verändert. Die Bemerkung des Brillat-Savarin, daß Tafelwesen und Tafelfreuden über die bloße Funktion des Essens und Trinkens als Grundlage physischer Reproduktion hinaus auch immer sozial- und kulturhistorischer Ausdruck einer jeweiligen Zeit, das heißt einer bestimmten gesellschaftlichen Ordnung seien, wird 1974 von einem feinschmeckenden bundesdeutschen Hobbykoch plakativ bestätigt: *Und zum Abschluß – ihr Menschen des 20. Jahrhunderts, die ihr in den Genuß jener Entdeckungen kamt und Getränke trinkt, die unter dem Druck von hundert Atmosphären hergestellt wurden, die ihr eure Mahlzeiten aus Blechdosen zusammenstellt, die ihr gedankenlos Massenabspeisungen hinnehmt, die ihr aus köstlichen Burgundern ordinären Glühwein gegen Halsschmerzen braut, die ihr das Sakrileg der ›Arbeitsessen‹ zu gemeinschafts-, handlungs- und staatsfördernden Maßnahmen erhebt, nie werdet ihr den Zauber genial komponierter Diners zu würdigen wissen, weil ihr sie nie kennengelernt habt. Wie bedaure ich euch!*[2]

1 Jean Anthelme Brillat-Savarin, Physiologie des Geschmacks (1979), S. 217f.
2 R. Hauschild, Das Buch vom Kochen und Essen (1975), S. 8.

Die in diesen Zitaten erscheinende Erkenntnis, wie immer sie auch zunächst formuliert sein mag, daß historische Veränderungen in der Kochkunst, in deren Ausdrucksformen und kulturellen Anstrengungen etwas zu tun haben mit historischen Veränderungen in bestimmten Gesellschaften und deren Ordnungen, diese Erkenntnis ist zunächst trivial. Gewiß sind Speise und Trank, deren Formen der Produktion, Präsentation und Einvernahme stets Ausdruck ihrer Zeit, das heißt abhängig von nahrungsmittelmarktpolitischen und nahrungsmitteltechnologischen Zuständen und Neuerungen beispielsweise. Gewiß hinterlassen gesellschaftliche Bezüge, die sich neu formieren, charakteristische Spuren auch im Gefüge von Küche, Kochkunst–Gastronomie, deren wirtschaftlichen (kommerziellen) Distributionsmechanismen und kulturellen Präsentationsmedien. Und ganz gewiß ist es kein Zufall, daß sich ein tiefgreifender Wandel des soziokulturellen Erscheinungsbildes von Speise- und Trinkgewohnheiten, Küche usw. dann am besten beobachten läßt, wenn sozialpolitische Umwälzungen stattfinden, technische Neuerungen massenhaft um sich greifen, neue, bisher unbekannte Nahrungs- und Genußmittel mit der Ausplünderung von Kolonien, mit der »Entdeckung neuer Welten« importiert werden können.

Im Zusammenhang unseres Themas finden wir in der Geschichte ganz sicher solch prägnante Schnittpunkte, innerhalb derer eine Veränderung der zur Debatte stehenden »Speisefolgen und -karten« unmittelbar bewirkt wurde, sofern wir unter diesen Begriffen nicht a priori nur die schriftliche Fixierung präsentierter Speisen in besonderen Textarten verstehen wollen. Von sehr großer Bedeutung für die Entwicklung der bürgerlichen Restauration und Gastronomie sind ganz sicher die Prozesse um die französische Revolution: Sie verhelfen der Restauration in den Stand der Einrichtung gehobener, institutionalisierter »Gastlichkeit« für ein politisch erstarktes Bürgertum. Das ist – um dies lapidar vorweg zu bemerken – auch die Geburtsstunde der der bürgerlichen Restauration entsprechenden Speisekarte. Sie bleibt in ihrer inneren gedanklichen Struktur, weil die revolutionären Prozesse zwar die Distribution der Kochkunst verändern, nicht aber deren Prinzipien und Methoden selber, an dem der damaligen Zeit begrifflich bekannten »menu« orientiert.

Von ebenso großer Bedeutung für das Entstehen einer internationalen, beziehungsweise internationalisierten, Kochkunst und für die Entwicklung einer vor allem (groß-)städtischen Breiten- oder Massengastronomie war gewiß die Industrialisierung, in deren Gefolge – mit den entsprechend zeitlichen Verzögerungen ihrer Verwirklichung – neue Verkehrsmittel, Massenverkehr und Tourismus entstehen, technisch umwälzende Neuerungen auch für die Küche durchgesetzt werden, in deren Gefolge sich innerhalb der sozialen Polarisierung von Gastronomie und deren Publikum besonders ein gastronomisches Publikum aus den wohlhabenden und wohlhabenderen Schichten des Bürgertums etabliert, das sich in den neu entstandenen Restaurants der sich gegenseitig überbietenden Hotelpaläste an ellenlangen Speisekarten die Augen wund liest. Es ist in unserem Zusammenhang unmöglich, auf Einzelheiten dieser Entwicklung einzugehen.

Statt dessen sei noch einmal auf die einleitende Bemerkung verwiesen: Gewiß sind Speisefolgen und später Speisekarten eng mit der Küchen- und Kochkunstgeschichte, das heißt mit Sozial- und Kulturgeschichte, verknüpft. Sie spiegeln das handwerkliche und technische Niveau einer Küche, zeigen deren Möglichkeiten und Bedingungen in einem bestimmten sozialen Umfeld (kommerziell auch Standort genannt), geben Auskunft über Wandlungen auf dem Lebensmittelmarkt und verweisen auf Veränderungen in der Geschichte des Appetits, des Geschmacks, der Gewohnheiten und der Moden. 1963 vermutet W. Bickel gar, daß es eben die Speisekarten seien, die am stärksten zeigen, »wie sehr gerade die Kochkunst dem Zeitwandel und der Mode unterworfen ist«[3].

Speisekarte als Quelle der Geschichte oder Geschichte, den Speisekarten entnommen? Ein hehrer Anspruch, den der Begriff des historischen Kontextes in diesem Thema suggeriert. Sicher geben die Speisekarten der gegenwärtigen bundesdeutschen Gastronomie zum Beispiel beredt Auskunft darüber, in welcher Weise die verschiedenen gastronomischen Betriebe den unterschiedlichen Interpretationsmöglichkeiten des Begriffes »gastronomisch« entsprechen: Sie reichen vom Füllen des Bauches am Schnellimbiß über den genüßlichen Verzehr des mit Schweinebraten, Sauce Robert und Kartoffelpüree gefüllten Tellers in der »guten bürgerlichen« Küche bis zu einer Gastronomie, in der eine hochgezüchtete Mischung aus Ästhetik und Ritual perfektioniert wird, die weniger die Kunst der Verfeinerung als vielmehr die Verfeinerung der Künstlichkeit demonstriert. Diese Karten zeigen meines Ermessens allerdings weniger die Unterworfenheit der Kochkunst unter Zeitwandel und Mode, sondern beweisen zunächst in Preis, Form und Inhalt, daß sich Gastronomie immer unter gegebenen wirtschaftlich-sozialen Verhältnissen in den verschiedenen Feldern zwischen Mangel und Überfluß tummeln muß, tummeln will oder tummeln kann.

Die extreme Polarisierung der Gastronomie – nicht nur der bundesdeutschen – zeigt in ihrer Entwicklungsgeschichte nämlich gerade, daß auf Basis der vorgefundenen ökonomischen Verhältnisse und der kulturell-ideologischen Einflüsse (zum Beispiel aus der US- oder französischen Gastronomie) selbst »Zeitwandel« und »Mode« einerseits erzeugt und andererseits verselbständigt werden können. Der Hinweis auf Verselbständigung von Moden, Etiketten und ähnlichem innerhalb der Gastronomie besagt schlicht nur, daß sich auch in diesem sehr subtilen Bereich der Dienstleistung Binnenstrukturen mit eigener Gesetzmäßigkeit und eigener Dynamik kristallisiert haben. Realität und Fetisch zugleich.

Das geflügelte Schlagwort von den »privilegierten Dienern der herrschenden Klasse« ist allgemein bekannt; gemeint sind die Köche, die als Protagonisten des Kochens, unterstützt von ihren jeweiligen Mäzenaten, ihrer Tätigkeit in den Stand einer normativen Kunst verholfen haben, die, ähnlich wie zum Beispiel die Grammatik oder die Morallehre, gültige Maßstäbe setzt, innerhalb derer sich mit der ihnen eigenen Dynamik Beschreibungen zur Nahrungszubereitung und – mit Blick auf die seit dem 19. Jahrhundert entwickelten Serviceregeln – Nahrungsaufnahme entwickeln, die von Vorschriften nicht zu trennen sind. Ob die innere Differenzierung der gegenwärtigen »geschmackvollen Eßkultur« erkauft worden ist durch zunehmende Denaturierung der Nahrung – sicher nicht verstanden als Eiweißdenaturierung – und durch bis zum Zeremoniösen übersteigerte Künstlichkeit der Tischgewohnheiten (Tafelkultur), sei dem Urteil des Lesers überlassen. Vielleicht wird es für die Urteilsbildung interessant sein, die heute auf dem Markt befindlichen Fachbücher für Servicefachklassen hierzu zu untersuchen. Auch die kulinarisch-rhetorischen Stilübungen in den Speisekarten der gegenwärtigen Michelin-Gastronomie geben einigen Aufschluß.

Der »historische Kontext« erschließt sich – zusammengefaßt – auch aus seiner inneren Struktur und nicht aus seinem weiteren geschichtlichen Zusammenhang oder einer unmittelbareren Umbruchsituation allein. Es erscheint daher reizvoller – und im übrigen auch

3 W. Bickel, Menü- und Speisekarte (Gießen o.J.), S. V.

sinnvoller –, die heutige Struktur der Menüs, in deren Hintergrund eine komplex ausgearbeitete Menüfachkunde steht, in der inneren Geschichte der überlieferten Speisefolgen zu suchen.

Die streng anmutenden Vorbemerkungen sind ein langer Weg zum Thema gewesen, ein Weg, auf dem es jetzt allerdings leichter fällt, für die folgenden Ausführungen das »alternative« Unterthema vorzuschlagen: ›Erlesene Mahlzeiten – oder: Ein Schelm, der (heute) heimlich Bratkartoffeln ißt‹. Es sollen hier nicht Speisen oder Speisefolgen aus der Geschichte des Alltags mitgeteilt werden; die inneren Entwicklungslinien der Menüs oder Speisekarten in der gegenwärtigen Restaurationsgastronomie erschließen sich nämlich nicht oder nur ganz punktuell, zum Beispiel in den Nachfahren der bäuerlichen Gastronomie, aus den Strukturen des Alltags. Es soll vielmehr ein Blatt aus der spezifischen Kulturgeschichte des Reichtums, aus der Geschichte der großen Gelage und herrschaftlichen Mahlzeiten, der »fürstlichen« Schlemmereien und üppigen Speisefolgen mitgeteilt werden, ein Blatt, das zu den kultivierten Festessen gegenwärtiger Tafelkunst führt, in dem man über die Kunst erfährt, Speisefolgen und -karten in Zubereitungsarten, Geschmack, Anrichteweisen, Proportionierungen usw. variantenreich zu gestalten und attraktiv zu verkünden.

Ob schon die alten Griechen oder Römer schriftliche, vervielfältigte Speisekarten anfertigten... erscheint ebenso zweifelhaft wie die Behauptung, daß sich auch bei den vorchristlichen Ägyptern und bei den Assyrern solche Karten nachweisen ließen[4]. So oder ähnlich unbefriedigend lauten die stereotypen historisch einleitenden Phrasen bei den fachliterarischen Autoren, die sich mit dem Thema »Speisefolge in der Geschichte« beschäftigen. In der Regel werden nach diesem Zweifel ein paar unzweifelhafte Daten (1184, 1373, 1503, 1524, 1563) genannt, ohne Zeugnisse aus diesen Jahren inhaltlich vorzustellen; sie liefern jedoch den Beleg dafür, daß wir für unsere heutige Zeit nicht in Anspruch nehmen dürfen, *dasjenige Kärtchen erfunden zu haben, auf dem die Speisefolge einer geschlossenen Mahlzeit aufgedruckt ist*[5].

Einig allerdings sind sich alle Autoren, daß die erste »Speisekarte«, was immer das vorläufig sei (»Küchenzettel« oder »Speisezettel«), auf dem Reichstag zu Regensburg von Herzog Heinrich von Braunschweig den verwunderten Gästen präsentiert worden sei. Der Herzog erregte Aufsehen, weil beim Mahle *ein langer zedel bei ihm uf der Tafel liegen that, den er oftermahl besahet.* Der Graf Hugo von Montfort, der neben dem Herzog gesessen haben soll, fragte diesen schließlich, was er denn so eifrig lese. *Also ließ ihn der Herzog den zedel sehen. Darin hat ihm der Küchenmeister alle esen und trachten in der ordnung uffgezeichnet und kunnt sich demnach der Herr Herzog mit sinem esen darnach richten und sinen apetitum uf die besten trachten sparen*[6]. Ob der gute Herzog oder dessen Küchenmeister »Erfinder« der ersten schriftlich niedergelegten Speisefolge oder dieser *zedel* Ausgangspunkt schriftlich präsentierter Menü- und Speisekarten ist, kann mindestens bestritten werden, ist aber auch nicht weiter relevant. Relevant (und reizend?) ist in der Deutung dieser Anekdote mit dem Anspruch auf historische Wahrheit die Beobachtung, daß der Herzog sich offensichtlich seinen Appetit einteilen wollte; die Beobachtung gibt indirekt, weil die Gerichte dieses »Banketts« nicht überliefert sind, Aufschluß über die Mengen, die im Verlauf mittelalterlicher Speisefolgen offensichtlich verzehrt worden sind.

4 Ebd. S. 3.
5 G. Rachfahl, Menü- und Speisekartengestaltung – aber richtig (1986), S. 7.
6 Ebd. S. 7.

Es gibt zahlreiche überlieferte Speisezettel aus dieser Zeit und selbstverständlich auch sehr viel ältere Aufzeichnungen über den Umfang von Mahlzeiten, beispielsweise aus der römischen Antike, von denen wir aber nicht wissen, ob sie nach Art des Regensburger Reichstages mitgeteilt wurden. Vor allem zwischen dem 14. und 16. Jahrhundert war es üblich, die Speisefolge eines Festgelages für die Geladenen öffentlich durch einen Herold, den Haushofmeister oder – seltener – durch den Küchenmeister ausrufen zu lassen. Wir sind weit davon entfernt, die mittelalterlichen Speisefolgen oder Tafelgewohnheiten vorab als »barbarisch«, »ungeheuer« oder »unmäßig« zu qualifizieren; aber den teilnehmenden Gästen war es offensichtlich unmöglich, sich die Menge der *trachten* zu merken; wollten sie andererseits, vielleicht schon fast gesättigt, auf besondere Köstlichkeiten in nachfolgenden Trachten nicht verzichten, half unter Umständen nur die spätrömische Sitte, den Mageninhalt mit der Pfauenfeder herauszukitzeln. Ob indes die um 1500 erscheinenden ersten Tischzuchten mit dem Interesse an verbindlichen Verhaltensstandards auf die zeitgenössischen Tafelnden Eindruck gemacht haben, läßt sich bezweifeln. Grimmelshausen beobachtet bei einem »Gelage« Ende des 16. Jahrhunderts: *Man brachte Gerichte, deswegen Voressen genannt, weil sie gewürzt und vor dem Trunk zu genießen verordnet waren, damit derselbe besser ein- und fortginge, desgleichen Beiessen, weil sie bei dem Trunke übel schmecken sollten... Ich sah nun, daß die Gäste Trachten fraßen wie die Säue, darauf soffen wie die Kühe, sich dabei stellten wie die Esel und endlich kotzten wie die Gerberhunde*[7]. Der für seine Zeit auffallend wählerische Herzog hatte für die mehr als respektablen Mengen, die in seiner Zeit bei öffentlichen und privaten Gastmählern vertilgt wurden, im *zedel* möglicherweise das richtige Medium gefunden, der Gefahr des vorzeitigen Sattwerdens auszuweichen.

Die mittelalterliche Speisefolge hat mit dem heutigen Menü keine oder nur noch sehr wenig Ähnlichkeit. Es gibt auch in der gegenwärtigen Gastronomie noch die Begriffe des »table-d'hôte-service« und des »à-la-carte-service«. Der eine bedeutet, einer größeren Anzahl von geladenen Personen zur gleichen Zeit die gleichen Speisen einzustellen; diese Personen müssen nicht unbedingt – wie heute bei Banketten üblich – eine gemeinsame Gruppe bilden. Der andere Begriff bedeutet, einer eher willkürlich zusammenkommenden Personengruppe aus einem bestimmten, festgelegten Programm von Speisen diese quasi zur freien Wahl anzubieten: Dieser Form entspricht die bürgerliche Speisekarte der Restaurants seit etwa 200 Jahren. »Table d'hôte«, »Bankett« und »à la carte« waren im Mittelalter dasselbe. Jeder »Gang« bestand aus einer ganzen Reihe verschiedener Gerichte, die gleichzeitig aufgetragen wurden, und jeder Gast traf unter dem Angebotenen seine Wahl. Die »Gänge« sind dabei allerdings nicht wie gegenwärtig in beispielsweise »Suppe, Fisch, Fleisch, Gemüse, Käse, Nachspeisen« eingeteilt, sondern mehr oder weniger willkürliche Zusammenstellungen unterschiedlichster Einzelgerichte; sie stellen innerhalb einer »Tracht« (= Aufgetragenes) oder eines »Ganges« (= neuer Gang des Dieners zum Hereintragen einer kompletten Tracht aus mehreren Gerichten) allerdings – zumindest nicht aus der Perspektive gegenwärtiger Küchen-, Service- und Geschmacksnormen – etwas Einheitliches, in sich Geschlossenes dar.

Tatsächlich ist es nicht das einzelne Gericht, das sich vom nächsten, wie in den Menüs des 19. und 20. Jahrhunderts etwa, grundsätzlich unterscheidet, sondern es ist immer die ganze Anzahl aller innerhalb eines Ganges sehr ähnlicher Gerichte, die dem heute Speisenden nicht

7 Zit. nach Hannsferdinand DÖBLER, Kochkünste und Tafelfreuden (1972), S. 158.

die gewohnte Abwechslung der Menüfolge bieten. Tannahill beispielsweise[8] lobt ein Frikassee aus Huhn und Kalb, gesotten und sautiert, in einer würzigen Sauce aus zerstampften Krebsschwänzen und Mandelmilch und heißt es auf den heutigen Tafeln dann willkommen, wenn man zuvor eine klare Suppe, einen grünen Salat und danach Obst genießen könne (n. b.: Ich weiß nun allerdings nicht, was von diesem Menü zu halten ist). Bedauerlicherweise verliere dieses Frikassee jedoch fast alles von seinem Reiz, wenn es in die umfangreichen, aber monotonen Menüs zum Beispiel des 14. Jahrhunderts integriert wäre. Dem Beleg ihrer Auffassung dient ein »Menü« aus *Le ménagier* Ende des 14. Jahrhunderts; dies ausnahmsweise, weil es sich bei den meisten anderen uns einschlägig bekannten Speisefolgen um »dynastische« Mahlzeiten handelt. Nach dem *ménagier* sollen im »1. Gang« Pastetchen mit Dorschleber oder Rindermark, Cameline-Fleisch, Rindermark-Beignets, Aal in pikanter dicker Suppe, Schmerle in pikanter grüner Sauce mit Gewürzen und Salbei, große Stücke von gekochtem oder gebratenem Fleisch und Seefisch, im »2. Gang« »der beste Braten, der zu haben ist«, Süßwasserfisch, Brühe mit Speck, Frikassee (s. o.), Kapaunenpasteten und Geröstetes, Brassen- und Aalpasteten, Blancmanger und im »3. Gang« schließlich Weizengelee, Wildbret, Neunaugen in scharfer Sauce, Beignets, gebratene Brassen und Sahnetörtchen, Stör und Gelees serviert werden[9]. Diese Speisefolge ist, obwohl dem *ménagier* entnommen, meines Ermessens doch typisch für ihre Zeit insofern, als sich die Speisen des herrschenden Adels von denen des Mittelstandes (wohlhabende Kaufleute, Kleinadel) weniger durch die qualitative Substanz als vielmehr durch die Menge des Verzehrten unterscheiden. Für die adlig initiierten ›Mahlzeiten‹ gibt es vielleicht noch mehr »Gänge«, die Zahl der Gerichte innerhalb der »Gänge« ist lediglich größer, aber die Struktur der Essensfolge ist gleich.

Die spottenden Worte des Bernard von Clairvaux, obwohl von 1124 und sicher vor der Emanzipation von der *gula*, seien der Diskussion anheimgestellt: *Inzwischen wird der eine nach dem anderen Gang aufgetischt ... Und wenn man vom ersten Gang gesättigt ist und den zweiten berührt, hat es den Anschein, als hätte man den ersten noch nicht gegessen.* Selbst nach vier oder fünf Gängen seien die früheren Speisen kein Hemmnis für die späteren, und die Sättigung könne den Appetit nicht verringern. *Denn wenn der Gaumen von neuen Gewürzen gereizt, entwöhnt er sich allmählich der altbekannten und erneuert sich gefräßig im Verlangen nach ausländischen Geschmäcken, als wäre er noch nüchtern.* Clairvaux' Polemik gegen Vielfraß (und ständigen Mißbrauch der Gewürze) endet: *Wozu dies alles, wenn nicht als Geständnis gegen den Widerwillen? Darauf wird der äußerliche Anschein der Dinge so weit geändert, daß nicht weniger das Auge als der Geschmack sich freuen kann; und obwohl der Magen sich schon durch zahllose Rülpser gestättigt zeigt, ist doch die Neugier nicht befriedigt. Doch während die Augen von Farben und der Gaumen von Geschmäcken verführt werden, wird der unglückliche Magen, weder von Farben beleuchtet noch von Geschmäcken gestreichelt und dennoch gezwungen, alles aufzunehmen, unter dem Druck mehr verschüttet als erquickt*[10]. Von »verfeinerten« Speisefolgen, wie wir sie im 19. Jahrhundert und vor allem im 20. Jahrhundert in ihren ausgeklügeltsten, ausgetüfteltsten Formen finden, sind wir auch ohne Wertung dieser Polemik noch weit entfernt. Hochherrschaftliche Mahlzeiten beinhalten über

8 Reay TANNAHILL, Kulturgeschichte des Essens (1975), S. 230.

9 Ebd. S. 230.

10 Johanna Maria VAN WINTER, Kochen und Essen im Mittelalter (in: Mensch und Umwelt im Mittelalter, hg. von Bernd HERRMANN, 1986), S. 91 f.

Jahrhunderte – nach den »schweigenden Jahrhunderten der Kochkunst«[11] – in der Regel drei, seltener vier oder mehr »Gänge«, und jeder »Gang« umfaßt bis zehn Gerichte und mehr, süß, sauer und scharf, Fisch, Fleisch, Gekochtes, Geröstetes, Gebratenes, »alles durcheinander«.

Ohne tieferen Blick auf den in der Literatur üblichen Vergleich der Unterschiede und Ähnlichkeiten zwischen der spätrömischen Antike und dem Mittelalter und ohne Diskussion des Streits, ob ein Vergleich zwischen diesen Küchen völlig unergiebig sei[12] oder die mittelalterliche nur auf Basis römischer Kochkunst zu verstehen sei[13], ist vielmehr lediglich die große Ähnlichkeit zwischen mittelalterlicher und antiker Küche/Kochkunst in der Vorstellung von Festen, Festessen und deren Struktur festzustellen, ohne zu untersuchen, ob diese Ähnlichkeiten durch einen strukturellen Einfluß der Antike auf das Mittelalter bestimmt sind. Archivalische Aufzeichnungen zeigen, daß römische Festmähler exakt die Dreiteilung aufweisen, wie wir sie im Mittelalter (Speisefolgen) wiederfinden: eine mehr oder minder willkürliche Aneinanderreihung einzelner Gerichte in Gängen, die weder nach bestimmten Regeln noch geschmacklich aufeinander abgestimmt sind.

Nachdem nun von dem weiten Weg zu den »verfeinerten« Speisefolgen des 19. Jahrhunderts die Rede war, soll untersucht werden, ob die »florentinische Fackel der Kultur« im Italien der Renaissance mit Katharina von Medici tatsächlich auf Frankreich übergreift und dort (zumindest) die Grundlagen von Kochkunst, Speisefolge und Tischzucht verändert oder gar revolutioniert. Die Geschehnisse um die Heirat der von Medici mit Heinrich II., nämlich toskanischer Lebensart den Weg über die Alpen zu öffnen und in Frankreich heimisch zu machen, brachte viele Historiker der Gastronomie – und in deren Gefolge heute noch manchen Gastro-Feuilletonisten – auf den Gedanken, daß das Vordringen der italienischen Küche nach Norden – die Medici soll ihren gesamten Küchenstab, Rezepturen und ähnliches mitgenommen haben – die berühmte Revolution von 1533 in der französischen Kochkunst ausgelöst haben müsse. In der Ankunft dieser ebenso wie ihre übrige Familie kulinarisch gebildeten Dame in Paris sei die Geburtsstunde der modernen Kochkunst und der Ursprung der großen, klassischen Küche zu sehen, die sich von der »alten« Küche mit ihrem überladenen Gemengsel, ihren überladenen Speisefolgen abwende.

In der einzigen dem Verfasser bekannten Auseinandersetzung mit dieser Legende fragt Revel, was von dieser Meinung zu halten sei. Revel, der zuvor den Hofkoch der Könige Karl IV., Karl V. und Karl VI. als den Neuerer der Küche zwischen traditioneller mittelalterlicher und den Vorläufern der beginnenden »neuen« Küche, als »jene große Synthese mittelalterlicher Küche« bezeichnet hat, führt seine Auseinandersetzung über einen Vergleich zwischen einem Bankett, das die Stadt Rom 1513 zu Ehren des Giulio de Medici auf dem Platz vor dem Kapitol für nur etwa 20 Personen veranstaltete, einer Speisefolge des Taillevent für Karl VI. aus dem 14. Jahrhundert und einem deutschen Festessen anläßlich der Einweihung der Pfarrkirche Weißenfels durch den Bischof Bruno von Zeitz, ebenfalls im 14. Jahrhundert. Das römische Festgelage glich, laut Revel, dem schlimmsten aller mittelalterlichen Festgelage. Die Aufzählung aller zwölf oder dreizehn »Gänge« wäre schier endlos, aber auch unergiebig, da sie sich in ihrem Muster der Haufen von Fleisch jeglicher Art, eines Durcheinanders von Süßem und Salzigem, alle entsprachen: Überladene Platten mit gebratenen Feigenfressern,

11 Tannahill (wie Anm. 8), S. 109 ff.
12 Ebd. S. 225.
13 Winter (wie Anm. 10), S. 88.

Wachteln und Tauben, Pasteten, auf katalanische Art zubereitete Rebhühner, gekochte Hähne und Hühner in ihrem vollen Federkleid – aufgerichtet auf ihren Beinen –, gesottene Kapaune, Marzipanaschekuchen, Wachtelpasteten, Fasanen, Pasteten von jungen Ziegen, wieder Fasanen, gekochtes, mit Senf serviertes Kalbfleisch, gezuckerte, mit Goldstaub bestreute Kapaune, Geißen in grüner Sauce, Blanc-Manger, ein Adler, der ein Kaninchen in den Klauen hält und in einem Jasmin-Beet thront, Fässer, aus denen Vögel herausschwärmen, schließlich ein viergehörnter Widder, der gekocht mit seinem Fell bekleidet in einem goldenen Becken steht und zu leben scheint[14]. Der Autor konstatiert: *...kein neues Gericht und ein völliger Mangel an Phantasie... Küche und Speisefolge, Geist und Anordnung dieses Banketts waren die gleichen, die schon ein Jahrhundert früher die Festmähler nördlich der Alpen geprägt hatten*[15].

Es ist Revel durchaus zuzustimmen, wenn er die Speisefolgen, die Taillevent für Karl VI. und ein dem Verfasser unbekannter Koch für den Bischof von Zeitz zusammenstellen, in vieler Hinsicht für ausgeglichener hält als das römische »Mahl« von 1513. Taillevent präsentiert »viergängig« (!) zunächst Kapaun in Zimtbrühe, Hühner mit Kräutern (Gemüsen), jungen Kohl, sodann Wildbret. Zweitens werden »bester Braten«, Pfauen, Kapaunenpasteten, junge Hasen in Rosenessig und Kapaune in Most und drittens Rebhuhn, gedämpfte Tauben, Wildpastete, Gelee und Brote verzehrt. Der vierte Gang bietet – aus heutiger Sicht schon klassisch – Birnenpastete, Mandeln und Zuckertorten. Für den Bischof gibt es Ende des 14. Jahrhunderts – Bickel vertritt die Jahreszahl 1503[16] – im ersten Gang Eiersuppe mit Safran, Pfeffer und Honig, Hirsesuppe, Hammel mit Zwiebeln und ein mit Backpflaumen gebackenes Hühnchen. Danach werden Kabeljau in Öl mit Rosinen, in Öl gebratene Schollen, gesottener Aal mit Pfeffer, Bücklinge und Braten gereicht. Die Speisefolge beschließen drittens gekochte und gebratene Fische, kleine in Schmalz gebratene Vögel mit Rettich, Schinken mit Gurke. Auch dieses Menü – in seiner Struktur natürlich ganz wie das oben aufgeführte des Taillevent den mittelalterlich üblichen Speisefolgen verhaftet, aber in seiner Dosierung von fleischlichen und pflanzlich erfrischenden Elementen schon recht raffiniert zusammengestellt – zeigt sich ausgeglichener als jenes römische Festbankett. Von einer »Revolution« zumindest innerhalb der zubereiteten Speisefolgen, verursacht durch einen »Medici-Effekt«, kann gewiß nicht die Rede sein.

Einen italienischen Einfluß über die Medici-Legende hinaus allerdings für die europäische Gastronomie ganz leugnen zu wollen, hieße lügen. Aus dem höfischen Prunk der oft beschriebenen italienischen Renaissance entwickeln sich vor allem ganz neue Methoden der Tafelkultur, die Italiener werden Vorreiter und Meister der Naschereien, Konfitüren, der Fruchtpasteten und der Zuckerbäckerei. Sie scheinen schließlich auch während dieser Zeit erstklassige Haushofmeister herangebildet zu haben, die in der Lage waren, andere Speisefolgen als die eben geschilderten zu konzipieren und sich ausgewogenere Zusammensetzung von Mahlzeiten auszudenken. Revel berichtet von einem der italienischen Haushofmeister, der dem französischen Schriftsteller Montaigne (1533–1592) gegenüber eine lange Rede »über diese Maulwissenschaft« gehalten haben soll *mit meisterhafter Würde und Haltung, als spräche er mir über irgendeine große theologische Frage. Er hat mir Aufschluß gegeben über*

14 Jean François Revel, Erlesene Mahlzeiten (Frankfurt/M. 1979), S. 99ff.
15 Ebd. S. 100.
16 Bickel (wie Anm. 3), S. 6.

eine Verschiedenheit in unserem Geschmack: über den, den man nüchtern hat, und über den, so man nach dem zweiten oder dritten Gang verspürt; über die Mittel, ihm bald einfach zu gefallen, bald ihn zu wecken und aufzustacheln; über die Zusammensetzung seiner Saucen, erst im allgemeinen, dann im besonderen über Eigenschaften der Zutaten und ihrer Wirkungen; über die Verschiedenheit der Salate je nach der Jahreszeit, und welche von ihnen warm, welche kalt aufgetragen werden sollen... Darauf ist er auf die richtige Art des Auftragens der Speisen gekommen und hat darüber viele wichtige und schöne Bemerkungen angestellt[17]. Die Ausbildung einer gastronomischen Menümethodik oder Menüfachkunde deutet sich an, gleichzeitig auch die Entwicklung professionelleren Servierens mit bestimmten Serviceregeln und Bedienungsetiketten.

Wenn wir uns der mittelalterlich geprägten Speisefolge ab- und dem Menü im engeren Sinne des Wortes zuwenden, stoßen wir auf den französischen Barock, gemeinhin auch identifiziert mit der Regierungszeit des »Sonnenkönigs« Ludwig XIV. Folgt man den Beschreibungen der gastronomisch-historischen Literatur, treten jetzt an die Stelle der großen Prunkgelage die intimeren Diners, die *petits soupers* mit ausgeklügelteren *menus*. Die intimen Diners der höfisch-höflich zivilisierten Gesellschaft, die von ihren Mitgliedern die Beherrschung feiner Tafelsitten und die Kunst der Konversation verlangten, hatten gründlichere Änderungen der Tafel- und Eßkultur und eine Wandlung der Kochkunst zur Folge. *Die lärmende Dienerschaft wich wohlerzogenen Lakaien, die sich sicher auf glattem Parkett zu bewegen wußten, das Eßbesteck war nunmehr komplett, die Gabel hatte ihren festen Platz erobert*[18]. Es verschwanden die riesigen Fleischpyramiden und ebenso die scharf gewürzten Ragouts, in denen Wild und Geflügel miteinander verkocht wurden. In einer »Abhandlung über die Küche« von 1674 (L. S. Robert) heißt es: *Heute gilt es nicht mehr, eine ungeheure Fülle von Platten zu geben, einen Überfluß an Ragouts und Pasteten zu bieten. Es handelt sich nicht mehr um ein ungeordnetes Anhäufen verschiedenster Dinge, um Berge von Braten und Zwischengerichten, die bizarr aufgebaut sind... wichtig ist nur die Auswahl hervorragenden Fleisches, die Feinheit der Zubereitung, die Eleganz und Sauberkeit des Anrichtens. Die Menge des Gebotenen muß in richtigem Verhältnis zur Anzahl der Tischgenossen stehen*[19]. Auch Gäste und Gänge oder Gerichte eines Menüs werden also fein aufeinander abgestimmt.

Es ist dem Verfasser unbekannt, wann der Begriff *menu*, der in diesem Rahmen seinen vollen Sinn erhält, in der gastronomischen Praxis oder Literatur zum erstenmal gebraucht wird – der »Larousse gastronomique« führt das Jahr 1718 an –; die Etymologie des Wortes verweist aber auf den oben genannten vollen Sinn, den die so bezeichneten Speisefolgen im Vergleich zu denen der Spätantike, des Mittelalters und der Renaissance bekamen: Das lateinische *minutus* bedeutet »verringert, vermindert, kleiner«, und auch im mathematischen *minus* (weniger) finden wir die Entsprechung. Das damalige Menü und in noch sehr viel stärkerem Maße auch unser heutiges ist also nichts anderes als, gemessen an der mittelalterlichen Speisefolge, stark verkleinerte, mitunter auch verfeinerte Speisefolgen für einen ursprünglich kleineren Gästekreis. (Im übertragenen Sinne ist das Menü auch heute noch die verkleinerte Speisekarte, aus deren Fülle eine menüartige Auswahl an Gerichten herausgegriffen werden kann. Im übrigen bieten gerade französische Restaurants häufig längere Menüs mit

17 Revel (wie Anm. 14), S. 103.
18 Seifert–Sametschek, Die Kochkunst in zwei Jahrtausenden (München o. J.), S. 112.
19 Zit. nach Döbler (wie Anm. 7), S. 134.

mehreren Gerichten innerhalb eines Ganges zur alternativen Wahl, die die Speisekarte, verstanden als »à-la-carte-Karte«, ersetzen oder überflüssig machen können.)

Zurück zum barocken Menü. Mit den feiner geschmacklich aufeinander abgestimmten Folgen an Gerichten (»Kompositionen«) verändern sich nicht nur die Anforderungen an das Gefühl dafür, welche Speisen miteinander und hintereinander harmonieren; mit der Veränderung der Mahlzeiten verändert sich auch deren Terminologie. (Im 17. Jahrhundert beginnen hochherrschaftliche Amateure auch, selbst Hand anzulegen, sich nahezu wissenschaftlich der Kochkunst zu widmen; es entsteht langsam ein Mäzenatentum, das seinen sprachlichen Niederschlag in Bezeichnungen für Gerichte, Saucen, Beilagen und ähnlichem findet, die wir heute noch unter Namen wie »Colbert, Conti, Richelieu oder Montesquieu«, aber auch unter Termini wie »mirepoix, julienne, brunoise« in unseren Speisekarten und küchenfachlichen Lexika finden. Auf diesen fachterminologischen Zusammenhang kann hier nicht weiter eingegangen werden.) Ende des 17. und vor allem im 18. Jahrhundert wird die Speisefolge immer stärker kodifiziert – wenn auch noch nicht in dem Maße rationalisiert, wie dies später unter dem Einfluß des »service à la russe« geschieht; zunächst wird nach wie vor in drei »Gängen« gegessen, aber die Anzahl der Gerichte wird geringer. Das barocke Menü – jetzt ist im übrigen nur noch von der Entwicklung des französischen Menüs die Rede, da sich dieses in der internationalen Gastronomie durchgesetzt hat – kennt bereits fünf »Gänge«, die durch die Suppe eingeleitet werden und mit Obst enden. Anfang des 18. Jahrhunderts wird auch von *hors d'œuvres* gesprochen; zunächst sind kleine Gerichte gemeint, die warm nach der Suppe gereicht werden. Immer noch werden die Gerichte eines Ganges zusammen auf den Tisch gestellt, aber in Gruppen, und diese Gruppen bekommen nun ihren eigenen Namen: Was bei Taillevent noch schlicht *met* und im deutschsprachigen Bereich *Tracht* geheißen hatte, heißt jetzt *potage, hors d'œuvre, relevé, assiettes volantes, grosse pièce/pièce de résistance, entremet* usw.

Zusammenfassend läßt sich sagen: Die französische Mahlzeit setzt sich, wenngleich mit großen zeitlichen Verzögerungen, im englischen, später gar nordamerikanischen und im deutschen Ausland durch. Diese Mahlzeit teilt man gemäß den oben aufgeführten Gruppen (-bezeichnungen) in sechs bis acht eigenständige Gänge, durchaus noch mehrere Gerichte beinhaltend, ein. Später, vermutlich Anfang des 18. Jahrhunderts, kehrt man zwar zu den drei »Gängen« zurück; diese allerdings sind innerhalb ihrer selbst nach der neuen Terminologie für Speisen aufgeteilt und benannt. Ein Menü dieser Zeit umfaßte dann etwa: 2 potages, 2 hors d'œuvres chauds, 4 relevés[20], 6 entrées chaudes, 2 grosses pièces im ersten »Gang«; dem folgen 1 sorbet, 2 rôts, 2 entremets de légume und 2 entremets sucrés chauds im zweiten Service. Der dritte »Gang« kommt – wie übrigens im 16. Jahrhundert bereits bei B. Scappi – ausschließlich aus der Patisserie und enthält die kalten Süßspeisen, die großen Zuckeraufbauten, Obst, Kompotte und Desserts. Historische Menüs aus dem 18. und 19. Jahrhundert zeigen allerdings auch, daß beide Stile des Menüs (Sechs-bis-Acht-Gang- und Drei-Gang-Menü) auch nebeneinander Anwendung finden.

Etwa um die Mitte des 19. Jahrhunderts – so berichtet auch die seriöse gastronomische Fachliteratur – setzt sich in Frankreich, das heißt Paris, unter dem Einfluß eines Abgesandten

20 *relevé*, ein als Substantiv verschwundener Ausdruck, mit dem das unmittelbar nach der Suppe zu servierende gekochte Fleisch bezeichnet wurde; ein Substantiv, das vollständig lautet: *relevé de potage*, d.h. »nach der Wegnahme der Suppe«. Zit. nach REVEL (wie Anm. 14), S. 13.

des russischen Zaren in Paris, sagen wir allgemeiner unter dem Einfluß russisch-höfischer Servicegepflogenheiten, der oder das russische Service durch. Zum Verständnis: Beim »französischen Service« wurden (nur) die Gerichte des ersten »Ganges« heiß und zugedeckt auf die Tafel gestellt. Die eigentlichen großen Haupt- und Prunkschüsseln standen auf Nebentischen (Anrichten) bereit. Bei aller Geschicklichkeit der Diener, die bei diesem Service lediglich assistierten, konnte es nicht ausbleiben, daß die Gerichte nicht mehr so heiß und dementsprechend wohlschmeckend waren; sie standen bereits herum und mußten zusätzlich im Saale vor dem Servieren tranchiert werden. Bei dem Service, den der russische Prinz in der, wie es im »Larousse gastronomique« heißt, hohen Gesellschaft und wohl auch in der mittlerweile fast ein Jahrhundert bestehenden bürgerlichen Restauration propagierte, bleibt die Tafel gänzlich von Speisen frei. Alle Gerichte werden, soweit notwendig, in der Küche tranchiert, auf jeden Fall angerichtet und von den »Kellnern« heiß herausgetragen, vorgelegt, eingesetzt und nachgereicht. Eine der zwangsläufigen Folgen des russischen Service war die Verringerung der Zahl der Gerichte, die bei einem Gang aufgetragen wurden. Die Diener, jetzt Hauptakteure des Service, nicht mehr nur Assistenten, konnten unmöglich vier Suppen, vier Fischgerichte, zehn hiervon und sechs davon herumreichen, wenn die Speisen frisch und heiß sein und bleiben sollten.

Um 1880 wurde dieser Stil sehr stark von einem Pariser Gastronomen namens Urban Dubois in herrschenden (kulinarischen) Kreisen, in (groß-)bürgerlichen Kreisen und der gehobenen Restauration popularisiert; er setzte sich allgemein durch, bestimmte fortan den Service der »großen« Menüs und Bankette nicht nur in Frankreich, sondern auch im Ausland. Der russische Servicestil prägt die Gastronomie bis in die zweite Hälfte des 20. Jahrhunderts und ist im Grunde noch immer das innere Prinzip im gegenwärtigen – aus Amerika übernommenen – Tellerservice der gutbürgerlichen wie noblen Gastronomie. Letztlich führte die russische Bedienung dazu, daß aus den zwei oder drei »Gängen« des französischen Stils mit der immer noch relativ großen Zahl an Gerichten innerhalb der »Gänge« eine nach bestimmten fachlichen Regeln geschmacklicher Gesichtspunkte komponierte Folge von 13 bis 15 Gängen, – Gang jetzt im Sinne des einzelnen Gerichts, – wurde. Dieses »Gerippe« des sogenannten »Klassischen Menüs«, gestützt auf die alte französische Fachterminologie der französischen Küche, ist heute noch das Rückgrat für die Menüplanung unserer Küchenchefs. Es ist gegenwärtig allerdings mehr Orientierungshilfe und Modell als herrschende Meinung, denn die starke Verringerung der Menügänge bereits nach dem Ersten, vor allem aber nach dem Zweiten Weltkrieg aus finanziellen und immer stärker auch ernährungsphysiologischen Gründen auf sieben Gänge in der »gehobenen« Gastronomie, auf fünf oder drei in der guten und gutbürgerlichen Küche haben die klassische Menüfolge und deren Geschichte bei vielen, besonders jüngeren Köchen in Vergessenheit geraten lassen.

Wenngleich in der gegenwärtigen bundesdeutschen Gastronomie eine Rückwende zum Menü, ausgelöst durch die starke Orientierung an der französischen Küche seit etwa 15 bis 20 Jahren, zu beobachten ist, hat doch insgesamt in diesem Jahrhundert in der deutschen Gastronomie die Speisekarte dominiert: die Speisekarte, die wir verstehen wollen als das umfassende Verzeichnis aller servierfertig gehaltenen oder à la minute herzustellenden Speisen, die dem Gast die Auswahl und Zusammenstellung seiner Mahlzeit erleichtern soll. Die Speisekarte, in ihrer inneren Gliederung, das heißt in der logischen Abfolge der angebotenen Gerichte am Menü orientiert, ist ebenfalls ein Produkt der französischen Gastronomie, und zwar der bürgerlichen französischen Restauration, die sich im 18. Jahrhundert in den gastronomischen Einrichtungen durchsetzt, die sich *restaurants* nennen. Von anderen auch gastronomischen Einrichtungen, die möglicherweise schon seit etwa 2000 Jahren existieren, nämlich Herbergen, Gaststätten und -höfen, Schenken und ähnlichem, sind keine »Speisezettel« bekannt; sie kamen in der Regel mit schwarzer Kreide und Tafel aus, wie heute noch in ländlichen Gegenden und studentischen Kneipen zu beobachten ist.

Bislang ist noch an keiner Stelle von etwas anderem die Rede gewesen als von der Küche, aus der sich die gehobene, »große« Küche entwickelte, die Küche, die sich heute aufgrund eines großen Repertoires an Methoden, Prinzipien und Strukturen auch internationale Küche nennt. Hätten wir eine Geschichte des Alltags der Gesellschaft schreiben wollen, in der mitunter der Hering an der Decke der Küche hing, damit alle ihre Kartoffel an ihm würzig reiben konnten, bis der männliche Hausherr den Hering am Sonntag selbst verspeiste, in der die Bratkartoffeln keine Alternative waren, wie heute für die feinschmeckenden Gastrourlauber, die sich nach unmäßigem Genuß der »Nouvelle Cuisine« heimlich nach dieser Alternative sehnen, hätten wir diese Geschichte schreiben wollen, wären die »erlesenen Mahlzeiten« weitgehend unwesentlich gewesen.

Für die Geschichte der Gastronomie als der Geschichte einer mechanischen Kunst des Kochens sind die erlesenen Mahlzeiten, das Wissen um sie, zweifellos von Gewinn. Denn die schöpferische Phantasie der »Großmeister« fand ja gerade bei den außergewöhnlichen Gelegenheiten der fürstlichen Schlemmereien und vor allem deren finanziellen Voraussetzungen ihre volle Entfaltung. Zu den Faktoren aber, die im 18. Jahrhundert Folge der existierenden gastronomischen Kultur und Ursachen einer neuen gastronomischen Kultur zugleich waren, gehören nicht nur die getrüffelten Truthähne und Gänselebern, sondern auch die damals entstehenden Restaurants. An ihrer Entstehung läßt sich gewissermaßen der Schnittpunkt, aber auch die Verbindung zwischen zwei gesellschaftlichen Entwicklungslinien der Gastronomie, der herrschaftlich-dynastischen und der bürgerlichen, nachzeichnen; letztere ist heute noch bestimmend für den größten Teil unserer Gastronomie.

Es wird immer wieder, und wohl auch zu Recht, behauptet, die Restaurants und mit ihnen die moderne Speisekarte seien den Resultaten der französischen Revolution zu verdanken, die beispielsweise einen großen Teil der Hofköche arbeitslos gemacht habe. Vorschnell, beziehungsweise irrig, ist jedoch die Auffassung oder idealistisch die Vorstellung, der arbeitslose und meinetwegen hervorragend ausgebildete Koch trete auf den neuen, durch die Revolution geschaffenen Markt und gründe ein Restaurant; er fülle eine Lücke, und die neue politisch herrschende Klasse, das Bürgertum, bedürfe dem so sehr, dies, ohne daß der Koch die geringste Grundlage in der gastronomischen Struktur des Landes vorfände. Gehen wir dieser Geschichte ein wenig nach.

Nach Tannahill besaß die bürgerliche Küche Frankreichs bereits gegen Ende des 17. Jahrhunderts einen recht hohen Qualitätsstand, verschloß sich aber neuen Ideen. Ein neuer Ton sei jedoch angeschlagen worden, als der Kochbuchautor Marin versichert habe, die Bürger könnten genauso gut speisen wie die Fürsten, wenn sie nur die richtigen Töpfe und Pfannen hätten, täglich auf den Markt gingen und eine gute Bouillon zu machen verstünden[21]. Bis etwa 1760 hatte das Wort *restaurant* keinen anderen Inhalt als »stärkend«. Man bezeichnete damit

21 Tannahill (wie Anm. 8), S. 292.

bestimmte Fleischbrühen, aber auch Eiermilch, die nach einer Krankheit oder größeren Anstrengungen frische Kräfte verleihen sollten. Im Jahr 1765, so berichtet Revel, brachte ein Pariser, Boulanger, ein Schild über seinem Laden an mit der Aufschrift: *Boulanger schenkt göttliche restaurants aus*. Das bedeutete, daß er einen volkstümlichen Ausschank betrieb, den man *bouillon* nannte. Dort wurden portionsweise Fleischbrühen, Huhn und Eier verkauft[22]. Außer diesen *bouillons* gab es Schänken, Gasthäuser, Garküchen, Fleischer, Pastetenbäcker und ähnliche Einrichtungen, die auf sehr bestimmte Produkte einerseits spezialisiert und andererseits aber auch festgelegt waren. Alle Einrichtungen und Berufe waren entsprechend bestimmter Ordnungen, zum Beispiel der Zunftordnungen, streng reglementiert. So war etwa ein Bratkoch nicht befugt, ein Ragout zuzubereiten oder gar zu verkaufen. Der oben erwähnte Boulanger hatte auch »Hammelfüße in Sauce Poulette« auf seinem Schild angebracht. Das brachte ihm die Klage der städtischen Garköche ein, die behaupteten, es handele sich um ein Ragout, das von einer *bouillon* nicht verkauft werden dürfe. Die Klage endete mit der Abweisung der Kläger – die Füße seien mit der Sauce nur übergossen, keineswegs in ihr aber gargezogen worden –, und das Gericht kam in Mode.

Als eine von 1786 datierte Verfügung den Stadtköchen und Restaurateuren, also den Betreibern der *bouillons*, gestattete, ihre Räumlichkeiten Gästen zu öffnen und dort Speisen zu servieren, erscheint das Wort *restaurant* zum erstenmal als Bezeichnung einer gastronomischen Einrichtung. Damit entsteht auch der Brauch des *table d'hôte*, der Wirtstafel, die wörtlich besagt, daß der Gast die Möglichkeit hat, die vom Koch zubereiteten Speisen an Ort und Stelle zu verzehren, anstatt sie mitnehmen zu müssen. Daß es aufgrund dieser Verordnung nicht zu einem Konflikt zwischen den Brat- und Garköchen einerseits und den Gastwirten andererseits kam, ist in der Tat dem Verlauf der französischen Revolution zu verdanken.

Die in den Anfängen steckende Struktur einer bürgerlichen Restauration wurde positiv sanktioniert, als die Nationalversammlung alle Privilegien beseitigte und Innungen abschaffte; so konnten die Restaurateure nach Belieben Braten, Ragouts, Suppen und Pasteten, Vor- und Zwischengerichte, kurz: das Repertoire des französischen Menüs auf ihre Karten setzen. In diese Restaurants strömen in der Tat die Köche der Dynasten; frei von den Zwängen des alten Regimes, mausert sich die bisher reglementierte und in den Anfängen steckende Gastronomie zur liberalen – zumindest außerhalb ihrer eigenen inneren Arbeitsplatzstrukturen –, in der erlaubt ist, die Arbeitskraft frei zu verkaufen, und freigestellt ist, Speisekarten mit Zubereitungen der eigenen Handschrift zu bereichern. Wodurch unterscheidet sich das Restaurant wesentlich von seinen Vorgängern, den Gasthäusern der Wirte, den Einrichtungen der Garköche, den Pastetenköchen? Die meisten der fachlich oder historisch versierten Autoren meinen, daß sie vor allem sauberer und auch luxuriöser gewesen seien. Das können wir nicht belegen, da wir als Gäste in diesen Restaurants nicht zugegen waren. Sie unterscheiden sich wohl hauptsächlich durch die »große«, traditionelle Kochkunst – wir erinnern uns an die brotlos gewordenen Köche, sofern sie nicht mit ihren Herren zugleich erschlagen worden waren –, die in diesen Restaurants der Öffentlichkeit zugänglich gemacht wurde.

Zwar lebt die höfisch-herrschaftliche Küche fort: Bis in die dreißiger Jahre des 20. Jahrhunderts halten sich europäischer Adel und großbourgeoise Häuser ihre eigenen Köche; daher

22 Revel (wie Anm. 14), S. 151.

spricht man ja bekanntlich so gern von den »privilegierten Dienern der herrschenden Klasse«: Aber die neue Restauration schafft, wie eingangs erwähnt, die öffentliche Einrichtung gehobener, institutionalisierter Gastlichkeit vornehmlich für Bürger (die immensen Preise verwehren dem »Volk« zunächst den Zutritt). Die Speisekarten dieser Häuser waren, ganz angelehnt an die Struktur des alt-neuen Menüs, außerordentlich reichhaltig. Ein Restaurateur, der um seinen guten Ruf bemüht war, führte zwischen 150 und 250 Gerichte, das heißt 15 bis 20 Gerichte pro »Menügang«. 12 Suppen, 24 warme Vorspeisen, 15 oder 10 Rindfleischgerichte, 24 Hammelgerichte, 30 Wild- und Geflügelgerichte, 20 Kalbfleischgerichte, 12 Pasteten, 24 Fischgerichte, 15 Braten, 50 Zwischengerichte und 50 Desserts waren Anfang des 19. Jahrhunderts für die Restaurateure, die den Standard der fürstlichen Häuser übernommen hatten, kein seltenes Angebot an den Gast, der sich sein exzellentes Mahl zusammenstellen wollte. Die in den adligen und geldaristokratischen Häusern großgewordene Kochkunst überlebte und entwickelte sich in diesen Restaurants weiter, die den bekannten »Privattischen« des Tayllerand, Rothschild usw. nacheiferten und wohl auch ganz bald deren Niveau erreichten. Berühmt waren Ende des 18. und Anfang des 19. Jahrhunderts die Gebrüder Very und Provençeaux für Trüffelgerichte, Montorgeuil und Baleine für den besten Fisch; ein gewisser Antoine Beauvillers verfaßte 1790 gar ein eigenes Restaurationskochbuch unter dem Titel »L'art du cuisinier« (Die Kunst des Koches).

Die Köche dieser Restaurants sind die Protagonisten in der Entwicklung der bürgerlichen Restauration gewesen, die als die ersten in der langen Reihe von Köchen bis auf den heutigen Tag mit dem Bewußtsein arbeiteten, daß Erfolg nicht mehr nur vom eigenen Können und der Großzügigkeit einiger Mäzene allein abhängt, sondern auch von der Gunst eines Publikums vorwiegend gehobener sozialer Provenienz, das im übrigen teilweise nicht sachverständig ist. Der Koch gerät in neue Abhängigkeiten. Er wird überwacht und verfolgt von einer »neuen Innung«, die den Markt mit der Geburt der Restauration betritt: Gemeint ist die Gastro-Kritik, die zwar Anregungen gibt, aber auch *jenes Klima zu schaffen wußte, in dem die »transzendente« Küche das Objekt geradezu manischer Aufmerksamkeit und übertriebener Lobpreisungen werden konnte, deren sie schließlich bedarf, um an sich selbst zu glauben und andere an sich glauben zu machen; gemeint sind die »bestorganisierten Parasiten der Gastronomie*[23], an deren Spitze vor etwa 150 Jahren Alexandre Balthasar Grimod III. de la Reynière stand, die mit dem heroischen Siebeck gegen Ende des 20. Jahrhunderts immer noch nicht am Ende zu sein scheint.

Mit diesem kleinen Exkurs in die Gastrokritik soll das Nachzeichnen der Entwicklungslinien von Speisefolgen und -karten sein Ende finden. Abschließend sei ein kurzer Blick auf die Sprache unserer gegenwärtigen »gesternten« Karten geworfen, ein Blick, der ganz ohne moralische Perspektive Aufschluß über die soziale Realität gibt, die im Hintergrund unserer Gastronomie steht und – beispielsweise anhand der rhetorisch-kulinarischen Stilübungen – handfest zeigt, in welcher Weise Speisekarten Ausdruck von geschaffener, erzeugter Mode sein können.

Hinter einem »Krüstchen mit Spiegelei und Bratkartoffeln«, einer »Hausmacherplatte« und vergleichbaren Gerichten eine bäuerliche Wurzel und »gut-bürgerliche« Küche zu entdecken, fällt nicht unbedingt schwer. Aber in der noblen Gastronomie – das haben wir

23 Ebd. S. 181.

bereits gesehen – bedingen Veränderungen der Küche, vor allem scheinbare, auch Veränderungen der Terminologie. Und manchmal muß man froh sein, wenn sich die Veränderungen nicht auf die letztere beschränken.

Von Stilblüten (»Spargel, wie unser Küchenchef es liebt«) ganz abgesehen, machen sich in unserer »Neuen Jungen Deutschen Küche«, die sich nach heftigen Anstrengungen von der »Nouvelle Cuisine« emanzipiert zu haben glaubt, rhetorische Stilübungen breit, die oft nur noch scheinbar das Gericht, meist aber dessen Einkleidung in Worte attraktiv machen. (Von den Gründen dafür, warum sich Varianten und zum Teil Auswüchse der »französischen« Küche in der Bundesrepublik etablieren konnten, sei hier abgesehen.) Häufig wird – vermutlich in Ermangelung eines echten Einfalls, der einfach benannt werden könnte – um Worte und »neue Gebärden« förmlich gerungen, die dort Originalität vortäuschen, wo der Geschmack fehlt: Oder sind es dann, vom Publikum nur unbemerkt, gerade die »Frische«, die »Feinheit«, die »Leichtigkeit« des Gerichts, an die wir uns zu gewöhnen haben? In der kulinarischen Rhetorik geraten Süßspeisen zu salzigen Vorspeisen (Sülzsorbet) oder gar zu Suppen, und Salate versuchen wir als Getränke, wie die »Salatbowle« des Berliner KaDeWe demonstriert. Ich las unlängst in einer gastrosatirischen Anekdote, daß der vielleicht enttäuschte, von Münchens Witzigmann oder von Schloß Windeck oder aus Wertheim und so weiter und so fort zurückkehrende Gastrourlauber nach kulinarischen Entdeckungen davon schwärme, sich zu Hause erst einmal wieder »richtige« Bratkartoffeln »einzupfeifen«. Natürlich ist unser zeitgenössischer Schmecker ebenso ein Schelm, wie der eingangs erwähnte Hauschild ein arroganter Ignorant ist: Denn es liegt nicht in der ökonomischen Entscheidungsfreiheit der größeren Bevölkerungsteile, ob sie sich im 20. Jahrhundert aus Blechdosen ernähren oder sich Massenabspeisungen in Kantinen hingeben (müssen) oder aber bei Witzigmann feinschmecken; und wir kennen vermutlich auch niemanden aus dem gerade erwähnten Personenkreis, der sich »aus köstlichen Burgundern Glühwein gegen Halsschmerzen« brauen könnte.

So stimmt natürlich das Bild vom »Schelm, der heimlich Bratkartoffeln ißt«, weil er ansonsten in der gehobenen Gastronomie als Feinschmecker zu Hause is(ß)t, insofern nicht, als derjenige, der beim Fressen die Wahl zwischen Bratkartoffeln und Blechdosen hat, dies ohne alle Schelmereien tut. Die Gäste, die zwischen dem schelmischen Einpfeifen der Bratkartoffeln und dem modisch geworden Menüangebot, am »Safranfädchen im Püreechen einer ganzen Erbse« oder an der »tranchierten Erdbeere an rosa Pfefferkorn unter gestäubter Sahne« zu nippen, entscheiden müssen, sehen sich sicher nicht zwischen die Kartoffel und die Dose geklemmt.

Das fünfft Bůch. XXVIII

Bap. Platine von der Eerlichen wollust/das fünfft Bůch.

Von den vôglen die man zům Eerlichen lust isset.

Das Erst Capitel.

DJe Pfawen vnd andere gůte vôgel/zur speise verordnet/habenn meines bedunckens recht gethan /seind nicht narren gewesen/dann man hieuon gůte schleckerbißlin machenn kan/für arm vnd reiche/ Wiewol der arm nicht soll schleckerhafftig sein/seines vnuermügēs halben/die bißlin seind für die reichē die sie zůbezalen haben/die das glück reich gmacht/vnd auch auß geringem stand /zů grossen Eeren/tugentlich bekom̄en seind/Den gehôrn Pfawē vnd Faßhanen zůessen/Disen gebürdt gůte klaidung/grosser haußrath/ vnd sonst was herrlich in der welte ist. Knoblach vnd zwifel gehôrdt den bauren zů /die es geren essen/vnnd frôlich ob jrm gůten můt/armůt vnd arbait seyen.

Das ander Capitel Von dem Pfawen.

DEr Pfaw sol vor allē vôglē võ erst in die schüssel fliegē/er hat freüd in seinē lebē an ð Eere so man lobt/todt soll er auch dē gestē lust vñ freüd machen/ Weñ mā Pfawē lobt/ist bewußt/so machēs braite wañe/mit jrē gspiegeltē fedn gegē ð Soñe/da gefallēs jn wol. Jtē so er järlich dē schwātz verleürt /verbirget er sich/laßt sich nicht vil sehen/biß jm ein ander wechßt/ schemet sich/lebt xxv. Jar. Jm dritten jar hatt er volkom̄ne farbe der federn. Die Pfawen beschreiben/ sagen das er nit allain ein schôner /der geren gerümpt werde/ sonder auch ein bôser vogel seye.

E iiij

Platina Cremonensis: Von der eerlichen zimlichen auch erlaubten Wolust des Leibs, Augsburg 1542. Beginn des V. Buches: Von den vǒglen die man zům Eerlichen lust isset

TRUDE EHLERT

»Nehmet ein junges Hun, ertrånckets mit Essig«

Zur Syntax spätmittelalterlicher Kochbücher

Kochrezepte lassen sich als eine Textsorte beschreiben, die durch bestimmte Intentionen und bestimmte Inhalte gekennzeichnet ist. Sie bezwecken ja bekanntlich, Wissen auf dem Gebiet der Herstellung von Nahrungs- und Genußmitteln von Fachkundigen auf Unkundige zu übertragen. Das heißt, sie speichern Wissen über zweckorientiertes Handeln und geben dieses Wissen zugleich an ihre Rezipienten weiter. Ihre Intention ist jedoch nicht nur die Weitergabe von Kenntnissen, sondern darüber hinaus auch die Anleitung zur Realisierung dieser Kenntnisse, also zum möglichen Vollzug von Handlungen. Faßt man nun die in Kochrezepten vorliegenden Aussagen als sprachliches Handeln, als Sprechakte auf, so lassen sich nach Searles Klassifikation[1] neben repräsentativen vor allem direktive, also Sprechakte der Aufforderung, erwarten.

Der Illokutionszweck besteht beim repräsentativen Sprechakt nach Searle darin, »den Sprecher (...) darauf festzulegen, daß etwas der Fall ist, d.h. ihn an die Wahrheit der ausgedrückten Proposition zu binden«[2]. Im repräsentativen Sprechakt wird also eine als wahr behauptete Aussage über die Welt oder einen Teil der Welt gemacht. Diese Aussage kann durch ein performatives Verb eingeleitet werden, das den Illokutionszweck ausdrückt (Typ R I), muß es aber nicht (Typ R II). Um dies an einem Beispiel zu verdeutlichen, seien die Eingangssätze eines Rezeptes für Frösche aus Anna Weckers Kochbuch von 1598 herangezogen: *Es seynd etliche Frôsch die man isset / ich habe sie wol gekocht / aber nie lebend so eigentlich gesehen / allein ich weiß / das sie in Weyhern gefunden werden / mich beduncket sie seynd etwas grûner Farb / auch etwas grôsser dann Laubfrôsch / die grossē schwartzen sind gifftig*[3]. In dieser Aussage werden unterschiedliche Grade der eigenen Festlegung auf die Wahrheit des Behaupteten durch performative Verben expliziert: *ich weiß / das sie in Weyhern gefunden werden / mich beduncket sie seynd etwas grûner Farb...* Aber auch ohne das Vorhandensein eines performativen Verbs kann eine Aussage als repräsentativer Sprechakt klassifiziert werden, sobald mit ihr etwas über die Welt behauptet wird, von dem man angeben kann, ob es wahr oder falsch ist; in unserem Beispiel etwa die Aussage: *Es seynd etliche Frôsch die man isset* (Typ R II).

1 John R. SEARLE, Eine Klassifikation der Illokutionsakte (in: Sprechakttheorie. Ein Reader, hg. v. Paul KUSSMAUL [= Schwerpunkte Linguistik und Kommunikationswissenschaft 17, 1980]), S. 82–108; zuerst erschienen als: A classification of illocutionary acts (in: Language in Society 5, 1976), S. 1–23.
2 SEARLE (wie Anm. 1), S. 92f.
3 Vgl. Aus Kochbüchern des 14. bis 19. Jahrhunderts. Quellen zur Geschichte einer Textart. Unter Mitarbeit von Renate ERTL und Angelika SCHMIDT hg. v. Hugo STOPP (= Germanische Bibliothek. 7. Reihe: Quellen zur deutschen Sprach- und Literaturgeschichte, 1980), E 20,2–5. (Rezepte aus diesem Werk werden im folgenden stets mit dem Großbuchstaben für das entsprechende Kochbuch, der Rezeptnummer und der Zeilenzahl zitiert. Gegenüber dem Abdruck werden s und ſ nicht unterschieden.)

Während der Sprecher im repräsentativen Sprechakt also mit seiner Aussage seine Worte der Welt anzupassen intendiert, beabsichtigt der Sprecher mit der Direktive, den Hörer dazu zu bewegen, die Welt den Worten anzupassen, indem er den Hörer veranlaßt, das in diesem Sprechakt Ausgedrückte zu tun. So fordert ein 1691 in Nürnberg gedrucktes Kochbuch unter der Überschrift *Ein junges Hun / wie ein Rebhun zu braten* von seinen Leserinnen und Lesern etwa: *Nehmet ein junges Hun / ertrånckets mit Essig / (...) hångets auf / und lassets verzappeln* (sich zu Tode zappeln) / *rupffets / schneidets auf / nehmets aus / und waschets mit Wein / wůrtzets innen und aussen wohl ein / und setzts ůber Nacht in Keller / (...) steckets dann an / und bratets wie ein ander Hun / und machet eine Brůh darůber nach belieben*[4]. Der Rezeptleser oder die Leserin soll hier also veranlaßt werden, ein junges Huhn auf eine bestimmte Art und Weise zuzubereiten, also durch gewisse Bearbeitungsprozesse in der Welt Vorhandenes zu verändern. Der anonyme Autor gibt dazu direkte Handlungsanweisungen.

Es sei hier beiläufig erwähnt, daß man Searles Kategorien der Klassifikation von Sprechakten als unzulänglich kritisiert hat[5], unter anderem, weil Direktive immer auch Repräsentative seien, da im direktiven Sprechakt der Sprecher den Hörer stets auch über das informiert, was der Sprecher will, daß der Hörer tue – und insofern eine Aussage über einen Teil der Welt macht[6]. Da also mit einem Sprechakt offensichtlich mehrere Illokutionszwecke erreicht werden können, empfiehlt es sich, mit Ballmer[7] nicht von repräsentativen oder direktiven Sprechakten, sondern von repräsentativen oder direktiven Sprechaktkomponenten zu sprechen. Die direktive Sprechaktkomponente überwiegt immer dann in einem Sprechakt, wenn Handlungsanweisungen intendiert sind.

In spätmittelalterlichen Kochrezepten gibt es nun eine ganze Reihe syntaktischer Möglichkeiten, Sprechakte mit überwiegend direktiver Komponente zu realisieren. Die Beispiele, die ich im folgenden dafür geben möchte, beziehen sich auf eine Textbasis von 532 Rezepten aus dem 14. bis 16. Jahrhundert[8]. Die Überlieferung bringt es mit sich, daß die untersuchte Textmenge sich von Jahrhundert zu Jahrhundert etwa verdoppelt: aus dem 14. Jahrhundert stammen 72, aus dem 15. Jahrhundert 159 und aus dem 16. Jahrhundert 301 Rezepte. Die Länge der einzelnen Texte schwankt zwischen 2 und 52 Zeilen, doch kann man davon ausgehen, daß das Gros der Rezepte zwischen 5 und 10 Zeilen lang ist. Die am weitaus häufigsten gebrauchte syntaktische Form ist die 2. Person Singular Imperativ, eine der Grundformen für den Ausdruck eines Befehls, einer Bitte, einer Aufforderung, einer Anwei-

4 Aus Kochbüchern (wie Anm. 3), F 10,1–7.

5 Vgl. etwa L. Jonathan COHEN, Sprechakte (in: Sprechakttheorie, wie Anm. 1), S. 9–52; Thomas T. BALLMER, Probleme der Klassifikation von Sprechakten (in: Sprechakttheorie und Semantik, hg. v. Günther GREWENDORF, 1979), S. 247–274; Dieter WUNDERLICH, Was ist das für ein Sprechakt? (in: Sprechakttheorie und Semantik), S. 275–324.

6 BALLMER (wie Anm. 5), S. 257.

7 BALLMER (wie Anm. 5), S. 265; auch Gisela HARRAS, Handlungssprache und Sprechhandlung. Eine Einführung in die handlungstheoretischen Grundlagen (1983), S. 212.

8 Textgrundlage: Aus Kochbüchern (wie Anm. 3), No. A–E; statt No. D aber: Das Kochbuch der Sabina Welserin. Hg. v. Hugo STOPP. Mit einer Übersetzung von Ulrike GIESSMANN (= Germanische Bibliothek. 4. Reihe: Texte, 1980). Ferner: Wilhelm WACKERNAGEL, Kochbuch von Maister Hannsen des von Wirtenberg Koch (in: ZDA 9, 1853), S. 365–373. [Anton] BIRLINGER, Ein alemannisches Büchlein von guter Speise (in: Sitzungsberichte der königlichen Bayerischen Akademie der Wissenschaften zu München 2, 1865), S. 171–206.

sung, eines Wunsches[9] (Typ D I). Sie ist in den untersuchten Rezepten seit dem »Buoch von guoter spîse« (aufgezeichnet um 1345/47)[10] bis zum Ende des 16. Jahrhunderts im Kochbuch der Anna Wecker (1598) die am weitaus häufigsten auftretende Form der Anrede. So heißt es etwa im »Bouch von guoter spîse« in einem Rezept für gebratenen Aal: *Nim frische ele vn̄ wasche in abe den slim · mit kalter aschen loͤse in abe die hut bi dem haubte vn̄ zvͤch die nider biz an den zagel · hacke salbey vn̄ petersilien · vn̄ tuů dar zvͦ gestoͤssen ingeber pfefer · enis vn̄ saltz zvͦ mazzen wirf vf die ele · vn̄ zvͤhe die hut wider vͤber besprenge die ele vzzene mit saltze vn̄ brat sie gar vf eme hvͤlzinē rost vn̄ gib sie hin*[11].

Imperativ Singular wird aber nicht nur für Anweisungen zum Herstellen oder Servieren von Gerichten gebraucht, sondern auch für solche die sich auf das Konservieren beziehen. So weist der anonyme Autor der »Kuchemaistrey« seine Leser an, eine Sülze aus Innereien in einem großen Zuber so zu lagern, daß sie vor Katzen sicher sei: *vnd behalt die in einem keler vor den katzen*[12]. Auch im handschriftlichen Kochbuch der Sabina Welserin von 1553 gibt es noch eine Reihe von Rezepten, die ausschließlich den Imperativ der 2. Person Singular verwenden, so etwa das Rezept No. 163 *Niernberger lezelten zú machen,* das mit 52 Zeilen das längste aller untersuchten Rezepte ist und im Unterschied zu den meisten anderen sogar Mengenangaben – wenn auch zum Teil nicht ganz nachvollziehbare – enthält. Das Rezept

9 Vgl. dazu Duden Grammatik der deutschen Gegenwartssprache. 3., neu bearb. u. erw. Aufl. (= Der Duden in 10 Bänden, Bd. 4, 1973), S. 220–229. Ferner Hennig BRINKMANN, Die deutsche Sprache. Gestalt und Leistung. 2., neu bearb. u. erw. Aufl. (1971), S. 366–368; Johannes ERBEN, Deutsche Grammatik. Ein Abriß. 11., völlig neu bearb. Aufl. (1972), § 183.

10 Daz buoch von guoter spîse. Abbildungen zur Überlieferung des ältesten deutschen Kochbuches, eingeleitet u. hg. v. Gerold HAYER (= Litterae 45, 1976), S. 6. Vgl. auch: Die Lieder Reinmars und Walthers von der Vogelweide aus der Würzburger Handschrift. I. Faksimile. Mit einer Einführung v. Gisela KORNRUMPF (1972), S. 11.

11 Aus Kochbüchern (wie Anm. 3), A 32,2–6; das Zeichen wurde zu *-er* aufgelöst. Die für uns ungewohnte und nicht zwingend notwendige Aufforderung, das beschriebene Gericht zu servieren, dient besonders häufig im »Buoch von guoter spîse«, aber auch noch im ersten gedruckten deutschsprachigen Kochbuch, der »Kuchenmeysterey« von 1485, als eine Art Schlußformel einzelner Rezepte: *gibz hin,* heißt es da immer wieder, oder: *setz es fur* oder *gib es dar* (vgl. etwa: Aus Kochbüchern [wie Anm. 3], A 9,8 f.; 11,4; 12,8; 13,13; 14,11; 17,10; 18,8; 19,4; 20,11; 22,6; 27,9; 34,10 f.; 36,5; 37,6; 38,5; B 17,5 f.; 35,7; 46,4; 50,7; 51,8). Zur Datierung des Erstdrucks vgl. Kuchenmeysterey (Passau: Johann Petri, um 1486). In Abbildung hg. v. Rolf EHNERT (= Litterae 71, 1981), S. IV; ebenso Hans WISWE, Kulturgeschichte der Kochkunst. Kochbücher und Rezepte aus zwei Jahrtausenden mit einem lexikalischen Anhang von Eva HEPP (1970), S. 44. (In dem Sammelband Aus Kochbüchern [wie Anm. 3], S. 169, lautet der Titel »Kuchemaistrey«; daher wird er im folgenden in dieser Schreibweise zitiert.) Im »Buoch von guoter spîse« geht der Aufforderung, das Gericht zu servieren, verschiedentlich die Ermahnung voran, das Gericht nicht zu versalzen: *versaltz niht vn̄ gibz hin* (vgl. z. B. Aus Kochbüchern [wie Anm. 3], A 10,5 f.; 16,7; 23,5 f.; 26,9; 48,7. Die Ermahnung, das Gericht nicht zu versalzen, tritt auch allein auf, z. B. A 33,10 f.; 39,5; 44,5; 45,5; 53,5; 55,7; 70,5; 71,5 f.) Die Tatsache, daß zwar häufig vor dem Versalzen, aber niemals vor dem Überwürzen gewarnt wird, ist wohl unter anderem auch darauf zurückzuführen, daß vor allem in stadtbürgerlichen Haushalten – und für einen solchen ist das »Buoch von guoter spîse« aufgezeichnet worden (zu Michael de Leone vgl. KORNRUMPF [wie Anm. 10], S. 9–11) – in Ermangelung von Frischfleisch häufig Pökelfleisch verwendet wurde, dessen Salzgeschmack durch Salzen nicht noch verstärkt, sondern durch kräftiges Würzen eher übertönt werden sollte; vgl. dazu Reay TANNAHILL, Kulturgeschichte des Essens. Von der letzten Eiszeit bis heute (1979), S. 194 f. Große Mengen sind wohl auch nicht zuletzt deshalb vor allem von orientalischen Gewürzen verwendet worden, weil diese durch die langen Handelswege einen großen Teil ihrer Würzkraft eingebüßt hatten.

12 Aus Kochbüchern (wie Anm. 3), B 25,5 f.

beginnt: *Nim ain masß honig / thús jn ain grosse pfanen, verfoms woll* (schäume ihn gut ab) *vnnd lasß ain gúte weil sieden, thú 1½ pfúnd zúcker dran, riers fúr vnd fúr mit ainer hiltznie spatel vnnd lasß also lang sieden / als lang man ain bar air seúdt…*[13]. Neben dem Imperativ Singular tritt aber in anderen Rezepten der Sabina Welserin auch die 2. Person Plural Imperativ auf (Typ D III), so etwa im Apfelpfannkuchenrezept No. 74: *Schelt die epffel vnnd thiet die bútzen saúber heraús vnnd hackt klain, thiet 3 oder 4 airtetter* (Eidotter) *darúnder vnnd ain púterschmaltz lasß jn ainem pfendlin zergen vnnd geúsß an die eppfel vnnd thú rerlach* (Zimt), *zúcker, jmber darein vnnd lasß bachen, rests* (röste sie = die Äpfel) *vor jn ainem schmaltz, ee dús hackest*[14]. Einige Rezepte sind auch durchgängig im Imperativ der 2. Person Plural gehalten (Typ D II), so etwa No. 186, eine Spinattorte: *Nempt spinet, briet jn vnnd hackt jn vnnd reibt barmisankesß darúnder, ain wenig pfeffer, klaine weinberlen / ain zergangen púter darúnder, saltzts vnnd bachts / vnnd macht ain torta daraús / wie man pfligt die torta mit deckine zú machen*[15].

Sehr häufig werden die Anweisungen in spätmittelalterlichen Kochbüchern mit einem Konditionalsatz mit oder ohne einleitende Konjunktion (Typ D V) oder, seltener, in der Form eines Relativsatzes (Typ D VI + VII) eingeführt[16]. Die spätmittelalterlichen Kochrezepte nehmen damit eine Form auf, die in deutschen medizinischen und technischen Rezepten üblich war und sich aus lateinischen Vorbildern herleitete[17]. Im »Buoch von guoter spîse« stellt sich diese Form wie folgt dar: *Wilt du machen ein nůzzemůs · so nim nůzze kern · vn̄ stŏz die cleine · vn̄ slahe sie durch ein tůch mit eyner sůzzen zamen milich* (geronnenen Milch)[18].

Mit den Konjunktionen *wenn*, *so* oder *als* eingeleitete Sätze können dabei häufig auch als Temporalsätze aufgefaßt werden. Unabhängig davon, ob der Konditionalsatz mit oder ohne einleitende Konjunktion auf den Willen, die Absicht oder die Tätigkeit einer Person oder auf den Zustand einer Sache bezogen ist, gibt der übergeordnete Satz in den allermeisten Fällen eine direkte, das heißt imperativische Handlungsanweisung (Typ D V); so etwa in der »Kuchemaistrey«: *Item wilt gutte suppen machen. so nym die důrrē ruben brw vn̄ leůter sie schon mit*

13 Das Kochbuch der Sabina Welserin (wie Anm. 8), No. 163,2–5.

14 Ebd., No. 74,2–6.

15 Ebd., No. 186,2–6.

16 Zum Relativsatz in der Funktion eines Konditionalsatzes vgl. Hermann PAUL, Mittelhochdeutsche Grammatik. 22., durchges. Aufl. v. Hugo MOSER, Ingeborg SCHRÖBLER, Siegfried GROSSE (= Sammlung kurzer Grammatiken germanischer Dialekte. A. Haupteihe No. 2, 1982), § 347.

17 Vgl. dazu Gundolf KEIL, Die mittelalterliche Übersetzung vom Harntraktat des ›Bartholomäus‹ (in: Sudhoffs Archiv 47, 1963), S. 417–455, bes. S. 423 f.; Gundolf KEIL, Peter von Ulm (Diss. Heidelberg 1969); (= Die ›Cirurgia‹ Peters von Ulm [= Forschungen zur Geschichte der Stadt Ulm 2, 1961], S. 68 ff.); Peter ASSION, Altdeutsche Fachliteratur (= Grundlagen der Germanistik 13, 1973), S. 33; Emil Ploss, Studien zu den deutschen Maler- und Färberbüchern des Mittelalters (Diss. München 1952), S. 17–21; Dietlinde GOLTZ, Studien zur altorientalischen und griechischen Heilkunde. Therapie – Arznei – Rezeptstruktur (= Sudhoffs Archiv, Beiheft 16, 1974), S. 17–24; J. TELLE, Das Rezept als literarische Form (in: Medizinische Monatsschrift 28, 1974), S. 389–395; Bernhard Dietrich HAAGE, Zum hypothetischen Rezepteingang im Arzneibuch des Erhart Hesel (in: Fachprosa-Studien. Beiträge zur mittelalterlichen Wissenschafts- und Geistesgeschichte, hg. v. Gundolf KEIL im Zusammenwirken mit Peter ASSION, 1982), S. 363–370, bes. S. 364–369; B II, Typ I–III sowie Anm. 23 und Anm. 30.

18 Aus Kochbüchern (wie Anm. 3), A 65,2 f.; vgl. auch »Kuchemaistrey« (B 29,2 f.): *wen du die visch bereittest. so behalt dē schweiß vn̄ die schůppē. vn̄ grat;* oder bei Anna Wecker in einem Rezept für gefüllten Hechtdarm (E 18,2 f.): *WAnn du einen fast grossen Hecht hast / so nimb den Darm / wasch jhn schŏn auß / blaß jhn mit einem Rŏrlein auff.*

abseigē oder durch ein tuch in ein pfanne[19]. Dagegen steht in den wenigen Relativsatzgefügen mit konditionaler Bedeutung im übergeordneten Satz häufiger der Konjunktiv der 3. Person Singular Präsens (Typ D VI), so zum Beispiel in der »Kuchemaistrey«: *Wer gutte streůblein* (eine Art Spritzkuchen) *bachē wil der nem ein hantvoll peterlings*[20]. Zwar gibt es, seltener, auch bei dieser Konstruktion Beispiele für eine Fortführung im Imperativ, doch läßt sich diese Verbindung nur bis zum Ende des 15. Jahrhunderts nachweisen, so etwa in der »Kuchemaistrey«: *Item wer einē Al machen wil der zůch im ab dy haut. vñ laß die haut bey dem haupt. schneid in auf. vnd nim dz ingereůsch vñ die gallē auß*[21].

Der Konjunktiv I als mittelbare Form der Aufforderung[22] (Typ D VIII), die in den Kochbüchern des 19. Jahrhunderts ihre markanteste Ausprägung in der Man-nehme-Formel fand[23], begegnet in spätmittelalterlichen Kochbüchern noch auffallend selten: nur das »Buoch von guoter spîse« bietet einen Beleg: *man neme gefůge hechede vñ schůpe die vñ lôse in abe den darm zů dñ ôren vz*[24]. Bezeichnenderweise beginnt dieses Rezept mit einer anderen Art indirekter Aufforderung[25]: *Gefůlte Hechde sol man also machen*; und es wird fortgesetzt mit dem üblichen Imperativ der 2. Person Singular: *nim vische welher kůnne* (Art) *si sin...*[26].

In einer ganzen Reihe von Fällen übernehmen Modalverben die Aufgabe, den direktiven Charakter der Aussage auszudrücken (Typ D IX). Dabei ist zu unterscheiden zwischen *mügen, müezen, suln* und vereinzelt auch *dürfen* + Negation[27]. *Mügen* enthält neben dem Aspekt des objektiven Vermögens oder Könnens fast immer auch die Komponente der subjektiven Wahlfreiheit des Rezipienten; so sagt zum Beispiel das alemannische »Büchlein von guter Speise« von einem Spanferkel: *och macht du es füllen wamit du wilt als ain gans*[28];

19 Aus Kochbüchern (wie Anm. 3), B 1,1 f.

20 Aus Kochbüchern (wie Anm. 3), B 40,1; ferner B 13,1; 34,1 f.; A 23,2–5; 60,2 ff.; 61,1 ff.; 62,2–3; 63,2; 66,2–5.

21 Aus Kochbüchern (wie Anm. 3, B 34,1–3; vgl. ferner A 22,2.

22 Erben (wie Anm. 9), §§ 151, 176.

23 Vgl. etwa Hamburgisches Koch-Buch oder vollständige Anweisung zum Kochen für angehende Köche, Köchinnen und Haushälterinnen, besonders aber für Hausfrauen in Hamburg und Niedersachsen. Verfaßt von einigen Hamburgischen Hausfrauen. 8., verm. u. verb. Auflage (Hamburg, Lüneburg 1830. Nachdruck Hildesheim, New York 1980), Abschnitt II, No. 3,1; 46,1; 72,1; 73,1; 74,1; 78,1. Zur Konstruktion *man* + Indikativ in spätmittelalterlichen Kochbüchern vgl. unten S. 270 und Anm. 60.

24 Aus Kochbüchern (wie Anm. 3), A 31,1 f. Bis zum Ende des 16. Jahrhunderts findet sich in den untersuchten Texten in Anna Weckers Kochbuch nur ein Beispiel, das jedoch auch auf einen Druckfehler zurückzuführen sein könnte, da es innerhalb einer Reihe von Indikativen + *man* steht; E 20,5–9: *Nun die* (ergänze: Frösche) *schneid man von einander wie ein Hasen / das hinder von dem fôrdern / zeucht jhnen die Haut ab / vnd wirffts eine weil in frisch Wasser / darnach trockne man sie mit einem weissen tuch / dann besprengt man sie mit gutem Essig vnnd Saltz / milbts wie andere Fisch / vnnd bâchts.* Ein weiteres Beispiel steht bei Sabina Welserin, allerdings in einem Finalsatz, der selbst in eine Reihe von 2. Person Plural Imperativ-Sätzen eingefügt ist, vgl. Das Kochbuch der Sabina Welserin (wie Anm. 8), No. 180,4.

25 Vgl. dazu Duden Grammatik (wie Anm. 9), § 230, No. 13: Modalverben; Erben (wie Anm. 9), §§ 179–181.

26 Aus Kochbüchern (wie Anm. 3), A 31,2 + 31,3 f. Es liegt also ein Fall von syntaktischer Dissimilation vor (vgl. Mittelhochdeutsche Grammatik [wie Anm. 16], § 383e), wie er auch in mittelalterlichen medizinischen Rezepten üblich ist; vgl. Haage (wie Anm. 17), S. 369.

27 Zur semantischen Breite der Modalverben vgl. Mittelhochdeutsche Grammatik (wie Anm. 16), § 172; Erben (wie Anm. 9), §§ 179–181; Duden-Grammatik (wie Anm. 9), §§ 132–141. Vgl. ferner Otto Behaghel, Deutsche Syntax, Bd. 2 (= Germanische Bibliothek. 1. Reihe: Grammatiken, 1924), § 679.

28 Alemannisches Büchlein von guter Speise (wie Anm. 8), No. 17,8 f.

Maister Hannsen fügt einem Rezept für einen feuerspeienden Wildschweinkopf die Bemerkung an: *Als magstu auch ainen haimyschen schweins kopff* (das heißt einen Kopf von einem Hausschwein) *machen*[29]. Besonders bedacht darauf, dem Leser oder der Leserin Varianten anzubieten, ist Anna Wecker; bei ihr heißt es etwa am Ende eines Rezeptes für Hühnerpastete: *In dem Sommer magstu die sawren Drauben oder Stichbeer darzu nemen / pfeffers vnd Wůrtz es. Vnd also magstu die Hůner je also dann also* (je nachdem) *machen / dann,* so fügt sie als erfahrene Hausfrau hinzu, *wo man der sachen vil kocht / muß man es jmmer verǻndern / so auch in andern trachten*[30]. Variatio delectat – also auch in der Küche!

Das Modalverb *müezen* hält dem Rezipienten die nach Einschätzung des Sprechers objektive Notwendigkeit einer Handlung vor Augen. Eine gewisse Vorliebe für dieses Modalverb in der Anrede hat eigentlich nur Balthasar Staindl von Dillingen in seinem 1544 in Augsburg gedruckten Kochbuch entwickelt; so heißt es bei ihm in einem Rezept für ein eingelegtes Huhn: *ein faiste můst auch vnderhackē* (etwas Fett mußt du auch hacken und daruntermischen)[31]. Auch das Modalverb *suln* betont die Notwendigkeit einer Handlung, doch vermag es dadurch, daß es zur Umschreibung des Imperativs dienen kann, die Aussage zugleich auch als entschiedene Forderung des Sprechers darzustellen[32]. In der Anrede der 2. Person Singular (Typ D IX) tritt *suln* relativ selten auf, doch wird dann die Anweisung meist im Imperativ Singular fortgesetzt, so etwa in einem Rezept für ein Barschmus aus dem »Buoch von guoter spîse«: *Ein gebacken můs von vischen dar zv̊ solt du nemen ein berisch gebeizt in ezzig · vn̄ wirf in dēne in milich die do si von mandel gemachet*[33]. *du solt* kann auch in einer Reihe von *man sol*-Konstruktionen stehen, wie in einem Lebersaucenrezept des »Buoches von guoter spîse«: *Man sol nemen ein lebern vn̄ herte eyer die sol man stőzzen in eime mőrser· vn̄ daz sol man mengen mit luterm tranke oder mit wine oder mit ezzige vn̄ sal es malen in einer senfmůlen vn̄ nem zwiboln die solt du sÿden mit smaltze oder mit őle daz sol man giezzen v̊ber vische oder v̊ber wiltpret*[34].

In allen bisher beschriebenen Fällen kam der direkte Charakter der Aussage entweder direkt durch die Form des Verbs oder durch den semantischen Gehalt des Modalverbs zum Ausdruck[35]. Da der Rezipient dabei stets direkt angesprochen wurde, kann man diese Satztypen als direkte Direktiven bezeichnen. Neben diesen direkten Handlungsanweisungen gibt es aber eine Reihe von indirekten, das heißt den Rezipienten nicht unmittelbar anspre-

29 Maister Hannsen (wie Anm. 8), No. X,16f.

30 Aus Kochbüchern (wie Anm. 3), E 8,15–18.

31 Aus Kochbüchern (wie Anm. 3), C 11,9; ferner C 2,7; 8,9f.; 16,6f.; 20,8; 39,2f.; 39,5; 40,25; 44,2; 44,5f.; 52,6.

32 Vgl. Mittelhochdeutsche Grammatik (wie Anm. 16), §§ 172, 309; ferner HARRAS (wie Anm. 7), S. 201.

33 Aus Kochbüchern (wie Anm. 3), A 39,2f.; ferner E 33,4f.; Alemannisches Büchlein von guter Speise (wie Anm. 8), No. 13,5f.; 51,1; S. 201 *Verli beraiten,* Z. 1; *Ain pastet zuo machen,* Z. 7f.; Maister Hannsen (wie Anm. 8), No. III,2f.; XI,9f.; XI,17f. Die 2. Person Singular Indikativ Präsens fehlt so gut wie ganz bei Sabina Welserin, in der »Kuchemaistrey« sowie bei Balthasar Staindl von Dillingen; bei Sabina Welserin (wie Anm. 8) finden sich jedoch vier Beispiele für 2. Person Plural Indikativ Präsens von *suln*: No. 68,9; 69,9; 190,8; 193,4.

34 Aus Kochbüchern (wie Anm. 3), A 1,2–6.

35 Über indirekte Sprechakte am Beispiel von Auffordern vgl. HARRAS (wie Anm. 7), S. 199–203; ferner John R. SEARLE, Indirekte Sprechakte (in: Sprechakttheorie [wie Anm. 1]), S. 127–150, bes. S. 132–142; zuerst erschienen als: Indirect speech acts (in: P. COLE, J. L. MORGAN (Hg.), Syntax and Semantics, Vol. 3: Speech Acts, New York 1975), S. 187–210.

chenden Direktiven. Dies ist zum Beispiel der Fall, wenn die Modalverben mit dem Indefinitpronomen *man* (Typ D X) oder mit gegenständlichem Subjekt (Typ D XI) verwendet werden. Sätze vom Typ *man mac/man muoz/man sol* legen dabei den Ton auf die Verpflichtung des Rezipienten, so etwa im »Buoch von guoter spîse« am Ende einer Fischpastete: *Also mac man auch hůnre machē auch fleisch oder wilprete oder ele oder voͦgele*[36]. Bedingt durch den semantischen Gehalt des Verbs hebt besonders die *man-muoz*-Konstruktion auf die Verpflichtung des Rezipienten ab, so etwa in einem Rezept des Balthasar Staindl von Dillingen: *Stockuisch můß man bleüwen / vnnd stuck machen / vnd die stuck binden mit ainem faden / das nit vō ain anderfelt / vnd wåssern*[37]. Die Kombination von *suln* mit dem Indefinitpronomen *man* tritt vor allem im »Buoch von guoter spîse« und bei Sabina Welserin recht oft auf, während sie etwa bei Maister Hannsen ganz fehlt. Diese Kombination ist meistens umgeben von Imperativen der 2. Person Singular (oder bei Sabina Welserin: Plural), zum Beispiel im »Buoch von guter spîse« in einem Süßspeisenrezept: *Man sol nemen ein phunt mandels · vn̄ sol mit wine die milich uz stoͦzzen · vn̄ kirsen en phunt · vn̄ slahe die durch ein sip · vn̄ tů die kirsen in die milich · vn̄ nim ein vierdung rises dē sol man stoͦzzen zoͦ mele · vn̄ tů daz in die milich*[38].

Wenn die Sache, die behandelt werden soll, in Sätzen mit Modalverben zum Subjekt wird (Typ D XI), erscheint die Notwendigkeit von Handlungen stärker objektiviert: *wan̄ ein hafen vol ist / můß* (ergänze: die Weichselkirschensauce) *so lang einsieden / das das viertel einseüt*[39]. Dieser Form objektiver Notwendigkeit bedient sich auch Sabina Welserin verschiedentlich; in einem Rezept für Weichselkirschenbeignets heißt es am Ende beispielsweise: *das schmaltz músß woll hais sein*[40]. Auch bei dem Modalverb *suln* liegt der Akzent stärker auf der Notwendigkeit der Handlung als auf der Verpflichtung des Rezipienten, wenn die Sache zum Subjekt gemacht wird; so sagt Anna Wecker von einer Hühnerbrühe, die mit Eigelb abgerührt wird: *(laß nicht mehr sieden /) die brůh sol zuvor sieden*[41]. Mit *suln* und gegenständlichem Subjekt kann auch die erwünschte oder notwendige Beschaffenheit einer Zutat oder eines Geräts genannt werden: so fordert der Autor der »Kuchemaistrey« von einem Topf, in dem Geflügeleingeweide als Füllung zubereitet wird: *der hafen sol weit sein das es nit an brin*[42].

36 Aus Kochbüchern (wie Anm. 3), A 30,8 f.; ferner 29,4 f.; B 20,5 f.; 20,8; 39,2 f.; 39,5; 40,25; 44,2; 44,5 f.; 52,6.

37 Aus Kochbüchern (wie Anm. 3), C 33,2 f.; vgl. ferner C 22,11; B 8,1 f.; E 20,14; häufig auch im Kochbuch der Sabina Welserin (wie Anm. 8), No. 2,23; 24,7; 33,14; 36,3 f.; 42,6 f. + 8; 66,7; 90,7 f., 178,3–7; 180,22 + 24; 181, 39 f.; 195,8 f., 198,12; 202,5 + 8 f.; 202,15–19; 205,6. Die Kombination fehlt aber im »Buoch von guoter spîse« ebenso wie im »Alemannischen Büchlein von guter Speise« und bei Maister Hannsen.

38 Aus Kochbüchern (wie Anm. 3), A 48,2–5. Daß es sich bei *slahe* (48,3) und *tů* (48,4) um Imperative handelt, kann man aus der Form des dritten angereihten Verbs erschließen, die eindeutig als Imperativ der 2. Person Singular zu erkennen ist: *nim* (48,4). Vgl. ferner Sabina Welserin in einem Rezept für Mandelkuchen (wie Anm. 8), No. 180,3–7: *Last den mandel klainstossen, ain zúcker drunder / ain siesse milch oder ram, ain weisß von 4 airen, vnnd thiet zúcker daran / macht ain torta daraús vnnd lasts bachen, dirfft aber kain deckin daribermachen, man solls kalt geben.*

39 Aus Kochbüchern (wie Anm. 3), C 2,6 f.; ferner C 16,5; 20,7; 29,8; 38,2 f.

40 Das Kochbuch der Sabina Welserin (wie Anm. 8), No. 165,8; ferner 166,8; 176,7; 180,6 f.; 181,47; 198,18; 205,19 f. Dagegen tritt *müezen* in der Anrede bei ihr nur einmal auf: 182,8.

41 Aus Kochbüchern (wie Anm. 3), E 2,6 f.

42 Aus Kochbüchern (wie Anm. 3), B 15,13; vgl. auch 49,5; E 15,3 f.; 16,10; 22,9 f.; 23,10–12; 25,7.

Es gibt nun aber, vor allem im Kochbuch der Sabina Welserin, eine Reihe von Verbformen, die sich nicht eindeutig bestimmen und deren syntaktische Funktionen sich daher nicht sicher kategorisieren lassen. In einem Rezept für ein Lebergericht heißt es beispielsweise: *So nempt ain leberlin von ainem lemlin vnnd schneiden sticklen jn gresse wie kalbsmillichlach vnnd schlagens vmb ain ýedlichs ain lamsnetzlin vnnd steck es an ain spisslin vnnd brat es aúff ainem rost wie spisßvegellen*[43]. Die Formen *schneiden* und *schlagen* können in einem Text des 16. Jahrhunderts verstanden werden als Infinitive, als 1., 2. oder 3. Person Plural Indikativ[44]) oder Konjunktiv Präsens, als 2. Person Plural Imperativ (da dessen Form mit der der 2. Person Plural Indikativ Präsens identisch ist[45]) oder als Adhortativ der 1. Person Plural.

Von diesen Möglichkeiten ist der Adhortativ der 1. Person Plural mit ziemlicher Sicherheit auszuklammern, weil sich ansonsten keine Formen der 1. Person Plural im Text finden lassen und weil die fraglichen Formen meist in Reihungen von Imperativen (Singular oder Plural) stehen. Zu denken wäre schon eher an einen Konjunktiv der 2. oder 3. Person Plural, bei dem, wenn er die Funktion eines Imperativs hat, das Personalpronomen fehlen kann[46]. Möglich erscheint auch, die Form als von der ostalemannischen Normalform auf *-(e)t* abweichenden Imperativ der 2. Person Plural zu deuten; hierfür spricht vor allem die Einreihung der fraglichen Formen in andere Imperative und die Spitzenstellung des Verbs, wie sie den Imperativ kennzeichnet. Denkbar wäre allerdings auch, daß es sich bei diesen Formen um Infinitive handelt, die, weil sie die Funktion des Imperativs erfüllen, die Spitzenposition im Satz einnehmen, im Gegensatz zu den heute üblichen Infinitiven mit Aufforderungsfunktion[47], die stets an das Ende des Satzes treten, wie zum Beispiel in einem Kalbsnierenrezept aus dem Jahre 1977: *Eine dem Braten entsprechende große schwere Pfanne bei mittlerer Einstellung auf dem Ofen erhitzen*[48]. Nur in drei Fällen erscheinen auch bei Sabina Welserin die fraglichen Verbformen am Ende des Satzes, so etwa in einem Rezept für Genueser Torte: *Nempt 36 lott mangoldt oder spinetkraút, 6 lott geriben kesß, 5 lott bamel* (Olivenöl), *12 lott*

43 Das Kochbuch der Sabina Welserin (wie Anm. 8), No. 21,2–5.

44 Zum *-n*-Ausgleich der 3. Person Plural Indikativ Präsens vgl. Mittelhochdeutsche Grammatik (wie Anm. 16), § 155, Anm. 4, sowie Werner Besch, Sprachlandschaften und Sprachausgleich im 15. Jahrhundert. Studien zur Entstehung der neuhochdeutschen Schriftsprache (= Bibliotheca Germanica 11, 1967), S. 312 f. und Karte S. 311; Historischer südwestdeutscher Sprachatlas. Aufgrund von Urbaren des 13. bis 15. Jahrhunderts. Von Wolfgang Kleiber, Konrad Kunze, Heinrich Löffler. Bd. I: Text. Bd. II: Karten (1979), I, S. 303 f., und II, Karten 212, 213. Zum Ausgleich auch der 2. Person Plural Indikativ Präsens auf *-en* vgl. den im Druck befindlichen Band »Verbflexion« der Frühneuhochdeutschen Grammatik; für mündliche Auskunft dazu danke ich Dr. Wolfgang Hoffmann, Bonn. Belege für den langsam sich vollziehenden Ausgleich der 2. Person Plural Indikativ Präsens auf *-en* finden sich etwa auch bei Heinrich Steinhöwel, vgl. Ursula Hess, Heinrich Steinhöwels ›Griseldis‹. Studien zur Text- und Überlieferungsgeschichte einer frühhumanistischen Prosanovelle (= MTU 43, 1975), S. 195, Z. 122–124: *die söllen ir eren, die söllen ir lieb haben vnd ob ir mich liebhaben, so habent die für die aller türisten und besten.*

45 So mündliche Auskunft von Dr. Wolfgang Hoffmann unter Hinweis auf den im Druck befindlichen Band »Verbflexion« der Frühneuhochdeutschen Grammatik.

46 Mittelhochdeutsche Grammatik (wie Anm. 16), § 270a; hier allerdings nur Beispiele für fehlendes Pronomen der 3. Person Singular Konjunktiv Präsens.

47 Vgl. dazu Duden Grammatik (wie Anm. 9), § 230, No. 8; Erben (wie Anm. 9), § 187; Brinkmann (wie Anm. 9), S. 367; Virginia M. Coombs, Die Stunden genießen as speech act (in: German Quarterly 53, 1980), S. 199–212. Johannes Erben, Sprechakte der Aufforderung im Neuhochdeutschen (in: Sprachwissenschaft 8, 1983), S. 399–412, bes. 404 f.

48 Klaus Besser, Die 100 besten Rezepte der großen Köche Europas (1977), S. 112, No. 4.

gerente milich, das keslin daúon (Weißkäse von 12 Lot geronnener Milch), *vnnd das kraút brien* (überbrühen), *aúch klainhacken vnnd als vnnderainanderrieren vnnd ain torta daraús machen mit ainer deckin*[49]. In diesen Fällen scheinen frühe Vorläufer des heute durchaus gebräuchlichen Infinitivs mit Aufforderungsfunktion (Typ D XII) vorzuliegen.

Von einer weiteren Möglichkeit, die Zubereitung eines Gerichts zu beschreiben, nämlich der des passivischen Ausdrucks (etwa: die Gans *wird* gerupft, gewürzt, gebraten..., Typ D XIII), machen die spätmittelalterlichen Kochbücher so gut wie gar nicht Gebrauch. Allenfalls in den Temporalsätzen oder den Konditionalsätzen mit oder ohne einleitende Konjunktion findet sich eine solche Passivfügung verschiedentlich, doch fährt der übergeordnete Satz, wie bereits erwähnt, dann meist im Imperativ fort, so daß von einer durchgängig passivischen Konstruktion nicht die Rede sein kann. So sagt etwa Balthasar Staindl von Dillingen von Kalbspasteten: *Wañs also gefüllt seind / laß ain halbe stund bachen*[50]. Ansätze zu solch passivischer Konstruktion scheinen vorzuliegen in einer Reihe von satzwertigen Partizipia Präteriti (Typ D XIV), die meistens umgeben sind oder weitergeführt werden mit Imperativen. So heißt es beispielsweise in der »Kuchemaistrey«: *Die anderñ kuchlein von der lungē die mach also. das hertz vnd miltz wol gehackt vnd mit herten ayren wol gestossen in einem morsser vñ geribē leckuchē darunter ein wenig saltz so sein sie genug gemacht. den knit mit rohē ayren vñ mach kugelei darauß die seud als hůner*[51]. Doch es scheint, als gehe diese Ausdrucksmöglichkeit wieder verloren: Am häufigsten ist sie im »Buoch von guoter spîse« anzutreffen, nur selten noch bei Sabina Welserin, und bei Anna Wecker fehlt sie schließlich ganz[52].

Einer Reihe von Indikativsätzen (Typ D XV) ist auf den ersten Blick nicht anzusehen, inwiefern auch sie zum direktiven Charakter der Aussage beitragen. Da heißt es im »Buoch von guoter spîse« etwa: *dise salse ist gůt zů scheffinem bratē · vñ zů hůnrē. vñ zů* vischen · vñ *heizet agraz* (saure Brühe)[53], oder in der »Kuchemaistrey«: *Also hastu den teigk vnd krapffen fůl* (den Teig und die Füllung für Krapfen) · *ob du die maß recht kanst treffen so bistu ein gutter koch*[54], oder bei Balthasar Staindl von Dillingen: *Solliches essen ist gůtt den Kindbeterin*

49 Das Kochbuch der Sabina Welserin (wie Anm. 8), No. 30,2–6; ferner 32,1–5 sowie der Einschub 181,31: *nit voll villen.* Bemerkenswert ist dabei, daß in No. 32,1–5 kein Imperativ erscheint.

50 Aus Kochbüchern (wie Anm. 3), C 18,8. Vgl. auch Anna Wecker in einem Rezept für (Kalbs-)hirn (E 14,2): *so dasselbige von der Haut gereiniget / so thu es in einen tiegel oder kachel / wie mans nennet / zum Fewer.* Zum Ausdruck der Vorzeitigkeit wird das Passiv benutzt im »Buoch von guoter spîse« (A 39,3 f.): *(milich) die do so von mandel gemachet · mit ris mele wol gemenget · vñ ein wenic smaltzes dor ī geton.*

51 Aus Kochbüchern (wie Anm. 3), B 25,1–4; das Zeichen wurde zu *-er* aufgelöst. Zur Verwendung satzwertiger Partizipia in medizinischen Rezepten vgl. HAAGE (wie Anm. 17), S. 369.

52 Vgl. Aus Kochbüchern (wie Anm. 3), A 10,2–4; 24,2–5; 24,6–10; 24,12–14; Vorzeitigkeit implizierend 39,3 f.; 40,2–6; 46,2–4; 55,2–7; 56,2–4; 64,2–4; 65,3–5; B 16,13 f.; 21,4–7; 23,4–7; 28,4 f. + 6 f.; 33,12 f.; 33,16–18; Vorzeitigkeit implizierend 50,3–5; C 6,4–13; 7,2–5; 12,7–9; 14,4–7; 16,4–6; 19,3–7; 30,18–21; 34,2–7; Alemannisches Büchlein von guter Speise (wie Anm. 8), No. 30,1–3; Das Kochbuch der Sabina Welserin (wie Anm. 8), No. 132,6–6; 176,2–8; 188,5–7; 202,14 f.; 204,2–5. Zuweilen sind die Partizipia Präteriti nicht von Imperativen, sondern von Modalverbkonstruktionen umgeben, die ebenfalls den direktiven Charakter der Aussage bestimmen.

53 Aus Kochbüchern (wie Anm. 3), A 2,3 f.

54 Ebd., B 22,10 f.

(Wöchnerinnen) / *oder Aderlassern / gar gůtt*[55]. Wenn man diese Aussagen einmal genauer ansieht, so erkennt man, daß in ihnen Anweisungen verborgen sind: Gib diese Sauce zu Hammelbraten, Hühnern oder Fisch, heißt das im ersten Fall; gib dieses Gericht Wöchnerinnen oder Leuten, die zur Ader gelassen wurden, deutet das letzte Beispiel an. Etwas komplizierter steht die Angelegenheit im mittleren Beispiel: Du hast jetzt das Rezept, heißt es da zunächst, und das Konditionalgefüge insinuiert die Herausforderung, nun zu erweisen, daß man ein guter Koch sei.

Einen Anreiz, eine indirekte Aufforderung, das beschriebene Gericht zu kochen, stellen auch die zuweilen am Ende auftretenden Qualifizierungen dar (Typ D XV); *daz ist auch gůt*[56], heißt es im »Buoch von guoter spîse«, oder bei Sabina Welserin: *so habt jr aúch ain gůten brie* (so habt ihr auch eine gute Brühe)[57]. Zahlreiche Rezepte der Sabina Welserin enden mit der Bemerkung: *so send sý berait* oder *so send sý gemacht*[58]. Es sind dies vor allem die kürzeren Rezepte, und die Formel soll wohl andeuten: Mehr brauchst du nicht zu machen.

Indikativsätze dienen aber nicht nur zu Aussagen über die besprochenen Gegenstände; sie haben verschiedentlich auch das Indefinitpronomen *man* zum Subjekt (Typ D XVI). Bei Frantz de Rontzier, dessen »Kunstbuch von mancherley Essen« 1598 erschien, ist dies die am häufigsten auftretende Konstruktion; so heißt es etwa in einem Rezept für gefüllte Kalbsbrust: *Die Kelberbrůst lest man gantz / vñ lôset sie auff / fůllet sie vnd sticht sie mit holtzen stecken widerzu*[59]. Diese Form unpersönlicher Sprechweise beschreibt ein zweckgerichtetes Handeln, das in der Welt Vorhandenes verändert, und sie ermöglicht, indem sie das handelnde Subjekt nicht konkretisiert, daß der Leser sich selbst in die Rolle dessen versetzen kann, dessen Handeln beschrieben wird[60]. In diesem Identifikationsangebot scheint die direktive Sprechaktkomponente nur wenig ausgeprägt zu sein. Nun impliziert diese Form unpersönlicher Sprechweise aber zugleich auch eine gewisse Regelhaftigkeit, ein Normverhalten, das das Erreichen des angestrebten Zwecks garantiert: Wenn gewisse Resultate erzielt werden sollen, müssen bestimmte Handlungen ausgeführt werden. Wenn es etwa im »Buoch von guoter spîse« von einem Kirschauflauf heißt: *Concauelit måht man von kirsen von den suren kirsen das sint wiseln* (Weichselkirschen)[61], so läßt sich dies als verkürzte Form eines Bedingungssatzes verstehen, der eine regelhafte Zweck-Mittel-Relation angibt: Wenn man Sauerkirsch-

55 Ebd., C 11,7f.
56 Aus Kochbüchern (wie Anm. 3), A 61,5. Derartige »abschließende Beteuerungsformeln« treten auch in medizinischen Rezepten auf, vgl. Haage (wie Anm. 17), S. 369.
57 Das Kochbuch der Sabina Welserin (wie Anm. 8), No. 6,3f.
58 Das Kochbuch der Sabina Welserin (wie Anm. 8), No. 95,6; 96,6; ferner 9,5; 37,5; 45,3f.; 47,5; 55,5f.; 84,7; 88,7; 89,6; 90,8; 94,7; 103,3; 108,5; 109,5; 113,4; 114,7; 117,7; 119,7; 141,4; 181,52; 205,20f.
59 Kunstbuch von mancherley Essen / Gesotten / Gebraten / Posteten / von Hirschen / Vogelen / Wildtprat / vnd andern Schawessen / so auff Fůrstlichen / vnd andern Pancketen zuzurichten gehôrich: Gestelt durch Den Erbarn vnd Wolerfahren Meister Frantz de Rontzier / Fůrstlichen Braunschweigischen bestalten Mundtkoch. Dergleichen bißhero in druck nicht gesehen. Wolfenbüttel 1598. Faksimile hg. u. mit Kommentar und Glossar versehen v. Manfred Lemmer (München, Leipzig 1979), S. 88. Zur Konstruktion *man* + Indikativ Präsens als gängiger Bauform in Rontziers Rezepten vgl. Frantz de Rontzier: Kunstbuch von mancherley Essen. Kommentar und Glossar v. Manfred Lemmer (München, Leipzig 1979), S. 12.
60 Vgl. dazu Brinkmann (wie Anm. 9), S. 856.
61 Aus Kochbüchern (wie Anm. 3), A 55,2.

auflauf machen will, dann benötigt man dazu saure Kirschen[62]. Identifikation mit der durch das Indefinitpronomen angegebenen Rolle bedeutet für den Rezipienten also die Notwendigkeit, die der Rolle zugeschriebene(n) Handlung(en) nachzuvollziehen, weil dies ein Erreichen des angestrebten Ziels verspricht. Der Kontext aber, also das einzelne Rezept oder das ganze Kochbuch, setzt die Disposition des Lesers in Richtung auf eine mögliche Identifikation bereits voraus; mit anderen Worten: Wer eine Anleitung zum Segeln sucht, wird nicht in ein Kochbuch schauen; wer aber zu einem Kochbuch greift, wird dies tun, weil er auf der Suche nach einem Rezept, vielleicht gar einem Rezept für eine Süßspeise ist – er oder sie wird daher die Bereitschaft zur Identifikation mit der durch die unpersönliche Sprechweise angebotenen Rolle schon mitbringen, er oder sie wird bereit sein, diese Sprechweise als indirekte Handlungsanweisung, als indirekte Direktive, zu verstehen. Das heißt aber, daß Sätzen im Indikativ Präsens mit *man* als Subjekt direktiver Charakter vor allem durch den sprachlichen und den situativen Kontext zuwächst.

Fassen wir zusammen: In spätmittelalterlichen Kochbüchern werden aus dem Reservoir syntaktischer Realisierungsmöglichkeiten für Sprechakte mit überwiegend direktiver Komponente bevorzugt Imperativsätze der 2. Person Singular und Plural gewählt (Typ D I–III), wobei nicht selten in Konditional- oder Temporalsätzen Bedingung und Umstand als Voraussetzung für die imperativisch empfohlene Handlung genannt werden (Typ D V–VII). Selten gebrauchen die Autoren dagegen den Konjunktiv I als syntaktisches Mittel der Empfehlung (Typ D VIII). Außer durch diese beiden syntaktischen Realisationen aber kann dem direktiven Illokutionszweck auch auf semantischer Ebene direkt Ausdruck verliehen werden. In Sätzen vom Typ *du magst, du muost, du solt* (Typ D IX), in denen die direktive Absicht des Autors in der modalen Umschreibung ausgedrückt wird, fungiert die Intention des Autors als Begründung der geforderten Handlung[63].

Neben diesen direkten Sprechakten der Aufforderung erscheint eine Skala von indirekten Sprechakten mit unterschiedlich stark ausgeprägter direktiver Komponente. Während sich der Autor in Sätzen mit Modalverben + 2. Person Singular/Plural aber noch direkt an den Rezipienten wendet, unterbleibt diese direkte Wendung an einen (oder mehrere) Rezipienten in Sätzen vom Typ *man mac, man muoz, man sol(l)* (Typ D X). Der Rezipient ist dort nicht mehr als konkretes Gegenüber, als einzelnes Objekt der Intentionen des Autors im Satz evoziert; statt dessen wird die Begründung der Handlung und die Verpflichtung des Subjekts akzentuiert, wobei die Subjektfüllung aber offen bleibt.

Liegt in diesen Sätzen immer auch noch ein gewisses Gewicht auf der Verpflichtung eines wie auch immer zu konkretisierenden Subjekts, so wird in Sätzen vom Typ *es muoz, es sol(l), es darf nicht* (Typ D XI) von der Verpflichtung eines Subjekts abgesehen, die Sprecherintention erscheint als objektive Bedingung des Handlungsvollzugs. Sollen solche Sätze als Sprechakte mit überwiegend direktiver Komponente verstanden werden, muß der Rezipient schon in eine Situation eingetreten sein, die ihn zur Interpretation dieser Sätze als Direktiven disponiert. Ähnlich verhält es sich auch bei den Sätzen mit Indikativ Präsens und dem Indefinitpronomen *man* (Typ D XVI). Hier fehlt allerdings der Ausdruck einer Sprecherintention; er wird ersetzt durch eine Aussage über eine regelhafte Zweck-Mittel-Relation, deren Anwendung das

62 Vgl. dazu BRINKMANN (wie Anm. 9), S. 856.
63 Vgl. dazu HARRAS (wie Anm. 7), S. 201.

Erreichen des Zwecks oder Ziels verspricht, auf den oder das hin der Rezipient bereits orientiert ist. In Sätzen mit satzwertigen Partizipia Präteriti (Typ D XIV) oder in Passivkonstruktionen (Typ D XIII) scheinen repräsentative Sprechakte vorzuliegen, doch bedingt auch hier wieder der Kontext, daß Beschreibungen von Handlungen vom bereits disponierten Rezipienten als Aufforderungen zu Nachvollzug interpretiert werden können, wenn er das angegebene Ziel anstrebt.

Alle diese syntaktischen Realisierungsmöglichkeiten für indirekte Sprechakte mit überwiegend direktiver Komponente sind in spätmittelalterlichen Kochbüchern bereits anzutreffen, doch befinden sie sich gegenüber den direkten Direktiven bei weitem in der Minderzahl. Das heißt, die direkte Anweisung wird bis zum Ende des 16. Jahrhunderts – außer bei Frantz de Rontzier – in dieser Textsorte bevorzugt. So fehlt etwa auch die heute übliche Form des Infinitivs mit Aufforderungsfunktion (Typ D XII) fast völlig; auch er bezieht ja seine direktive Funktion aus dem situativen Kontext, in den der Rezipient schon eingetreten sein muß.

Vergleicht man mit diesen Ergebnissen eine Anzahl von Kochrezepten aus dem 19. und aus dem 20. Jahrhundert, so wird deutlich, daß die innerhalb dieser Textsorte getroffene Auswahl aus dem Reservoir syntaktischer Realisierungsmöglichkeiten für direktive Sprechakte durchaus nicht historisch invariant ist, sondern daß im Gegenteil jetzt andere syntaktische Möglichkeiten bevorzugt werden als in den untersuchten spätmittelalterlichen Kochbüchern.

Für das 19. Jahrhundert lege ich eine Textbasis von 365 Rezepten zugrunde, von denen 268 aus dem »Hamburgischen Koch-Buch« von 1830, 40 aus einem »Mitauer Kochbuch« von 1876 und 57 aus dem 1886 in Nürnberg erschienenen Kochbuch von Margaretha Johanna Rosenfeld entnommen sind[64]. Gegenüber den spätmittelalterlichen Kochbüchern fällt am meisten das fast völlige Fehlen des Imperativs der 2. Person Singular oder Plural (Typ D I–III) auf[65]. Diese Form ist ersetzt worden vor allem durch die Beschreibung im Indikativ Präsens mit Indefinitpronomen *man* (Typ D XVI), die sich ja schon bei Frantz de Rontzier ankündigte, oder sie ist ersetzt worden durch die Beschreibung im Indikativ Präsens mit gegenständlichem Subjekt (Typ D XV). So heißt es im »Hamburgischen Koch-Buch« von 1830 etwa über die Zubereitung von Krebs-Pulver: *Man nimmt die Eyer aus gekochten Hummers oder Krebsen, (die Eyer, welche inwendig sitzen, sind die besten) und trocknet sie, stößt sie dann im Mörser und verwahrt sie wohl; es giebt nicht allein einen guten Geschmack, sondern wenn sie nicht zu heiß getrocknet werden, die schönste rothe Farbe*[66]. Hier scheint es zunächst, als überwöge in den Sätzen mit gegenständlichen Subjekten die repräsentative Komponente, als böten sie nur Information; doch verbergen sich in ihnen auch die Aufforderungen, die inwendig sitzenden Krebseier zu bevorzugen und die Eier nicht zu heiß zu trocknen. Außer

64 Hamburgisches Koch-Buch (wie Anm. 23), S. 6–11, No. 9–24, Suppen S. 11–41, No. 1–78, Fleischspeisen S. 101–170, No. 2–180; Praktisches Mitauer Kochbuch. Ein nützliches Hand- und Hilfsbuch für Hausfrauen und Köchinnen in Kur-, Liv- und Esthland. Erprobt von einem Vereine bewährter Hausfrauen. 6., verm. Aufl. (Mitau 1876, Nachdruck Hannover 1978), Suppen S. 21–28, No. 66–85, Fleischspeisen S. 141–148, No. 443–462; Nürnberger Kochbuch. Praktische Anweisung, alle Arten Speisen und Getränke auf die schmackhafteste und wohlfeilste Art zuzubereiten, von Margaretha Johanna ROSENFELD. 7., verm. u. verb. Aufl. (Nürnberg 1886), zitiert nach: Aus Kochbüchern (wie Anm. 3), H 1–57.

65 Von den untersuchten Kochrezepten (vgl. Anm. 68) enthielten im Hamburgischen Koch-Buch keines, im Mitauer eines und im Nürnberger Kochbuch vier Rezepte Imperative der 2. Person Singular Imperativ; der Imperativ der 2. Person Plural fehlt ganz.

66 Hamburgisches Koch-Buch (wie Anm. 23), S. 11, No. 23.

solchen Indikativ-Aktiv-Sätzen hat auch die Passivkonstruktion (Typ D XIII) erheblich an Gewicht gewonnen; sie findet sich nicht mehr nur in einzelnen Sätzen, sondern wird zuweilen ein ganzes Rezept hindurch beibehalten[67].

Neben diese Formen indirekter Direktiven ist vor allem im »Hamburgischen Koch-Buch« der Konjunktiv I mit dem Indefinitpronomen *man* (Typ D VIII) getreten, mit dem zwar kein konkreter Adressat mehr angesprochen, in dem eine Aufforderung durch die Form des Verbs aber immerhin noch ausgedrückt ist. Das gerade in diesem Kochbuch zu beobachtende Nebeneinander von konjunktivischen und indikativischen *man*-Sätzen schafft schon von der Syntax her im Rezipienten die Disposition, auch Indikativsätze als Direktiven aufzufassen, insbesondere dann, wenn die Konjunktivkonstruktion am Anfang steht, wie in einem Preßkopfrezept: *Man nehme einen Rindskopf und den Hals, lasse ihn im Wasser und Salz gahr kochen; ein Pfund schönes Schweinefleisch vom Rücken kocht man auch allein im Wasser und Salz gahr, wie auch Rindsfüße. Wenn diese mürbe gekocht sind, putzt man sie sauber ab und legt sie in kaltes Wasser*[68]. Tritt die Konjuktiv-I-Konstruktion schon in den Rezepten aus dem Ende des 19. Jahrhunderts auffallend selten auf, so ist sie in der zweiten Hälfte des 20. Jahrhunderts, soweit ich sehe, vollends ungebräuchlich geworden.

In der heutigen Rezeptliteratur finden nun zwei unterschiedliche Konzeptionen ihren Ausdruck unter anderem auch in der Wahl der syntaktischen Mittel, die zur Formulierung der Rezepte benutzt werden. Während in den vornehmlich auf die Vermittlung von Kenntnissen und Fertigkeiten ausgerichteten Rezepten nach einer einleitenden Liste der Zutaten meist Infinitive mit Aufforderungsfunktion (Typ D XII) die Produktionsschritte angeben, läßt sich in Kochbüchern, die ihre Leser zugleich auch unterhalten wollen, eine große Skala von Ausdrucksmöglichkeiten erkennen[69]. Als Beispiel für die erste Gruppe mag hier ein Zitat aus einer Herstellungsanweisung für die Eierlikörschaumsauce eines Rezepts für »Erdbeeren Le Doyen« aus der Zeitschrift »essen & trinken« dienen: *Für die Sauce 4 Eigelb mit dem gesiebten Puderzucker schaumig rühren, Milch mit dem Mark einer längs halbierten Vanilleschote erhitzen und in dünnem Strahl unter ständigem Rühren unter die Eimasse gießen. Bei mäßiger Hitze rühren, bis die Masse dicklich wird. Vom Herd nehmen, den Eierlikör und den Cognac hineinrühren und im Eiswasserbad kalt rühren*[70]. Finite Verben treten in diesem Rezepttyp nur noch in Temporal-, Konditional-, Final- oder Kausalsätzen auf, die einen Handlungszeitpunkt, eine Handlungsvoraussetzung, ein Handlungsziel oder einen Handlungsgrund nennen, soweit diese nicht durch präpositionale Objekte ausgedrückt werden können. Selten werden Modalverben mit gegenständlichem Subjekt gewählt (Typ D XI), um die erforderliche Beschaffenheit oder das erwünschte Ergebnis zu beschreiben, wie in folgendem Zitat aus

67 Vgl. z.B. Nürnberger Kochbuch (Aus Kochbüchern [wie Anm. 3]), H 5.

68 Hamburgisches Koch-Buch (wie Anm. 23), S. 106, No. 7, Z. 1–6.

69 Vgl. Anm. 53, besonders Brinkmann (wie Anm. 9), S. 855 f. Als Beispiele für derartige Kochbücher seien herausgegriffen: Roland Gööck, Das neue große Kochbuch (1963); Besser (wie Anm. 48). Auch die Rezeptteile von Zeitschriften gehören in diese Sparte. Die Rezepte sind dort meist nach einem bestimmten Schema gegliedert: Vor dem Anweisungsteil oder am Rand daneben befindet sich eine Liste mit den benötigten Zutaten, so daß der Leser rasch überblicken kann, was er bereithalten muß. Es folgen die Anweisungen, die zuweilen, wie bei Besser, durchnumeriert sind.

70 Trude Ehlert, Erdbeeren Le Doyen (in: essen & trinken, Hft. 7, 1976), S. 88.

einem Stachelbeerkuchenrezept: *(Die Stachelbeeren portionsweise in einem Weißwein-Zucker-Sud garen.) Sie sollen weich sein, dürfen aber nicht zerfallen*[71].

Während in diesem Rezepttyp die Anrede des Rezipienten vermieden, also auf direkte Sprechakte mit überwiegend direktiver Komponente verzichtet wird, scheuen Kochbücher und Rezepte mit unterhaltender oder betont didaktischer Tendenz davor keineswegs zurück; sie scheinen im Gegenteil gerade auch durch die persönliche Anrede, meist in der Höflichkeitsform der 3. Person Plural Indikativ (Typ D XVI) oder Imperativ (Typ D IV), das Gespräch mit dem Rezipienten anknüpfen zu wollen[72]. Daß in solchen Rezepten ständig zwischen persönlicher Anrede, Indikativsätzen mit dem Indefinitpronomen *man* oder mit gegenständlichem Subjekt und Passivkonstruktionen gewechselt wird, ist wohl auf die Absicht zurückzuführen, den Leser nicht durch stets gleiche Ausdrucksformen zu ermüden. Als Beispiel dazu mögen einige Sätze aus Wolfram Siebecks »Kochschule für Anspruchsvolle« dienen; in einem Rezept für Hechtklößchen heißt es da: *Legen Sie jetzt das schiere Hechtfleisch auf die Waage. Von dem schönen, großen Hecht werden wahrscheinlich nur 250–300 g übriggeblieben sein. Dieses Fleisch wird also püriert. Danach rührt man 2 EL weiche Butter unter und würzt mit Salz, Pfeffer und Muskat. Aus den Abfällen des Hechtes machen Sie einen Fischfond*[73]. Eine quasi persönliche Gesprächssituation versucht der Autor auch in den Zwischentexten herzustellen, in denen er von eigenen Erfahrungen – auch negativen – berichtet, sozusagen aus dem Nähkästchen plaudert. Es mag sein, daß hier andere Textsorten, die Zeitungsreportage etwa oder die Fernsehpräsentation von Kochkünsten, mit den typischen direktiven Sprechakten von Kochbüchern interferieren. Jedenfalls vermittelt der Autor dem Leser, indem er ihm Einblick in den eigenen Lernprozeß gestattet, das Gefühl, von diesen Erfahrungen profitieren zu können, und disponiert ihn so zur Annahme der erteilten Ratschläge und Anweisungen.

Ein Ausblick auf Kochrezepte des 19. und 20. Jahrhunderts zeigt zwei signifikante Veränderungen bei der Auswahl der für Sprechakte mit überwiegend direktiver Komponente zur Verfügung stehenden syntaktischen Möglichkeiten: Zum ersten wird die in spätmittelalterlichen Kochrezepten am häufigsten gebrauchte Form der direkten Aufforderung, der Imperativ der 2. Person Singular (oder Plural) (Typ D I–III), bereits im 19. Jahrhundert völlig verdrängt durch Satzformen, welche die direkte Anrede eines Gegenübers vermeiden und die Rezipientenrolle offenlassen. Das heißt: Direkte Direktiven werden zugunsten von indirekten aufgegeben. Die Selbstverständlichkeit, mit der in einer hierarchisch strukturierten Gesellschaft wie der des Spätmittelalters direkte Aufforderungen in Form von Imperativen ausgesprochen und aufgeschrieben[74] wurden, verwundert nicht. Den Autoren und Autorinnen war

71 Stachelbeerkuchen (in: essen & trinken, Hft. 5, 1984), S. 178.

72 Zur Bildung des Imperativs der 3. Person Plural aus der Form des Konjunktivs vgl. Duden Grammatik (wie Anm. 9), § 221; ERBEN (wie Anm. 9), § 183, ERBEN (wie Anm. 47), S. 405. – Als Beispiele für diese Art Kochbücher seien genannt: Wolfram SIEBECKS Kochschule für Anspruchsvolle ([4]1983); Hans FAHRENKAMP, Wie man eyn teutsch Mannsbild bey Kräfften hält. Die Küchengeheimnisse des Mittelalters (1977); Manuel GASSER, Das Kochbuch meiner Tante Melanie (1977); Manuel GASSER, Köchel-Verzeichnis (1975). Im 19. Jahrhundert gehörte in diese Kategorie auch Friedrich RUMOHR, Geist der Kochkunst (1978).

73 SIEBECK (wie Anm. 72), S. 79.

74 Die in modernen Grammatiken aufgestellte Behauptung, der Imperativ der 2. Person Singular/Plural erfordere die Anwesenheit eines Angesprochenen (vgl. Duden Grammatik [wie Anm. 9], § 221; BRINK-

wohl auch, ausgehend von der eigenen Praxis, die Situation des praktischen Gebrauchs der Rezepte durch das Küchenpersonal stets gegenwärtig. Sollte der im 19. und 20. Jahrhundert zu beobachtende Schwund des Imperativs als syntaktisches Ausdrucksmittel für Direktiven zusammenhängen mit dem zunehmenden Anspruch des Individuums auf Autonomie und mit einer langsamen Demokratisierung der Umgangsformen, die in Alltagssituationen das Erteilen und Empfangen von Befehlen ausschließen[75]? Das mag ein Grund dafür sein, daß heute in der Textsorte Rezept der Infinitiv mit Aufforderungscharakter bevorzugt wird, bei dem Sprecher und Rezipient völlig in den Hintergrund treten und der Akzent nur mehr auf der Handlung liegt. Ein anderer Grund ist sicher auch in der modernen Tendenz zur Sprachökonomie zu sehen, dem Bedürfnis, auf möglichst wenig Raum ein Optimum an Information unterzubringen, und zu diesem Optimum gehört nach heutiger Einschätzung die Art der Relation zwischen Sprecher und Rezipient offenbar nicht. Sprechakte der direkten Aufforderung werden aber heute auch dann wieder möglich, wenn der Autor vorher durch bestimmte Strategien, etwa den bescheidenheitstopisch dekorierten Aufbau der eigenen Sachautorität, die *benevolentia* der Leser gewonnen und sie so geneigt gemacht hat, seine Anweisungen entgegen zu nehmen.

Als zweite Veränderung ist es daher zu werten, daß die Auswahl der syntaktischen Realisierungsmöglichkeiten für Sprechakte mit überwiegend direktiver Komponente nicht mehr nur textsortenspezifisch getroffen wird, sondern zugleich auch bedingt ist durch Autorintentionen, die über die reine Vermittlung von Kenntnissen und Handlungsanweisungen hinausgehen.

Festmahl einer begüterten Familie.
London, British Museum
Ms. Add. 28162, fol. 10v

MANN [wie Anm. 9], S. 366) trifft für spätmittelalterliche Verhältnisse also offensichtlich nicht zu, denn die meisten Rezepte sind für dem Autor unbekannte Adressaten geschrieben, die erst durch den Beginn der Lektüre zum Ansprechpartner des Autors oder der Autorin werden, ihnen also keineswegs vorher gegenwärtig sind.

75 Vgl. dazu ERBEN (wie Anm. 47), S. 405, über Infinitive mit Aufforderungsfunktion und Aufforderungsformen mit nachgestelltem Indefinitpronomen, der das Offenhalten der Adressatenrolle in ähnlicher Weise deuten möchte.

ANHANG: Tabelle

1. Repräsentative Sprechakte

Typ R I: performatives Verb + abhängiger Satz im Ind. Präs.
Typ R II: Aussagesatz Ind. Präs. ohne performatives Verb

2. Direktive Sprechakte

2.1 Direkte Direktiven

Typ D I: Imperativ 2. Person Singular
Typ D II: Imperativ 2. Person Plural
Typ D III: Imperativ 2. Person Singular neben Imperativ 2. Person Plural
Typ D IV: Imperativ 3. Person Plural
Typ D V: Konditionalsatz mit/ohne einleitende Konjunktion + Imperativ (Singular/Plural) im übergeordneten Satz
Typ D VI: Relativsatz mit konditionaler Funktion + Konjunktiv 3. Person Singular im übergeordneten Satz
Typ D VII: Relativsatz mit konditionaler Funktion + Imperativ (Singular oder Plural) im übergeordneten Satz
Typ D VIII: 3. Person Singular Konjunktiv
Typ D IX: 2. Person (Singular oder Plural) + Modalverb (*mügen, müezen, suln, dürfen* + Negation)

2.2. Indirekte Direktiven

Typ D X: *man* + Modalverb (*mügen, müezen, suln, dürfen* + Negation)
Typ D XI: Gegenständliches Subjekt + Modalverb (*mügen, müezen, suln, dürfen* + Negation)
Typ D XII: Infinitiv mit Aufforderungsfunktion
Typ D XIII: Gegenständliches Subjekt + Passivkonstruktion
Typ D XIV: Satzwertiges Partizip Präteritum
Typ D XV: Gegenständliches Subjekt + Indikativ Präsens (mit kontextbedingter direktiver Komponente)
Typ D XVI: *man* + Indikativ Präsens (mit kontextbedingter direktiver Komponente)
Typ D XVII: 3. Person Plural Indikativ

Menu für König Artus' Tafelrunde

Rezepte aus spätmittelalterlichen Kochbüchern

übersetzt und bearbeitet von
Trude Ehlert, Rainer Ehrenschneider, Eugen Droste

1. Suppen

UNGARISCHE HECHTSUPPE (Sabina Welserin, 1553, No. 191)

Nempt den hecht vnnd schint jn / vnnd macht jn zú stúcken, nempt ain gúten wein, schneit epffel fein klain, lasts darin sieden ain halbe fiertelstúnd, alsdan legt den hecht darein / vnnd last jn darinnen sieden vnnd gewirtzt jn / thiet ain acht lemonin darein vnnd ain wenig ain scharpfen essich vnnd gilbt jn / vnnd land jn sieden, bis er gnúg gesotten ist.

Nehmt den Hecht und enthäutet ihn und teilt ihn in Stücke. Nehmt guten Wein, schneidet Äpfel schön klein und laßt sie eine halbe Viertelstunde darin schön kochen. Dann legt den Hecht hinein und laßt ihn darin kochen und würzt ihn. Tut ungefähr acht Limonen hinein und etwas scharfen Essig und färbt ihn gelb. Und laßt ihn kochen, bis er gar ist.

Für 4 Personen

800 g	Hecht	Schale und Saft von 2 Limonen
400–450 g	Boskop	Safran
½ l	trockenen Weißwein	Salz
½ l	Wasser	Zucker
1 Bund	Suppenkraut	Lorbeerblatt
1	Zwiebel	
3 El	Olivenöl	ein Passiertuch oder feines Sieb

Zubereitung

Hecht schuppen, ausnehmen, säubern, filetieren. Kiemen vom Kopf entfernen. Zwiebel und Suppenkraut putzen und in grobe Würfel schneiden. Safranfäden hinzugeben (Safran in Pulverform erst vor dem Ablöschen hinzufügen), alles in Olivenöl anschwitzen.

Haut, Gräten und Kopf des Hechts zerkleinern und zu dem angeschwitzten Gemüse geben. Mit ½ l Wein und ½ l Wasser ablöschen, aufkochen lassen und gründlich abschäumen. Lorbeerblatt zugeben und salzen. 20 Minuten am Siedepunkt ziehen lassen. Schale von 2 Limonen abreiben, in das Passiertuch geben und den Fond durchpassieren.

Äpfel schälen, entkernen, in feine Scheiben schneiden, in den passierten Fond geben und etwa 15 Minuten ziehen lassen; mit einem Holzlöffel umrühren. Das in Würfel oder Streifen geschnittene Hechtfilet in die Suppe geben, etwa 5 Minuten ziehen lassen. Sofort servieren.

LINSENSUPPE (Balthasar Staindl von Dillingen, 1544, No. 4)

Linsen die seüd fein gemåchlich / rőst ein zwiffel darein / seirs / stüps / Weinberlen / gibs auff ain båts brott / vnd für ein nacht essen.

Koch Linsen schön sachte, gib eine angeröstete Zwiebel dazu, säure sie, würze sie mit pulverisierten Gewürzen und Weinbeeren. Gib die Suppe auf ein geröstetes Brot als Nachtessen.

Für 4 Personen

1 l Brühe
300 g Linsen (aus der Dose oder in der Brühe über Nacht eingeweicht)
3 mittelgroße Zwiebeln
40 g Weinbeeren
½ Tasse Essig
Salz
Pfeffer
Kerbel
Majoran

Zubereitung

Linsen in der Brühe aufsetzen, gut durchkochen lassen. Weinbeeren hinzufügen und mit den Gewürzen abschmecken.

2. *Eierspeise*

GEBACKENES HIRN IM EIERTEIG (Sabina Welserin, 1553, No. 37)

Wiltú ain gút fúrmúsß machen

Item nim ain hirn vnnd lasß ain gúten wall thon, erklaúbs schen, nim ain geribne semel vnnd schlag air darain, aúch ain milch, gewirtz, saffera vnnd etwas grens, thú ain schmaltz jnn ain pffanen, vnnd rest es woll, so jst es recht.

Willst du eine gute Vorspeise machen

Nimm Hirn und laß es gut aufwallen, teile es in kleine Stücke, nimm eine geriebene Semmel und schlage Eier daran, auch Milch, Gewürz, Safran und etwas Grün, tu Schmalz in eine Pfanne und röste es gut, dann ist es recht.

Für 4 Personen

400 g Kalbshirn
1 l Wasser
⅛ l Essig
1 Zwiebel, gespickt mit 1 Nelke
150 g Semmelbrösel oder frisch geriebenes Weißbrot ohne Rinde
4 Eier
¼ l Milch
Safran oder ersatzweise Kurkuma (Gelbwurz)
Salz, Pfeffer

1 El	frisch gehackte Petersilie
1 El	frisch gezupfter Kerbel
100 g	Fett zum Braten

Zubereitung

Das Hirn gut wässern, bis es weiß ist. Die Haut abziehen, in Wasser mit etwas Essig und einer gespickten Zwiebel pochieren. Erkalten lassen.

Das Hirn in Scheiben schneiden. Semmelbrösel, Eier, Milch, Kräuter und Gewürze gut vermischen. Hirnscheiben darin wenden und im Fett braten.

3. *Fisch*

AAL IN WEINSUD (Philippine Welserin, 1545, S. 148f.)

wilt ain al ein machen
so nim ain al vnd zeuch jm die haut ab reyb die hend mit saltz so gat es (d)est lieber dar nach mach stuck dar aus dau das ederlin sauber dar von vnd leg jn jn ain frisch waser las jn ain gutten weil dar jn ligen vnd saltz das waser dar nach dau jn her auser wesch jn sauber ausem frischenn waser dar nach nim ain gutten wein dau den fisch dar ein nim fil weins den er darff wol syedens vnd wan er halb wol gesottenn ist so dau dar ein safern jmber rerla zucker ain wenig negala vnd las wider ain gutte sut don das er wol gsotten werdt richt jn dar nach mit der brie an.

Willst du einen eingelegten Aal machen, so nimm einen Aal, zieh ihm die Haut ab, reib die Hände mit Salz ein, dann geht es besser. Darnach schneid ihn in Stücke, entferne die Adern säuberlich und leg ihn in frisches Wasser. Laß ihn eine gute Weile darin liegen und salze das Wasser. Darnach nimm ihn heraus, wasch ihn mit frischem Wasser sauber. Darnach nimm einen guten Wein, tu den Fisch hinein, nimm viel Wein, denn er bedarf dessen wohl zum Kochen, und wenn er halb gar ist, dann tu Safran, Ingwer, Zimt, Zucker und wenig Nelken dazu und laß noch einmal aufwallen, daß er gut gar werde. Richte ihn darnach in der Brühe an.

Als Vorspeise für 9–12 Personen

1200 g	(grünen) Aal
½ l	trockener Weißwein (bzw. soviel, daß der Aal bedeckt ist)
Salz	
1	Port. Safran
3–4	Stückchen Ingwer (je ca. 1 cm; frisch oder getrocknet)
4	Zimtstangenstücke (je ca. 1–2 cm)
4	Nelken
3 gehäufte El Zucker	

Zubereitung

Aal häuten, dazu die Haut mit Salz einreiben, dann geht es leichter. Ausnehmen, in Stücke schneiden, in frischem Wasser eine Weile wässern, dann das Wasser salzen, abgießen. Mit neuem Wasser nochmals waschen. Den Aal in Wein simmern lassen, nach ca. 15 Min. mit Safran, Ingwer, Zimt, wenig (!) Nelken und Zucker würzen. Nochmals 10 bis 15 Min. simmern lassen. Wenn der Aal gar ist, im Sud servieren.

KREBSPASTETE (Kuchemaistrey, um 1490, No. 32)

Item basteten von krebssen mach also in einem starcken teig vor gelegt einem teighafen in einem hafenscherben, mach ein deck darůber vnd leg sie darneben seůd die krebß on saltz. schel sie schon vnd leg sie zusamen vnd hack peterlein gar klein. nym frisch ayer vn̄ klopf sie gar wol die schůt in den teighaffen. schneid gut birn̄ lenglet schnitz vnd stoß sie in die fůl. Nym feygen vnd weinper die thu darein vnd stos die krebß scher schwentz beůch al nach der leng darein nym dan ein guttē wein den mach ab mit wurtzē. vn̄ saltz. versuch dz. was im gebrech. vn̄ schůt es ein den teighaffen vber die fůl. vermach die deck darůber von dem teighaffen. vertempffe es wol. schlach ein ay. oder zwey beschlach die rēfft damit so weichē sie nit. thu ein schmaltz zwischē dē teig hafen vn̄ scherbē vn̄ setz in ein backofen. laß siedē oder braten. Lug ye darzu gibt es rauch so print es an dz wendt mit dem zu goß des milchschmaltz so gereth es wol.

Krebspasteten mach folgendermaßen: Aus einem kräftigen Teig forme eine Teigform in einer Kuchenform; mache eine Decke (, die) darüber (paßt,) und leg sie daneben. Koche die Krebse ohne Salz, schäle sie, leg sie zusammen (in die Teigform). Und hack Petersilie sehr fein. Nimm frische Eier, schlag sie gut und schütte sie in die Teigform. Schneide gute Birnen in längliche Schnitze und tu sie zu der Füllung. Nimm Feigen und Weinbeeren und füge sie hinein; tu die Krebse, Scheren, Schwänze und Bäuche alle der Länge nach hinein. Dann nimm einen guten Wein und schmeck ihn mit Gewürzen ab. Und salze es und schmecke es ab. Und schütte es in die Teigform über die Füllung. Tu die Decke auf die Teigform; mache kleine Löcher hinein, damit der Dampf beim Backen abziehen kann. Schlage ein Ei oder zwei auf und bestreiche damit die Ränder, dann werden sie nicht weich. Tu Fett zwischen die Kuchenform und die Teigform und setze sie in den Backofen. Laß kochen oder braten. Schau (hin und wieder) darnach, wenn es raucht, so brennt es an. Das verhindere, indem du Milchfett hinzufügst, dann gerät es wohl.

Für 4 Personen

Teig

250 g	Mehl
2	Eier
25 g	Schweineschmalz
2–3 El	Wasser
Erbsen zum Blindbacken	

Eierstich

4–5	Eier
½ l	Sahne
1 Prise	Salz
1 Prise	Muskat

Füllung

400 g	Krebsschwänze (Langustenschwänze, Garnelen oder Büsumer Krabben)
1	Bund Petersilie
8	getrocknete oder frische Feigen
60 g	Weinbeeren
3 El	Wein
Saft 1 kleinen Zitrone	
Salz	
Fett für die Form	

Zubereitung

Aus Mehl, Eiern, angewärmtem Schmalz und Wasser einen trockenen Teig bereiten und einige Stunden stehen lassen. Ausrollen, in eine gefettete Springform (26 cm Ø) geben, 2–3 cm Rand lassen. Erbsen zum Blindbacken daraufgeben. Backofen auf 200° vorheizen; auf der mittleren Schiene 10–12 Minuten vorbacken.

Petersilie hacken; eine Feige in Scheiben schneiden, zur Dekoration beiseite legen. Die übrigen Feigen kleinschneiden. 3 Krebsschwänze (bzw. einige Krabben) zur Dekoration zurückbehalten. Petersilie, Weinbeeren, kleingeschnittene Feigen und Krebsschwänze (bzw. Garnelen oder Krabben) miteinander vermischen, mit Salz, Zitronensaft und Weißwein ½ Stunde marinieren. Dann abtropfen lassen, dabei die Marinade auffangen. Das Gemisch aus Krabben, Feigen und Weinbeeren trocken auf den vorgebackenen Boden geben. Mit den beiseite gelegten Feigenscheiben und Krebsschwänzen dekorieren. Ofen auf 200° vorheizen, Torte gut 5 Minuten vorbacken.

Inzwischen aus Eiern, Sahne, Muskat, Salz und aufgefangener Marinade einen Eierstich bereiten. Über die Torte gießen und bei 200° 10–15 Minuten fertigbacken, bis die Torte goldgelb ist.

Variante

Man kann die Pastete auch ohne Teig in einer feuerfesten Form backen. Dazu Petersilie, Weinbeeren, kleingeschnittene Feigen und Krebsschwänze (bzw. Garnelen oder Krabben) miteinander vermischen, mit Salz, Zitronensaft und Weißwein ½ Stunde marinieren; abtropfen lassen, dabei die Marinade auffangen; in eine feuerfeste Form geben. Aus Eiern, Sahne, Muskat, Salz und aufgefangener Marinade einen Eierstich bereiten und über das Gemisch geben. Im vorgeheizten Ofen bei 200° 15–20 Minuten backen, bis der Eierstich goldgelb ist.

4. Fleisch

BLAMENSIR (BLANCMANGER) (Buoch von guoter spîse, um 1345, No. 76)

Der wôlle machen einen blamenser, der neme dicke mandelmilch vnd hûner brûste geceyset vnd tû daz in die mandelmilch. vnd rûre daz mit ris mele vnd smaltz genûc, vnd zuckers tû genûg dar zû. daz ist ein blamenser.

Wer ein Blancmanger machen will, der nehme dicke Mandelmilch (d.h. aus gestoßenen Mandeln bereitete Masse) und zerpflückte Hühnerbrüste und tue die in die Mandelmilch. Und verrühre das mit Reismehl und genügend Schmalz (Fett), und tue genug Zucker daran. Das ist ein Blancmanger.

Für 4 Personen

6	Hähnchenbrustfilets (à ca. 120 g)
1 l	Milch
200 g	Marzipanrohmasse (Schwartau)
1 El	Amaretto (Mandellikör) oder 1 Tl Mandelaroma
1–2 El	Butter oder Schmalz
30 g	Reisstärke (aus frisch gemahlenem Rundkornreis)
50 g	Zucker

Zubereitung

Die Milch mit der Marzipanrohmasse zum Kochen bringen und die Marzipanrohmasse darin auflösen.

Die Hähnchenfilets (eventuell mit Knochen) in der Mandelmilch gar kochen (ca. 20 Minuten). Die Filets aus der Milch nehmen und warm stellen.

Butter/Schmalz in einem Topf zerlaufen lassen und die Reisstärke dazugeben, d.h. eine »Mehlschwitze« (roux) herstellen, diese in die Mandelmilch geben und 20 Minuten kochen lassen.

In der Zwischenzeit die Hähnchenbrüste von den Knochen lösen und in schöne gleichmäßige Tranchen schneiden und in einem feuerfesten Geschirr anrichten und warmstellen. Mit Fettpapier abdecken, damit das Hähnchenbrustfilet nicht austrocknen kann. Anfallende An- und Abschnitte im Mörser oder einem Cutter fein pürieren und unter die Mandelmilch geben. Mandelmilch mit Zucker und Amaretto oder Mandelaroma abschmecken. Diese Masse über die angerichteten Hähnchenfilettranchen geben.

Tip

Mandelmilch, wie sie das Rezept verlangt, wurde aus im Mörser gestoßenen und mit Wasser (und ev. Wein) vermengten Mandeln hergestellt. Man benötigt dazu (vgl. JOURDAN/MÜLLER, S. 36):

150 g Mandeln
ca. ½ l Wasser

Die Mandeln in heißem Wasser kurz überbrühen, abkühlen lassen, häuten, abtrocknen und in einem Mörser fein zerstampfen. Damit die Mandeln nicht zu ölig werden, immer wieder einige Tropfen Wasser (oder Wein) hinzufügen. Wenn die Mandeln ganz fein sind, nach und nach in kleinen Portionen ½ l Wasser dazugeben. Dieses milchige Wasser durch ein Tuch seihen und auffangen, die Mandelmasse auspressen und erneut im Mörser fein zerstoßen und wieder dasselbe Wasser dazugeben, durch ein Tuch seihen und gut ausdrücken. Die so gewonnene milchige Flüssigkeit ist die Mandelmilch.

In der chinesischen Küche wird eine ähnliche Masse folgendermaßen zubereitet:

1 Tasse fein gemahlene Mandeln, 1 Tasse Zucker, 4 El Weizenstärke, 1 Tasse Wasser zu einer dicken Paste anrühren.

7 Tassen Wasser, 1 Tasse süße Sahne zugeben, im Wasserbad kochen, bis die Masse dicklich wird. (Für diesen Hinweis danken wir Helmut Gebelein.)

GEFÜLLTES GESOTTENES HUHN (Kuchemaistrey, um 1490, No. 15)

Item wiltu ein gut hun sieden oder braten oder fuͤllen so bereit das hun gar schon vnd weiden es. vnd schuͤrf die derm vn̄ nym kopf. kragen. leber. magen. vn̄ alles ingeweid vnd seud es in einē hafen oder in einer pfannen an die statt dz hack gar wol mit peterling schlach rohe ayer darein vn̄ wurtz es ab vnnd saltz es. hack ein altas specklein darunter vnd klein weinber oder gebraten birn das knid gar wol vnter ein ander das ist also dy fuͤl. Ist den nun bereit dz hun entbloß es wol vmb vn̄ vmb. vn̄ fuͤl es schon mit einer seyt farb strick es zu vn̄ erwel es in wasser da wein vn̄ essig inne sey das es er star vnnd die fuͤll erkeck. stoß ann las braten sitlich vnd begeuͤß es ye an dem wendn̄ dz ist gut. So du nun das hun wilt sieden. so bedarf man das ingereuͤsch nit sieden hack es vngesottē vn̄ bereit die fuͤll da mit alß vor vn seuͤd einß mit dem anderñ in eytel wasser vnd saltz zimlich der hafen sol weit sein das es nit an brin. faym es schon vn̄ bedeck es wol vnd geuͤß lutzel dar an so beleibt die brw wol geschmack. So du es wilt an richtē. so magstu es mit wurtz vnd saffran ab machen vnd versuch es woll.

Wenn du ein gutes Huhn kochen oder braten oder füllen willst, so bereite das Huhn schön vor und nimm es aus. Und schneide die Därme heraus und nimm Kopf, Hals, Leber, Magen und alle Eingeweide und koche sie in einem Topf oder in einer Pfanne gar. Dann hack es schön klein (, misch es) mit Petersilie; schlage rohe Eier hinein und würze es. Hack abgehangenen (wohl geräucherten) Speck (und füg ihn) hinzu und kleine Weinbeeren oder gebratene Birnen. Das verknete gut. Das ist dann die Füllung. Wenn das Huhn bereit ist, häute es ganz und gar und fülle es schön mit »Sittichfarbe« (so Hepp in Wiswe, S. 218; oder »Saffran?«, so Stopp et al., S. 184), binde es zu und koch es in einem Gemisch aus Wasser mit Wein und Essig, bis das Huhn und die Füllung fest werden. Mach das Feuer (im Herd) an, (setz das Huhn in einer Bratpfanne darauf und) laß es vorsichtig braten und begieß es bei jedem Wenden, das ist gut. Wenn du (aber) nun das Huhn kochen willst, so darf man das Eingeweide nicht (vorher) kochen. Hack es roh und bereite die Füllung damit, wie vorher beschrieben, und koche beides zusammen in ausschließlich Wasser und salze es ausreichend. Der Topf soll weit sein, damit es nicht anbrennt. Schäum es ab und deck es zu und gieß wenig dazu, dann bleibt die Brühe wohlschmeckend. Wenn du es anrichten willst, kannst du es mit Gewürzen und Saffran abschmecken.

Für 4–6 Personen

1	Poularde ca. 1800 g	Salz
150 g	Innereien (Herz, Leber, Magen)	Pfeffer
150 g	magere Schweineschulter	Safran (ersatzweise Kurkuma)
150 g	Poulardenbrust (ersatzweise Hähnchenbrust)	Majoran
150 g	durchwachsener Speck	Thymian
1	Bund Petersilie	Kerbel
2	Eier	Petersilie
50 g	Weinbeeren	
2	Birnen	
1	Gemüsebündchen (Porree, Möhren, Sellerie, Zwiebeln)	
1 l	trockener Weißwein	
1 l	Wasser	
20 ml	Essig	

Zubereitung

Von der Poularde die Unterschenkel und Flügel abschneiden, um das weitere Auslösen des Geflügels zu erleichtern.

Nun die Poularde mit der Brustseite auf ein Brett legen und auf dem Rücken entlang dem Rückgrat auf beiden Seiten die Haut einschneiden (vom Hals zum Bürzel). Die Poularde mit den Fingern abtasten, um die richtige Stelle der Flügelgelenke zu finden, diese mit einem scharfen Messer durchtrennen. Ebenso die Keulen an den Hüftgelenken abtrennen. Die Brustkarkasse auslösen; dabei die Schneide des Messers zur Karkasse und nicht zum Fleisch halten. Das Brustbein auslösen, ohne die Haut zu verletzen.

Nun die verbliebenen Flügelknochen auslösen und das Fleisch nach innen ziehen. Das gleiche geschieht mit den Keulen. Die an den Keulen und Flügeln durchtrennten Sehnen aus dem Fleisch entfernen.

Die Poularde auf dem Brett auslegen und egalisieren, d.h. lose Fleischteile (z.B. die Brustfilets) auf unbedeckte Hautteile verteilen, so daß die Poularde an allen Stellen mit Fleisch bedeckt ist. Die Poularde nun innen mit gemahlenem Safran oder Kurkuma einreiben, mit Salz und Pfeffer würzen.

Die magere Schweineschulter und die Poularden bzw. Hähnchenbrüste mit dem Speck in Streifen schneiden. Mit Salz, Pfeffer, Majoran, Thymian würzen, kalt stellen. Das Fleisch zweimal durch die feine Scheibe des Fleischwolfes drehen. Die Eier zufügen und mit einem Holzspatel zu einer glatten Farce vermengen.

Herz und Magen gar kochen, Leber mit etwas Öl rasch anbraten, alles erkalten lassen. Danach in kleine Würfel schneiden.

Die Birnen schälen, ebenfalls in Würfel schneiden und mit den Weinbeeren, dem Kerbel, der Petersilie und den Innereien sowie der Fleischfarce vermischen.

Die Farce nun auf die vorbereitete Poularde verteilen. Die Poularde schließen: Zuerst die Bürzelseite über die Farce geben und darnach die Halsseite darüberklappen, und zwar so, daß alle Nahtstellen gut bedeckt sind und keine Farce austreten kann. Das Ganze zu einer gleichmäßigen Rolle formen.

In Alufolie, Bratfolie oder eine Serviette einrollen und mit einem Wurstband gleichmäßig binden.

Aus den Geflügelkarkassen mit Weißwein, Wasser, Essig und dem Gemüsebündchen einen Fond kochen. Den Fond passieren; die Geflügelrolle in den Fond geben und bei konstant 80° garen (die Garzeit beträgt pro kg 40 Minuten bei 80°).

Tip

Die Poularde ist besonders herzhaft, wenn sie nach der Hälfte der Garzeit aus der Folie/ Serviette genommen und in einem Bräter im heißen Ofen gebraten wird. Dazu die Poularde bei 220° im vorgeheizten Ofen anbraten, bis sie braun wird, dann auf 180° herunterschalten und fertigbraten. Dabei mehrmals mit dem Fond begießen.

Gefüllte Kalbsbrust (in sechs Varianten) (F. de Rontzier, 1598, S. 88–90; davon hier No. 3)

Die Kelberbrůst lest man ganz / vñ lǒset sie auff / fůllet sie vnd sticht sie mit holtzen stecken widerzu.

3. Item / man weicht Weißbrot in Wein / druckts das der Wein darauß kome / legts sampt Eyern / Buttern / kleinen Rosin vnd Timean in eine Pfannen / růrts vnter einander / lests durch kochen / darnach hackt mans vnd fůllet die Kelberbrůste damit / bringt sie mit dem Wein da daß Brot zuvor eingeweicht / vnnd Wasser zum fewr / machet sie ab mit gantzen Muscatenblumen / Timean vnd Butter.

Die Kalbsbrüste läßt man ganz und schneidet eine Tasche hinein, füllt sie und steckt sie mit Hölzchen wieder zu.

3. Man weicht Weißbrot in Wein ein, drückt es aus, daß der Wein herauskommt (und fängt ihn auf), tut es mit Eiern, Butter, kleinen Rosinen und Thymian in eine Pfanne, rührt es untereinander und läßt es durchbraten. Danach hackt man es und füllt es in die Kalbsbrüste. Man bringt sie mit dem Wein, in dem das Brot zuvor eingeweicht war, vermischt mit Wasser zum Feuer, würzt sie mit Muskatblumen, Thymian und Butter.

Für 6 Personen

1 Kalbsbrust (1,5 kg), vom Metzger eine Tasche hineinschneiden lassen

Fülle

3	Brötchen
¼ l	trockener Weißwein
2	Eier
2 El	Butter
2 El	Rosinen (oder Weinbeeren)
Thymian	

Zum Garen

½–2 l	Wasser
evtl. ¼ l	Weißwein
Salz, Pfeffer	
Macis	
Thymian	
Butter oder Schmalz zum Anbraten	

Zubereitung

Fülle zubereiten wie in der Übersetzung beschrieben, in die Kalbsbrust füllen, zunähen oder zustecken. Fett in die Pfanne des Backofens geben, auf 220° erhitzen. Die Brust mit Salz, Pfeffer, Macis und Thymian einreiben, von beiden Seiten braun anbraten (auf jeder Seite ca. 10 Minuten). Mit Wasser (eventuell auch etwas Weißwein) begießen. Die Temperatur auf 180° herunterschalten, Kalbsbrust 1½ Stunden braten; währenddessen öfter mit Wasser begießen (Umluftofen: längere Bratzeit). Vom Bratenfond kann man eine Sauce bereiten, indem man sie mit süßer Sahne oder crème fraiche abrührt.

GEFÜLLTE KALBSBRUST (IN SECHS VARIANTEN) (F. de Rontzier, 1598, S. 88–90; davon hier No. 5)

Die Kelberbrůst lest man ganz / vn̄ lőset sie auff / fůllet sie vnd sticht sie mit holtzen stecken widerzu.

5. Item / man weichet Weißbrot in Wasser / darnach hackt mans mit zweyen Kalbsnieren / Ingber / Pfeffer / grossem Rosin vnd Kőllen / wenn es aber nicht feist genug were / thut man Butter oder Speck darein / man růrt auch wol zwey oder drey Eyer darunter / fůllet die Kalberbrůste damit / vnd macht si gahr / etc.

Die Kalbsbrüste läßt man ganz und schneidet eine Tasche hinein, füllt sie und steckt sie mit Hölzchen wieder zu.

5. Man weicht Weißbrot in Wasser ein, danach hackt man es mit zwei Kalbsnieren, Ingwer, Pfeffer, großen Rosinen und Rosenkohl. Wenn es aber nicht fett genug wäre, tut man Butter oder Speck dazu. Man rührt auch wohl zwei oder drei Eier darunter. Man füllt die Kalbsbrüste damit und macht sie gar.

Für 6 Personen

1 Kalbsbrust (1,5 kg), vom Metzger eine Tasche hineinschneiden lassen

Fülle

3	Brötchen
250 g	Kalbsnieren
Pfeffer, Ingwer, Salz	
2 El	Rosinen
200 g	Rosenkohl oder frischer Spinat
100 g	durchwachsener, geräucherter Speck in Würfel geschnitten
3–4	Eier

Zum Garen

¼ l trockener Weißwein
½ l Wasser
Butter oder Schmalz zum Anbraten

Zubereitung

Fülle wie in der Übersetzung beschrieben zubereiten, in die Kalbsbrust geben, zunähen oder zustecken. Fett in die Pfanne des Backofens geben, auf 220° erhitzen. Die Kalbsbrust mit Salz, Pfeffer und Ingwer einreiben, von beiden Seiten braun anbraten (je Seite ca. 10 Minuten). Mit Weißwein begießen, ¼ l Wasser hinzugeben. Die Temperatur auf 180° herunterschalten, die Kalbsbrust 1½ Stunden braten; währenddessen öfter mit Wasser und/oder Wein begießen. (Im Umluftofen: längere Bratzeit). Man kann aus dem Fond eine Sauce bereiten, indem man sie mit süßer Sahne oder crème fraiche abrührt.

SCHWEINEBRATEN IN FÜNF VARIATIONEN (F. de Rontzier, 1598, S. 170 f.; davon hier No. 4)

Das Schweinfleisch wird verwellet / vnd beschnitten ehe mans bratet.

4. Item / man bradet Epffel in wůrffel geschnitten in Bradfeist / wenn sie gar sein / macht man sie ab mit Essig kleinem Rosin zerstossenem Ingber vnd Pfeffer / gibts vber die Schweinbraten / bringt sie zu disch / etc.

Das Schweinefleisch wird aufgekocht und beschnitten, bevor man es brät.

4. Man brät in Würfel geschnittene Äpfel in Bratfett. Wenn sie gar sind, schmeckt man sie mit kleinen Rosinen, zerstoßenem Ingwer und Pfeffer ab und gibt sie über den Schweinebraten, bevor man ihn serviert.

Für 6 Personen

900 g	Schweinebraten
70 g	Butter oder Schmalz
400 g	Äpfel (Boskop)
2–3 El	Essig
70 g	Rosinen
1 Tl	Ingwerpulver oder eine Ingwerwurzel, frisch gerieben

Pfeffer, Salz
1 Bund Suppengrün (Lauch, Sellerie, Möhre, Petersilie)
Balsamessig zum Abschmecken
evtl. etwas Speisestärke (Reisstärke aus frisch gemahlenem Rundkornreis)

Zubereitung

Das Schweinefleisch salzen, pfeffern, mit frisch geriebener Ingwerwurzel (oder Ingwerpulver) einreiben. Suppengemüse putzen und fein würfeln. Die Äpfel schälen, entkernen, in feine

Scheiben schneiden. Das Fleisch in einem Bräter kräftig in heißem Schmalz anbraten. Die Hälfte der Äpfel dazugeben. Mit Wasser auffüllen. Zwei Drittel der Rosinen hinzufügen, den Deckel schließen. Ca. 1½–2 Stunden schmoren. Fleisch herausnehmen. Den Fond mit dem Gemüse durchpassieren, mit Balsamessig und Ingwer abschmecken; eventuell mit Speisestärke andikken. Restliche Apfelscheiben und Rosinen hinzufügen.

Tip

Man kann anstelle des Schweinebratens auch Kasseler Rippe verwenden.

5. Gemüse

LAUCHMUS (Buoch von guoter spîse, um 1345, No. 64)

Ein mus mit lauche. nim wizzen lauch vnd hacke in cleine vnd mengez wol mit gůter mandelmilich vnd mit rise mele. vnd wol gesoten. Aber ein vasten můs gemachet wol mit mandel milich vnd wol gemenget mit ris mele. vnd daz sůde wol vnd versaltz niht.

Ein Lauchmus. Nimm das Weiße vom Lauch und hack es fein und vermenge es mit guter Mandelmilch und mit Reismehl. Und koch es gar. Auch als Fastenmus (= Gemüse für die Fastenzeit) zu machen mit Mandelmilch und Reismehl vermengt. Und das koch gar und versalze es nicht.

Beilage für 4 Personen

von 600 g Lauch/Porree das Weiße
30 g Reisstärke
Salz, Pfeffer
Muskatnuß
Basilikum oder andere Gewürze nach eigenem Geschmack

für ¼ l Mandelmilch*:
¼ l Milch
50 g Marzipanrohmasse (Schwartau)
1 Tl Amaretto (Mandellikör) oder einige Tropfen Mandelaroma

Zubereitung

Porree gut säubern, in feine Streifen schneiden. Mit der Reisstärke vermischen. Die Milch mit der Marzipanrohmasse zum Kochen bringen, Marzipanrohmasse auflösen, mit Amaretto oder Mandelaroma abschmecken. Porree in der Mandelmilch mit den Gewürzen gardünsten.

BÖHMISCHE ERBSEN (Sabina Welserin, 1553, No. 149)

Nim 3 lot erbis, seuds trucken, das sý nit zú nasß send, vnnd stoß woll jm morser, das sý fein miessig werden, thú gúten wein daran / thú jmber, rerlen, pariskerner vnnd zucker, gib es kalt, beses mit zúcker, ist ain gút herrenessen.

Nimm drei Lot Erbsen, koche sie in wenig Wasser, so daß sie nicht zu naß sind, und zerstoße sie im Mörser, damit sie schön zu Mus werden. Tu guten Wein daran, Ingwer, Zimt, Kardamom und Zucker. Serviere es kalt, bestreue es mit Zucker. Es ist ein gutes Herrenessen.

* Zur Mandelmilch vgl. auch BLAMENSIR, S. 282.

Beilage für 4 Personen

400 g	Erbsen (frisch, tiefgekühlt oder getrocknet; wenn man getrocknete nimmt, besser geschälte Erbsen verwenden; man kann auch gelbe Erbsen nehmen.)
½ Tasse	Wein

Ingwer, Zimt, Kardamom, Zucker, Salz

Zubereitung

Getrocknete Erbsen über Nacht einweichen. In soviel Wasser aufsetzen, daß sie gut bedeckt sind. Gar kochen. Ungeschälte Erbsen im Mixer pürieren, dann durch ein Sieb passieren; geschälte gleich durchpassieren. Salzen und mit Wein und den Gewürzen abschmecken; dabei sehr sparsam mit Zucker sein.

Tip:

Das Pürree schmeckt warm serviert besser.

SPINATTORTE (Sabina Welserin, 1553, No. 186)

Nempt spinet, briet jn vnnd hackt jn vnnd reibt barmisankesß darúnder, ain wenig pfeffer, klaine weinberlen / ain zergangen púter darúnder, saltzts vnnd bachts / vnnd macht ain torta daraús / wie man pfligt die torta mit deckine zú machen.

Nehmt Spinat, überbrüht ihn und hackt ihn und reibt Parmesankäse darunter, etwas Pfeffer, kleine Weinbeeren, zerlassene Butter darunter. Salzt es und backt es und macht eine Torte daraus, wie man die gedeckten Torten üblicherweise macht.

Für 4 Personen

Teig		*Fülle*		*Guß*	
250 g	Mehl	500 g	Spinat	4	Eier
2	Eier	100 g	Parmesan	¼ l	Sahne
25 g	Schmalz	100 g	Rosinen	Salz, Pfeffer	
2–3 El	Wasser	Pfeffer, Salz		Muskatnuß	
Erbsen zum Blindbacken		100 g	zerlassene Butter		

Zubereitung

Frischen Spinat gut waschen, mit kochendem Wasser überbrühen und abtropfen lassen. Die Rosinen in Butter andünsten, den Spinat zufügen, abschmecken und mit dem Parmesan vermischen. Den Teig ausrollen, in eine Springform (26 cm ∅) geben und einen 2 cm hohen Rand stehen lassen. Mit Erbsen zum Blindbacken belegen. Ofen auf 200° vorheizen, Teig 7–10 Minuten vorbacken. Den Spinat darauf verteilen und für 10 Minuten in den 200° heißen Ofen schieben. Danach den Ei-Sahne-Guß darüber geben und fertig backen (10–15 Minuten).

Tip

Man kann eine solche Torte auch mit Mangold oder Lauch/Porree machen.

6. *Sauce*

KRÄUTERSAUCE (Kuchemaistrey, 1490, No. 2)

wiltu machē gut grůn salssē vō kreuter so klaub pfefferkraut. deymantē. mangolt. ampffer. streiff die stil darauß vnnd warn dich eines verglastē hafen mit einer deck Nym weiß brot das weich in weī oder ī essig gar woll reib leckůchē vn̄ stos dy kreuter vn̄ das alles miteinander gar wol treib es durch ein tůch mit essig. vn̄ wein darin dz brot ist geweicht mach es ab mit wurtzen vnd versuch die salssen vn̄ behalt sie in den glesen hafen vber iar.

Wenn du eine gute grüne Sauce machen willst, so lies Bohnenkraut, Minze, Mangold und Sauerampfer. Streif die Stiele ab und besorge dir ein gläsernes Gefäß mit einem Deckel. Nimm Weißbrot, das weich in Wein oder Essig gut ein, reib Lebkuchen und zerstoß alles miteinander gut. Treib es zusammen mit Essig und dem Wein, in dem das Brot eingeweicht war, durch ein Tuch. Würze es und schmecke die Sauce ab. Und bewahr die Sauce in einem Glasgefäß übers Jahr auf.

Für 10–12 Portionen

1 Bund	Bohnenkraut
1 Bund	Minze
100 g	Mangold
1 Bund	Sauerampfer
1 Tasse	Weißwein
3 Scheiben	Toastbrot ohne Rinde
50–100 g	Lebkuchen (Honigkuchen)
½ Tasse	Essig
1 Tl	Balsamessig

Zubereitung

Die Kräuter waschen, feinhacken, miteinander vermischen. Weißbrotscheiben und Lebkuchen in Weißwein einweichen, ausdrücken (dabei den Wein auffangen) und zerbröseln. Alles mit Essig und dem aufgefangenen Wein vermischen, mit Balsamessig abschmecken.

7. *Desserts*

KONKAVELITE (Buoch von guoter spîse, um 1345, No. 1)

Zů einer schůzzeln ze machen: man sol nemen ein phunt mandels vnd sol mit wine die milich vz stozzen. vnd kirsen ein phunt, vnd slahe die durch ein sip vnd tů die kirsen in die milich. vnd nim einen vierdung rises, den sol man stozzen zů mele, und tů daz in die milich. vnd nim denne ein rein smaltz oder spec vnde smeltze daz in einer phannen vnd tů dar zů eine halbe mark wizzes zurckers. vnd versaltz niht vnd gibz hin.

(Name aus *concavum electum* = auserlesene Schüssel?)

Für eine Schüssel: Man soll ein Pfund Mandeln nehmen und die mit Wein zu Mandelmilch stoßen. Und ein Pfund Kirschen, und die durch ein Sieb schlagen und in die Mandelmilch tun.

Und nimm dann ein Viertel Reis, den soll man zu Mehl stoßen, und das tu in die Milch. Und dann nimm ein reines Schmalz oder Speck und schmilz das in einer Pfanne und tu da hinein für eine halbe Mark Zucker. Und versalz (es) nicht und serviere es.

Für 4–6 Personen
für 1 l Mandelmilch:*

1 l	Milch
200–250 g	Marzipanrohmasse (Schwartau)
500 g	Sauerkirschen (Schattenmorellen aus dem Glas)
80–100 g	Reismehl (aus frisch gemahlenem Rundkornreis)
30 g	Haferflocken (Instant)
1 El	Honig
1 El	Butter
150 g	Zucker
1 Tasse	Sahne

Zubereitung

Milch aufkochen, Marzipanrohmasse darin auflösen. Mit Reismehl und Haferflocken andicken. Honig hinzufügen. Kirschen im Mixer zerkleinern oder durch ein Sieb passieren; wenn man frische Kirschen verwendet, diese zunächst kochen. Die durchpassierten Kirschen in die Mandelmilch geben. Gut verrühren und noch eine Weile am Siedepunkt köcheln lassen.

In eine Schüssel geben und kalt stellen.

Kurz vor dem Servieren in einer Pfanne die Butter zerlaufen lassen, den Zucker hinzufügen, karamelisieren lassen, mit 1 Tasse Sahne ablöschen und über das Konkavelite geben. Sofort servieren.

Feigen- und Weinbeerküchlein (Kuchemaistrey, 1490, No. 53)

Item ein gut gezogen gebachens mach also. Nym feigen weinber vnd erwel sie in eynē wein. stoß in einē morßer. misch mel vñ wurtz dar zu vñ mach huͤbsche kuͤchlein darauß die zeuͤch durch ein teiglein vnd bach sie schon das muͤslein mach von warmē wein vñ von weissem mel vnd gilb es schon. so werden die kuͤchlein gelb vnd schon die sol man trucken fuͤr tragen das steet wol.

Ein dünn ausgezogenes Gebäck mach wie folgt. Nimm Feigen und Weinbeeren und koch sie auf in etwas Wein. Zerstoß sie in einem Mörser. Misch Mehl und Gewürze darunter und mach schöne kleine Küchlein daraus. Die zieh durch einen feinen Teig und back sie schön. Das Müslein mach aus warmem Wein und weißem Mehl und färb es schön gelb. So werden die Küchlein gelb und schön. Die soll man trocken auftragen. Das ziemt sich wohl.

* Zur Mandelmilch vgl. auch Blamensir, S. 282.

Für 4–6 Personen

Teig		*Fülle*	
180 g	Mehl	300 g	Feigen (frisch oder getrocknet)
⅛ l	Weißwein	300 g	Rosinen
25 g	Öl	100 g	Reisstärke (aus frisch gemahlenem Rundkornreis)
2	Eigelbe	¼ l	Weiß- oder Rotwein
2	Eiklar	3 cl	Rum
25 g	Zucker	etwas	Kardamom (nach eigenem Geschmack)
1 Prise	Salz	1 Tl	Zimt
Safran		½ Tl	Ingwer oder 10 g frisch geriebener Ingwer

Pflanzenöl zum Ausbacken
50 g Zucker
1 Tl Zimt

Zubereitung

Feigen und Rosinen mit dem Wein und den Gewürzen gut durchkochen. Mit der Reisstärke vermischen und in einem Mörser oder Mixer/Cutter zerkleinern. Mit Rum abschmecken.

Für den Teig Mehl, Weißwein, Öl, Eigelb, Safranpulver und Salz kurz zu einem glatten Teig vermischen. Unmittelbar vor der Verwendung des Teiges die Eiklar mit dem Zucker zu einem festen Schnee schlagen, vorsichtig unter den Teig ziehen. Den Teig nur so lange rühren wie unbedingt nötig, sonst wird er zäh.

Mit einem Löffel Klöße aus dem Feigen-Weinbeerpürree abstechen und diese durch den Teig ziehen und im Fettbad ausbacken.

Auf Küchenkrepp trocknen, in Zucker und Zimt wälzen und sofort servieren.

MANDELTÖRTCHEN (Philippine Welserin, 1545, S. 40 f.)

willtt du ain mandel dorttenn machenn
so nim erstlich auff ain disch ain pfundt mandel vnnd stays wol oder reybs vnnd wann sy wend elyg werdenn so geus ain rosenn waser dar ein vnnd wan sy geribenn sennd so daus jn ain schisel vnnd nim das weys vonn 5 airenn vnnd ain millich rom vnnd rosenn waser vnnd daus jn den gestosnen mandel bys din wirtt das er fleust doch nit zu din vnnd daus auff ain bedalin vnnd las fein sitig bachenn jn ainer dorttenn pfannenn vnnd wanns wol erstarcht ist so nim das gelb von ainem ay vnnd ain rosenn waser klopf wol vnnd bestreychs jn vber all wol obenn vnnd nebenn vnnd las jnn fol bachenn.

Willst du eine Mandeltorte machen,
so nimm zuerst auf einen Tisch ein Pfund Mandeln und stoß oder reib sie; und wenn sie ölig werden, so gieß etwas Rosenwasser hinein. Und wenn sie gerieben sind, so tu sie in eine Schüssel und nimm das Weiße von fünf Eiern und Sahne und Rosenwasser und tu das zu den gestoßenen Mandeln, bis die Masse dünn wird, daß sie fließt, aber nicht zu dünn. Und tu alles auf einen (Torten-, Mürbe-)Boden und laß es vorsichtig backen in einer Kuchenform. Und wenn die Masse (auf dem Boden) erstarrt ist, so misch ein Eigelb mit Rosenwasser und bestreich den Kuchen überall (oben und am Rand) und laß ihn zu Ende backen.

Für eine *Form von 26 cm ∅*

Fülle		*Mürbeboden*	
250 g	Mandeln, gerieben	250 g	Mehl
	Rosenwasser (sparsam)	30 g	Schmalz
3	Eiweiß	1	Ei
⅛ l	Sahne	1	Eigelb
125 g	Zucker	3 El	Wasser
		Förmchen oder Papiermanschetten oder Springform 26 cm ∅	

Zubereitung

Mürbeteig zubereiten, 1–2 Std. kühl stehen lassen. Mandeln mahlen, ev. im Mörser zerstoßen, mit Rosenwasser beträufeln. Steifgeschlagenes Eiweiß, Mandeln, Rosenwasser und Zucker verrühren.

Den Mürbeteig ausrollen, in die Förmchen oder auf den Boden einer Spring- (oder Tarte-)form verteilen, einen Rand formen. Die Mandelmasse einfüllen. Im vorgeheizten Backofen (E: 200°; Gas: 3) ca. 50 Min. backen, bis die Ränder knusprig braun sind. Mit dem Gemisch aus Eigelb und Rosenwasser bepinseln und noch 5 bis 10 Minuten weiterbacken.

QUELLEN

Daz bůch von gůter spise. Aus der Würzburg-Münchener Handschrift neu hg. v. Hans HAJEK (= Texte des späten Mittelalters 8, 1958).

Das Kochbuch der Sabina Welserin. Hg. v. Hugo STOPP. Mit einer Übersetzung von Ulrike GIESSMANN (= Germanische Bibliothek. NF hg. v. Hugo STOPP. 4. Reihe: Texte. 1980). (Die Übersetzung der Rezepte der Sabina Welserin ist ebenfalls diesem Band entnommen.)

Das Kochbuch der Philippine Welser. Hg. v. Manfred LEMMER. Kommentar, Transkription u. Glossar v. Gerold HAYER. 2 Bde. Innsbruck 1983.

Aus Kochbüchern des 14. bis 19. Jahrhunderts. Quellen zur Geschichte einer Textart. Unter Mitarb. v. Renate ERTL u. Angelika SCHMITT hg. v. Hugo STOPP (= Germanische Bibliothek. NF hg. v. Hugo STOPP. 7. Reihe: Quellen zur deutschen Sprach- und Literaturgeschichte. 1980). Hiernach werden zitiert die Rezepte aus der Kuchemaistrey und von Balthasar Staindl von Dillingen.

Kunstbuch von mancherley Essen / Gesotten / Gebraten / Posteten / von Hirschen / Vogelen / Wildtprat / vnd andern Schawessen / so auff Fůrstlichen / vnd andern Pancketen zuzurichten gehőrich: Gestelt durch Den Erbarn vnd Wolerfahren Meister Frantz de Rontzier / Fůrstlichen Braunschweigischen bestalten Mundtkoch. Dergleichen bißhero in druck nicht gesehen. Wolfenbüttel 1598. Faksimile hg. u. mit Kommentar und Glossar vers. v. Manfred LEMMER. München, Leipzig 1979.

Laßt uns haben gute Speis. 66 der ältesten Kochrezepte aus dem Mittelalter. Ausgewählt, übertragen und dem heutigen Gaumen zuträglich gemacht von Evelin JOURDAN und Ursula MÜLLER. Mit einer kunsthistorischen Einführung von Ulrich MÜLLER. Stuttgart 1984.

WISWE, Hans, Kulturgeschichte der Kochkunst. Kochbücher und Rezepte aus zwei Jahrtausenden mit einem lexikalischen Anhang von Eva HEPP. 1970.

König Artus' Tafelrunde. Holzschnitt aus Vérards »Lancelot«, Paris 1494

Fleysch an der sonnē gedörrt. Dürr gesaltz- en fleysch. Saltz. Kůfleysch. Kalb fleysch. Geyssz n fleysch. Wyder fleysch!

Gazelen fleysch. Haßen. Kränch. Bistarden. Pfawen. Gänß/Enten. Staren.

Hoden. Eüter. Hertz. Füssz/vnd Schynben. Augen. Hyrn. Köpff.

Purgierung. Verstopffung. Geburt werck. Sam. Zän artzney. Trunckenheyt. Byer.

WALTRAUTE AIGN

König Artus' Tafelrunde und eine ernährungsphysiologische Betrachtung

Man stelle sich vor, Philippine[1] und Sabina[2] Welser, bekannt durch ihre Kochbücher, sind im 16. Jahrhundert eingeschlafen und heute nach 400 Jahren wieder erwacht. Sie haben, an allen Fragen der Ernährung stark interessiert, das Studium der Oecotrophologie an der Justus-Liebig-Universität Gießen belegt und versuchen nun die Speisen und Getränke ihrer Zeit nach ernährungswissenschaftlichen Erkenntnissen[3] des 20. Jahrhunderts zu beurteilen. Die beiden Welserinnen sind sehr begierig zu erkunden, wie die Rezepte ihrer Zeit für die tägliche Kost und die für Menues bei festlichen Anlässen heute im Spiegel neuer Erkenntnisse der Bromatologie zu betrachten sind. Sie befassen sich dabei nicht nur mit der Auswahl, der Zusammenstellung und Zubereitungstechnik der Lebensmittel, sondern zugleich mit der Mahlzeitengestaltung, der Darreichungsform und der Sensorik.

1. Suppen

»Suppe ist der erste Trost für den bedürftigen Magen«, hieß es im Mittelalter, und auch Hildegard von Bingen[4] empfahl, als erstes stets etwas Warmes zu sich zu nehmen. Im Gespräch mit Studierenden und ernährungsbewußten Hausfrauen mußten die Welserinnen nun erfahren, daß diese altbewährten Regeln überholt seien. Der richtige Auftakt einer Mahlzeit sei ein Frischkostsalat. Nur er beuge einer durch Verdauungsleukocytose verursachten Müdigkeit vor. Außerdem werden Suppen heute vielfach als Dickmacher bezeichnet. Eine ernährungswissenschaftliche Begründung hierfür suchten sie jedoch vergeblich, und das Beobachten des Ernährungsverhaltens zeigte, daß die Suppe auch heute noch im hochtechnisierten Zeitalter ihren Platz hat. Sei es an der festlichen Tafel zum Stillen des ersten Hungers oder zum Appetitanregen, sei es als kleine Zwischenmahlzeit oder sei es im Bereich der Diätetik.

Die beiden Repräsentanten des Mittelalters konnten sich besonders freuen, wie gut ein eigenwilliges Rezept ihrer Zeit aufgenommen wird. Linsen, Zwiebeln und Weinbeeren, in Bouillon weichgekocht, werden mit Essig – er fördert die Verdaulichkeit –, mit Kerbel, Majoran, Pfeffer und Salz abgeschmeckt. Ursprünglich auf einer Scheibe *gebaeten* (gerösteten)

1 Das Kochbuch der Philippine Welser 1–2 (Faksimile und Umschrift), hg. von Gerold HAYER (Innsbruck 1983).

2 Das Kochbuch der Sabina Welserin, hg. von Hugo STOPP mit einer Übersetzung von Ulrike GIESSMANN (1980).

3 Deutsche Gesellschaft für Ernährung. Empfehlungen für die Nährstoffzufuhr (4. erw. Überarbeitung, Frankfurt/M. 1985).

4 HILDEGARD VON BINGEN, Das Buch von dem Grund und Wesen der Heilung der Krankheiten. Nach den Quellen übersetzt und erläutert von Heinrich SCHIPPERGES (Salzburg [4]1981).

Brotes angerichtet, füllt man sie heute in Teller, Schale oder Tasse und reicht dazu das Brot. Linsen sind wie alle Hülsenfrüchte von besonderem ernährungsphysiologischem Wert. Sie enthalten hochwertiges Protein, das durch Getreide, wie beispielsweise Brot, noch aufgewertet wird und tierisches Protein im Fleisch voll ersetzen kann. Hülsenfrüchte sind außerdem reich an Mineralstoffen, Vitaminen – besonders die der B-Gruppe – und Ballaststoffen. Eine Steigerung des Verzehrs ist heute ein Ziel der Ernährungsberatung.

2. *Eierspeisen*

Der Verzehr von Eierspeisen als Vorspeise oder auch als Fastenspeise spielte vor 400 bis 500 Jahren eine große Rolle. Eine vielgestaltige Auswahl an Rezepten wurde überliefert, und die verbrauchten Mengen an Eiern müssen beachtlich gewesen sein. Heute steht man dem Ei aus ernährungsphysiologischer Sicht sehr kritisch gegenüber und sieht in ihm ein Lebensmittel, das aufgrund seines hohen Cholesteringehalts einen der Risikofaktoren für Herz- und Gefäßerkrankungen darstellt. Werden in Speisen Ei und Innereien oder Eier und Schalen- und Krustentiere kombiniert, erhöht sich der Gehalt an Cholesterin beträchtlich. So konnte Sabina Welser mit Hilfe einer Nährstofftabelle für eines ihrer Lieblingsgerichte, »Gebackenes Hirn im Eierteig«, einen Cholesteringehalt errechnen, der pro Portion mehr als das zehnfache der heute erlaubten Menge beträgt.

3. *Fisch-Gerichte*

Dem Fisch als Fasten- oder Vorspeise begegnet man in den Kochbüchern des Mittelalters sehr häufig. Auffallend sind die Vielfalt der verwendeten Arten, die Vielfalt der Rezepte und der Zubereitungstechniken. Der Fisch zählt heute auch aus ernährungsphysiologischer Sicht zu den Lebensmitteln, die, leicht verdaulich, reich an Protein, aber arm an Fett, reich an Mineralstoffen und unentbehrlich für die Sicherung einer ausreichenden Jodzufuhr, besonders zu empfehlen sind. Leider hat die weitverbreitete Verschmutzung der Flüsse dazu geführt, daß der Verzehr an Flußfischen, wie beispielsweise Hecht, in den letzten Jahren stark gesunken ist. Auffallend für die Welserinnen ist einmal das große Angebot an vorgefertigten und tiefgefrorenen Fischen und zum anderen das Fehlen an küchentechnischen Fertigkeiten bei den Hausfrauen, die keine Übung mehr im Schuppen, Enthäuten, Filieren und ähnlichem haben.

4. *Fleisch-Speisen*

Fleisch hatte, wie zeitgenössische Quellen bezeugen, in der Ernährung des Mittelalters einen hohen Stellenwert. Verzehrt wurden Geflügel, Schlachtfleisch und deren Innenteile vom Rind, Schwein, Schaf und Ziege. Beliebt war auch das Wild. Der Verbrauch wird auf 100 Kilo pro Kopf und Jahr geschätzt und entspricht damit dem durchschnittlichen Verzehr in der Bundesrepublik heute[5]. Man kann wohl davon ausgehen, daß sich diese Menge heute relativ gleichmäßig auf die Bevölkerung verteilt, während der Fleischverzehr im Mittelalter innerhalb der sozialen Schichten große Unterschiede aufwies.

5 Deutsche Gesellschaft für Ernährung. Ernährungsbericht 1984 (Frankfurt/M. 1984).

Heute wird ein so hoher Fleischverzehr als unnötig und sogar gesundheitsschädlich angesehen. Die Ergebnisse epidemiologischer Studien zeigen, daß Fleisch und Wurst die Hauptlieferanten für tierische Fette, für Cholesterin, Purine und, bedingt durch die Zubereitung, für Kochsalz sind und damit die Entstehung ernährungsbedingter Krankheiten wie Fettstoffwechselstörungen und Arteriosklerose, Gicht und Hypertonie begünstigen. Erkrankungen, die durch die hohe Lebenserwartung verstärkt auftreten. Ernährungswissenschaftler und Mediziner fordern deshalb, den Fleischverzehr um die Hälfte zu verringern, die Fleischportion pro Kopf auf maximal 125 g zu begrenzen, magere Sorten zu bevorzugen und zwei bis drei fleischfreie Tage in der Woche einzuhalten.
Die beiden Welserinnen versuchen nun vor dem Hintergrund dieser ernährungsphysiologischen Erkenntnisse und deren ernährungserzieherischen Folgerungen für die Bevölkerung, die Fleischspeisen von Artus' Tafelrunde zu beurteilen.

1. *Blancmanger* von magerer Hähnchenbrust. Hier stimmen sowohl Quantität als auch Qualität mit den Empfehlungen überein, doch die Mandelmilch, das Wesentliche des Blancmanger, gibt der Speise einen so hohen Fettgehalt, daß er trotz 20 % mehrfachungesättigter Fettsäuren der Mandel nicht wieder ausgeglichen wird. Die Speise ist aber so gut, daß man nicht darauf verzichten sollte. Ergänzt man sie mit einer großen Portion frischen Salat, mit Brot, Kartoffeln oder Reis, wird eine vollwertige Mahlzeit daraus.
2. *Gefülltes Huhn* mit Innereien und durchwachsenem Speck, gesotten mit Weinbeeren und Birne, abgeschmeckt mit Pfeffer, Safran, Majoran, Kerbel und Thymian zeigt ein gutes Beispiel für den Einsatz von frischen Kräutern und Gewürzen und für den sparsamen Gebrauch von Kochsalz.
3. *Kalbsbrust gefüllt* mit einer Masse aus Brot, Rosenkohl und Rosinen, gewürzt mit Pfeffer und Ingwer zeigt, wie sich durch geschickte Kombination einer Getreide-Gemüsefüllung der Fleischanteil verringern läßt. Hervorzuheben ist die Verwendung von Ingwer, der die Verdauungssäfte anregt und den Magen beruhigt.
4. *Schweinebraten in Variationen*, Möglichkeiten von Zubereitungstechniken, für Kombinationen von Fleisch mit Obst und Gemüse und Möglichkeiten des Würzens mit frischen Kräutern und Gewürzen. Ernährungsphysiologisch gilt hier das gleiche wie für Blancmanger, die Speisen sollten mit reichlich frischem Salat oder Gemüse und mit Brot, Kartoffeln oder Reis verzehrt werden. Auf diese Weise lassen sie sich mit den Empfehlungen für eine vernünftige, vollwertige Ernährung in Einklang bringen.

5. Gemüse-Speisen

Als »Kräuterwerk« bezeichnet oder auch als »... die zu Mus gekochte Speise« wie Lauchmus oder böhmische Erbsen und viele andere mehr. Die Welserinnen haben in Gießen viel gehört über die ernährungsphysiologische Bedeutung des Gemüses als Lieferant für Vitamine und Mineralstoffe. Sie haben viel gelernt über die schonenden, vitaminerhaltenden Zubereitungsverfahren, und sie wissen heute, daß ihre zu Mus gekochten Speisen außer Ballaststoffen keine wertvollen Stoffe mehr enthalten.

Im Rezept für Lauchmus heißt es zum Beispiel: *nim wizzen lauch und hacke in kleine ... und wol gesoten.* Heute weiß man, daß gerade die grünen Teile des Lauchs Eisen und Carotin enthalten. Es ist bekannt, daß durch Kleinhacken und darauffolgendes Kochen die Vitamine B_1 und C von Sauerstoff, Metall und Wärme zerstört werden. Die Spinattorte der Sabina Welser eignet sich besonders gut für einen fleischfreien Tag. In Zukunft wird sie aber die doppelte Menge an Spinat für die Füllung verwenden und ihn nur ganz kurz und schonend dünsten.

6. Dessert

Der krönende Abschluß jeder festlichen Tafel, so auch der von Artus' Tafelrunde, sind die Desserts. Konkavelite, die Speise von Sauerkirchen und Mandeln, Mandeltörtchen oder Feigen-Weinbeerküchlein, für jeden Geschmack das Richtige. Die beiden Welserinnen wissen heute natürlich, daß ein Apfel, eine kleine Weintraube oder ein Schälchen Erdbeeren bekömmlicher und sowohl der Gesundheit als auch der schlanken Linie dienlicher sind. Sie wußten das sicher aufgrund ihrer reichen Erfahrungen auch schon vor ihrem Studium, doch heute können sie die Kalorien und Joule berechnen und könnten fragen, ob es sich lohnt, wegen 300 Kalorien auf diese Köstlichkeiten zu verzichten. Jeder Gast der Tafelrunde konnte ja auf der Speisekarte die Speisen verfolgen, konnte sein festliches Menue selbst gestalten und muß es nun auch selbst verantworten.

Philippine hat noch einen guten Rat, sie empfiehlt festlichen und üppigen Mahlzeiten stets etwas körperliche Bewegung folgen zu lassen, wie beispielsweise Tanz. So beschreibt ein Gast auf Schloß Ambras 1579 ein Essen: ... *die Philippina zu nacht in ir zimber geladen, allsz usz Majorika in kleienen schüszelin zeesen und ze trinken geben, stattlich tractiert, nach solcher Malzeit ein dantz gehalten, darnach ein jeder schlafen gangen*[6].

Philippina und Sabina Welser haben in Gießen viele Gespräche geführt, sie haben an der Universität eine Menge gelernt, sie haben viele Kochbücher studiert, haben Menschen und ihr Ernährungsverhalten sorgfältig beobachtet und überlegen nun auf ihrem Weg zurück in das Mittelalter, wo die Unterschiede für das Essen und Trinken zwischen dem 16. und dem 20. Jahrhundert liegen mögen. Im Zeitalter der Hochtechnisierung gibt es eine Fülle an wissenschaftlichen Erkenntnissen auf dem Gebiet der Ernährung. Dieses Wissen ist gesichert, fundiert und überzeugend. Die Menschen sind gut informiert, sie wissen, was gut für sie ist, sie wissen, wie sie sich richtig ernähren können, und sie kennen die Strafen, die auf Völlerei in Form von ernährungsbedingten Erkrankungen folgen. Trotzdem essen und trinken die Menschen, wenn sie Feste feiern oder wenn sie Gäste haben, das, was ihnen schmeckt, das, was sie gewohnt sind und was soziokulturelle Gegebenheiten prägen.

Festliche Menues spiegeln ebensowenig die Ernährung einer Bevölkerung wieder, wie es die Kochbücher des Mittelalters oder Dokumente über festliche Speisenfolgen tun. Auch wir werden nicht täglich zu Artus' Tafelrunde zählen, und so werden uns die köstlichen Speisen und Getränke auch gut bekommen!

6 J. Hirn, Erzherzog Ferdinand III. von Tirol. Geschichte seiner Regierung und Länder II (Innsbruck 1888), S. 336.

Personenregister

Sachregister

Kochrezepte sind kursiv gesetzt

Verzeichnis der Fundstellen der Abbildungen

Frontispiz: Breviarium Grimani. Faksimileausgabe der Miniaturen und Kommentar. Hrsg. v. Andreas Grote mit Beiträgen v. Giorgo E. Ferrari, Mario Salmi, Andreas Grote, unter Mitarbeit v. Heinrich Sieveking. 1973, Tafel 1. (Mit freundlicher Genehmigung des Gebrüder Mann Verlags, Berlin.)

Seite 8: Vom Leben im späten Mittelalter. Der Hausbuchmeister oder Meister des Amsterdamer Kabinetts. Amsterdam, Frankfurt/M. 1985, No. 108,1.

Seite 11: Les Fastes du Gothique. Le siècle de Charles V. Ausstellungskatalog Paris 1981. Katalogno. 304.

Seite 12; 76; 102; 206; 275; 293: Johanna Maria van Winter, Van soeter Cokene. Recepten uit de romeinse en middeleeuwse keuken. Enschede 1971, S. 101; 26; 106; 147; 77; 80.

Seite 26; 116; 190; 239; 240 oben; 276; 294; Hans Wiswe, Kulturgeschichte der Kochkunst. Kochbücher und Kochrezepte aus zwei Jahrtausenden mit einem lexikalischen Anhang von Eva Hepp. 1970, S. 6; 27; 75; 74; 145; 69; 25; 44; 136; 70.

Seite 58; 164; 244: Alltagsleben im Spätmittelalter. Hrsg. v. Harry Kühnel. Graz, Wien, Köln ^{2}1985, S. 216; 202.

Seite 84: Gertrud Benker, In alten Küchen. Einrichtung – Gerät – Kochkunst. 1987, S. 34.

Seite 94; 216; 230: Hans Fahrenkamp, Wie man eyn teutsches Mannsbild bey Kräfften hält. Die Küchengeheimnisse des Mittelalters. (Fischer Taschenbuch 1912, 1977) S. 19; 57; 104.

Seite 126: Arthur M. Hind, Early Italien Engravings and anonymous Prints of other Schools. 1938, Pl. 55.

Seite 135: Die Très Riches Heures des Jean Duc de Berry im Musée Condé in Chantilly. Vorwort von Millard Meiss. Einführung und Bilderläuterungen von Jean Lognon u. Raymond Cazelles. 1973, Nr. 91.

Seite 136; 138; 139: Charles de Tolnay, Hieronymus Bosch. 1965, S. 66; 174; 180.

Seite 137: Elsa Morante, L'opera completa dell' Angelico. Mailand 1970, Tav. VII.

Seite 140; 141: Paul Lafond, Hieronymus Bosch. Son Art, son Influence, ses Disciples. Brüssel, Paris 1914, S. 140.

Seite 142: Ernst Weil, Der Ulmer Holzschnitt im 15. Jahrhundert. 1923, Abb. 44.

Seite 182; 234; 240 unten; 260: Platina Cremonensis (Bartolomeo Sacchi da Platina), Von der Eerlichen zimlichen auch erlaubten Wolust des Leibs. Aus dem Lateinischen übertragen von Stephanus Virgilius Pacimontanus. 1980 (Nachdruck der Ausg. Augsburg 1542), S. XXXI verso; LI verso; XLV verso; XXVIII recto.

Seite 187: Dino Buzzati, Mia Cinotti, L'opera completa di Bosch. 1966, Tav. VI.

Seite 213; 214: William Hogarth, 1697–1764. Das vollständige graphische Werk. ^{2}1986, S. 153; 156.

Seite 226: Das buoch von guoter spîse. Abbildungen zur Überlieferung des ältesten deutschen Kochbuches. Eingel. u. hrsg. v. Gerold Hayer. (Litterae 45, 1976) S. 23.

Seite 233; 242 oben: Erna Horn, Köstliches und Curieuses aus alten Kloster- und Pfarrküchen. Gütersloh 1983, S. 115; 119.

Seite 234: Ein Koͤstlich new Kochbuch von allerhand Speisen / an Gemuͤsen / Obs / Fleisch / Gefluͤgel / Wildpret / Fischen vnd Gepachens. (...) Mit fleiß beschrieben durch F. Anna Weckerin. Amberg 1598. Faksimile mit einem gesonderten Kommentar v. Julius Arndt. München 1977. Titelblatt.

Verzeichnis der Referenten

Frau Ernährungsberaterin DGE Waltraute AIGN, Institut für Ernährungswissenschaft der Universität Gießen, Goethestraße 55

Prof. Dr. Gerd ALTHOFF, Historisches Seminar der Universität Münster, Domplatz 20–22, 4400 Münster

Priv.-Doz. Dr. Gerd BAUER, Kunsthistorisches Institut der Universität Bonn, Regina-Pacis-Weg 1, 5300 Bonn

Prof. Dr. Heinz BERGNER, Institut für Anglistik und Amerikanistik der Universität Gießen, Otto-Behaghel-Straße 10, 6300 Gießen

Prof. Dr. Irmgard BITSCH, Institut für Ernährungswissenschaft der Universität Gießen, Wilhelmstraße 20, 6300 Gießen

Prof. Dr. Roland BITSCH, Ernährungs- und Haushaltswissenschaft FB 6, Universität – GH – Paderborn, Warburger Straße 100, 4790 Paderborn

Prof. Dr. Helmut BUSCH, Zentrum für Psychiatrie, Klinikum der Universität Gießen, Am Steg 22, 6300 Gießen

Prof. Dr. Christoph CORMEAU, Germanistisches Seminar der Universität Bonn, Am Hof 1d, 5300 Bonn

Oberstudienrat Eugen DROSTE, Gewerbliche Schulen V der Stadt Dortmund, Hacheneyer Straße 185, 4600 Dortmund

Prof. Dr. Trude EHLERT, Germanistisches Seminar der Universität Bonn, Am Hof 1d, 5300 Bonn

Rainer EHRENSCHNEIDER, Küchenmeister und Fachoberlehrer, Gewerbliche Schulen V der Stadt Dortmund, Hacheneyer Straße 185, 4600 Dortmund

Prof. Dr. Ibrahim ELMADFA, Institut für Ernährungswissenschaft der Universität Gießen, Wilhelmstraße 20, 6300 Gießen

Prof. Dr. Xenja VON ERTZDORFF, Institut für deutsche Sprache und mittelalterliche Literatur der Universität Gießen, Otto-Behaghel-Straße 10, 6300 Gießen

Prof. Dr. Helmut GEBELEIN, Institut für Didaktik der Chemie der Universität Gießen, Heinrich-Buff-Ring 58, 6300 Gießen

S. AL-HADRUSI, Abteilung für Arabistik, Yarmouk-Universität, Irbid, Jordanien

Dr. Sieglinde HARTMANN, Myliusstraße 25, 6000 Frankfurt/M. 1

Prof. Dr. Ulrich KARTHAUS, Institut für Didaktik der deutschen Sprache und Literatur der Universität Gießen, Otto-Behaghel-Straße 10, 6300 Gießen

Prof. Dr. Helmut MEINHARDT, Zentrum für Philosophie der Universität Gießen, Otto-Behaghel-Straße 10, 6300 Gießen

Prof. Dr. Dietmar RIEGER, Institut für Romanische Philologie der Universität Gießen, Karl-Glöckner-Straße 21 G, 6300 Gießen

Direktor Fritz RUF, Maizena, Knorrstraße 1, Postfach 2760, 7100 Heilbronn

Dr. Angelika RUGE-SCHATZ, Stadtarchiv und Wiss. Stadtbibliothek der Stadt Bonn, Stadthaus, Berliner Platz 2, 5300 Bonn 1

Dr. Doris RUMM-KREUTER, Alfa-Institut, Institut für hauswirtschaftliche Produkt- und Verfahrensentwicklung GmbH Schloß Reinhartshausen, Albrechtstraße 2, 6228 Eltville a. Rhein 2

Prof. Dr. Diedrich SAALFELD, Institut für Wirtschaft- und Sozialgeschichte der Universität Göttingen, Nikolausberger Weg 5c, 3400 Göttingen

Rudolf SCHULZ, Hauptstraße 32, 6301 Wettenberg 1

Prof. Dr. Heinrich SPRANKEL, Institut für Neuropathologie, Klinikum der Universität Gießen, Arndtstraße 16, 6300 Gießen

Prof. Dr. Margarete ZIMMERMANN, Fachbereich Neuere Fremdsprachliche Philologien, Institut für Romanische Philologie (WE 3), Habelschwerdter Allee 45, 1000 Berlin 33

Bernd Roeck

Bäcker, Brot und Getreide in Augsburg

Zur Geschichte des Bäckerhandwerks und zur Versorgungspolitik der Reichsstadt im Zeitalter des Dreißigjährigen Krieges

262 Seiten mit 35 Abbildungen, darunter eine farbige · 16 × 24 cm · Leinen

Bernd Roecks sozial- und wirtschaftshistorische Studie beleuchtet die Getreide- und Brotversorgung der Reichsstadt Augsburg in der ersten Hälfte des 17. Jahrhunderts. Der Autor vermittelt beispielhaft einen Einblick in die Geschichte der Handelsmetropole und erläutert die Lebensweise ihrer Bewohner. Die aus zahlreichen Quellen schöpfende Untersuchung handelt vom Augsburger Bäckerhandwerk und von den Schwierigkeiten der städtischen Finanzpolitik in der Zeit des Dreißigjährigen Kriegs. Eingehend widmet sich Bernd Roeck auch den Sorgen und Nöten des »kleinen Mannes« beim Erwerb des täglichen Brots. Der städtische Haushalt, die Erhebung von Steuern und die Bevölkerungsentwicklung bilden einen weiteren Schwerpunkt seiner Forschungen. Zahlreiche Abbildungen und Statistiken erläutern den Text. Ein Anhang enthält das im Jahr 1606 vom Augsburger Rat erlassene Dekret über die »Beken Ordnung«.

Michael Barczyk

Essen und Trinken im Barock

Oberschwäbische Leibspeisen

106 Seiten mit 14 Abbildungen, darunter drei farbige · 16 × 18 cm · Pappband

Der Band ist ein Lesebuch alter Eß- und Trinkgewohnheiten. Er enthält über hundert, größtenteils heute noch realisierbare Originalrezepte, versteht sich aber auch als ein kulturgeschichtlicher Führer durch eine Region, die vom Zeitalter des Barock in besonderem Maße geprägt wurde.

»Leidenschaftliche Köche werden darin nicht nur blättern, sondern gleich am Herd die Vorschläge ausprobieren.« *Frankfurter Allgemeine Zeitung*

Jan Thorbecke Verlag · Sigmaringen